庭野吉弘

日本英学史叙説

英語の受容から教育へ

研究社

目次

目次

目　次

目次

第四部　英語教育と英語出版社――研究社の場合

第一部　幕末と英学

第一章
日米関係前史と英学のあけぼの

幕末開国とアメリカ捕鯨業

1 《遅れてきた青年》 アメリカ

日本の近代史を語る場合、あるいは日米交渉史をひもとく場合、一八五三年(嘉永六年)という年が歴史の流れを大きく変えた、いわば歴史転換の契機とも言える重要な年であることは今さら強調するまでもない。この年、アメリカ東インド艦隊の司令長官ペリーが四隻の黒船を率いて、当時江戸の表玄関とされていた浦賀に忽然と姿を現わしたのである。この時の状況はペリー提督『日本遠征記』(フランシス・L・ホークス編纂)によって知ることができるので、ここでの詳述は省略する。ただ、この黒船出現の演出ぶりは実に見事であり注目してしかるべきものである。まさにペリーのなみなみならぬ目的意識を十分垣間見せてくれるものであり、力を背景にして日本の門戸開放を現実のものにするためのアメリカ側の大いなる野望そのものでもあったと言えよう。後述するように、日本開国はそれほどアメリカにとって政治的、通商的、そして人道的にも切迫した重要課題となっていたのである。

M. C. ペリー。右はダゲレオタイプによるもの、左(横浜開港資料館蔵)は日本人が描いたもの。

ところでこの日本の門戸開放は、唯一アメリカだけが要求していたわけではなかった。早くに東方進出を果していた英仏など西欧列強も「黄金の国、ジパング」を既にその視野に捉えていた。それは、ある程度の文化の高さを維持し、商品経済もそれなりに発展していた「鎖された国、日本」を、その市場の将来性(見込み)という観点から注目していたことにほかならなかった。言い換えるなら、既に確立していた西欧の近代的資本主義の経済体制の枠内に豊かな国日本を組み入れようとする経済戦略のひとつの現れでもあった。こうした状況下にあって《遅れてきた青年》アメリカが、ペリーという老獪な人物を送り込んできたのである。ペリーはまさしく選ばれた《駒》であった。自らの能力を信じ、背景の力を効率よく利用し、多くの情報を備えながら、自在に動ける最適の《駒》であった。

実際、一八四六年のアメリカ政府によるビッドル派遣以来、開国に向けての対日交渉は思うように事が運んでいなかった。接近策を遂行すればするほど日本側のかたくなな姿勢や交渉回避策に翻弄されるばかりであった。したがって、英仏露の対日接近といういわゆる世界経済競争、植民地政策の国際的状況下にあって、しんがりから登場したアメリカは、今度こそ慎重な人選と周到な計画のもとに日本の門戸開放策を企図しなければならなかった。ここにペリーの登場する機縁がめぐってきたわけである。ペリーは海軍将校として豊かな経験があるばかりでなく、外交交渉でも数多くの実践の場を踏んでいた。歴史家サミュエル・モリソンはその著書の中でこう述べている。

"If a computer system had been invented by 1851, and officers' records kept on I.B.M. cards, a query as to what naval officer was best qualified to negotiate with Japan, would have elicited a punched pattern spelling out, 'Matthew Calbraith Perry.'" (*"Old Bruin" Commodore Matthew C. Perry*, 二七〇頁)

つまり、コンピューターが発明されていたら、当然のごとくペリーが対日交渉責任者の最適人物としてパンチアウトされていただろうと指摘しているわけだが、まさにペリーは今次日本遠征隊の責任者になるべくしてなったと言えよう。そしてペリーはその期待に応えるべくあらゆる努力を惜しまなかったのである。

ペリーは任務の重要性をよく認識していた。日本を取り巻く世界情勢を確実に把握していたし、何よりも交渉相手国日本が相当に手ごわい相手であることをよく心得ていた。したがってペリーはまず日本研究に取りかかるのである。相手を熟知すること、これは外交交渉のイロハであり常道である。彼は入手できる限りの日本関係書を来日以前に読了していた。それらの中には、シーボルトの『日本人の風俗習慣』(これは大著『日本』の要約本)、ケンペルの『日本物語』(『日本史』の要約本)、ゴローヴニンの『日本幽囚記』、マクファーレンの『日本――その地理と歴史』などがある。さらには、通訳官として艦船に乗り組んでいたサミュエル・W・ウィリアムズにも、日本に関する書物があれば貸すように頼み込んでいる。対日交渉者としての重責の認識が、こうした周到性をペリーにもたらしたと言えよう。

さて、幕末の日本をめぐる列強のバランス・オブ・パワーは複雑微妙に揺れていた。北からは早くにロシアが北辺をうかがい、南からはアヘン戦争で勝利をおさめ勢い上がるイギリス、フランスが、そして東からは太平洋の大海を越えて対中国貿易、対日接近を果そうとしていたアメリカ(実際のところ、ペリー自身はアフリカ希望峰やインド洋を経由してやって来たのだが)が迫っていた。こうした中で、最も尖鋭的で強力な存在だったのが言うまでもなくイギリスであった。産業革命を早くに達成し、「世界の工場」と謳われていたこの栄光の国イギリスは、十九世紀半ばの世界経済(今日ほどグローバルな意味ではないが)発展の牽引車の役割を果していた。特に東洋進出にかけては、その徹底した砲艦外交によって他の追随を許さぬものがあった。したがって、ペリーがその対日接近という行動に際し、常にイギリスをその視野に入れ警戒していたことは当然のことである。いや、むしろ、ペリーはその大英帝国に対し、アメリカの威信を担いつつ、明らかな対抗意識を育んでいたと言えなくもない。

ペリーの心の内には、今次の遠征外交に対する責務だけではなく、歴史的外交に対する情熱や野心が熱く生まれていたと考えられるし、また事実、「世界の工場」たる大英帝国の力の影は、当時の《遅れてきた青年》アメリカをいやおうなく覆っていたはずである。西洋と東洋が激しくぶつかり合う歴史の流れの中で、一個人間や国家が自ずと巻き込まれていく。ここに初めて、ペリー提督という老獪な人物の野心と、アメリカという《遅れてきた青年》国家の大いなる野望がうまく重なったのである。

ここに一通の手紙がある。

「海上権に関して、我が大敵である英国の、東方に於て有する占有地と、その防備ある港湾の、著々として増加しつつあるを見る時は、我が合衆国もまた、快捷の運動を為す必要を思う。世界の地図を見るに、東インド及びシナ海、而してシナ海に於ける重要なる地点は、既に英国の占むる所となった。頼《さいは》いに日本及び太平洋上の諸島嶼は、未だ英国の手が触れていない。のみならず、その中の或るものは、通商の要路に当たり、我が合衆国にとりて、重要な地点だ。されば今日我が合衆国たるもの、自ら

進んで多くの避難港を得るに、寸時も遅疑すべきでない。」(徳富蘇峰『近世日本国民史――開国日本(二)』、三九―四〇頁)

これは、日本への途上、アフリカ北西部にあるポルトガル領マディラ島から本国のケネディ海軍長官に宛てたペリーの書簡の一部である。そこに見て取れるものは、ペリーのイギリスに対する競争意識、およびある種の焦燥感である。それは、イギリスから独立を勝ち取った若きアメリカの国家としての自らの力に対する矜持と焦燥が、そのままペリーという人物を媒介にして表に現われてきた、とも解釈できるもので、なかなか興味深い文面である。「その中の或るものは、通商の要路に当たり」と記述しているのはまさしく日本を念頭に置いていることにほかならない。

海上権は、十九世紀においては貿易・通商の発展を左右するキー・ファクターそのものであった。それに、当時のアメリカ商業資本は対極東貿易においてさらに大きく飛躍しようとしていた時期でもあり、そのための中継地としての日本の確保は、国内経済の発展を含むアメリカ商業資本の海外への拡大・膨張の一里塚になるものであった。

ところで、日本の確保――日本開国――ということに関連して言えば、ここにもうひとつ別の側面があったことも忘れてはならない。それはキリスト教的な「命の尊厳」にもとづく人道主義である。結果として、このファクターこそが日本の近代を大きく転換させる契機となるのである。

当時、日本の太平洋沿岸、とりわけ金華山(宮城県牡鹿半島の南東先端にある島)沖合は捕鯨業の好漁場であった。この海域にははるばる太平洋を越えてアメリカ捕鯨船が多数集まってきていたのである。捕鯨船の乗組員たちは悪天候や海上の作業のために遭難の危機にもしばしば晒されていた。漂流民となって日本の沿岸や島々にたどり着くものもいたし、給水や薪炭補給の必要も避けられない現実問題となっていた。つまり、人命保護、捕鯨活動の安全性確保、食料・水・石炭の供給といった問題は、アメリカ国内の世論を踏まえた緊急対策事項となっていたのであり、政府自らが負うべき重要な課題でもあった。この辺の事情は、ペリーが携えてきたフィルモア合衆国大統領の書簡が実によく物語っている。

「……合衆国の船、毎歳角里伏爾尼亜《カリフォルニア》より支那に航するもの甚多し、又鯨猟の為め、合衆国人、日本海岸に近づくもの少からず、而して若し颶《ぐ》風あるときは、貴国の近海にて、往々破船に逢ふことあり、若し是等の難に逢ふに方《あた》つては、貴国に於て、其難民を撫恤《ぶじゅつ》し、其財物を保護し、以て本国より一船を送り、難民を救ひ取るを待たんこと、是予が切に請ふ所なり。」（『幕末外国関係文書』一、大久保利謙編『近代史史料』、七頁）

確かに、経済史的に見れば、日本の開国は欧米の近代資本主義による日本市場開放、世界的市場の拡大のひとつのステップと考えられるが、日米関係史にいささか限定して考えてみると、アメリカ捕鯨業が日本開国に際し先駆的なファクターとして重要な意味を持ってくることは否めない事実である。

したがって、次節では揺籃期の日米関係史の一側面として、このアメリカ捕鯨業発展のプロセスを捉え、かつ当時の対日政策の意図と展開を素描する。これによって植民地的政策を背景とする西欧列強との異なるアプローチとして、アメリカの対日政策が浮き上がってくる。

2　アメリカ捕鯨業の盛運

十九世紀のアメリカ捕鯨業の数字的な資料はいくつかの文献によって明らかにすることができるが、実際の

ハーマン・メルヴィル

捕鯨の姿――そこに働く人間の行動、思惟、さらには鯨との壮絶な闘いなどを知るには、メルヴィルの『白鯨』が大いに参考になる。この作品の中に、日本の開国とアメリカ捕鯨との関連性を予言的に記述した個所がある。この作品の出版が一八五一年であり、ペリー来航（一八五三年）の二年前であることから考えても、作家メルヴィルの歴史に対する感覚、歴史を展望する慧眼がうかがわれる。メルヴィルは「もしあの幾重にも閉された国の日本が外人をむかえることがあり得るとすれば、その功名を負うべきものは捕鯨船のほかにはない。いや、もはやその扉口に迫ってすらいるのである」（『白鯨』（上）、一八一頁）と記述して、日本開国における捕鯨船の将来的功名を予言しているのである。メルヴィル自身、実際に捕鯨船に乗り組み、太平洋を航海しており、日本近海までやって来たとされていることからして、先の日本開国の予言的記述は確かに彼自身の経験に裏打ちされていると言えよう。

さて、メルヴィルの予言的記述がいかに現実的なものであったかを検証するために、十九世紀のアメリカ捕鯨業の発展を眺めることにする。

一八四〇年代はアメリカ捕鯨が他国の追随を許さぬほど大きく発展した重要な時期であった。アメリカ捕鯨船は文字通り鯨を追い求めて世界の海を駆け巡っていたのである。南は遠くインド洋、紅海付近、北は日本近海、オホーツク海、そして北氷洋まで遠征していた。船舶数の増加ぶりを見ても、この時期の発展の勢いが容易に分かる。

W・S・タワーの *A History of the American Whale Fishery* によると、一八二九年、アメリカの捕鯨船の

出漁総数（ship 三桅船、brig 両桅船、scooner スクーナー船を含め）は二〇三隻であったが、五年後の一八三四年には、その数は実に二倍以上の四二一隻を数えている。さらにタワーは当時の捕鯨業の成長ぶりを次のように記述している。

「一八三五年という年は、捕鯨業が大成長大躍進を果した時代の始まりの年であった。この大成長は二十年ほど続き、まさしく捕鯨業の黄金時代となった。」（タワー、同書、五〇頁）

船舶数も引き続き増加の一途をたどっており、一八四〇年には五五二隻、四二年には六五二隻を数えている。この後者の船舶数はその年の世界の捕鯨船総数の実に八割近くを占めていたことになる。いかにアメリカ捕鯨業が急速に成長したかが分かる。そして最盛期の一八四六年には七三六隻までその数ははね上がっている。タワーの前著によってその船舶数の内訳を見てみると、シップ型およびバーク型帆船が六六〇隻、ブリッグ船が三十四隻、スクーナー船が二十二隻となっており、総トン数に換算すると二十三万三二六二トンになる。日本近海の捕鯨好漁場を発見した一八二〇年の捕鯨船の総トン数が三万六四四五トンであったことを考え合わせると、四半世紀の間で実に七倍近くの伸びを示したことになる。急成長ぶりは一目瞭然である。

また、シップ型、つまり三本以上のマストを持つ横帆船の数が他に比べて圧倒的に多いのは、それだけ遠洋航海へと出漁する船が多いということを示唆している。そして、そのほとんどが日本近海を含む太平洋をその仕事場にしていたのである。特に好漁場として知られていたオホーツク海、カムチャッカ近海などは数多くの捕鯨船の目ざすところとなった。このため、北太平洋はまさにアメリカ捕鯨船のラッシュ・エアリアと化したわけである。中浜万次郎や音吉をはじめとして多くの日本人漂流民がアメリカ捕鯨船に救助されたことも首肯できよう。太平洋は、文字通り捕鯨に挑む男たちの闘争心と冒険心を駆り立てるいわば戦場にほかならなかった。それはメルヴィル描くところの『白鯨』の世界そのものであった。

それでは、黄金時代を迎える以前のアメリカ捕鯨業およびその発展の端緒ともなったヨーロッパ捕鯨業はどのような経緯をたどっていたのだろうか。

アメリカ捕鯨業は、十七世紀に入ってヨーロッパから移住してきた植民者たちによって始められた、と言ってもいいだろう。それはまさしくヨーロッパ捕鯨業の延長・継承でもあった。しかし、それ以前にも捕鯨はアメリカ・インディアンたちによって行なわれていたことは確かである。彼らは沿岸近くに遊泳してきた鯨を軽船と銛で捕獲したり、死鯨を岸まで引いてきて処理したりしていた(リンゲ『捕鯨』、二五頁)。ただ、アメリカ捕鯨業の発展ということを跡づける場合には、どうしてもヨーロッパからの植民者の存在を抜きにしては考えられない。

そもそも新大陸アメリカに入植者たちがやって来たのはいかなる理由によるものか。これにはこれまでもさまざまな理由が考えられ考察されてきている。自国の圧政からの逃避、信仰の自由への希求、新しい生活圏の開拓――これらは通常アメリカ史家たちの説くところであり、我々にとってもとりたてて耳新しいことではない。しかし、ここにもうひとつ付け加えておかねばならぬ事象があった。それは、捕鯨業に携わっていた人たち、あるいは捕鯨業に新たな期待をかけようとしていた人たちが、植民地漁港を求めて新天地アメリカにやって来た、ということである。こういった事象はアメリカ植民地史の中でもどちらかと言うと過小評価されてきたきらいがある。しかし、アメリカ捕鯨業が日本の開国に少なからぬ影響を及ぼしたことを考慮すれば、本論においては当然押さえておかねばならぬ歴史事象である。

十七世紀初頭は、グリーンランドに近い北極海のスピッツベルゲン諸島を基地として、イギリス、オランダ、フランス、デンマークなどのヨーロッパ各国が、競って北洋捕鯨を展開していた時期である。この北洋捕鯨が開始されたそもそもの契機、その発端にもそれ相応の理由があった。イギリスは一六〇〇年、東インド会社を設立させ、東方貿易に乗り出したが、この時期の貿易航路は相変わらず南回り、つまり十五世紀末にヴァスコ・ダ・ガマによって開かれたアフリカの南端希望峰経由の航路であった。ただ、このアフリカ回りはあまりに日数がかかりすぎていた。そこでイギリスは東方に至る別航路の開拓に乗り出したわけである。ここに北極海を貫く北方航路の開拓が開始された。北方航路を経由してまず支那に辿り着き、そこから南下し、西回りでインドに達するという構想である。しかし、この企図は結果的には失敗に終わったのである。北氷の海の自然は予想をはるかに超えて過酷で厳しいものであった。

ところがここにひとつの副産物が生じたのである。彼らが通過しようとした北の海は、鯨、海象(セイウチ)、海豹(アザラシ)などの棲息海域であった。とりわけ鯨の豊庫の発見がヨーロッパの捕鯨業に火をつけたことは当然のなりゆきであった。北極海は、にわかに鯨の好漁場として脚光を浴び、捕鯨船が各国から競い合うようにこの海域に送り込まれた。捕鯨業は十七世紀初頭における新しい産業として認知されるようになった。だが問題もなくはなかった。イギリス人経営の交易会社「露西亜商会」がこの海域の捕鯨業に一枚加わってきたのである。露西亜商会は当時北極海に臨む「白海」の海域やロシア北西部にあるドヴィナ湾のアルハンゲリスク港を基地としてモスクワなどと盛んに交易を始めていた。

一六一二年、露西亜商会の貿易船がスピッツベルゲン沖でオランダの捕鯨船に遭遇した。だが、オランダ船は即刻露西亜商会の貿易船に追い払われてしまったのである。商魂たくましい露西亜商会は、翌年一六一三年にはスピッツベルゲン諸島の海域での漁業独占権を主張した。そして、イギリス政府はこの年、露西亜商会に対し、捕鯨に関する国王の勅許を与えたのである。露西亜商会は独占的な利益をほしいままにしようとしたのである。これによって、オランダだけでなく、イギリス本国も含め、スペイン、フランスなどの捕鯨業者たちが大きな打撃を受けることになった。また露西亜商会は海域に入ってきた各国の捕鯨船を攻撃したり、その捕獲物を奪ったりする海賊さながらの蛮行さえ働いたのである。さらに捕鯨船に対し強制的に税を賦課するほどであった。

こうした露西亜商会の行動に対して各国も静観していることはできなかった。自衛手段として、各国が自国の捕鯨船保護という名目で、軍艦をこの海域に派遣し、その結果各国船団と露西亜商会との紛争は絶え間なく生ずることになり、またイギリス、オランダ船間でも派生的に争いが生じることになった。このような事態に至ると、捕鯨業の発展どころではなくなり、お互いの損失も大きくなりすぎた。露西亜商会も税金を徴収するものの、紛争による損失があまりにも大きいことを認識し、次第にこの海域での漁業権主張から一歩手を引くことになっていった。

かくして一六一九年、スピッツベルゲン諸島海域での漁業権に関し、各国の間でひとつの調停会議が持たれることになった。初めのうちは、イギリスとオランダがスピッツベルゲン諸島の発見を根拠に、またデンマークがその海域の諸島が自国グリーンランドの一部であるということを理由に、それぞれ独占漁業権を主張したが、最終的には諸島の幾多の港湾、漁場は各国間で分割されることになった。こうしてこの後は、ヨーロッパにおける捕鯨業はお互いの利権を守りつつ、新しいしかも冒険的な事業として順調に発展への道をたどることになった。

一方で、十七世紀初頭は、新大陸アメリカへの植民地開拓が活発になる時期でもあった。捕鯨業に携わる人たちがこうした動きに無関心であるはずがなかった。ましてこの新大陸の北東部沿岸が、はからずも鯨(抹香鯨)の群れなす海域となればなおさらのことである。しかも、ヨーロッパ各国の捕鯨船団がこの十七世紀から十八世紀に行なった北氷洋での鯨の濫獲(主としてグリーンランド鯨や背美鯨)によって、鯨の数が減少していたとなれば、捕鯨業者たちの視線がさらなる新天地へと向けられたことは至極当然のことである。また抹香鯨は背美鯨などに比べ多量でしかも良質の鯨油が採取でき、その価格も二～三倍であることから、ヨーロッパ捕鯨の衰退にともなってアメリカ捕鯨が次第に台頭してきたことも自然の流れであった。

3　アメリカ捕鯨業と日本近海への道

さて、これまでアメリカ捕鯨業の盛運とその前史のヨーロッパ捕鯨をスケッチしてきたが、幕末日本の開国という視点に立ちかえってアメリカ捕鯨業を眺める場合、彼ら捕鯨船団がどのようにして、またいかなる理由で太平洋進出を試み、日本近海まで航海するに至ったかを跡づける必要がある。この活動の広がりこそ、日本の開国を促す大きなファクターになっているからである。

アメリカ捕鯨は先にも述べた通り、植民地漁港を中心にして発展してきたが、中でもきわだって発展した捕鯨港に、マサチューセッツ州の一島でもあるナンタケット島(港)がある。特に十八世紀に入るとこの捕鯨港は急速な発展を見せ始めた。そもそもの理由のひとつに、ナンタケット島の土地自体の不毛性というものがあった。人々は必然的に海へと生活の資を求めざるを得なかったのであり、また幸いにも島の沖合が鯨の棲息海域にもなっていたからである。このナンタケット島に、次のような言い伝えがあるというのも興味深い。

"...in 1690 several persons were standing on a hill watching the whalers off shore...one of the islanders, of prophetic soul, pointed to the sea, saying 'There is a green pasture, where our children's grand-children will go for bread.'"(タワー、前掲書、二五頁)

つまり、「あの緑の海原こそ、われわれの曽孫たちがパンを得るために向かうところである」と予言していたわけである。

一七一二年、ナンタケット島の島民の一人クリストファー・ハッセイが短艇で沿岸を航行中に強い北風にあおられ、はるか沖合に流されるという事件があった。この災難の折にハッセイは抹香鯨の大群に遭遇し、そのうちの一頭を仕留めて港へ持ち帰ったのであった。これがアメリカ人による初めての抹香鯨の捕獲であり、アメリカ捕鯨史に一転換を画す大きな事件であった。この後、ナンタケット島民は捕鯨船の型を変え、徐々にではあるが船の大型化とともに長期間捕鯨の航海に乗り出すための準備を整えていくことになる。三年後の一七一五年には六隻の捕鯨船が新手の遠洋捕鯨航海に乗り出しており、さらに十五年後の一七三〇年にはその数は二十五隻にまで増えている。一七三二年にはグリーンランド近くのデイヴィス海峡にまで達し、その後の一七五一年にはさらに北のバフィン湾、一七六一年には現在のカナダの北東の内陸へと入り込んでいるハドソン湾まで達している。しかし、北の海域での鯨の減少とともに、自ずと南下への道も余儀なくされ、一七六五年前後には西印度諸島からカリブ海、さらに一七七四年にはついに赤道を越えるに至った。南アメリカ大陸の最南端であるホーン岬を回って太平洋に出航するのは時間の問題であった。

ついに一七九一年、ナンタケットから六隻、ニューベッドフォードから一隻の捕鯨船が初めてホーン岬を回って太平洋に進出した（タワー、同書、四三頁）。また *The History of Nantucket* の著者アレグザンダー・スターバックは次のように記している。

「ホーン岬を回り鯨油を持ち帰った最初のナンタケットの捕鯨船はポール・ワース船長のビーバー号であった。」（スターバック、同書、四〇〇頁）

スターバックが記述したビーバー号は、タワーが記録したナンタケット出港の上記六隻のうちの一隻と考えられよう。かくして捕鯨船の日本への道がまた少し開けたわけである。しかし、この後ヨーロッパにおける政情の不安(フランス革命、ナポレオン軍と英独露の各国軍との戦い)、そのことによる鯨油市場の変動、そして米英戦争(一八一二―一四年)といったように歴史は戦乱と動揺の時代へと入っていったため、この十八世紀後半から十九世紀前半にかけてのアメリカ捕鯨業は、まさに一進一退の低迷状況と言ってもよかった。

一八一二年には、百十六隻の捕鯨船がナンタケットには係留されていたが、米英戦争後の一八一五年にはわずか二十三隻にまで減少しており、しかもそのほとんどが破損していたという事実(リンゲ、前掲書、三二頁)がその経緯をよく物語っている。

アメリカ捕鯨業が活況を呈し始めたのは一八一八年以降である。この年一八一八年、ジョージ・W・ガードナー船長のグローブ号が初めて太平洋を西へ西へと航行し、洋上に抹香鯨の大群を発見したのである(西経一〇五度～一二五度、南緯五度～一〇度。ガラパゴス諸島の西方約二千キロの洋上)。[1] これがいわゆる《洋上捕鯨》の始まりである。これは従来のように鯨を捕獲しては沿岸まで引いてきて、そこで解体して脂肪を煮沸して鯨油を採るのとは異なり、海上で鯨を解体し(脂肪分の多い抹香鯨は死んでも沈むことがなく、この方法によく適していた)、甲板上の脂肪煮沸罐(煉瓦壁で囲まれている)で脂肪を煮沸して鯨油を採取するというものである。これまでは遠洋航海で母港から遠く離れていても比較的陸地が望める沖合で仕事をしていたが、この方法によって、真の意味で一気に大洋へと進出が可能になったわけである。

アメリカ捕鯨船はホーン岬を回り、チリ沖を北上し、西へ西へと向かっていった。ここでメルヴィルがその著『白鯨』の中で興味深く語っていることが思い起こされる。メルヴィルは次のように記している。

「捕鯨船がホーン岬を回る以前には、植民の目的以外の商業も交通も、ヨーロッパと太平洋岸に延々とつらなる富裕なスペイン領との間には行われなかった。これらの植民地を狭量に独占するスペイン王室の政策を最初に破ったのは捕鯨船だ。」(『白鯨』(上)、一八一頁)

つまり、捕鯨船がスペインの植民地政策を打破した、と言っているのだ。この記述の後、メルヴィルは捕鯨船の太平洋進出を契機として、スペイン植民地だったペルーやチリやボリヴィアなどが捕鯨船によって解放され民主制が確立されたと説いている。捕鯨船の停泊によって交易が生まれ、人や物・情報(文化)の交流が促進されるにつれ、港々(植民地)が啓かれていき、スペインの植民政策が崩れていったことをメルヴィルは語りたかったのだと推測される。日本開国へ至る途上で、アメリカ捕鯨船は歴史の中で別の仕事も果していたことが理解される。作家メルヴィルの心のうちには、捕鯨業を単なる海の産業・事業としてのみ捉えるのではなく、歴史学的、社会学的に捉えようとする意識が明確にあったものと考えられる。

さて、捕鯨船がついに南アメリカ大陸から離れる契機が到来した。一八二〇年、マサチューセッツ州の支那貿易船の船長ウィンシップが、支那からハワイへ向けて航海している途中、日本近海で抹香鯨の大群が遊泳しているのを発見し、これを帰国後に報告した。この報を聞いて、いち早く彼の地へと捕鯨に乗り出した船は、既に出漁中であった同州ナンタケットの捕鯨船マロ号であったと言われている(2)。

この十九世紀に入った時代には、先にも述べたように捕鯨船の型も大型化しつつあり、三桅船や両桅船になっており、遠洋航海も可能になっていた。しかし、現実の問題として極東はまだ遠隔の地である。にもかかわらず抹香鯨の大群はナンタケット島の捕鯨者たちにとって看過できるはずのものではなかった。

かくして、北太平洋、日本近海は抹香鯨の好漁場として喧伝されるようになり、それ以後、漸次この海域で操業する捕鯨船が増加していくことになる。二年後の一八二二年には、既に三十隻を越える捕鯨船が日本近海に出没していたと言われている(田保橋潔『増訂　近代日本外国関係史』、二九九頁)。しかし、捕鯨船はアメリカ船だけとは限らなかった。イギリスおよびその植民地を根拠地とする捕鯨船もやってきていたのである。

この同じ一八二二年(文政五年四月二十九日)には、一隻の英国捕鯨船が江戸湾口に出現するという事件が生じている。ところが浦賀奉行小笠原弾正の命令に従い、捕鯨船は浦賀湾外に停泊を余儀なくされた。この英国捕鯨船はサラセン号と称し、一八二〇年に英国を出発しており、航海中に薪水や食料に欠乏をきたし、加えて乗組員の中に壊血病患者が出たため、その休養と欠乏品の補給を求めて日本の沿岸に接近したものであった。英国の捕鯨船が日本に接近したのはこのサラセン号が最初とされている。

「文政五年壬午年四月二九日、浦賀湊著《は》イギリス船、長さ十八、九間なり。巾六間程、凡二千石積余にて、水主三十三人、乗船之底は至而探し、凡三丈程。中段、部屋部屋澤山あり、厳重に一間一間、鎖を卸有之、食物は米・牛・豚・羊・野牛・鶏の類なり。砂糖竝何やら油を用ひ、塩は更になし。食物にも油を入、諸道具調度之類、皆油にて塗り竪めたれば、船中至而悪る臭し……〈略〉……人物は髪二寸のざんぎりにて、皆悉く、ちぢれ毛にて、茶色なり。髭は作りたるも有。亦剃りたるも有。船頭の髭は朝比奈の如く、もみあげより鼻の脇へとつゞき、面白く作りたり。眼は犬の如く、誠に赤し。丈は何れも高し」(『通航一覧』第六、巻之二五五)(3)

捕鯨船の臨検に当たった役人たちが異国風俗のバタ臭さに閉口しながらも、微細に注意深く観察していることが分かる。異国の文物、異国人の姿形などが長崎の出島を通してではなく、こういった突発事件を契機にして日本に紹介されるようになってくるのである。

ところで、このサラセン号の日本接近でも分かるように、捕鯨船の日本近海出没が頻繁になればなるほど、海難事故の発生も多くなり、薪水・食料の補給のために日本に援助を求める機会も多くなることは必至であった。まして、日本近海はモンスーン地域特有の大シケが発生するところであり、高波にもまれ難破する捕鯨船は非常に多かった。日本近海に出没したアメリカ捕鯨船の数も一八四三年には一〇八隻を数え、三年後の一八四六年(この年、アメリカ捕鯨船ローレンス号が北太平洋上で遭難し、乗組員七人が千島列島の択捉島に漂着している)には二九二隻と倍にふくれ上がっている。こういった形勢によって、海難事故も多発するようになり、ひいては、この難破・漂着という形をとりながらも日本とアメリカとの接触が生まれることになる。かくして、ここに人道主義的な立場から、自国の捕鯨船員の生命・財産を保護するという重大な使命が、アメリカ政府に負わされた。経済政策以外の面から新たに日本の開国を迫る必要性が生じてきたわけである。

4　アメリカの対日政策――ペリー来航以前

アメリカ捕鯨船が南米ホーン岬を回って、太平洋に進出し始めた時期、早くも日本の開国を訴える人物がいた。アメリカ海軍の提督デイヴィッド・ポーターである。彼の開国論にはたぶんに日本との貿易通商に力点が置かれていたが、捕鯨船員の保護という使命も考慮されていた。というのもポーターは米英戦争中に太平洋上で艦隊を指揮し、英国捕鯨船を十隻以上拿捕しており、太平洋上における捕鯨の重要性も認識していたからである。このポーターが一八一五年十月三十一日付けのマジソン大統領宛てに送った書簡の中で、次のように日本の開国を促している。A・ウォルワースの *Black Ships off Japan* から引用してみよう。

「日本海域での重要な貿易はオランダ国以外には完全に閉ざされている。そのオランダはこの上なく卑屈で追従的な手段でもって日本国との独占的貿易を確保している。他の国々も日本との交易を何度となく試みてきたものの、(西欧文明に対する)日本政府の妬みやらなにやらの理由からすべてが失敗に終わっている。……今やまさにその好機到来である――彼ら日本人の根強い偏見を捨てさせ、有益なる貿易をわれらが確保し、この日本民族を世界に知らしめることは、独立後四十年しか経ていないわが国にとっては、他国がこれ

までに味わったことのないような栄誉となるであろう。」(ウォルワース、同書、七頁)

独立後ほぼ四十年経った若きアメリカが、他国に先がけて日本を開国することの栄誉と意義が、かなり積極的に訴えられている文面である。このポーターの建議によって、早速軍艦三隻をポーターに授けて、日本に派遣する計画まで立てられたが、これは結果的には実現しなかった。

この他、当時においては、ジョン・クインシー・アダムズ(後年一八二五―二九年の間、第六代米国大統領となる)も熱烈な日本開国論者であった。彼はマサチューセッツ州出身で、当然東部アメリカ商人たちの極東貿易に関心はあったが、そもそもの彼の開国論はより人道的なものだった。つまり、キリスト教の倫理にもとづき、日本を国際社会の一員に引き出さねばならないという発想であった。いかなる国も全体の福祉に寄与すべきであり、日本の孤立主義は取り去るべきだ、という主張である。

このように捕鯨船員の保護、極東貿易、キリスト教的人道主義など、もろもろの条件が日本の開国に向けて大きく働きかけてゆくことになるのである。

一八三二年には、合衆国政府はニューハンプシャー州ポーツマスの大船主エドマンド・ロバーツを特使として東洋に派遣し、シャム国およびマスカット国(アラビア半島の東部)と通商条約を締結するよう画策した。この時、ロバーツは、もし機会があれば、日本と修好通商条約を締結すべく訓令を受けていたのであった。しかし、シャム国、マスカット国との通商条約の締結は成功したものの、日本国訪問は実現できなかった。この後、一八三五年には合衆国上院はこの両国との通商条約を正式に批准した。合衆国政府はこの批准書を再度ロバーツに託し、東洋へ派遣したが、この時も先に実現できなかった日本訪問を実行に移すべく訓令をロバーツに授けていたのである。しかし、一八三六年六月十二日、ロバーツは不幸にもマカオで客死してしまい、この任務もまた自然消滅の形をとった。

この翌年一八三七年にはモリソン号事件が起きている。これは日本漂流民の返還に乗じて、日本と通商を開こうとする民間レベル（極東貿易商社オリファント会社）の対日接近であった。しかし、モリソン号は浦賀沖において沿岸から砲撃をくらったため、いったんは退去し薩摩まで南下したが、その地でまたもや砲火を受けた。これは、「日本国の沿岸に接近する外国船は、その理由如何によらず、ことごとく砲火をもって迎ふべき」という文政八年（一八二五年）の「異国船打ち払い令」にもとづく日本側の当然の対応であった。日本との交渉はここでも不首尾に終わった。

このような遅々とした経緯を経ながらも、アメリカ政府の対日政策が現実的な意味で本格化したのは、その対中国貿易が著しく伸びた一八四〇年代半ば以降のことである。

アヘン戦争により、一八四二年イギリスが中国と南京条約を結び、資本主義的市場としての中国マーケットを確実に手中に収めると、それに便乗する形で、二年後の一八四四年、アメリカも南京条約とほぼ同様な植民地主義的色彩の濃い通商条約を中国と締結した。この勢いの流れの中で、アメリカが中国市場の次の二番手市場として日本を視野に入れていたことは自然なことである。特に、一八四九年のいわゆる《ゴールド・ラッシュ》は、アメリカ国内における消費財の新市場誕生を誘引させるとともに、対極東貿易の中継地としてのカリフォルニア（メキシコ戦争によって一八四八年にアメリカ領土となっている）の持つ意義をアメリカ東北部沿岸商人たちにはっきりと認識させていた。そして、さらに太平洋を超えてアジアへの眼を大きく開かせることにもなっていた。合衆国財務長官ロバート・J・ウォーカーは、一八四八年の年次報告の中で次のように述べている。

「最近の太平洋沿岸における領土の獲得によって、アジアは、穏やかな大洋をはさんで、突如われわれの隣人となった。そしてこの隣人は、ヨーロッパ貿易のすべてを合わせたよりもいっそう大きな貿易を持つ航路の上に、われわれの汽船をさしまねいている。」（石井孝『日本開国史』、二一一頁）

アメリカにとって、対中国貿易が拡大されようとしていた矢先に、こうした中継地点を確保できることは、アメリカの経済政策の夢を実現させるのに十分な保証となるわけである。多くの人口を有するアジアは、アメリカにとっての将来の顧客として申し分ない条件を備えていた。特に日本は極東地域における新しい市場として強く意識され始めていたし、経済的にイギリスに対し競争意識が芽生えていたこの時期のアメリカにとって、日本を市場として、また太平洋西端の中継地点として獲得することは、「世界のアメリカ」へ飛躍するためのひとつのステッピング・ストーンであった。アメリカにとって日本はこれまで以上に近き存在になってきたのである。

ところでこうした欧米列強の対極東政策が進行するなかにあって、日本もそうした世界の動きに対し無知であったわけではなかった。オランダ（ネーデルランド王国）国王ウィレム二世が、日本に対しその第一回目の開国勧告を行なったのは、アメリカが中国と修好条約（望夏条約）を締結したのと同年の一八四四年のことである。十五世紀にヨーロッパに始まった大航海時代の世界政策——航海・貿易・植民・産業の基盤をその世界的海運に置く政策——以来、スペイン、ポルトガル、イギリス、フランスといった西欧列強との相克の中でその歴史を展開させてきたオランダは、当然のことながら世界の動向に対し、特にアジアにおける列強の動向に対し常に敏感であったし、アヘン戦争後の極東の緊迫した状況を早くからキャッチしていた。そして、オランダ国王はこうした世界情勢や極東の危機を古き良き友人である日本に、親書の形で知らせてきたのである。ただ、このオランダの動きの背景には、当時のオランダの置かれていた経済的な劣勢な立場があったということも押さえておかねばならないことだろう。日本の鎖国政策以来、対日貿易の独占を享受してきたオランダは、他の列強によって日本が開国され、その独占貿易が突き崩されることを恐れ、自ら事前に開国勧告を行なうことで、他の列強とともに新しい通商関係を樹立し、確実な利益の恩恵にあずかることがより得策であると考えたのである。

ウィレム二世の親書は日蘭交渉の発端より説き起こし、中国に対するイギリスの開戦とその結果による海港五か所の強制開港の顚末を語り、砲艦外交的なイギリスの姿勢を敢えて強調することになる。そして「……独り国を鎖して万国と相親まざるは、人の好する所に非ず。貴国歴代の法に、夷国人と交を結ぶことを厳禁し給ひしは、欧羅巴州に遍く知る所也。老子曰、賢者位に在れば、能く治平を保護す。故に古法を堅く遵守して、反て乱を醸さんとせば、其禁を弛むるは、賢者の常経のみ。是殿下に丁寧に忠告する所也。今貴国の幸福なる地をして、兵乱の荒廃せざらしめんと欲せば、夷国人を厳禁するの法をゆるめ給ふべし。是素より誠意に出る所にして、我国の利を護るにはあらず。」（大隈重信『開国大勢史』、六八一―八二頁）と述べ、鎖国の祖法を廃止することを勧めている。しかし、この親書に対し日本が採った態度は、相変わらずの鎖国主義一点ばりで、結局具体的対外政策はなんら変わるところがなかった。

一方、アメリカは、着実に対日政策を推し進めていた。一八四五年、ニューヨーク州選出の国会議員Z・プラットによる対日・朝鮮通商協定締結を促す議案の決議、一八四六年、東インド艦隊司令長官J・ビッドルの日本派遣、一八四八年、海軍委員T・B・キングによる太平洋横断汽船路開設の建議、一八五一年、カリフォルニア・中国間の定期船航路設置の中継地としての日本の確保とそのための日米通商条約の締結を訴える海軍中佐J・グリンの大統領宛意見書、などなどいくつかの具体的政策が展開されていた。この一八五一年には、もう一人、別の方面から対日通商を推し進めようとする人物がいた。東インド艦隊司令長官J・H・オーリックである。彼はサンフランシスコに滞在していた日本人漂流民の返還を利用し、日本と新たな通商関係を樹立しようと画策した。この計画は国務長官D・ウェブスターなどのはからいですみやかに事が運んだ。オーリックは遣日特派使節としての信任状を一八五一年五月二十九日付けで受けとっている。しかし、結果的にはオーリックの日本派遣は実現しなかった。その原因は彼の癇癪性の性格にあり、重要な任務に堪えられないと判断されたためである。かくて、この遣日特派使節の任務は、東インド艦隊新司令長官ペリー提督に引き継がれることになったのである。前述したように自在に動ける《駒》ペリーの登場である。開国という日本近代史の第一ページがようやく繰られようとするに至ったわけである。

さて、こうしたアメリカ側からの対日接近や、日本人漂流民のアメリカ経験、極東をめぐる列強のバランス・オブ・パワーなどを反映して、日本国内でも対米認識が少しずつ変化し、異国との交渉に不可欠な外国語学習の内容にも変化が生じてくる。いわゆる蘭学から英学への移行である。

5　英学のあけぼの

ペリー提督が一八五三年に日本に来航し、江戸湾に入った時のことである。この時、幕末期における外国語学習状況を見る上で面白いエピソードが残っている。その時の状況を『日本遠征記』によって見てみよう。

「やがて一隻の防備船が旗艦の舷側に横付けとなった。船中の一人が紙の巻物を手にしているのを認めたが、サスクエハンナ号の士官はそれを受取るのを拒絶した。然し彼等はミシシッピ号の舷側でその巻物を開いて高く捧げて読めるようにしてくれた。それはフランス語で書かれた文書で、貴船は退去すべし、危険を冒してここに碇泊すべからずという趣意の命令が書かれているのを発見した。」(傍点筆者)(『日本遠征記』(二)、一八九頁)

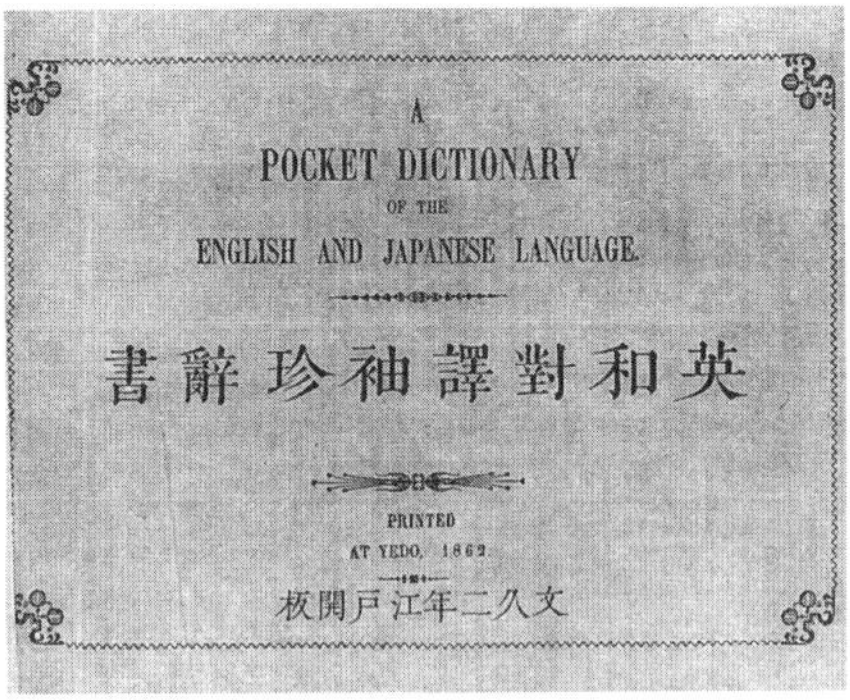
A
POCKET DICTIONARY
OF THE
ENGLISH AND JAPANESE LANGUAGE.
英和對譯袖珍辭書
PRINTED
AT YEDO. 1862.
文久二年江戸開板

『英和対訳袖珍辞書』

晩年の堀達之助

まず、幕府役人側が最初にフランス語で書かれた退去命令書を掲げたことは興味深い事実である。フランス語が国際外交用語として幕府役人側にも認識されていたひとつの証左であろう。この認識はペリー来航以前五十年も昔の一八〇七年(文化四年)、ロシア船のフヴォストフ海軍大尉、ダヴィドフ海軍少尉等が択捉・樺太に上陸し、民家や番小屋を焼打ちするといった威嚇行為をはたらいた折に残していったフランス語の文書に端を発している。これは日本に対し通商を求める文書であったが、当時の日本人オランダ語通詞ではまったく解読できず、結局オランダ商館長ヅーフの手をわずらわせ、これがフランス語であることが分かったのである。この時の経験を踏まえ、幕府は翌年の一八〇八年には長崎通詞六人(石橋助左衛門、中山作三郎、楢林彦四郎、本木庄左衛門、今村金兵衛、馬田源十郎)に対し、フランス語の学習を命じている。(大槻如電『新撰洋学年表』、九三頁)教師は当然のことながら、このヅーフに頼むことになった。

さて、仏学史はさて置くとして、サスケハンナ号に横づけした防備船上のうちの一人が「余は和蘭語を話すことができる」("I can speak Dutch.")と言ったことに注目しよう。この人物はオランダ語通詞の堀達之助である。堀はオランダ語通詞西吉兵衛についてオランダ語を学習したが、英語に関しては独学で学んでいた。し

フェートン号

たがって、この時点では未だオランダ語で話すことを得策と考えて、上記の発言に至ったのであろう。堀は幕末開国時に通詞として活躍した人物の一人であり、後年（一八六二年［文久二年］）日本で印刷本としては最初の英和辞書『英和対訳袖珍辞書』を編纂しており、英学史上重要な人物である。

ところで、このようにペリー来航時には既にある程度簡単な英語を理解できる蘭学者、英学者が育ちつつあったが、そもそも英学の発端を考察する場合、特記しなくてはならない歴史的事象として、フェートン号事件がある。

一八〇八年十月十四日（文化五年八月十六日）、イギリス軍艦フェートン号が長崎の港外に姿を現わした。艦は日本人の目を欺くためにオランダ国旗を掲揚していた。長崎奉行所では、オランダ船入港ということで早速オランダ語大通詞中山作三郎を通じて、当時のオランダ商館長ヅーフに報を知らせた。ヅーフにとっても、もしこれが真にオランダ船であれば、文化二年以来三年ぶりのオランダ船入港であるので、大いに喜ばしいことであった。しかし、当時のヨーロッパはフランスのナポレオン・ボナパルトの時代であり、オランダ（オランダ連邦共和国）もフランスに占領され、国王ウィレム五世も追放の身にあった時期である。またイギリス東インド艦隊もオランダ領東インドを侵略しようとしていた時でもあり、オランダにとってはいわば危機の時代でもあった。東アジアの果ての日本国にいたオランダ商館長のヅーフにもこういった状況はある程度は知らされていた。また、世界の動きや情報がささやかながら出島を通じて入るにしろ、江戸幕府は鎖国政策のため、西欧の具体的な動きについて正確に把握しているわけではなかった。したがって、もし入港してきた船がオランダ以外の異国船で、こうした外の世界でのオランダの弱い立場を幕府側に知らせたりしたら、これまで独占してきた日本との親密な関係も危ぶまれるだろうし、ヅーフ自身の身も出島から追放されかねないことになる。状況を斟酌するヅーフの心境は複雑にならざるを得なかった。

さて、幕府はオランダ船に対する正規の手続きをすべく、長崎奉行手付菅谷保次郎と川上伝佐衛門を送り、オランダ商館側からは簿記役ホゼマンと助役のスヒンメルが彼らに同行した。この時のオランダ語通詞は猪股繁次郎、植村作七郎の二人であった。ところが、夕刻になって二隻の小船が戻ってきた時は、二人のオランダ商館員の姿が見えなかった。結局二人は人質にとられたことが判明したのだった。まさにヅーフが恐れていたことが到来したのである。

長崎奉行松平康英図書頭は、異国船によってオランダ商館員二名が人質にとられたことは、自分にとっても、また日本国にとっても屈辱と考え、その二人の奪還を実力行使で図ろうとしたが、たまたま兵力の不十分なることを悟り、この計画をあきらめた。松平は、為すすべもなく帰ってきていた菅谷、川上両名を厳しく詰責し、方法はいかなるものでもよいから、とにかく二人を奪還するよう命令している。責任者松平のいらだちが察せられる。

夜に入ってから、捕らえられたスヒンメルからヅーフ宛ての書簡が届けられた。これによって、異国船はイギリス船フェートン号であることが分かり、船長はペリュウと称し、食料と飲水を要求していることが判明した。翌朝には異国船は堂々と白色軍艦旗(正規の英王国軍艦旗)を掲揚するに至った。さらに夕刻になるとイギリス船から一隻の短艇が陸地に向かって進み来て、海に突き出た陸地に簿記役のホゼマンを残して立ち去った。ホゼマンはペリュウからの書簡を携えていた。この書簡はオランダ語で書かれており、これはオランダ語通詞中山作三郎によって日本語に訳された。

「……何卒早々本船之食物御差送可被下候、左候はゞ今一人残り居候シキンムルも、食物相届候上差返し、直に出帆可仕欺、若今日中食物類御差送於無之者、明朝に至り、日本船並唐船迄も焼払い可申候。」（田保橋潔、前掲書、二七八―七九頁）

食料が届き次第もう一人の人質を解放するが、届かない場合は明朝さっそく日本船と中国船を焼き払うという、かなりの強硬策を打って出てきたのであった。長崎奉行は致し方なく、この求めに応じ、牛四頭、山羊十一頭、鶏十羽等を送ってやった。食用のために牛が異国船に供給されたのは、これが初めてのことであった。長崎奉行松平図書頭は、このイギリス船の狼籍に対し、適切なる処置をとることができなかったと自責し、五ヵ条から成る始末書を残して自刃してしまった。

この事件は幕府側にとっても大きなショックであった。異国に対する警戒の念をさらに強めるとともに、海防をよりいっそう固め、異国人との意志疎通をよりすみやかにはかるため、どうしても新たな言語、英語の研究の必要を痛感するに至るのであった。翌文化六年（一八〇九年）二月、幕府はオランダ通詞六名に対し英語を修得するよう命じている（大槻、前掲書、九四頁）。これがわが国における組織的英語研究の始まりであり、まさしく英学の発端がここにあったわけである。

この時の六名とは本木庄左衛門、末永甚左衛門、馬場為八郎、西吉右衛門、吉雄忠次郎（後出の六次郎の従弟）、馬場左十郎（為八郎の子）であり、教師としてその任に当たったのは、オランダ商館長次席のブロムホフであった。さらに六月には、岩瀬弥十郎、吉雄六次郎（権之助）の二名を加え、八月には、中山得十郎、石橋助十郎、名村茂三郎、志筑龍助《しづきりゅうすけ》、茂土岐次郎《しげときじろう》、本木庄八郎の六名を加えた。そして十月には長崎のオランダ通詞全員にロシア語・英語を修得するよう命じている。この間、大通詞見習の本木庄左衛門は九月に「諳厄利亜語《あんげりあご》開業世話役」を仰せつかっている。いかに英語学習が重視され始めたかが、この経緯によっても分かるだろう。

ラナルド・マクドナルド(67歳のもの)

この英語研究の結果、二年後の文化八年(一八一一年)正月にはわが国最初の英学書『諳厄利亜興学小筌《あんげりあこうがくしょうせん》』が本木庄左衛門などによって訳述されるに至った。これはいわゆる単語・会話表現の対訳集で、それ以前五十年程昔に庄左衛門の父がオランダ人より借りて転写しておいた蘭英対訳書を参考にして編んだものである。また、その後まもない九月には長崎奉行所から英語辞書編纂の命が下っており、これに従い本木庄左衛門を中心として、楢林栄左衛門、吉雄権之助、末永甚左衛門、馬場為八郎などが協力し、三年後の文化十一年(一八一四年)に『諳厄利亜語林大成《あんげりあごりんたいせい》』が完成したのである。これはわが国最初の英和辞書と言えるもので、アルファベット順に見出し語五九一〇語を収めており、また巻之一冒頭には八品詞を中心とした簡単な英文法解説も付されている。

このように少しずつではあるが英学書も誕生し、英語学習も始まったが、英学の本格的研究は、江戸天文方見習渋川六蔵(訳述)と同天文方御用藤井三郎(訂補)による『英文鑑《えいぶんかがみ》』(わが国最初の英文法書)の出版(一八四一年)や、インディアン系アメリカ人で漂流民として蝦夷地の利尻島に上陸した(一八四八年)ラナルド・マクドナルドによる長崎での直接的英語教授などを待たねばならなかった。英学の黎明は確実に明けてきたのである。一八五三年のペリー来航から遡ること五年前のことであった。

《註》

（1）この西経と南緯の位置は Alexander Starbuck, *History of the American Whale Fishery* (Castle Books, 1989) によったが、Obed Macy, *History of Nantucket* (Hilliard, Gray and Co., 1835) によると、西経一〇五度〜一一五度、南緯五度となっている。（いずれも『資料　日本英学史1　下　文明開化と英学』（四六―四七頁）による。）

（2）A. Starbuck, *The History of Nantucket*（四〇〇頁）によると、当時のナンタケット港出航捕鯨船マロ号の出漁期間や出漁海域の記録（船長はジョーゼフ・アレン、出航期間は一八一九年十月二十六日〜一八二二年三月十日、出漁海域は太平洋）、およびマロ号に付された注記 "Took his oil off coast of Japan" などから、日本近海での捕鯨の事実が確認できる。さらに、Obed Macy, *History of Nantucket* によっても以下のようにマロ号の日本近海出漁記録が確認できる。"In 1820, Captain Joseph Allen, in the ship Maro, of Nantucket, sailed for the Japan coast, where he found sperm whales plenty."（この英文引用は『資料　日本英学史1　下　文明開化と英学』（四六頁）によった。）

（3）「朝比奈」とは鎌倉時代の武将和田義盛の子で怪力無双で知られた朝比奈義秀のことと考えられる。この義秀の伝記『朝比奈巡島記』二十九巻が江戸後期の小説家曲亭馬琴によってちょうどこの一八二二年頃刊行されていた最中であった。夷人の髭を見た役人はその比喩にこの義秀のことを想起したのかもしれぬ。

《主たる参考文献》

S. E. Morrison, "*Old Bruin*" *Commodore Matthew C. Perry*, Brown & Company, 1967.（邦訳『ペリーと日本』[後藤優訳]、原書房、一九六八年）
I. Nitobe, *The Intercourse between Japan and the United States*, 教文館、1970.
Alexander Starbuck, *The History of Nantucket; county, island, and town including genealogy of first settlers*, Charles E. Tuttle Co. Inc., 1969.
Walter S. Tower, *A History of the American Whale Fishery*, The John C. Winston Co., 1907.
Arthur Walworth, *Black Ships off Japan*, Alfred A. Knopf, 1946.

石井孝『日本開国史』、吉川弘文館、一九七二年。

サミュエル・W・ウィリアムズ『ペリー日本遠征随行記』(洞富雄訳)、雄松堂書店、一九七〇年。

大久保利謙編『近代史史料』、吉川弘文館、一九六五年。

大隈重信『開国大勢史』、実業之日本社、一九一三年。

大槻如電『新撰洋学年表』、柏林社書店、一九二七年。

鹿島守之助『日本外交史』1、鹿島研究所出版会、一九七〇年。

片桐一男『阿蘭陀通詞の研究』、吉川弘文館、一九八五年。

加藤祐三『黒船前後の世界』、岩波書店、一九八五年。

神川彦松編『日米文化交渉史』(一．総説・外交)、原書房、一九八〇年。

川澄哲夫編『資料　日本英学史1　下　文明開化と英学』、大修館書店、一九九八年。

桑田透一『開国とペルリ』、日本放送出版協会、一九四一年。

桑田透一『鯨族開国論』、書物展望社、一九四一年。

定宗数松『日本英学物語』、文化評論出版、一九七九年。

重久篤太郎『日本近世英学史』、教育図書株式会社、一九四一年。

惣郷正明『サムライと横文字』、日本ブリタニカ、一九七七年。

田保橋潔『増訂　近代日本外国関係史』、原書房、一九七六年。

竹村覚『日本英学発達史』、研究社、一九三三年。

F・R・ダレス『さむらいとヤンキー』(辰巳光世訳)、読売新聞社、一九六九年。

徳富蘇峰『近世日本国民史――開国日本』(一)(二)、講談社学術文庫、一九七九年。

豊原治郎『アメリカ海運通商史研究』、未来社、一九六七年。

日本英学史学会編『英語事始』、日本ブリタニカ、一九七六年。

林復斎『通航一覧』第六、巻之二五五「諳厄利亜国部」、国書刊行会(復刻版)、一九一三年。

ペルリ提督『日本遠征記』(一)〜(四)(土屋喬雄・玉城肇訳)、岩波文庫、一九四八—五三年。

H・メルヴィル『白鯨』(阿部知二訳)、岩波文庫、一九五七年。

E・リンゲ『捕鯨』(日本貿易振興協会日本貿易研究所訳)、栗田書店、一九四三年。

第二章　G・H・プレブル大尉の見た幕末日本

ペリー艦隊マセドニアン号乗組員の記録より

1　はじめに

幕末時代の日米交渉史において、「プレブル」という固有名詞を耳にするとき、すぐに思い浮かぶのは「プレブル号」という船名であろう。当時十九世紀半ばは、アメリカの捕鯨船の難破事件が日本の太平洋沿岸で頻発しており、日本の沿岸に漂着した捕鯨船乗組員が幕府側に抑留・拘留されることがしばしば起こった。捕鯨船ラゴダ号の乗組員十五名が北海道の蝦夷地沿岸に漂着・上陸した（一八四八年六月七日）のもこうした難破事件の一件にすぎなかった。だが、本国アメリカでは難破船員に対する日本国の対応・待遇がはなはだ不適切・不当である、という風評がいよいよ高まっていたため、アメリカ政府は人道的立場から難破船員の救助・救命を求める政策に打って出なければならなかった。ラゴダ号乗組員十五名は既に松前藩から長崎に護送・拘留されていたので、一八四九年四月十七日（嘉永二年三月二十五日）、グリン中佐を艦長とする「プレブル号」が長崎港外に到着して、そのラゴダ号乗組員の解放を求めてきた。グリン中佐側の強硬な姿勢が功を奏して、四月二十

G.H.プレブル

六日には拘留されていた乗組員十三名(既に一名病死、一名自殺)が無事に解放された。この時に同時に解放された人物がもう一人いた。自らの意思で利尻島に上陸し、別の形で長崎に拘留されていたラナルド・マクドナルドであった。マクドナルドについては日本の英学史上の重要人物であることは言を俟たず、多くの研究がこれまでに報告されている。[1]

さて、本論で扱おうとしている「プレブル」は船名ではなく一人の人物である——ジョージ・ヘンリー・プレブル大尉。プレブル大尉は一八五四年の初春、日米和親条約を締結するために来日したペリー艦隊の一軍艦マセドニアン号の乗組員である。本来、ペリー艦隊の全乗組員は航海記録や日誌を書くことは厳に禁じられていたが、プレブル大尉はある方便を利用して首尾よく記録を残していたのである。

ここではG・H・プレブルなる人物像、その記録 "The Opening of Japan"[2] について、さらに彼が仔細に観察した幕末の日本、などについて考察してみたい。

2　プレブル家の「血筋」と海軍軍人ジョージ

ジョージ・ヘンリー・プレブルは一八一六年二月二十六日に、メイン州ポートランドで生まれている。その家系はなかなか立派で、海軍将校、教育者、作家、詩人などを輩出した古い家柄でもある。祖先とされているエイブラハム・プレブル(一六六三年没)はもともとは英国ケント州から移住してきており、宗教的にはピューリタンに属し、傑出した働きぶりでメイン州の最初の政務官となり、また後年には市長にもなっている。

ジョージの父親イーノック・プレブル(一七六三—一八四二年)は商船に乗り、船長として活躍する「海の男」でもあった。わがジョージが海軍軍人として世界の海に飛び出していった情熱の背景にはこの父親からの「血筋」というものがあったのかもしれない。母親のサリー・クロスはニュー・イングランドの名門の出であった。概して、プレブル家一族は能吏の家系であり、実務を良くこなし、社会的、政治的にも組織内でうまく働ける人材を輩出しており、評価されてもいる。しかし、そういった実務面ばかりではなく、一面では歴史や文芸に対しての素養も持ち合わせていた。ジョージの祖父に当たるジュディディア・プレブル(一七〇七—八四年)は愛国的な散文詩を書いているし、ジョージとは同時代人であったプレブル家一門のひとりウィリアム・ピット・プレブル(一七八三—一八五七年)はプレブル家全体の家系図の記録を編纂し、プレブル家の果した功績を手際よく記述している。このようなプレブル家に流れる歴史記述や詩作に対する才能の一面がわがジョージにも受け継がれており、彼は本論で紹介する航海記録“The Opening of Japan”の中でも妻に宛てた手紙の末尾にいくつかの詩篇を書いている。それらは旅立ちの歌・別れの歌であり、愛の詩でもあり、時には「女性」としての妻を想う戯歌的な詩篇も書いている。また、プレブルは死の直前には *Grog: A Mixture of Prose and Verse, Brewed by G. H. Preble*(『グロッグ酒——散文と詩のカクテル、醸造元G・H・プレブル』)を出版しており、これなどはその凝った題名からして文学趣味的なディレッタントの一面を覗かせている。また後年にはポートランド自然史協会副協会長になったり、ニュー・イングランド歴史系図協会の専門会員になったり、メイン歴史協会の通信員に選出されたりしている。ジョージは独学で歴史を学んでおり、アメリカ海軍史においても貴重な研究を残している。

一八三五年、ジョージ・プレブルは十九歳の時にメイン州から海軍兵学校士官候補生に選ばれた。翌年の五月から十一月までの期間、地中海やカリブ海でフリゲート艦ユナイティッド・ステイツ号に乗組み職務に従事した。かの『白鯨』を書いたメルヴィルも、捕鯨船に乗って放浪の航海を経験したあと、奇しくもこの軍艦ユナイティッド・ステイツ号に水兵として乗船している（一八四三―四四年）。

その後、二十代は海軍士官としていくつかの軍艦に乗り組み、海軍軍人として成長・出世していき、一八四三年五月、二十七歳にしてスループ型帆船セント・ルイス号の艦長代理に抜擢された。この任務の中でジョージ・プレブルは東シナ海まで航海し、中国に対するアメリカの東洋外交の現場を目撃することになる。この時（一八四四年二月）、アメリカ政府は対中国との通商条約締結のため、マサチューセッツ州選出議員ケイレブ・カッシング（一八〇〇―七九年）を全権委員として中国（広東）に派遣していた。カッシングと中国側との交渉の間、プレブルは中国本土に上陸し（一八四四年六―七月）、アメリカ軍の指揮官としてアメリカ領事館やアメリカ市民の安全を確保し、かつ武力を誇示することによって、なかなか一筋縄では行かない中国との外交交渉を側面からサポートして、カッシングの対中国通商条約調印を後押しした。プレブルは自らが書いた「家系譜」の中で、その時の状況を次のように語っている。

「セント・ルイス号も艦艇の一隻となっていたその艦隊は、必要なら武力を行使してでもケイレブ・カッシングの外交交渉を助けることが任務であった。結果として、中国との最初の条約が締結された。」（*Genealogical Sketch*, 二〇三頁）[3]〔以後、ことわりがない限り、*The Opening of Japan* その他の引用の英文訳は庭野による〕

カッシングはこの条約締結の成功に鑑みて、次のターゲットが隣国日本であることを強く意識した。それは、広東在住のアメリカ人商人や宣教師たちが、東アジアにおける通商および布教に利する次の有望なる候補地は日本であることをしきりに吹き込んだからである。またプレブルにとって、外交の場でのカッシングに対するサポートや中国本土への上陸、そこでのアジア人との交流などは、十年後に彼がペリー艦隊の一員として日本にやってくるための布石の一手になっていたかもしれない。

東アジアでの任務の後、プレブルは故郷ポートランドに戻るとすぐにスーザン・ザビア・コックスと結婚した(一八四五年十一月十八日)。結婚生活においては二男二女をもうけたが、三番目に生まれた次女は悲しいかなその日のうちに亡くなってしまった。結婚後もプレブルは海軍軍人として活躍し、メキシコ戦争では勲功をたて、その他の通常の任務としてはアメリカ各地の湾岸の測量調査に従事した。一八五一年の秋にはフリゲート艦セント・ローレンス号に配属となり、ロンドンで開かれた第一回万国博覧会会場のクリスタル・パレス(水晶宮)に入場するアメリカ人参列者たちのエスコート役もこなした。その後もいくつかの軍艦に配属替えとなり、その将官地位も徐々に向上し、一八五三年に三十七歳でマセドニアン号に配属になった時は海軍大尉の職位に就いた。

このマセドニアン号はペリー艦隊の一隻として配備され、極東海域の海軍特別任務(日本の開国)の一翼を担うことになるのである。プレブルにとっての青年期から壮年期はまさしくアメリカ海軍と国運の発展と共に歩んだ時代であった。プレブル自身も日本へ赴く船上から妻へ宛てた手紙の中で、自身がこれまで乗船した艦船の名前をひとつひとつ挙げながら、海軍軍人としての人生を振り返って "an epitome of eighteen years, chequered existence"(「まさに十八年間の波乱に富んだ(海軍)人生だよ」)(*The Opening of Japan*, 三八頁)と述懐している。(4)

3　航海記録 "The Opening of Japan" の成り立ち

ペリー艦隊の日本開国に関わる公式記録は *Narrative of the Expedition of An American Squadron to the*

China Seas and Japan として公刊されている。これは、ペリー提督自身の記録や乗組員の覚書、日誌などが蒐集され、提督の指示・監督を受けつつ、法学博士のフランシス・L・ホークスが編纂したものである。土屋喬雄・玉城肇の両氏によって『日本遠征記』として訳出され、岩波文庫に収録されている。

そもそもペリー提督は艦隊の乗組員に対しては、本国への観察記録の送信や私信などを介しての情報漏洩を固く禁じたのであった。『日本遠征記』にもそのことがはっきり書かれている。

「十二月二十二日に提督は、艦隊の行動に関して故国の公刊物へ通信することを禁じ、又友人宛の私信を介してかくの如き報告をすることをも禁ずるといふ海軍卿の命令を公示するための一般命令を発した。」（『日本遠征記』（一）、一三三頁）

その海軍卿（海軍長官ジョン・P・ケネディ）の訓令（一八五二年十一月十三日）とは「遠征隊に参加する士官その他の者の日誌、あるいは個人的な手記は、海軍省から出版許可が得られるまでは、すべて政府に属すべきものと考うべきものである。(5)」というものであるが、この訓令自体もペリー提督がケネディ長官に促して出させたものと、考察できないだろうか（まだ確定できていない）。臨時国務長官代理C・M・コンラッドがケネディ長官に対して与えた対日方針の訓令の草稿もペリー自身が書いたとされていることからしても、(6)今次の日本開国に向けての遠征の政策には、ペリー提督の意向がかなり反映されていると解釈できる。それゆえに、「歴史に名を残す」という功名心によって、ペリーは公式記録をすべて自分の責任と名の下に公刊したいと考えていたのである。『日本遠征記』（一）の「原序」に示されている下記の記述にはそのようなペリー提督の心情がまざまざと垣間見られる。

「ここに提出されたる遣日遠征隊の記事は、余の監修の下に、且つ余の要求によりて、余が提供したる資料より作製されたるものにして、信憑すべきものなり。余はこれを、余の公式の報告として提出す。又ここに記されたる諸事実の記事につきては、余のみ責任を有するものなり。」（同書、一九頁）

こうした艦隊のトップの命令に対しては、乗組員は表向きには従わざるを得なかったが、不満を感じた乗組員も多くいたことだろう。実際にはひそかに書き残していた記録類を提出しなかった人たちも何人かいた。今日、我々が読むことができるそうした個人的記録は十指に余るのである。またプレブル自身、ペリーのこの訓令に対しては、“an infringement of our private rights we are not disposed to tolerate”（「我々が黙認できない個人の権利の侵害」）（プレブル、前掲書、四九頁）と強く反発している。

ここで取り上げる彼の記録“The Opening of Japan”もある意味では隠された記録と言えるものである。ではどのようにしてペリーによる没収を免れたのか。そもそもプレブルにははじめから航海日誌を書く意図があった。すべての日記・日誌類は最終的にはペリーに提出しなければならない、また友人への私信や通信社への報告で艦隊の行動を知らせてはならない、というペリーの訓令の裏をかくにはどのような方法があったのか。その抜け道として、プレブルはひとつの策を考えた。プレブルは日々の「妻への手紙」という形で航海日誌を記録することにしたのである。ある意味では偽装工作である。

「君への書簡は今回の航海記録を綴る唯一のものです。それはひとつには天候が非常に暑くなって自分の部屋で快適に〔日記の〕ペンを走らせるなんてどだい無理なことだし、最大の理由はペリー提督が訓令を出して、すべての日記・日誌類は適当な時期に封印されペリー提督に提出することになっているからです。」（同書、四九頁）

残された記録からも分かるように、プレブルはほぼ毎日記録している。そして彼はこの私信は書簡ではなくはっきりと "daily diary"（日記）であると位置づけているのである。ここは英文で見てみよう。

"As I anticipated my surveying duties have kept me at work from day light until dark and my fatigue and the prostrating heat have compelled me to forego the pleasure of keeping up my daily diary of events."

「予想していたように測量調査のために昼から晩まで働き尽くめで、この疲れとぐったりするような暑さのため、日々の出来事を日記に記録する喜びは奪われてしまった。」（同書、二二七頁）

プレブルはこのように意識的に観察記録として書簡日記を書くことを決意していたため、ペリーの公刊した公式記録とはまたひと味違ったものになっている。沿岸の測量中に陸から手を振って反応を示す庶民のおおらかな態度などが自然なタッチで観察されている。それは十九世紀のアメリカ教養人の視線から見た日本人の一般庶民の姿であり、東洋の異文化に対する自然な驚き（感動）の記録でもある。具体的には後半部で紹介していきたい。

4　篤信家プレブル大尉の妻への詩

記録を読んでいて気がつくことは、プレブルが妻思いの良き夫であり、家族思いの良き父親であり、またピューリタンとしての真面目な篤信家の素顔も垣間見られるということである。確かに我々日本人にはなかなかできないような直截な愛情表現が彼ら西欧人にはよくあることだが、そのような我々日本人の先入観を抜きにしてもプレブルの妻思い、家族思いの言葉はプレブルの素直な愛情表現と見たい。とりわけニューヨークを出航してまだ日が浅い時の手紙には後ろ髪引かれるプレブルの気持ちも綴られている。三十代半ば過ぎの若いプレブルにしてみれば自然な心の動きであろうと考えられる。記録からいくつか紹介してみよう。愛情表現の英語のニュアンスも味わって欲しい。

"1853. 4. 10. (Sun.): God bless you. My loving thoughts are all yours and homeward."

(一八五三年四月十日(日)　神のご加護を。僕の愛を君と家族に捧げる)

"1853. 4. 13. (Wed.): God bless you and darling little ones. Who are never absent from the thought of your affectionate husband."

(一八五三年四月十三日(水)　君と愛する子供たちへ神のご加護を。君たちのことを決して忘れたためしがない優しい夫から)

"1853. 4. 13. (Wed.) Evening: Keep me informed all about Harry the bold, and little Susie, and ask them, for my sake, to be good children and mind mama."

(一八五三年四月十三日(水)夕刻　やんちゃ坊主ハリーと幼いスージーのことなら何でもいいから知らせておくれ。あの子たちに言っておくれ、いい子にしてママの言うことをよく聞くんだよ、ってね)

"1853. 4.17. (Sun.): Still my thoughts linger behind, and my heart is sore as I think of our long separation. I would be with you and our dear little ones, those twins of our affections. . . .

I shall read this evening, as we agreed, the 1st Psalm and 2nd chap. of *Matthew*, and continue each Sunday, counting the weeks of absence by the chapters. It will be pleasant as aforetime to know our thoughts, as well as our hearts, are united.

I began this at noon, it is now evening, and blowing a moderate gale, which is hurrying us on our course.

May a kind Providence watch over and protect you in my absence, and return me to you in its own good season."

（一八五三年四月十七日（日）　いまだに後ろ髪を引かれる思いだ。この長い別れを思うと悲しくなる。僕はいつも君たちと一緒だ、愛する君、僕らの愛する子供たち。……

今晩、約束通り、旧約聖書第一詩篇と『マタイ福音書』第二章を読むつもりだ。そして毎週日曜日はこれを続け、読む章の数で僕たちの別離の週を数えていこう。前もそうだったね、こうして僕たちの思いと愛情がひとつになるということ、嬉しいことだからね。

昼時から読み始めて今は夕方になっている。少しばかり強風が出てきたけどおかげで航行も順調。僕の留守の間、慈悲深い神が君を見守り、そして良い季節に僕が無事に君の元に戻れることを祈っている。[7]）

大海原へと航海を始めたばかりのこの時期、プレブルの胸中には後に残してきた愛する妻や子供たちへの思いがふくらむばかりだったのではないかと、想像される。

その後、半年の船上での生活の後、ようやく東アジアの香港へと到着する頃には、また別の感情にとらわれることも経験する。それは女性としての妻への思いでもある。結婚記念日のことを思い出しては、幸せの極みにあったことを思い出している。

「一八五三年十一月十八日（金）『（今日は）僕らの結婚記念日だね！』あれは火曜日だっただろうか、それとも水曜日だっただろうか、僕らが夫婦としてひとつになったときは？　冗談はさておき、本当に曜日は忘れてしまったよ。でも、命あるものとして最高の幸せを感じた日だったことは、今でも覚えている。今日は金曜日。だから、季節はずれだけれど、僕にとってはとにかく「聖金曜日《グッド・フライデー》だ[8]」。心はひとつなのにお互いの肉体を遠く離している大海原、この遥かな距離をひとっ飛びに飛んでいけたらなんとすばらしいことか。そして、君の傍らに座って、愛し合い、別離の日々の思い出を語り合えたら、なんてすばらしいことか。」(同書、六四―六五頁)

また妻への私信の中でもいくつか詩を書き残しているプレブルだが、女性としての妻を想いつつ苦笑してしまうような詩も書いている。「幸せ」は人それぞれである、ということに言及してから、以下のような記述と詩を妻に送っている。

"Anyhow I wish I was at home again and in the enjoyment of our idea of happiness.

I wish I was a girdle
　About your dainty waist
And that your heart now beat against mine
　In sorrow, joy or rest
That I might know it beat alright
　I'd clasp it round so close and tight
And I would be a necklace
　All day to fall and rise
Upon your balmy bosom
　With your laughter or your sighs

And I would lie so light, so light
I scarce should be unclasped at night"

(とにかく、再び家に帰って、幸福というものを享受できたらいいのだけれど。

僕がガードルだったら、
　君の優美な腰に付けてもらえるのに。
君の心臓は今や脈打つ、僕の胸に、
悲しいときも、喜びのときも、眠りのときも。
僕には分かる、確かな鼓動が、
　君の心をしっかりと抱きしめれば。

僕が首飾りだったら、
　日がな一日、上下に揺れる。
君の芳しい胸の上で、
君が笑うたび、ため息をつくたびに。
だから、僕はたいそう軽く軽く横たわる、
　夜になってはずされないように。)

(同書、一一二―一一三頁)

妻を残してきた一人の若い海軍軍人の男の気持ちを戯歌的に詩に託したものである。しかし、これには下敷きとなっている詩があった。イギリス・ヴィクトリア朝の桂冠詩人アルフレッド・テニスンが書いた詩編'The Miller's Daughter'のスタンザの一部にプレブルの詩とほぼ同様な詩があるのだ。多少の詩句の削除・修正や人称の変更（オリジナル詩のherをプレブルはyourに変えている）などを別にすれば、内容的にはほぼ類似したものになっている。プレブルはおそらくテニスンの詩編'The Miller's Daughter'を愛読・愛誦していたのだろう。妻を想うとき、ふと（半ば遊び心もあって）テニスンの詩を借用したものと考えられる。肖像写真（三四頁参照）のなかなかの端正な顔立ちと、また繊細でかつ正義感に満ちている風貌から想像してもプレブルのこのような詩心の動きは面白い。

5　プレブル大尉が見た東洋の異国

「庶民の女性たち」

約八か月の航海の後にようやく沖縄（那覇）に到着し、いよいよ陸《おか》に上がって日本に一番近い東洋の異国の民族を目にすることになる。街中を歩いていてすぐ目に留まるのは自ずと女性や子供たちになる。それは、現地の男たちは上層部からも命令されているように警戒心を解いていないし、日中は仕事に出ているからだろう。女・子供たちは好奇心の固まりになっていて、異人に対しては「見たいけれど怖い」「怖いけれど見たい」というアンビヴァレントな気持ちで揺れている。異人の姿を目にすると彼女たちはさっと隠れたり逃げたりするのだが、それに間に合わない場合は家の壁のほうに顔を向けたままプレブルたちがそのまま通り過ぎるのをじっと待つ、という具合だった。ただプレブルたちが通り過ぎてしまうと壁や窓からこちらをジッとのぞき見ている、という光景が記録されている。プレブルはそれを"genuine female curiosity"（女性特有の好奇心）と言っている。この二年後に日米修好通商条約の締結のため来日したタウンゼンド・ハリスも女たちの同様な観察を記録しているのは面白い。

タウンゼンド・ハリス

「街路に面した建物は、カイロやアレキサンドリアの家々のように、出張り窓をもっている。この出窓のガラス障子から、たくさんの女性の顔が見えた。江戸の女も、人類の母イヴの欠点を完全に承けついで、好奇心の持ち主らしい。窓の下から上まで、そのあらゆる部分が、女の顔でうずまっていた。」（ハリス『日本滞在記』（下）、六〇頁）

プレブルたちは東洋の女たちの反応を楽しんでいるかのようである。物売りの市場などでは女性たちは器や皿をそのまま放り投げて逃げ惑う。プレブルはこのように女性たちが恐れんばかりに逃げ惑う光景を見て、自分たちはそれほど怖がるような醜い顔をしていないのだぞ、と半ば不満げに書き残している。

「我々五、六人［の異人の男］から一目散に逃げようとする人たちを見るのは面白いけれど、一面ではいやなものだ。だって、我々だってそんなに見てくれは悪くないからね。はっきり言って、しわくちゃなおばあさんたちの中には、何もそれほど警戒心を持つ必要もないような人もいるし、若い女性たちでも、お世辞にも〝きれい〟などとは言える人はあまりいないからね。」（プレブル、前掲書、九〇頁）

このような最後の印象描写は今では性差別的として問題にされかねないところだが、十九世紀の男性プレブルはさらりと書き残している。また、はじめは女性たちと同じように怖がって逃げ惑っていた子供たちはと言うと、次第に馴れてきて態度が大きくなってきた。那覇港出発の日に別れの挨拶がてら陸地に上がって子供相手に中国硬貨をあげたりしていると、中にはお金ほしさにプレブルのポケットに直接手を入れてくる図太い子供も出てきた。しかし、プレブルはビシッとそれは制した、と書いている。

那覇の女性についてプレブルが観察したもうひとつに、既婚女性の「手の甲の刺青」がある。同じ女性として妻も関心があるだろう、ということで、なぜこの刺青の風習が始められたかの逸話を詳しく説明している。

この刺青の慣習の起源は一人の美しい琉球娘にある。彼女は一人の愛する青年と結婚したが、結婚後すぐに青年は一年間の仕事ということで中国に渡ってしまった。しかし、その後はまったく便りもなく待てど暮らせど帰ってこない。親たちはそろそろ次の夫を決めたほうがいいのではないかと勧めるし、周りからはいろいろと結婚の申し込みもくる。しかし、彼女はどうしても夫を諦めることができずにそうした申し込みを断り続ける。彼女の美しさのひとつにその繊細できれいな手があった。彼女は夫に操を立てるために、その手を灰汁のなかに漬けて刺青を入れた(9)。

プレブルはこのような逸話を説明してから、「夫への変わらぬ愛の誓いの証拠として」(“to evidence their unalterable affection for their husbands”)、既婚の琉球女性の手甲の刺青の風習が始まった、と伝えている。面白いことに、プレブルは日本に行ってからも、既婚の日本女性の「お歯黒」についても関心を示しており、やはり同様に妻に宛てて「お歯黒」の風習について簡単に説明している。「お歯黒」というのは既婚女性が「鉄粉を尿で溶いたもの」(“a mixture of urine and iron filings”)を自分の歯に黒く塗って、自分の夫以外の男性には「魅力的でないように」(“less attractive”)に見せるものだ、と。「お歯黒」の由来の説にはいろいろあるようだが、プレブルにとっては人づてに聞いたこの説が、「手の甲の刺青」の由来と同様にしっくりと理解されたのだろう。プレブルはこのような東洋の女性の操の堅さを遠く隔てたアメリカの地にいる自分の妻に訴

S. W. ウィリアムズ。左は日本人が描いたもの。

えたかったのかもしれない。それにしても、プレブルは以下のように「お歯黒」は醜いと言っている。

「彼女たちが笑うと——実際によく笑うのだが——本当に不快で醜く見える。水兵たちはこのお歯黒の女性たちを「歩くインク瓶」と言っているよ。」(同書、一二三頁)

この「お歯黒」については幕末にやって来た異人たちの滞在記や記録にも、しばしば記録されている。ペリー艦隊の通訳として働いていたS・W・ウィリアムズは、植物採集の目的でモロー博士とともに神奈川に上陸した折、早速お歯黒の女たちを認めている。

「群集はわれわれが進むと道をあける。一人一人が実に秩序をよく守っている。歯を黒く染めた婦人がいたが、彼女たちは、笑えば笑うほどわれわれに嫌悪の情を催させた。」(『ペリー日本遠征随行記』、二六〇—六一頁)

また、スイスの遣日使節だったエーメ・アンベールは、お歯黒の風習を、その思想も含めて次のように記録している。

「既婚の女たちは化粧が非常にきびしくて、髪には何の飾りもつけず、着物は明るい色や派手な色を避け、顔には白粉をつけず、歯は黒檀のように黒く染めていた。これは日本では、結婚した婦人はすべて夫に従うという思想に基づくものである。その反対に若い娘たちは、唇に口紅を濃く塗って、歯の白さを目立たせている。」(『幕末日本図絵』(上)、六一—六二頁)

イタリア遣日使節アルミニヨンは既婚女性が離婚した時はお歯黒を取ることができるという様子も書き残している。

「日本人の間でも離婚が出来るといふことは、予は既に述べた。夫は妻に離縁状を與へて之を自由の身とするのである。かうして離縁された女はいつでも好きな時に好きな男と再婚することが出来る。離縁された女は歯を元の通り白くし、娘時代のやうに眉毛も伸ばすのである。」(『伊國使節　幕末日本記』、八七頁)

離婚した女性はまた歯を白くして、再婚の準備ができるなど、面白い指摘である。いずれにしろ、日本独特の「お歯黒」の風習は異国から来た異人たちにとっては、とりわけ男性にとっては物めずらしい女性の光景・風習であったにちがいない。

「いざ日本へ向けて」

いよいよ沖縄から日本へ向かって出発である。出帆してしばらくの間は天候に恵まれて順調な航海が続いた。鯨の棲息海域を通過する時は、これらの“monsters”が帆船の舳《へさき》をじゃれるように泳ぎ、潮吹きするのを楽しく観察する。また、次第に近づいてくる日本国のことを思い、プレブルは自ずと今次の日本遠征の目的と意味を考える。

自分は今回の砲艦外交による実利的な収穫を容易に得られると考えるほど楽天的ではないが、軍艦による日本訪問はその都度ひとつひとつではあるが日本の鎖国主義の障壁を取り除くはずだ。前年の夏のペリー艦隊の日本開国訪問の時は、これまでどの異国船が入ったことがないほど深く日本近海（江戸湾）に入った。その効があって、フィルモア大統領の国書が日本側全権を通じて日本国皇帝（将軍）に手交された。今次の遠征では江戸湾の測量を完全に終わらせ、また持参した機関車（模型）や電信機で「ちょんまげども」の肝をつぶしてやるのだ。たとえ条約締結が不首尾に終わろうと、遭難の危機に見舞われる捕鯨船員たちの避難所を確保することだけでも望まれることだ、と判断する。[10]

ここにはペリー提督が考える強行策による実利獲得の目論見と同様な見方が反映されている。とりわけ捕鯨船難破による漂流民の救済はどうしても譲れない条項であることは、人道的な視点に立つアメリカ市民の感情を明確に反映したものだと考えられる。ただ、捕鯨船難民の救済に対する日本からの援助に関しては、慎重なプレブルに比べ、ペリー提督はかなり楽観視していることが、『日本遠征記』を見ると分かる。ペリーには砲艦外交という圧倒的な力の誇示による勝算が胸中にあったのかもしれない。以下のように記述されている。

「提督は、合衆国の当然なすべきことを断乎として主張し、又祖国の利害にあって望ましいと思はれる関係の確立を慎重に主張することによつて、自分の権限内にある総てのことを行はうと決心したのである。提督は日本に適当な釈明と弁明をなさしめ、且今後日本人の掌中に陥るべきあらゆる外国人に対して親切な待遇をなすと云ふ保証を得、並に同帝国の諸港に投錨する捕鯨船を親切に迎へその物資を供給すると云ふ保証を得ることは、余り困難でないだろうと考へた。」（『日本遠征記』（三）、一三二頁）

実際、二度めの日本訪問となる今次の遠征は、アメリカ側がほぼ予測していた通りの成果を得ていくことになる。つまりは、「アメリカ船に対する薪水、食料、石炭の供給」、「漂着民の救助、相応の待遇」、「アメリカ船が必要とする品があった場合は双方の話し合いで対応する」などが中心的な和親条約の中身である。ペリー提督は日本側が通商・交易を行うことを極度に嫌がっていることを交渉過程の中で理解し始めていた。したがって、ここまでが自分のできる仕事であることを納得したのである。無理強いして和親条約すら締結できないことを危惧していた。本格的な通商条約は次のハリス来日を待たねばならなかった。

さて、本書の次章（第一部第三章）では異国人たちとフジヤマとの出会いについて描出することになるが、わがプレブルも当然フジヤマとの初対面を印象的に記録している。伊豆の沖合いを航海する時、雪を戴く真冬の富士山を眺めるチャンスを持った。

「山々の頂きは雪をかぶっていた。すると、〔突然〕一万二千フィートないしは一万五千フィートもあろうかと思われる円錐形の堂々とした火山が崇高な姿を現した。ピラミッドの偉大さを語るのは、この全能なる神が造り給うた創造物を見てからにして欲しい。雪を戴くこの一万二千フィートのピラミッド型の麗峰と六百フィートの人間が作ったピラミッド建造物を比べると、人間の卑小さと、神の偉大さとを思い知らされるばかりである。」（プレブル、前掲書、一一三頁）

翌日の夕暮れにもプレブルは、雪を戴くシメトリカルで崇高な“Fusi Yama”のくっきりとした稜線の姿を目にする。しかし、この日から疾風が吹き荒れ始め、海上の気温はセ氏十度を指しており、二月の海の風は凍えるようだ、とプレブルは記録している。冬の時化は帆船の航海を阻むものである。捕鯨船が遭難するのも往々にしてこうした時化による。

夜になって風雨も一段と激しくなり、土砂降りの雨の中で時に雹や霙も混じってくる。海上の闇は深まるばかりで、陸地も危険が迫るほど近づかないと気がつかないほどである。悪天候に悩ませられながらも、マセドニアン号は操舵技術を駆使して船を航行させる。しかし、相模湾沖を航行し、いざ江戸の玄関口である三浦半島に差し掛かった時、ひとつの事故が起こった。マセドニアン号は座礁してしまったのである。珊瑚礁の上にしっかりとはまってしまって身動きが取れない。プレブルは“Heaven only knows whether she will ever float again.”（再び航海できるかどうかは神のみぞ知る）と書き残している。船体を軽くして浮上させるために、船荷や食料、瀝青炭、予備の帆桁（スパー）などを海中に投棄し始めた。必要なら重い火砲まで捨てなければならないほど逼迫していた。満ち潮が来て船体を浮上させてくれるのを待つのみの状態にあった。そのような状況にあった時、ペリー艦隊の一隻であるミシシッピ号が救助にやって来た。曳船索をマセドニアン号につけると座礁からの離脱作業が始まり、深みの海上へと牽引していく。マセドニアン号は無事に安全な投錨海域に移動することができた。(11) この時、日本政府側はすぐに救助を申し出ている。そのことを、ペリー提督は日本側のアメリカ人に対する親愛の表れだと解釈しているし、また海岸線に漂着した瀝青炭を拾ってわざわざ送り返してくれた労に対してはいたく感謝している。プレブルも日本側がこの瀝青炭を送り届けてくれた行為に対しては、「日本人の正直さ」の証左である、と認めている。

「好色な日本人」

プレブル大尉の任務のひとつに測量があった。今回は江戸湾をしっかり測量して海図を作成することが大きな仕事であった。ボートに乗り海岸線近くまで接近して測量する。肉眼で眺められる陸《おか》の光景、望遠鏡で観察できる村々の家並み、人々の動きなどが「日誌」に描かれている。落葉樹や常緑樹が混在して沿岸に林立している風景、その中に冬の椿の花が咲いているのも垣間見られる。陸地にはかなり接近して観察しているのが、その仔細な描写ぶりからも見て取れる。丘の上には白い幔幕のようなものが張られ、幟がはためき、武者とおぼしき足軽のような雑兵の姿も確認されている。プレブルはそれら雑兵を「サーカスのピエロ」のようだと書いている。

ボートに乗った異国人が陸地の近くの海岸線で何やら作業している姿を認めると、日本人のほうでも興味津々である。幕府の役人や上層部は「夷狄」の接近にはたいそう神経質になっており、彼らの一挙手一投足に敏感に対応しているが、それに比べ庶民のほうは比較的おおらかな様子が伺われる。庶民が表向きに異人たちを怖がるのは、ある意味で幕府の上層部役人が「臆病風」に吹かれているからで、それが一時的に庶民に伝播したようなもので表面的なものかもしれない。本来的には庶民は旺盛な好奇心に駆り立てられて反応しているようである。

ある時、プレブルたちが測量している時に陸の崖の上に老若男女のたくさんの人々が集まってきた。彼らは手招きをして陸に上がるよう誘っている。プレブルたちが振るハンカチに応えて数珠のようなものを振って返答する。小船が何艘かボートに近寄ってきて物々交換さえ行われる。ビスケットやタバコを差し出すとお米を分けてくれるし、マッチをあげるとキセルが手に入る、といった具合である。プレブルは日本人の一人にチーズを与えると、男はそれを美味しそうに食べ、仲間にそのひとかけらを分け与えている。また、男たちは小型望遠鏡をのぞかせろ、とか測量用の六分儀を見せろ、と要求してきたが、プレブルは自分の仕事の道具には触れさせるということは許さなかった。プレブルはこうした庶民の反応からひとつの結論を導き出している。

「日本の鎖国はすべて支配層の考えによるものだと思われる。昨日は証拠をたくさん得た——庶民は進んで我々と話したがっているし、交易もしたいと思っている。しかし、役人や目付けに対する恐れが、それを

阻んでいるのだ。」（同書、一二〇頁）

また別のある時、やはり陸の崖から多くの日本人が手招きしている。その中に、明らかに日本の女性とのセックスを誘うようなジェスチャーをするものもいた。一人の女性は着物の前をはだけて局部をさらけだしたりしている。日本人は本質的に“lewd and lascivious”（みだらで好色）な民族なのか、あるいはただこれまでにそのような異国人の水兵たちの要求に応えてきただけなのか、とプレブルは考えあぐねている。ただ、プレブルはその他のところでも日本人の「好色性」「卑猥さ」について記録している。プロテスタントの篤信家プレブルならではの観察とも言える。日誌の記述から以下にいくつか拾ってみよう。

ペリー提督が日本側からある贈り物をもらった。そのうちのひとつに裸の男女の睦みあう春画の入った箱があった。これは日本人の好色性の表れだと、プレブルは考える。「雨降りで困りものですなー」とマセドニアン号の艦長が言うと「女と『寝るには』いい天気だ」と日本人は応える。日本人役人はさらに言う、「条約が締結されたら、アメリカ人は日本人妻を何人も持てますよ」とも。ただし、日本女性は異国人の口髭が嫌いだから、日本女性に会いに来る士官はかならず髭を剃ってこなくてはならない、と。プレブルはここから面白い倫理的価値判断を加えている――今後、日本にいる間は、士官の口髭の長さによってその人物の（男女間の）品行が判断される、と。

また、ある時は、神聖とされるお寺でショッキングな場面に遭遇する。プレブルたちがお寺を訪問した時、好奇心旺盛な日本人たちが彼らの周りに集まってきて体の各部の名称を聞いてくる。その時、一人の可愛い娘（お歯黒をしていないので未婚に違いない）に男が寄り添ってきて腰に手を回し、耳元に何ごとかささやくと二人はそのまま少し離れた衝立障子の陰に隠れてしまった。すると、仲間たちは意味深なしぐさで二人が何のために隠れたかを暗示するのだった。お寺でこんなことが当たり前のごとく行われていることにプレブルはショックを受ける。日本人の"sensuality"の証左だと断定する。ところで、幕末期に来日した異国人で、ほとんどの人が記録し、かつ日本人の「好色性」の象徴として記録するのが銭湯の混浴の光景である。プレブルも例外ではない。

「我々の眼にまったく奇異に見えるのは、老若男女がアダムのいちじくの葉すら身につけずに全裸の状態でお風呂場にいて、お互いを意識することなく、あるいは我々外国人見物客の目も気にせずに、ごしごしと身体を洗っていることである。彼らは奥の小さな洗い場で身体を洗い、それから板張りの部屋に出てきて身体を拭き乾かす。男女の区別らしきものといえば、男は部屋の右側に陣取っていて、女は左側に集まっている、というぐらいのものである。男も女も我々を見て、野蛮人だろうが文明人だろうが人間なら必ず隠そうとする局部を指差しては笑っている。お笑い種である。不愉快きわまるものだ。」(同書、一八三頁)

ひと月後に、プレブルは日本人の風俗・風習を見てみるために再び銭湯に足を運んでみるが、すぐさま戸外に出てしまう。蒸気の中で全裸の男女が混在しているのが見るに耐えない、という判断である。しかし、プレブルは興味深い指摘もする。こうした光景は最も好色な人間から猥雑な感情を追い払ってくれるのに役立っているのではないか、と。

異国人たちの「日本滞在記」や「見聞録」からは、この種の「日本人の混浴のみだらさ」についての指摘はいくらでも集めることができる。それはプレブルもそうであったが、やはりキリスト教的な倫理観による見方が根本にあるからだろう。近代化する以前、江戸期(銭湯の大衆化が起きた)における日本人の性に対するおおらかさは否定すべくもない。そのような環境のなかでの日本人と風呂(混浴)の関係の文化は異国人にとってもなかなか理解し難いところだろう。公式記録であるペリー提督の『日本遠征記』にも、当然のことながら銭湯での混浴に触れつつ日本人の淫蕩性を記録している箇所もある。さらに、ペリー提督の通訳であり、幼い頃は厳格なピューリタンの家庭で育てられた宣教師ウィリアムズもかなり痛烈に日本人の卑猥さを批判している。

「私が見聞した異教徒諸国の中で、この国が一番淫らかと思われた。体験したところから判断すると、慎みを知らないといっても過言ではない。婦人たちは胸を隠そうとはしないし、歩くたびに太腿まで覗かせる。男は男で、前をほんの半端なぼろ〔ふんどし〕で隠しただけで出歩き、その着装具合を別に気にもとめていない。裸体の姿は男女共に街頭に見られ、世間体などはおかまいなしに、等しく混浴の銭湯へ通っている。淫らな身ぶりとか、春画とか、猥談などは、庶民の下劣な行為や想念の表現としてここでは日常茶飯事であり、胸を悪くさせるほど度を過ごしている。」（『ペリー日本遠征随行記』、三〇三頁）

エドゥアルド・スエンソン『江戸幕末滞在記』

大人の男女が全裸で混浴している姿は、近代の西欧人の眼から見るとどうしても“lewd and lascivious”に映るのは致し方がないのだろう。しかし、面白いことに、後年に来日する異国人のなかには、この銭湯の混浴の習慣を別な視点で見ようとするものも出てくる。つまり、混浴というものも、結局は異文化をどのように理解するかによるだけだ、と考えるのである。たとえば、ペリーの日本遠征から十数年後に、フランス海軍に所属しながら来日したデンマーク人のスエンソンは以下のようなことを言っている。

「浴場は日本人のクラブで、そこでは顔見知りのひとりやふたりに必ず会うことができる。……天井の低い、蒸気であふれた部屋に入ると、生まれたときとほとんど変わらぬ格好をした裸の男女が何人も、地面を掘って石で固めたところへ湯を張った浴槽につかっている。麻縄が境界線として使われていて、ふたつの浴槽、男と女を隔てるのに板の衝立てを使うことなどほとんどない。男も女もおたがいの視線にさらされているが、恥じらったり抵抗を感じたりすることなど少しもない。

日本女性は慎みさを欠いているとずいぶん非難されているが、西欧人の視点から見た場合、その欠け具合は並大抵ではない。とはいえ、それは本当に倫理的な意味での不道徳というよりは、むしろごく自然な稚拙さによる。……(略)……風呂を浴びるとか化粧をするとかの自然な行為をするときに限って人の目をはばからないだけなのである。それだけでもはなはだしく慎み深さを欠いているのかもしれない。けれども私見では、慎みを欠いているという非難はむしろ、それら裸体の光景を避けるかわりにしげしげと見に通って行き、野卑な視線で眺めては、これはみだらだ、叱責すべきだと恥知らずにも非難している外国人の方に向けられるべきであると思う。」(『江戸幕末滞在記』、二二六―二二七頁)

日本人の混浴をひとつの自然な行為、ないしは日本の文化・風土に根ざしている慣習(クラブ)として眺めようとする姿勢が見て取れる。日本人の「清潔好き」や一日の労働のあとに浴びる「ひと風呂」、風呂場での日常会話(社交)などは、日本人の生活の一部になっていて、その裸の部分のみを野卑な視線で見るのは異文化理解の欠如である、と指摘しているようだ。

「饗応と社交、そして外交」

社交があるところには食事と酒は付きものである。同様な意味で外交と晩餐(酒宴)も不可分のものであろう。食事をしながらお酒を酌み交わし、お互いの心を打ち解けさせ、歩み寄ることで両国の関係を築いたり、関係改善への道を探ったりする。条約調印のためにペリー提督が神奈川に上陸した時も日本側はできるだけの料理とお酒で相手方を歓待したことが記録に残っている。[12] それ以前にも日本側の役人や通訳などが、事前の打ち合わせや視察を兼ねてペリー艦隊の艦船を訪れることが頻繁にあるのだが、その折にも西洋の食べ物が供され、また葡萄酒やウイスキーが供された。『日本遠征記』ほかのいくつかの記録によっても、日本人たちはことのほか西洋のお酒を楽しんだ様子が見て取れる。

プレブル大尉のマセドニアン号にも日本人役人たちは訪れてきた。彼らは甲板を歩き回り、目に触れるもの聞くものすべての英語名を書き取ったり、またプレブルの部屋に入ってくるなり名刺を差し出し、プレブルにも名刺を求めてくる。プレブルも名前の漢字にアルファベットでの読みを書いたりしている。それにしても日本人の好奇心の強さに圧倒されている。プレブルは感心しながら「中国人とは正反対で、日本人の知識欲と好奇心はなかなか旺盛である」(前掲書、一四一頁)と記録している。また別の折には、プレブルが日本人に sweetened whisky (brown sugar 入りのウイスキー)をもてなすとたいそう気に入った様子を示した。お酒を飲ますと日本人たちも口が軽くなりおしゃべりもはずむ、という。いくつかの記録を読んでも、どうも日本人(役人たち)は酒飲みである、という記録が多いように見受けられる。一方、プレブル自身はというと、日本の saki には閉口しており、儀礼的な場ではなんとか飲み干すが普通はのど元を通すこともままならないし、とりわけ熱燗の酒は辟易だと書き残している。

お酒は気持ちをリラックスさせお互いの緊張をほぐす役割を果すものだが、また時には突飛な行動をも引き起こす場合がある。条約締結への交渉過程で、サスケハンナ号が浦賀奉行与力(香山栄左衛門)以下の役人たちを晩餐に招待した時など、酒を飲みすぎた何人かは酔い醒ましだと言って帆船の帆柱に登ってしまった。また条約調印の数日前、ペリー提督が日本側の代表たちを饗応のために招待した時も、酒に酔った一人が大胆な行動に出た。『日本遠征記』には以下のような面白い記録がある。

「さて、日没になった。日本人は飲めるだけの酒をしたたか飲んで、退艦の用意をした。愉快な松崎は腕を提督の頸にまきつけて、よろよろと抱きかゝへ、両肩の新しい肩章を押しつけながら、涙ぐましい感情をもつて日本語で次のやうに繰り返した。それを英語に翻訳すると"Nippon and America all the same heart"（『日本とアメリカは同じ心である』）と云ふ意味であつた。」（『日本遠征記』（三）、二三八頁）

松崎というのは、林大学頭の秘書の松崎満太郎である。「松崎は一行中の元気者で、アメリカ料理について忽ち確然たる鑑識力を示し、殊にシャンペン酒が好きであることを明らかにした。……松崎は愉快な男で甚だしく飲んだ効き目が忽ち現はれ、特に気持ちよくなってしまった。」（同書、二三六頁）とあるくらいなので、本当にしたたか飲んだことが想像される。この事件が起きたのは食事も済み、お酒も十分に飲み、甲板でエチオピアン・ミンストレルズの楽団演奏を聴いた後だった。プレブルはその情景を別な視点からこんな言葉で綴っている。

「歓喜の余りひとりの委員（役人）は提督の首の周りに腕を巻きつけて抱きかかえた。ある者が提督に「こんな無礼は許せないでしょう」と言うと、ペリー提督は次のように言った——「条約に調印してくれさえすれば、キスだってさせるさ」と。」（プレブル、前掲書、一五三頁）

これはなかなか面白いエピソードである。ペリー提督の条約にかける心意気というものが伝わってくる。

こうしたことからも分かるように、条約締結を迫る今次の黒船来航に対峙する日本側(とりわけ幕府の中枢)の緊張と危機感は高まっていたものの、公式な場以外のところでの社交を求める役人たち(小役人たちはなおさら)は好奇心が先に立ち、ごく自然体で処していたし、鷹揚な対応をしていたことがさまざまな記録から分かる。若いアメリカ側の士官たちもそれに応ずるように胸襟を開こうとしている。両者は打ち解け始めるとますます気安い態度を取っていることが他の記録などからも分かる。艦隊に所属していた記録画家ウィリアム・ハイネは次のように日本人通訳や役人たちの気安い行動を綴っている。

「ますます楽しい気分となりお互いに親密な関係になると、何人かの若いスマートな日本人役人は我々の帽子とコートを身に着けあちこち歩き回り、この仮装を面白がった。

夕方近くになり風も凪いできたのでいよいよヴァンダリア号に帰艦することができた。我々四、五人は見送りについてくる日本人役人たちの小舟に乗り込んだ。我々が一緒にいることは彼ら日本人を大いに喜ばせたようだ。彼らは薄着の装いで明らかに身を切るような寒さに参っていた。そんなわけで私は日本人役人二人を自分の大きなマントの下に入れてやった。一人は教養ある好感の持てる若者で通訳の(立石)得十郎であった。仲間の一人はさらに二人の日本人を彼のマントの下に入れてやった。私も仲間も愉快な気分になった。艦に到着したとき、日本人役人と我らアメリカ人は別れを惜しみながら別れた。」(*With Perry to Japan*, 一〇五頁)

このエピソードは、アダムズ参謀長以下ヴァンダリア号の乗組員が浦賀に上陸したあと、日本側からお茶、茶菓子、キャンディ、果物、酒やタバコなどのもてなしを受けた後なので、両者ともアルコールの勢いも確かにあろうと考えられるが、「泰平の眠りを覚ます上喜撰(蒸気船)たった四杯で夜もねむれず!」と歌われたあの黒船来航の時からわずか一年足らずでの、この日米間の交流ぶりと気安さには注目せざるを得ない。鎖国の旧法を解くのは時間の問題となっていたことは庶民や小役人レベルでも肌で感じていたことであった。そうした気持ちがこの種の交流を促していく原動力となっていたのだろう。

このような社交(外交)における饗応の重要さをプレブルは明確に記録している。

「後甲板にはテーブルがもうひとつ設えられ、さらに多くの(日本人)役人や従者のために十分な食事が供された。我々としては、彼らにできるだけたくさん食べたり飲んだりして欲しいし、古い格言にもあるように、心ゆくまで飲み食いすれば彼らも我々を憎からず思い心を許してくれるものだ。食べたり飲んだりする宴席は我々が催す外交上の会合にとっては重要な特質のように思える。」(前掲書、一五一—五二頁)

これはペリー提督の戦略のひとつとも考えられる。"as he〔Perry〕said the success of his treaty depended upon the success of the entertainment"(彼〔ペリー〕が言うように、条約の成功は饗応の成功如何にかかっている)(同書、一五二頁)とプレブルは記録している。

もうひとつ食事の席でプレブルが興味深く観察したものに、日本人の「お持ち帰り」の習慣がある。日本人が食べ残したものは紙に包んでお土産として持ち帰ることをプレブルは面白おかしく見ている。ある時は、一人の役人がニワトリの丸焼きを丸ごと一羽紙に包んで懐の中にいれて持ち帰った。プレブルはその時の気持ちを次のように記録している。

「まったくもって笑ってしまうくらいおかしい光景だった。アメリカを発ってからこんなに腹から笑った経験はなかったね。」(同書、一五二頁)

逆にこの「お持ち帰り」の風習を自分たちにも当てはめて、プレブルは出されたものの残り物を用意された紙に包んで持ち帰ったりする経験もしている。ペリー提督もこの風習についてかなり具体的に記録している。提督が日本人役人たちを旗艦ポーハタン号に招待した時のことである。

「極めてどつさり食物が供されたので、賓客達が自分達の貪食を満足させてしまつた後も、御馳走の余りがまだ若干残つてゐた。そして日本人はその大部分を何時もの習慣通り、身の廻りに詰め込んで持つて帰つた。……これは又彼等の貪食の結果でも、教養の不足な結果でもなく、それは同国の風習であつた。彼等はこれ等の上手くもない包を懐中か又は寛かな袖の中に入れて持つて帰つた。この習慣は一般的なものであつて、彼等自身が何時もさうするばかりでなく、アメリカ人が日本人の饗宴に預るときも賓客にそれを強いた。」（『日本遠征記』（三）、二三七―三八頁）

残り物を持たせたり、持ち帰ったりすることは、ある種の社交辞令のひとつとして日本では理解されている。日本では「残り物には福がある」という言葉があるように、つまりは饗応の残った一部（余韻）をそのまま持ち帰る（持って帰ってもらう）ということに意味（幸運）を付加しているのだが、彼らアメリカ人にとってはなかなか理解し難いところだっただろう。

6　おわりに

まだまだプレブルの観察で興味深いことは多々あるが、紙数が尽きた。下田の獄中にあった吉田松陰、アメリカ側の贈り物（ライフル銃、ピストル、機関車、電信装置などの展示）や兵士の隊列行進、それに対する日本側の対応や相撲取りのデモンストレーション（「アメリカの文明・軍隊の規律性」vs「日本の土着的な文化・風習」の対照、とプレブルは捉えている）、日本人の食生活・生活（肉を食べない、魚料理の豊富さ、おんぶ、女性の高枕、ちょんまげ）、日本国の起源（成り立ち）、過去の異国人たちの日本（文化）への過大評価（および黄金の国の幻想）、日本人の開国に対する認識、などなど挙げればきりがないが、解説はまた別の機会にゆずりたい。

とにかく、“the sea was free to everybody”と明言し、また“we have opened ‘the Oyster’”とプレブルが語るように、ペリー提督艦隊（アメリカ政府）は鎖国状態であった日本国をこじ開けたのである。最後に、日米和親条約が締結された一八五四年三月三十一日（金）の日記（書簡）に記録されたプレブル大尉の言葉でこの章を締めくくることにしたい。英文で紹介する。

“Eureka!　It is finished!　The great agony is over!　In vulgar parlance the egg has hatched its chicken today. The Treaty of Amity and Friendship between Japan and the United States was signed today to the satisfaction of everybody. Even Old Bruin would smile if he only knew how to smile.”

「ユーレカ（万歳）！　これで終わった！　大いなる苦痛は過ぎ去った！　通俗的な言葉だけれど、「卵は今日、ヒナに孵ったのだ」。日米和親条約は誰もが満足する形で本日調印された。Old Bruin（熊爺さん＝ペリーのこと）でさえニッコリすることだろう——笑い方を知っていればの話だけれどね。」（前掲書、一五五頁）

《註》

（1）　マクドナルドに関する代表的な参考文献を挙げておく。

（a） エヴァ・エミリ・ダイ（鈴木重吉・速川和男訳）『英学の祖――オレゴンのマクドナルドの生涯』、雄松堂出版、一九八九年。

（b） 富田虎男訳訂／W・ルイス・村上直次郎編『マクドナルド「日本回想記」』（補訂版）、刀水書房、一九八一年。

（c） 近代文学研究室編「ラナルド・マクドナルド」（『近代文学研究叢書』第二巻）昭和女子大学、一九五六年。

（d） 鈴木重吉「R・マクドナルドが利尻島に上陸した日」、『週刊時事』一二五六号、時事通信社、一九八四年。同「R・マクドナルドと日本」、『高校通信』二十巻一号、教育出版、一九八六年。

（e） 茂住實男「最初の米国人英語教師マクドナルド」、『洋語教授法史研究』、学文社、一九八九年。

また、作家吉村昭が書いた小説『海の祭礼』（文藝春秋社、一九八六年）には、英語教師マクドナルドの日本上陸からペリー提督来航までの開国の一ページが史実によく基づいて描かれている。

（2） この記録は以下の形で刊行されている。G. H. Preble, *The Opening of Japan*, edit. by B. Szczesniak, University of Oklahoma Press, 1962.

（3） *Genealogical Sketch*, p. 203, cited in *The Opening of Japan*, p. xv.（拙訳による）

（4） ジョージ・ヘンリー・プレブルの略歴に関しては、*The Opening of Japan*, pp. xiii-xxi を参照させてもらった。

（5） *Correspondence relative to the Naval expedition to Japan* [Nov. 13, 1852—January 20, 1855], p. 3. S・W・ウィリアムズ『ペリー日本遠征随行記』（洞富雄訳）、「解説」五三六頁より引用。

（6） S・W・ウィリアムズ『ペリー日本遠征随行記』（洞富雄訳）、「解説」、五四二頁参照。

（7） Op. cit. *The Opening of Japan*, pp. 8-12. 該当する日付の部分を紹介・翻訳。

（8） ここの原文は "Good Friday" となっている。これはキリスト教の用語で「聖金曜日」とか「受難日」とかに訳されている。キリストが磔刑に処せられた受難の日とされるが、キリストはそこから三日目には復活する。通例は春の Easter Sunday（復活祭の日曜日）の直前の金曜日。そして、キリストを信ずるものたちの罪が帳消しになる、とされている。そのような肯定的な意味合いで "Good Friday" と表現されている（他の説もある）。プレブルは自分たちの結婚記念日を "good Friday" と "Good Friday" の両方に掛けているのではないかと考えられる。

（9） Ibid., pp. 107-8. 該当部分を参照。

（10） Ibid., p. 109. 一八五四年一月三十一日付けの該当部分を参照。

(11)　マセドニアン号の座礁については、海図の問題、座礁の経緯、救助の経緯、日本政府側からの助力の申し出、などがペルリ提督『日本遠征記』(三)、一三七―三九頁に詳しい。

(12)　ペルリ提督『日本遠征記』(三)、二四五―四六頁および、S・W・ウィリアムズ『ペリー日本遠征随行記』、「解説」、二五九頁参照。

《主たる参考文献》

William Heine, *With Perry to Japan*, translated, with an Introduction and Annotations by Frederic Trautmann, University of Hawaii Press, 1990.

George H. Preble, *The Opening of Japan*, edit. by B. Szczesniak, University of Oklahoma Press, 1962.

Arthur Walworth, *Black Ships off Japan*, Alfred A. Knopf, 1946.

V・F・アルミニヨン『伊國使節　幕末日本記』(田沼利男訳、松崎實編)、三学書房、一九四三年。

エーメ・アンベール『幕末日本図絵』(上)(高橋邦太郎訳)、雄松堂書店、一九六九年。

エメェ・アンベール『絵で見る幕末日本』(茂森唯士訳)、講談社学術文庫、二〇〇四年。

飯田鼎『英国外交官の見た幕末日本』、吉川弘文館、一九九五年。

サミュエル・W・ウィリアムズ『ペリー日本遠征随行記』(洞富雄訳)、雄松堂書店、一九七〇年。

加藤祐三『黒船前後の世界』、岩波書店、一九八五年。

越崎宗一訳編『外人の見たえぞ地』、北海道出版企画センター、一九七六年。この書には、プレブル大尉と同じ艦船マセドニアン号に乗っていた士官 John G. Sproston の記録(「箱館記」と題する箱館訪問記録)が収められている。

ヒュー・コータッツィ『維新の港の英人たち』(中須賀哲朗訳)、中央公論社、一九八八年。

芝原拓自『開国』、小学館、一九七五年。

E・スエンソン『江戸幕末滞在記』(長島要一訳)、講談社学術文庫、二〇〇三年。

曽村保信『ペリーは、なぜ日本に来たか』、新潮社、一九八七年。

高橋恭一『浦賀奉行』、学芸書林、一九七六年。

F・R・ダレス『さむらいとヤンキー』(辰巳光世訳)、読売新聞社、一九六九年。

徳富蘇峰『近世日本国民史　開国日本』(一)~(四)、講談社学術文庫、一九七九年。

沼田次郎『開国前後』、日本の歴史文庫⑬、講談社、一九七五年。

ペルリ提督『日本遠征記』(一)~(四)(土屋喬雄・玉城肇訳)、岩波文庫、一九四八—五三年。

T・ハリス『日本滞在記』(上・中・下)(坂田精一訳)、岩波文庫、一九五三—五四年。

A・B・ミットフォード『英国外交官の見た幕末維新』(長岡祥三訳)、新人物往来社、一九八五年。

南和男『維新前夜の江戸庶民』、教育社歴史新書、一九八〇年。

第三章　オールコック卿の富士登山

外交官の政治的意図

1　はじめに――一瞥の富士ヤマと登る富士山

幕末以降多くの外国人が日本の地を踏んでいるが、そうした人たちが書き残した日記なり記録なりを読んでみると、霊峰富士の美しさ、雄大さを謳っているものが少なくない。そのほとんどは遠景から仰ぎ見る富士の姿である。それは風光明媚な日本という国土を象徴するのに、また西欧人の目から見た日本の孤高の文化風土を象徴するのにうってつけの素材だったのかも知れない。実際、薄く白雲がたなびく上空に、コニーデ型の円錐形の峰が雪を戴いてその姿を現している風景はまさに一幅の絵と映ったのだろう。

さて、日本の近代化・開国を導いた最重要人物と言えば、まずペリー提督が思い浮かぶ。そのペリーが初めて日本にやって来たとき、はたして彼は実際に霊峰富士を見たのだろうか。ペリーが日本にやって来たのは一八五三年の夏である。この時、相模湾を航行する船上からペリーは確かに富士山を見ていた。『日本遠征記』の中では次のように記述されている。

「霞が都合よく晴れたので、今や大富士が相模湾の背後に聳えているのが見え、その円錐形の頂は天空高く聳えて遙の彼方に姿を現はしていた。又その頂には白い帽子をかぶつていたが、それが果して白雪であるか或は又白雲であるかは見分けがつかなかつた。」(『日本遠征記』(二)、一八三―八四頁)

しかし、たったこれだけの富士描写である。まさに一瞥の富士山である。目に映ったところを淡々と記述しているだけで、さほどの感慨があるようでもない。ペリーにとっては、これからの日本開国という自らの使命、難題を目前に控えていただけに、富士の美しさを愛でる余裕などなかったのではないかと推測してしまう。それほどペリーの任務は重かったのである。実務家ペリーにとって富士山はひとつの山でしかなかったのである。

しかし、それから半世紀も経たない明治中期になると、実際の登山によってその足跡と観察を詳細に書き残す外国人も出てきたのである。明治日本を外国に紹介した作家・批評家ラフカディオ・ハーンと写真家のハーバート・G・ポンティングである。二人とも、美しい遠景の富士山を描写するだけではなく、一歩一歩踏みしめていく黒々とした岩場の険しく、そしてまたある種恐ろしくもある高山としての富士山、日本人の信仰の対象となっている霊峰富士を、自らが文献的に研究した情報・知識などを総動員して描いている。それぞれの仕事柄から言って、両者ともに対象や景観を「観察する者」であるところが興味深い。

ペンを手に取るハーンは、アメリカ時代には五感でもって捉えた対象を「執拗に」文章に書き込むことを売り物にしていた記者であった。たとえば取材中、焼却炉で殺された死体の頭蓋に指を突っ込んでは脳髄の柔らかさを確かめるほどの執拗さ(異常さ)である。記者時代、ハーンはセンセーショナル・レポーターとしてその先頭を走っていた。一方、ポンティングはあのスコットの南極探検にも同行した経験がある写真家で、新しい記録媒体の写真機でもって遠近の風景や現実社会の姿を画像として遮二無二記録した人物である。この二人が遠くからは美しく眺められる霊峰富士を、自分の足と目と耳でもって、徹底したリアリズム手法で捉えようとしたのはなかなか興味深いことである。その描写を少しばかり見てみよう。火山灰と噴石や溶岩で形成された登山路を歩くハーンはその頂上を見上げてこんな言葉を残している。

「何マイルも上の方で、黒を背景に白さの目立つ雪の部分が、まるで怒った目のように輝いている——ぞっとするようだ。昔私は、すっかり焦げて煤色になった頭蓋骨——女性の頭蓋骨に歯だけが白く光っているのを見たことがあり、それを思い浮かべた。

この世で唯一最高の、とは言わないにしても、最高に美しい景色の一つには違いないものが、そんなふうに恐怖と死の光景に変わってしまった。しかし、遠くから眺める富士の美しさと同様に、美というものの人間の理想はすべて、死と苦痛の力によって創造されてきたのではないだろうか。」（「富士の山」、『明治日本の面影』、三五八頁）

イメージの思いつきと死と美を結びつけるところなど、いかにもハーンらしい言葉である。一方、富士の頂上に立ったときのポンティングも写真家らしい言葉を残している。

「押し寄せてくる雲の波と谷間の中に、太陽が絶え間なく変わる光と影の対照を見せながら、ゆっくり沈んでゆく光景は筆舌に尽くしがたい美しさであった。私がこの日の夕方に富士山頂の最高地点から見たこの日没ほど、畏敬の念を起こさせる荘厳な日没の光景を、世界中のどこでも見たことがない。」（『英国人写真家の見た明治日本』、二二四頁）

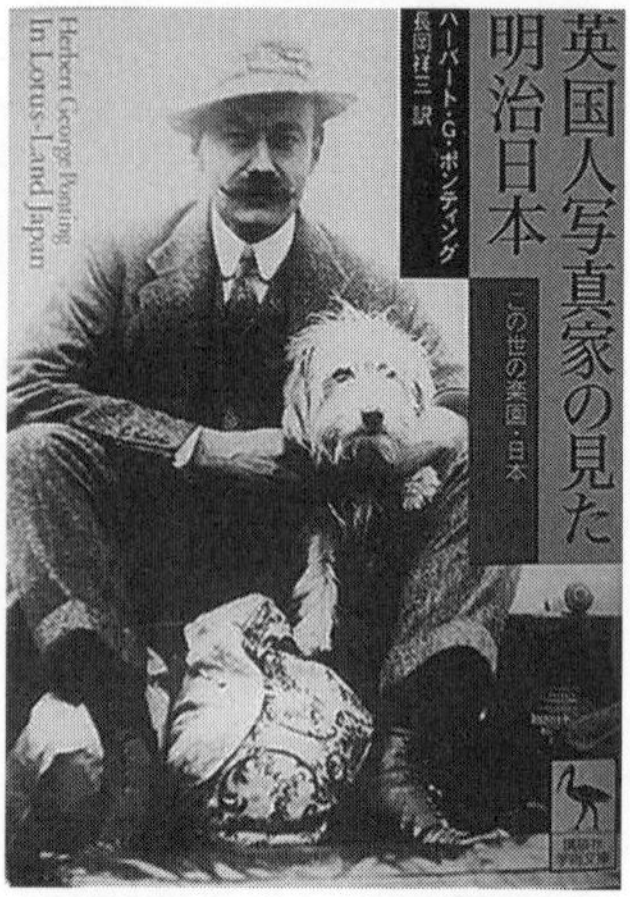

ハーバート・G・ポンティング
『英国人写真家の見た明治日本』

このポンティングは富士登山の途中、天候不順の山小屋でハーンの『怪談』を読んでいたのである。「多くの伝説や迷信を生み出した日本最高の山の上で、嵐に閉じ込められながら、この不思議な物語を読むと興味が一層増すように思えるのだった。」（同書、二一六頁）と記録しているが、両者の奇縁を感じてしまう。

　このポンティング来日時の富士の第一印象もまた実に鮮麗である。訳者の長岡祥三氏の流麗な日本語に負うところ大であるが、ポンティングの感銘がこちらに伝わってくるなかなか良い文章である。

「暁方の灰色の空に、まずピンクの光が射し始め、次いで青色の光と琥珀色の光が射してきた。虹色に輝く青空高く、山裾に漂う夜の靄のはるか上の方に、大空から吊り下げたように、円錐形の清らかな富士の峰が聳えていた。

　次いで、赤味がかった東の空にまばゆい光が閃くと、真っ赤な大きな日輪が、房州の山並みの上にゆっくりと昇ってきた。それとともに空全体が明るく紅に染まり、富士の頂きを覆う雪は一面にピンクと薔薇色に輝いた。聖なる山の上には月が懸かり、風がないので帆が垂れ下がったたくさんの平底舟が、真珠貝のように青白く輝く湾の中に静かに漂っていた。

　この時から何度も、私はこの比類なき富士の山を見てきた。日の照り輝くときも、嵐のときも、雪のときも、あらゆる状況でこの山を眺めてきた。日の出から日没に至るまで、どんな時刻でも見たし、春夏秋冬のいずれの季節にも、麓から二十マイル以内のあらゆる場所からこの山を見つめてきた。しかし、私が日本の水域に入って、初めて見たこのときの富士山ほど美しく感じられたことはない。」(同書、三〇―三二頁)

相模湾と江戸湾という場所の違いはあるにせよ、同じように明け方の船上から眺めた富士山の姿ではある。ペリー提督の「一瞥の富士」とポンティングの描く「絵画的な富士」の違いが実に対照的で面白い。二人の個性の違い、軍人と写真家という職業柄の違い、そして負っていた任務の違いなどが反映しているのかもしれない。

2　米国公使ハリスと通訳官ヒュースケンが眺めた富士ヤマ

次に通商条約締結のためにやって来たハリスの場合はどうだったのだろうか。ハリスが海上から下田に入港した時は雨天だった。そのために、通常は相模湾の船上から遙か遠くに眺められるはずの富士の景色は残念ながら見ることができなかったようだ。ハリスの『日本滞在記』(中)の当日(一八五六年八月二十一日)の記録には富士の記述がいっさいないのは当然のことと言えよう。その後、幕府と条約締結のために奔走していたハリスは、しばらくは下田に滞在していたわけだが、なぜか日記には富士山に関する記述がない。もともと「丹毒」という病気持ちだったこともあり、ハリスはあまり外出せず、外での仕事はもっぱら秘書兼通訳官のヘンリー・ヒュースケンに任せていたので、屋外の景観を見るチャンスがそれほどなかったのかもしれない。またハリスが下田に来航した時期は(八月下旬)、季節的に言うと台風の時期と重なっており、日記を見ても驟雨、雨天、暴風など天候がすぐれない日がたびたび記録されている。

それでも、下田上陸から三週間経った天気晴朗のある日、ハリスはヒュースケンを連れ立って散歩に出かける。その時の日記の記録に初めて富士山の記録が登場する。

「我々は愉快な散歩をつづけた。そして、終いにこの附近における一番高い山(先ずのところ二千八百呎《フィート》もあろうか)に達した。丁度その小山のところから、我々は日本における最高の山である、かの有名な富士山の頂を眺めることができた。その山の高さは一萬二千五百呎あり、江戸から余り遠くない。この山は年中雪を頂いているといわれるが、我々が見たところからは余りに遠かったので、はたして雪におおわれているか、判断することができなかった。この山は日本でも最も有名なところである。それは、日本で大変怖れられている火山脈中にある。また、日本の神代史にある多くの名高い事件の舞台としても有名であるし、その絵は上品な装飾を施したあらゆる品物に描かれている。」(『日本滞在記』(中)、七一頁)

山間から富士山の頂きを望めただけなので、それほど感動的な描写になっているとは言えない。わずかに知っていた富士山に関する知識を披瀝するだけにとどまっている。ハリスが感動をもって富士山の景観を描くのは、それから約一年後、江戸に出府する途上でのことである。

「湯ヶ島の村を通って、宿所の寺院へ向う途中、その道路から私は右へそれた。そして、その瞬間、私は始めて富士山を見た。」(同書(下)、一二頁)

ここでハリスは「始めて富士山を見た」と言っているが、これはおそらくこの江戸出府の旅程のなかで「始めて」なのだろうと推測できる。ハリスは続けて次のように記録する。

「それは名状することの出来ない偉大な景観であった。ここから眺めると、この山は全く孤立していて、約一萬呎の高さで、見たところ完全且つ壮麗な円錐体をなして、聳えたっている。しかも、これと高さをくらべる附近の小山がないために、その実際の高さ以上になって見える。それは雪で蔽われていた。輝いた太陽の中で(午後四時ごろ)、凍った銀のように見えた。

その荘厳な孤高の姿は、私が一八五五年一月に見たヒマラヤ山脈の有名なドヴァルギリよりも目ざましいとさえ思われた。」(同書(下)、一二頁)

一年前の下田から垣間見た遠景の富士の印象とは明らかに違っており、湯ヶ島からのベスト・ショットとしての「孤高の」富士山との対面を印象深く記述している。

ところで、この同じ日に、同じ場所から「富士ヤマ」を仰ぎ見た青年がいたのである。ハリスの通訳官ヒュースケンで、その「富士ヤマ」との対面を感動的に書き記している。ペリーやハリスがその美しさを認めながらも比較的さらりとその景観を描いているのに比べ、ヒュースケンの描写は実に印象的だ。それは、前者二人と通訳官ヒュースケンとの任務上の立場の違いからくる気持ちのあり様からだろう、と考えられる。ペリーもハリスも新興の産業国アメリカを背負った形で日本の開国を迫り、あるいは通商条約締結を画策するといった大きな重責の任にあり、自らの行動にはおのずと制限があったことは確かであった。それに比して、通訳官という比較的自由で気軽な身であったヒュースケンは、彼ならではの視点でもって富士ヤマを見、そして過剰とも言える筆致でもって霊峰富士との対面を描写している。その観察力もさることながら、何かを記録しておきたいという彼の意欲が十分に伺われる文章でもある。その時のヒュースケンのなみならぬ気持ちがよく表れているので、いささか長くなるが引用してみよう。

「……谷間におりて、天城の山頂に去来する雲から外に出ると、田畑がひらけてくる。やわらかな陽ざしをうけて、うっとりするような美しい渓谷が目の前に横たわっている。とある山をひと巡りすると、立並ぶ松の枝ごしに太陽に輝く白峰が見えた。それは一目で富士ヤマであることがわかった。今日初めて見る山の姿であるが、一生忘れることはあるまい。この美しさに匹敵するものがこの世の中にあろうとは思えない。……たぐいない富士ヤマのすっきりした稜線が、左右の均整を保ちながら高く聳えたち、清浄な白雪は夕陽に映えて、あたかもコイヌール〔一〇九カラットの有名なダイアモンド〕のように、青い山肌を薄墨色にかげらせている。

私は感動のあまり思わず馬の手綱を引いた。脱帽して、『すばらしい富士ヤマ』と叫んだ。頭に悠久の白雪をいただき、緑なす日本の国原に、勢威四隣を払って聳えたつ、この東海の王者に久遠の栄光あれ！　並ぶものなきその秀容は羨むべきかな。その雪の王冠は日本のもっとも高い山々の上にひとりぬきんでて聳え、あれほど苦しんで越えてきた天城山も、いまはとるにたりない低山としか思えないのである。

ああ！　幼友達が二十人もこの場にいたら！　けだかい富士ヤマをたたえる歓声が、周囲の山々にこだまするだろう。」（『日本日記』、一二七―一二八頁）

文章はこの調子でまだ続いてゆくが、切り上げることにする。いささか思い入れが強すぎるきらいもあるが、とにかくその感動ぶりはこちらに伝わってくる。外国人たちはおうおうにして、こうした印象を持って霊峰富士に対面したのである。富士山は日本人だけが讃嘆し愛でるものではなくなりつつあった。東アジアの極東に位置している日本にはるばるやって来て、少しばかり滞在した外国人にとってその富士の美しさは自慢のたねになるのである。明治維新直前にフランス海軍の一士官として横浜にやって来たＥ・スエンソンも、西洋人にとってのそうした富士山の意味を描写している。

「ナポリ人にとってのヴェスヴィオ山以上、横浜の日本人にとって富士山の意味は深遠である。朝、家から出て最初に視線を投げるのが富士山で、それが霧に包まれてでもいようものなら、晴れていてもその日は太陽の輝きが鈍く感じられてしまう。横浜に居住する西洋人でさえ、新参者に富士山の多彩な美しさを語るときは、勝ち誇ったような声を発せずにはいられない。」（『江戸幕末滞在記』、三二頁）

スエンソンは、オールコック卿の富士登山についても既に知っていた。天候的にも厳しいシーズンオフに入る九月にオールコック卿が富士の登頂を果したことを讃えている。

3　オールコック卿の富士登山

さて、幕末英国公使ラザフォード・オールコック卿であるが、彼はこの富士ヤマを眺めるだけではなく、実際に登山してみようと考えたのである。外国人は一人として富士登山をしていない（許されていない）時代である。万延元年七月十九日（一八六〇年九月四日）、オールコックはイギリス領事館一行を引き連れ、幕府側が安全のためと称して同行させた護衛に守られながら神奈川の領事館を出発した。

R・オールコック

これは日本にやって来た外国人による富士登山の嚆矢と言えるものである。『横浜どんたく』（上）にその一行の動きが少しばかり記録されている。

「萬延元年の夏、英国のワイス氏が富士山へ登りました。そのころは富士へは女は登れませんくらいですから、異人は平生、牛や豚を食べて穢れておるから、富士へは登れないと世間では申しました。ワイス氏がそれを聞きまして申しますに、わたくしも人間、日本人も人間、牛や豚を食べる人間は穢れているものとすれば、魚肉を食べた者もまた穢れているものだと申して、石橋六之助（ゴミ六）を買物方に引連れて、召使ばかり十人、別に警固の人も大勢でありましたが、何事もなく登山して帰りました。これが外国人富士登山の嚆矢でございます。（岩崎次郎吉談）」（五五頁）

談話としてこの記録を残した岩崎次郎吉は、当時二十歳くらいの若者で領事館に料理手伝いとして雇われていた者である。またワイスとは当時の英国神奈川領事のヴァイス大尉のことで、オールコックの富士登山に同行したのである。

それでは、なぜオールコックは富士に登ろうとしたのか。オールコックの富士登山にはそれなりの計算があったのであり、そこには政治的意図も読み取れるのである。おそらく幕府側もその政治的意図をそれとなく察知していたためだろう、なんとか英国公使たちによる富士登山を阻止しようとしていた節がある。

当時、富士山は主に下層階級の者たちが巡礼に出かける所と考えられていた。富士山信仰としての「富士詣で」（富士講）は江戸時代、庶民の間では大いに人気を博していた。したがって、当初から外国人による富士登山を反対していた幕府側はその反対の理由のひとつとして次のように言っていた。

「いやしくもイギリス公使の肩書きを有する者が、法的にではなくとも、慣習的に下層階級の人びとだけにかぎられている巡礼に出かけることは、ふさわしいことではない。」（『大君の都』（中）、一四七頁）

しかし、オールコック側にとってはこの通告は詭弁の何ものでもないと映った。彼ら外交使節の代表は、条約によって日本首都における居住の権利と、日本国内の至るところ自由に旅行ができる権利を有していると考えていた。幕府の言うところは、外国人と庶民たちとの商業的・社会的接触を制限する何ものでもない、外国人を精神的隔離の状態におくための幕府側の策略である、と考えたのである。

さらにこれ以外にも幕府側は、国内の治安が不安定だ、首都から遠く離れて旅行することはたいへんに危険である、登山するには季節的に遅すぎる、といったことなど何やかやと注文をつけて、このオールコック一行の「富士遠征」を阻止しようとしたのである。

ある意味で、幕府側のこうした警告は必ずしも事実を無視していたわけではない。実際に安政六年(一八五九年)から万延元年(一八六〇年)にかけては外国人殺傷事件が相次いで起こり(「夷人」殺傷事件はこの後、文久・元治・慶応年間と頻繁に起こってゆく)、外国人にとってはまさに不安と恐怖の時期でもあった。オールコックの通訳伝吉がイギリス公使館前で殺されたのも万延元年一月七日のことである。そうした記憶がまだ新しい同年夏に富士登山を決行することは、ひとつの危険行動とも考えられたし、ある種の賭けのようにも思われた。しかし、富士登山の挙行は、その真の目的をオールコック自身明確に認識していたからこその意識的な行動と考えられるのである。彼はその著『大君の都』の中でそのことを明確に述べている。目的のひとつは「外国貿易の急激な需要のために生じたあらゆる物価の高騰によって、国内は不安な状態」になったと幕府が主張するその根拠を自分の目で確かめたいと思ったこと、そしてもうひとつは「新たな外国関係の開始や古い隔離と孤立の政策からの逸脱にともなう興奮や外国人に対する敵意がはたして政治の中心地から離れたところに存在しているかどうか」ということを自分自身の見聞によって見極めたいと考えたことであった。

たしかにこうしたことはオールコックが自分の行動を意味づける妥当な根拠となっていた。だがもうひとつ、幕府側に対し、ひいては日本国民に対し、より実際的な影響を持つものが考えられる。それは(彼自身この件に関しては明確化はしていないが）日本人によって霊峰と仰がれる富士を外国人（潜在的に征服意欲を持っている）が登山するという行為そのものが内包する政治的意図・戦略である。当時の列国公使側と幕府側との間で相克していた力関係の中にこの富士登山を置いてみると、その意味が明確になってくる。

　そもそも幕府は、アメリカと日米修好通商条約を締結する時から、なんとか外国人の日本における自由歩行区域を制限しようとしてきた。この条約によれば、開港場にあってはその十里四方が自由歩行の境界線となっていた。ミカドのいる京都に関してはさらに厳しい条件がつけられていた。彼らの行動区域を規制することで、列国側が要求する「対等」（もしくはそれ以上）の関係を拒絶し、かつ外国人の文化・ものの考え方（ある面で幕府にとっては脅威となっているもの）の日本国民への「悪しき浸透」を阻止しようとしたのである。

　しかし、列国側にしてみれば、自由行動、自由歩行を認めさせることこそ自分たちの立場を対等な位置にまで引き上げ、日本側の「長崎出島」的発想を粉砕することにほかならなかった。オールコックは、外国人たちを一種の監禁状態に置いておこうとする幕府側の策略を見抜いていたのである。そして、日英修好通商条約第二条で既に認められている権利（「大不列顚《ブリテン》の弁理公使ならびにコンシユル・ゼネラールは、故障なく日本国の各部内を旅行すること、当然なるべし」、勝海舟『開国起原』（IV）、一〇〇頁）を実行に移すことで、その他の多くの条約が実際的な面で死文と化す危険性を、この一例をもってして払拭せんとしたのではなかろうか。自分たちの真の行動力を幕府側に見せつけようとしたわけである。

　オールコックにとって、富士登山とは、百遍の説得より効を奏するところの、自らの身を賭した一大行動であったわけである。それに付随する植物採集とか自然観察も貴重な収穫ではあったろうが、こちらはあくまで二次的なものと考えられよう。外国人が富士を登ったという事実は、日本側にとってもまた外国側にとってもひとつの象徴的な事件であったに違いない。牛・豚を食べて穢れていると見られていた夷狄が神聖なる霊峰に登ったのである。日本側から見れば、これは言ってみれば土足で家の中に入ってこられたような感じではなかっただろうか。幕府、さらには攘夷の思いに駆られていた者にとって、オールコックの行動はまさに聖域侵害と映ったに違いない。田辺太一著『幕末外交談』（一）にも次のような記述が見られる。

「英国公使のオールコックが富士山に登ったことなどもわが霊山を汚すものとしてこれを憤慨した者もいた。そのため、外国人に雇われている日本人やシナ人などの、ごく身分の賤しい者を殺害して公憤をもらし……（略）……各所に仲間を呼び集めて、横浜の外人居留地を襲撃しようと企てるものもあり……」（『幕末外交談』、一八六頁）

米国公使ハリスの通訳官で、各国公使の通訳（英語、蘭語、獨語が可能だった）ないしは便利人として活躍していたヒュースケンが浪士の凶刃に倒れたのは、この富士登山の数か月後であった。

オールコックの富士登山の成功は、その後の外国人たちの日本国内自由旅行を確保するための一里塚になった（修好通商条約においてすら、一般外国人の行動半径は依然として規制されていた）。それは、「首都においていささか自由らしきものを確保しえたものは、日本側がしめした多くの策略とがんばりにたいしてこちら側が断固たる態度と決心をもって対抗し、一連の激しい論争を展開してきたたまものにほかならない」（『大君の都』（中）、一四八頁）という認識を持っていたオールコックならではの決断と行動であった。

ジョン・R・ブラックによれば、六年後の一八六六年頃にあっては、「富士山の外国人の登山は、今ではごくありふれたことで、ほとんど話すほどのことでもない」（『ヤング・ジャパン』（二）、一一〇頁）ことになっており、幕府も外国人の富士登山に対し、なんら異議を唱えなくなってきた、という。これは条約を履行させる役目を担う公使という身分のオールコックの富士登山が先にあったればこその結果だろう。外国人富士登山に対して幕府はもう許可せざるを得なくなっていたのである。

　条約の内容を空手形にさせないことこそが外交官の任務である。そうした意味において、この富士登山は、外交官としてのオールコックの政治的行動力を如実に示した好例のひとつではなかろうかと考えられる。

《主たる参考文献》

飯田鼎『英国外交官の見た幕末日本』、吉川弘文館、一九九五年。

石井光太郎他編『横浜どんたく』（上）、有隣堂、一九七三年。

石井孝『日本開国史』、吉川弘文館、一九七二年。

R・オールコック『大君の都』（中）（山口光朔訳）、岩波文庫、一九六二年。

勝海舟『開国起原』（Ⅳ）（勝海舟全集18）、講談社、一九七五年。

E・スエンソン『江戸幕末滞在記』（長島要一訳）、講談社学術文庫、二〇〇三年。

田辺太一『幕末外交談』（一）、東洋文庫、一九六六年。

谷有二『黒船富士山に登る！』、同朋舎、二〇〇一年。

ハリス『日本滞在記』（中）（下）（坂田精一訳）、岩波文庫、一九五四年。

L・ハーン「富士の山」（平川祐弘編『明治日本の面影』所収）、講談社学術文庫、一九九〇年。

ヒュースケン『日本日記』（青木枝朗訳）、校倉書房、一九七一年。

J・R・ブラック『ヤング・ジャパン』（一）（ねずまさし他訳）、東洋文庫、一九七〇年。

ペルリ提督『日本遠征記』（一）（土屋喬雄・玉城肇訳）、岩波文庫、一九四八年。

H・G・ポンティング『英国人写真家の見た明治日本』（長岡祥三訳）、講談社学術文庫、二〇〇五年。

増田毅『幕末期の英国人』、有斐閣、一九八〇年。

第四章

米国通訳官ヒュースケンの「明と暗」

民間交流から生まれたもの

1　はじめに

ペリー提督による日米和親条約締結から二年半後、タウンゼンド・ハリスとヘンリー・ヒュースケンが下田に到着した。ハリスは日本総領事として、ヒュースケンはその秘書兼通訳官としての役職にあり、その任務は日米和親条約の改訂交渉、そして最終的には日米修好通商条約の締結にあった。

開国から時を経ていないこの時期に来日し、あらたな外交交渉や通商の新条約締結に至る約二年間の二人の手腕と戦術(他国の外交交渉にも助力)は外交史的にも興味あるものだが、筆者が特に関心を持ったのは通訳官ヒュースケンの行動と運命だった。来日後四年半にして、攘夷派の凶刃に斃れたヒュースケンを外交史的および英学史的な側面から調査してみたいと考えたのが今から四半世紀も前のことだった。ヒュースケンについては今宮新氏の研究(参考文献参照)以外にまだ本格的な研究も進んでいなかったので、ハリスの日記やヒュースケンの日記、その他来日公使や随行員の記録、関連資料を中心に調査・研究を始めた。ヒュースケンが襲撃された場所や落馬した場所なども現地に赴いて資料から特定したりもした。その成果を発表したのが一九八三年の秋の第二十回日本英学史学会全国大会でのことだった。

それ以後、日本英学史学会内の研究者およびその他の幕末外交史研究者たちによって、ハリスやヒュースケンに関する研究はさまざまな形で成果を見てきている。とりわけ宮永孝氏の著書『開国の使者――ハリスとヒュースケン』は内外の資料・文献を広く渉猟した研究で、このテーマにおいてはこれまでの中でも最も包括的で深い研究のひとつと言えるものであろう。この著書からは当然のことながら多くを学ばせてもらったが、今回ここで筆者が試みるのは民間交流という枠組みの中でのヒュースケンの行動を英学史的側面から素描するもので、筆者が過去に蒐集した資料をもとにヒュースケンに新たな光を当ててみたい。

2　ヒュースケンの渡米およびニューヨークでの就職活動

ヘンリー・ヒュースケンは英語名としての通称で、正式名はヘンリクス・コンラドウス・ヨアンネス・ヒュースケンという。一八三二年一月二十日にオランダのアムステルダムで生まれている。十四歳の時に父親が亡くなり、残された母親とヒュースケンは家業を引き継ぎながらも貧しい生活を強いられた。仕方なくヒュースケンは新たな生活を求めてアメリカ行きを決意する。

さて、従来の説によるとヒュースケンのアメリカ行きは、一八五三年彼が二十一歳の時、とされている。[1] これは、英語版ヒュースケン日記（一九六四年刊）を編纂したジャネット・C・V・デル・コルプト博士の以下の解説に依拠しているものである。

"In 1853, when he was twenty-one, he decided to emigrate to America, the land of opportunity, where youth was more of an asset than it was at that time in the Netherlands, and where he might also able to see and do things more congenial to a spirited nature. It is entirely probable that he abandoned a business career without regret and departed for New York with great expectation."

「一八五三年、二十一歳の時に彼は希望の地アメリカに移住することを決心した。アメリカは当時のオランダと違って若さが大いに物を言うところであり、活発な性格ならなおさらそれに相応しい活躍が可能であった。彼はなんの未練もなく家業を捨て、大いなる期待に胸ふくらませニューヨークに発ったのである。[2]」

大いなる期待をもってアメリカのニューヨークに旅発つ二十一歳のヒュースケンの姿が描かれている。ただ、一八五三年のいつ頃(何月)かは明記されていない。また、先に紹介した宮永孝『開国の使者』によると、「一八五三年――ヒュースケン二一才。彼は母親と一緒にニューエンダイクを引き払い、レイツェフラフトLeidsegracht 八五番地に移った。移動届けは同年四月十一日に出しているが、これがヒュースケンがアメリカに渡って行った時期と重なる。[3]」と書いており、渡米は四月頃という月も特定している。この宮永氏の説――一八五三年四月頃にヒュースケンはアメリカのニューヨークに渡った――これを第一の仮説と考えておく。[4]

もうひとつ仮説を出してみたい。それはヒュースケンが書き残した日記による分析である。一八五六年六月十二日付けのヒュースケンの日記に記された次の記録を見てみよう。

「三年半前、私は父母の家に別れを告げた。私に生を与えてくれた女性を、これが最後と抱きしめた。私は非常な努力をはらって母の腕から離れた。自分がたった一人になったのを感じた。一介の冒険者として新世界へ旅立ったのだ。」(『日本日記』、七五―七六頁)

この日記の日付から「三年半前」を逆算すると、渡米は一八五二年の十二月頃となる――これを第二仮説としておく。第一仮説より約半年（正確には四、五か月）ほど早い渡米となる。ヒュースケンの日記は日々几帳面に記録したものではなく、数日分の行動や経緯をまとめて書くこともあったので、単純な日付による時期確定の逆算は慎まねばならない。しかし、この第二仮説を裏づけるようなもうひとつの記述がある。それはヒュースケンがサン・ジャシント号でニューヨークを出航したその日（一八五五年十月二十五日）の日記の記録である。

「ある時は穏やかに、ある時は激しく泡だち、またある時は眠るがごとく、太古以来かたときも休まず青い波をうねらせてきたこの大洋が、私を故国（オランダ）から、まだかすかに見えているこの国に運んできた。マストが林のように立ち並び、大煙突から吹き上げる煙と蒸気に包まれたこのニューヨークで、私はおよそ三年を過ごした。」（同書、八頁）

このニューヨーク滞在期間「およそ三年」を根拠に逆算すると、渡米時期は一八五二年の九月〜十一月となり、先の第二仮説（十二月）とほぼ重なる時期となる。第二仮説を導き出すこれら二つの資料はヒュースケン自身の日記の記録である。いずれの記録の場合も第一仮説より「半年」遡っている。

実際は、第一仮説のようにレイツェフラフトに引越した以降（一八五三年四月以降）に渡米したとすると、ニューヨークのあまりに辛く厳しい生活経験から、ヒュースケンの記憶のなかで期間が半年ほど増幅して長く感じてしまった、という推測も可能ではある。しかし、実際の日記の記録（ヒュースケン本人が記録しているもの）により裏付けられる第二仮説も一概に否定できるものでもない。ヒュースケンは母親がレイツェフラフトに引越しをする以前に、母ひとり残して単身ニューヨークへ旅立ったことも考えられるからである。（この時期特定の件はやや複雑なので、ヒュースケンの手書きのオリジナル日記（フランス語）を含め、その検証は註

に記載することにする。(5)

いずれにしろ、ヒュースケンの渡米は、今のところ第一仮説とも第二仮説ともとれる。半年間の落差を含んだ上で、ヒュースケンがニューヨークに渡ったのは一八五二年晩秋から一八五三年の初夏の頃、一月二十日生まれのヒュースケンが二十歳〜二十一歳の頃、と考察しておくことが妥当であろう。

　さて、ヒュースケンがアメリカに渡った背景には、当然のことながらヨーロッパとアメリカを包み込む時代状況のうねりがあったものと考えられる。この十九世紀の時代、「世界の工場」と謳われ早くに産業革命を成功させていたイギリスは多くの植民地を抱える大帝国で、ヴィクトリア女王のもとで繁栄を謳歌していた。しかし同時に、その陰では貧富の差が拡大していたことも事実であった。ロンドンなどではスラム街に隣接して高級住宅街が並んでいるといった状況である。ヘンリー・メイヒューはそうしたロンドンの豊饒さの真っ只中にある貧民の生活を『ロンドン路地裏の生活誌』の中で描ききっている。このような経済(生活)状況はイギリスのみならず、産業資本主義国としての二番手であるドイツやフランス(「後進資本主義国」とも言われた)でも同様で、豊かさと貧しさは表裏一体のものだった。また遅い産業革命への移行期にあったオランダでは都市部でも貧富の格差はなおいっそう広がろうとしていた。労働者は失業・低賃金・長時間労働などで悩んでいた。ヨーロッパの貧しき人々はどこかに突破口を求めようとしていた。そこに新興産業国「アメリカ」が彼らを差し招いていたのである。このような経済的な問題だけではなく、政治的、宗教的な迫害からも人々は大西洋の彼方にある新天地「アメリカ」に夢と希望を託すようになっていった。十九世紀はヨーロッパから「アメリカ」へ渡航する、まさしく移民の時代であった。


　ヒュースケンの場合、十四歳の時に父親を亡くしており、その後に家業(石鹸製造業)を引き継ぐのであるが、母親と若い力だけでは事業を軌道に乗せることはできなかった。結局は病弱の母親を気遣いながらヒュースケンも「アメリカ行き」の決心をすることになる。二十～二十一歳という若さ、アメリカという新天地、ヒュースケンは希望に胸ふくらませてニューヨークを目ざしたに違いない。「一介の冒険者として新世界へ旅立ったのだ。」(Poor adventurer that I was, I had set sail for the New World.) という言葉にヒュースケンのそうした思いが凝縮されている。

アメリカに渡ったものの、ヒュースケンの生活は楽なものではなかった。日本にやってきた頃、ヒュースケンは通訳官(および駐日総領事ハリスの秘書官)として優遇されている今の自分と引き比べて過去のニューヨーク時代を振り返って次のように回顧している。

「ああ、ニューヨークよ！　夕飯ぬきで過ごした時代、危く野宿しそうになったことも度々だった。着古して光っている黒服。踵も爪先も風に吹かれていた靴。穴だらけのズボン。あれはみなどこへ行ってしまったのか？」(同書、一〇三頁)

かなり経済的に厳しい生活を強いられていたことが垣間見られる。これは何もヒュースケンだけのことではない。一攫千金を夢見てニューヨークにやって来たものの、仕事にもありつけないで糊口を凌いでいた人たちは数多くいた。ヒュースケン渡米から十数年後の一八六九年の初夏に十九歳でリヴァプールからニューヨークに渡り、さらにシンシナティへ移って行ったあのラフカディオ・ハーンも、当初はパンの施しを受けたり、馬小屋で寝たり、転々と職を変えたりしながら苦渋の生活を強いられたものだった。しかし、ヒュースケンにもハーンにも野心があった。あとはその人間の人生(運命)を決めるのは偶然の何かであり、運であり、努力であり、また人とのめぐり合わせである。そうした人生の岐路を決めるモメントを作ったのが、ヒュースケンの場合はオランダ語であり、ハーンの場合はフランス語であった。たまたま備えていた言葉の能力であった。ここでは、ハーンのことはさて置くとして、ヒュースケンの場合、母語であるオランダ語のおかげで就職口を見つけることができたのである。

一八五五年八月四日、アメリカ政府は日米修好通商条約の締結のための交渉役としてタウンゼンド・ハリスを日本初代総領事に任命した。ハリスはそれまで貿易商人として東洋で広く活躍しており、自らも外交の仕事に憧れていた面があった。一八五三年のペリー提督の第一回日本遠征の折も、ハリスは直接ペリーに手紙を書いて自分を参加させるよう売り込んでいるが、軍人以外の者は乗艦させせぬ、という理由で拒絶された。しかし、今回は自己推薦に加えて、そのペリー提督やプロスパー・M・ウェトモア将軍（当時のピアス大統領と親交が厚かったと言われていた）など周りの知人友人たちの推薦が功を奏して、総領事任命を獲得した。以下にハリスが任命されたその日にピアス大統領宛に書いた手紙の一節を引用する。

「私は閣下に対し、私が長い間、日本を訪問したいという強い願望をもってきたことを申上げた。そして、この感情はひじょうに深まってきているので、もし私が駐華弁務官か駐日領事かのいずれかを撰ぶように申渡されるならば、私は直ちに後者をとるであろう。私は日本にいる間に耐えねばならぬ社会的流謫や、私が生活せねばならぬ精神的孤独については十分に承知し、それに耐えうるための用意がある。……私の任務を忠実にはたすために、ひたすら私の身を献げるつもりでいることを信じていただきたい。」（『日本滞在記』（上）、編者コセンザ「はしがき」、四六―四七頁）

ここにはハリスのやる気となみなみならぬ思い入れ、任務に対する認識がはっきりと見て取れるが、同時に訪日後に彼が経験しなければならないような精神的孤独や苦痛をも予見している節がある。

さて、ハリスは日本へ出発するに先立って、オランダ語の通訳官を募った。日本ではオランダ語のみが理解しうる唯一の西洋語であるという認識は既に彼らの間で広まっていた。先の引用でも分かるように、ヒュースケンの日常生活はかなり厳しいものではあったが、持ち前の明るい性格、呑気でくったくのない気質のおかげで徐々に異国の生活にも慣れ、ニューヨークでの生活基盤を固めつつあった。新教派の合同教会にも顔を出すようになっていた。その教会にトマス・ド・ウイットなる牧師がいた。彼もオランダ人であったし、熱心なキリスト教徒であったハリスとは親しい間柄にあった。そうした関係から、ド・ウイット牧師はニューヨーク在の他の人々とともに、ハリスに随行するオランダ語通訳官としてヒュースケンを推薦したのである。(6) ヒュースケンのほうでも東洋の世界に憧れているところもあった。それは当時のヨーロッパ人が抱く「エキゾチックで神秘な国々東洋」、という憧憬がたぶんにヒュースケンにも影響を与えていたものと考えられる。十九世紀の欧米の人々は、東南アジア、東アジア、中国、日本へとオリエンタルな夢に誘われて冒険の旅に出ているのである。そして、実に多くの日誌・日記類、記録、報告、書簡などが残されている。ヒュースケンは自分もそのような冒険者の仲間入りをしたいと思ったのである。

「ようやく微かな光が見えてきて、身のふり方がきまった。日本駐在の合衆国総領事が通訳兼秘書を求めていると聞くまでは、私は合衆国をはなれる考えはまったくなかった。年齢とともに募る旅への憧れに背中を押されるように私は応募し、アメリカ政府に採用された。」(『日本日記』、七六頁)

東洋への旅立ちを実現させるこの駐日総領事秘書兼通訳官の仕事は、ヒュースケンにとっては願ってもない大きなチャンスであった。ド・ウイット牧師や仲間からの推薦をもらえたという幸運もあって、ヒュースケンは上記の日記にも記されているように自ら応募し、そしてハリスの面接を受けたのである。しかし、面接を受けたもののヒュースケンはその結果がどうも心配であったようだ。はたして採用されるかどうか——彼にとっ

New York　Sept. 29 / (18)55

Townsend Harris Esq.
Consul General to Japan
Sir
I beg to apologize for my impatience in thus anticipating your answer. But some time having elapsed since I had the pleasure of an interview, and being very anxious to know your disposition as to the matter in question, a few explanatory lines, as your appointing a second interview would much oblige me.
I am, respectfully, Sir
Your Obt. Servt.
H.C.Y. Heusken

て、それは東洋への飛翔という夢の実現とともに、現実的なニューヨークでの厳しい生活からの突破口になるかどうかの瀬戸際であった。焦りは当然と言えば当然である。そのようなヒュースケンの気持ちを表している貴重な一通の手紙がここにある。

一八五五年九月二十九日付けの、ヒュースケンからハリス宛の手紙である。[7]このオリジナルの手紙はスペンセリアン風の細い筆致で書かれており（次頁写真参照）、コピーなのでなかなか判読し難いところもあったが、なんとかできるだけ活字におこしてみた。ヒュースケンの英語自体も完璧の英語ではないことを念頭に置いてある。[8]

挨拶文の形式として、最後の「敬具」(I am, respectfully, Sir) の表現などは当時の古い形式になっている。Your Obt. Servt. も Your obedient servant の略式である。不確かな解読部分もあるかも知れぬが、この解読によって大筋の文意を理解してみよう。「貴殿の(面接の)回答を早く知りたいというこのようなせっかちな私をお許しください。貴殿の面接を受けてからしばらく時間が経過しており、この件に関しての貴殿のお気持ちを知りたく思いまして、二、三行でお知らせいただければ。次

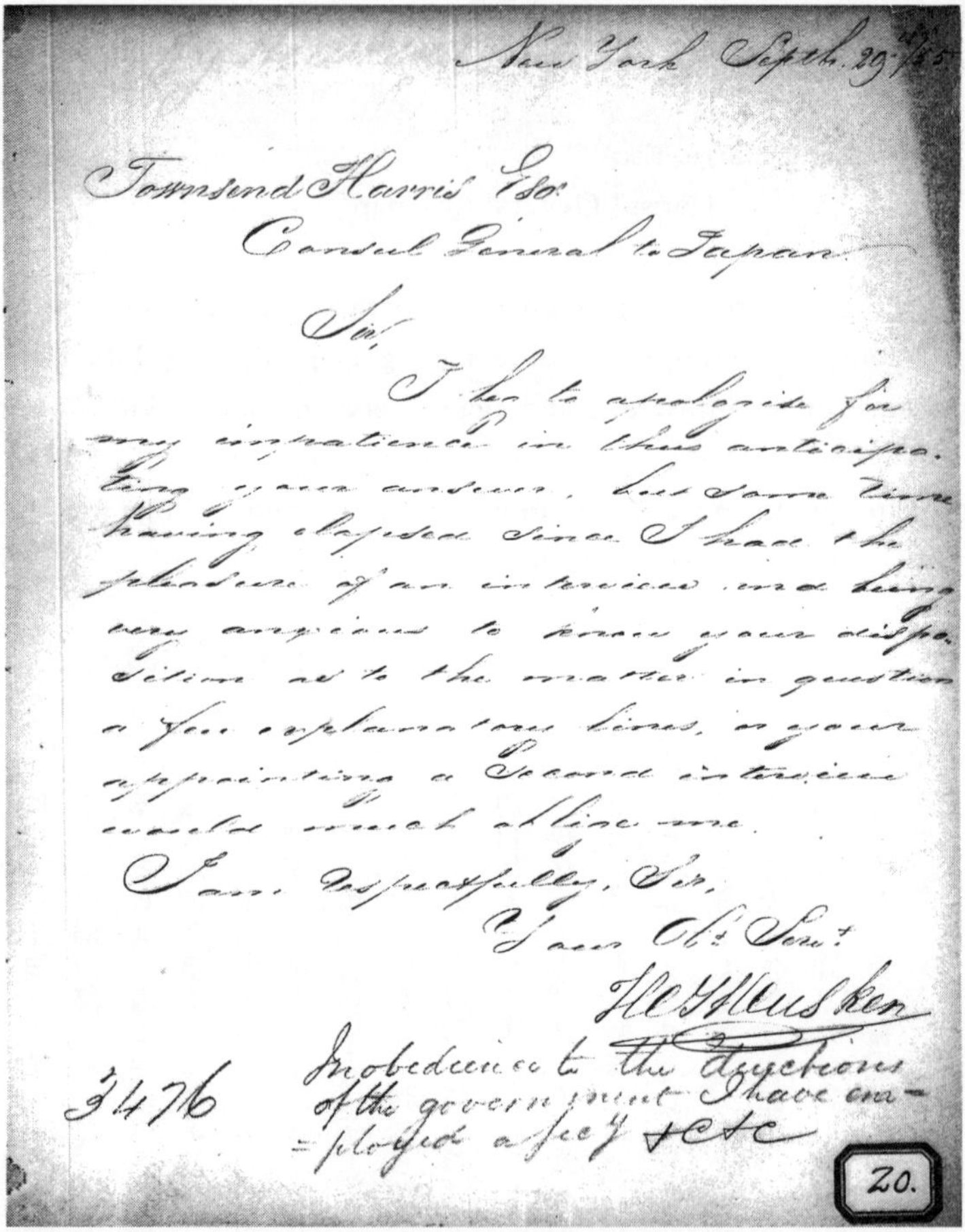

New York Septh. 29/55

Townsend Harris Esq.
Consul General to Japan

Sir!

I beg to apologize for my impatience in thus anticipating your answer, but some time having elapsed since I had the pleasure of an interview and being very anxious to know your disposition as to the matter in question a few explanatory lines, or your appointing a second interview would much oblige me.

I am respectfully, Sir,
Your Obt. Servt.
H C J Heusken

3476 In obedience to the directions of the government I have employed a secy & etc

20.

ヒュースケンからハリスへの手紙(1855年9月29日付)

のインタヴューがあればさらに喜ばしく思います。」といった文面で、ヒュースケンの本音の気持ちが伝わってくる。面接結果に関してかなり気をもんでいるのである。この秘書兼通訳官としての就職が成功するかしないかは、彼にとって大きな問題であった。ヒュースケンは人生の岐路に立っていたと考えてもいいだろう。

結果的にこの面接には合格して、晴れて「駐日総領事秘書兼通訳官」となることができたのである。条件は年俸千五百ドル、日本までの旅費(船賃)は無料、ただし船中の食事代は自弁、ということだった。ハリスは前金としてヒュースケンに半額の七百五十ドルを渡している。(9)

面接結果の不安を暗示するような手紙を書いてからほぼ一か月後、一八五五年十月二十五日、ヒュースケンは期待と夢に押されるようにして、サン・ジャシント号に乗り組み東洋の神秘の国々へ、泰平の眠りから覚めたばかりの日本国へと出帆するのである。その出帆当日の日記の書き出し第一行は「願わくは、神がサン・ジャシント号を護り、目的地まで恙無く導きたまわんことを。」である。これから一年弱の期間をかけて、大西洋、アフリカ南端ケープタウンを巡り、インド、東南アジア、マカオ、香港などを経て日本に至る海路の旅が続く。その航海の安全を祈るヒュースケンの気持ちは自然に出てきたものであろう。そして、故国オランダからアメリカのニューヨークへと渡り、そして今また東洋の国々への航海が始まろうとしているこの時を振り返って、ヒュースケンは多少センチメンタルになりながらも、これからの前途に期待をふくらませていく。

「太古以来かたときも休まず青い波をうねらせてきたこの大洋が、私を故国から、まだかすかに見えているこの国に運んできた。……そしてまた、その同じ波が、いま私をその胸に抱きとったのである。その波は、すでにこの慎ましい冒険者を東洋の魅惑の宮殿へ、ラホールの財宝へと誘い、日本の神秘の奥処にわけ入らせようとしているのである。」(『日本日記』、八―九頁)

日本でヒュースケンを待ち受けている悲劇の運命はまだ数年先である。今のヒュースケンは逸る心を抑えるのに精一杯であった。

3　ヒュースケンの思想の一端——「文明」と「野生」

日本に来るまでのヒュースケンの観察記録である『日本日記』を読むと、おぼろげながら彼の人柄、人物像が結ばれてくる。あまり細かなことには拘泥しない明るく呑気な性格のところがある。ハリスは「ヒュースケン君は食べるとき、飲むとき、眠るときだけを考え——他の事はあまりに気にかけない人だと私は思う。」（『日本滞在記』（中）、一三三頁）と評しているくらいである。

また日記の記述については、いささか衒学的な部分もあり、知識をひけらかしたり、薀蓄を傾けたりして、かなり気張って書いているところもある。ヒュースケンは自らを一人の旅行者・冒険者でありたいと願うと同時に、知識人でありたい、そして歴史の記述者でありたいと願っているようだ。『日本日記』はそのことを証明するための記録であると考えていたのではないだろうか。時にはロマンチストの顔を覗かせるかと思えば、また別のところでは鋭いリアリストの眼でもって書き綴っている。

「雲ひとつない空に昇り、清浄な軌道をまわり終えた太陽は、いままたその深紅の姿を空色の海に沈めようとしている。自然のすばらしさを満喫するために、ニューヨークのような都会が与える逸楽と奢侈を諦めようとしない人が、はたしているだろうか。すがすがしくゆたかな洋上の大気よりも、七十万の人口によって汚された空気を呼吸することを好み、濡れた海の臥床《ふしど》から起きあがってきた燦爛《さんらん》たるアポロを讃美するよりも、古びた壁の割れめからさしこむ金色の朝の光を見るほうがよいという、卑しい人間が、いったいどこにいるだろうか。……陽かげはようやく薄らいで、マストのさきにかすかなあかるみを残すだけとなり、星をちりばめた夜のヴェールがひろがりはじめていた。陽の沈んだあとの空に目をやると、東方《オリエント》に青白い月の上るのが見える。それは銀《しろがね》に波を染め、ついには銀の海を行くかと思わせるほどだ。甲板の上は私一人だけだった。自然を讃美することで時の移るのを忘れ、私は皆が就床したことも知らなかった。」(同書、一一一頁)

引用が長くなってしまったが、ここには自然を讃美しながらいささかロマンチックな気分に浸っているヒュースケンがいる。このようなやや気取った文章を書くことに喜びを感じているヒュースケンがいる。しかし、日記の他の部分を読んでいくと、ヒュースケンの心の中には「文明 vs 自然(野生)」の対比が思い描かれていることが理解される。自然を讃美するだけではなく、その自然からますます遠ざかっていく近代文明の歩みに対して、ささやかなる抵抗の姿勢が汲み取れなくはない。産業革命によって機械化、産業化へと邁進する都市部の社会構造の変化、村落部(自然の世界)の荒廃、搾取する資本主義国と搾取される植民地国の対比、などがヒュースケンの意識の中に芽生えつつあるということは興味深い。自分たちの西欧の歴史の足跡をリアリストの目で見ようとしているのである。アフリカの南端ケープタウンを訪れ、インド諸島を巡って行くなかで、ヒュースケンは西欧文明の中に人間性を押しつぶそうとする「何か」に気づいていく。

「おお、文明よ、お前はいつになったら私たちを野蛮人にすることをやめるのか。お前のために私たちはますます疑い深くなるばかりではないか。みんなが世の中で自分のことだけを考え、自分一人のためにこの世界があると考えるようになる時がやってくるだろう。そうなれば、地上の住民はたがいに助けあうことはできなくなって、世界は滅びてしまう。」(同書、三三頁)

「征服と領土拡張の欲望は、この世紀をもって終りとされねばならない」（同書、三八頁）

「文明国の民よ、白い肌の人よ、御身たちは、この両インド諸島の原住民を野蛮人と呼びながら、その人たちにいかに多くの、まぎれもない蛮行を加えたことだろう。彼らを野蛮人呼ばわりするのは、御身らが犯し、これからも犯さんとする言語道断なる盗賊行為の、一種の口実にすぎないのだ。」（同書、四九頁）

現代文明と産業化社会にどっぷりと浸かっている経済主導の我々文明人に対する批判としても通ずるところもある。とにかくヒュースケンなりの思惟を働かせ、また「知識人」としていささかの文明批判の思想を育もうとしている節が見て取れるのである。それは世界に向けて国を開こうとしている過渡期の日本に対しても同様の姿勢で、ヒュースケンは日本が西欧文明に毒されることを懸念している。

「しかしながら、いまや私がいとしさを覚えはじめている国よ、この進歩は本当に進歩なのか？　この文明はほんとうにお前のための文明なのか？　この国の人々の質朴な習俗とともに、その飾りけのなさを私は賛美する。この国土のゆたかさを見、いたるところに満ちている子供たちの愉しい笑い声を聞き、どこにも悲惨なものを見い出すことができなかった私には、おお、神よ、この幸福な情景がいまや終りを迎えようとしており、西洋の人々が彼らの重大な悪徳をもちこもうとしているようにおもわれてならない。」（同書、一五三頁）

ハリスと違い、立場上はどちらかというと自由な身であったヒュースケンは日本人の庶民の生活の中にどんどんと入っていった。来日後半年で「いまはわれわれが街をあるいても、警官はあえて尾行しようとしなくなった。私は自由に民家に出入りする。」（同書、一〇〇頁）と書き残している。好奇心旺盛な若いヒュースケンならではの行動でもある。そこで見聞した日本の泰平の国情を見て、またこれまでアフリカ、アジアでの西欧諸国による植民地政策を垣間見てきたことから、上記のような記述が生まれたものと考えられる。

4　英学史から見たヒュースケンと関係者

来日後のヒュースケンはその持って生まれた明るい性格から日本人の庶民の生活に上手く溶け込んでいった。お祭りがあれば早速出かけていく。そして、祭礼の大行列を見たり、人々のドンちゃん騒ぎを観察している。燈籠祭りではゆらゆらと揺れる光を見つめ、僧侶たちの読経を耳にする。郊外への散策にもしばしば出かけ、また時には馬に乗って遠出もする。（ただ、ハリスに言わせると、ヒュースケンはあまり上手な馬の乗り手ではなかったようで、落馬して頭から血を流したりもしている。）しかしながら初めのうちは、日本人はなかなか胸襟を開いてくれないというフラストレーションも感じていた。それは「上」からの締め付けがあるからだとヒュースケンは考える。

「日本の民衆は顔をあげてわれわれを見ることもできないほど、自由を束縛されているのだ。そして、下田の住民は、われわれと話しをしないように、厳重きわまる命令を受けていた。」（同書、九八頁）

馬上のヒュースケン

と記録している。そもそも幕府の役人たちは異国人の行動に対しては常に神経を尖らしていた。当初、宿泊所となる玉泉寺の中の二、三の部屋は役人の詰め所として使いたい、と幕府側は提示しているが、これはハリスにきっぱりと断られている。しかし、外出時には「警固」の目的で番士やスパイ（目付け）をハリスやヒュースケンの周りに張りつけていた。居住用の寺院の補修・改修のために大工が来ても役人がついてくるし、[10]ヒュースケンがポシェット提督（ロシアのコルヴェット艦オリヴッァ号）とともに下田を散策している時も御番士の尾行をつけられ、ハリスの使用人の買い物にも役人の尾行がつくという始末であった。ヒュースケンも「はじめのうち、私はゴバンゴシ、つまり警察官の付添なしには、一歩も領事館の外へは出ることができなかった。彼は私の足あとを踏んで、影のようにつきまとった。」（同書、九八頁）と目付けの煩わしさを述懐している。そして、実際のところは「役人は監守となってわれわれの微細な動きにまで目を光らせ、住民との接触を防止するために配置されているのであることは、容易に察しがついた。」（同書、九一頁）と見抜いている。当然ハリスも警固を名目上とする行動監視に対しては厳しく批判している。そして、日本側に対して最終的には領事館の警固を完全に解くことを約束させている。[11]

だが、異国人の二人には、身の危険がまったくなかったわけではなかった。ヒュースケンの身に起こったことをハリスが記録している。

「今日ヒュースケン君が独りで武器をもたずに散歩に出かけた。その道で袖に衣紋をつけた一名の日本人に出会った。その男はヒュースケン君を見るや、自分のもっている長い杖を振り回した。ヒュースケン君は最初ためらったが、武器をもっていなかったので、そのまま引き返した。私は彼に、二度と武器を持たずに外出するなと言いつけた。」（『日本滞在記』（中）、一四五頁）[12]

主人の注意に耳を貸そうとせずに、こうした身軽な行動を取り続けたヒュースケンの身に、後年になって取り返しのつかない不幸(暗殺)が降りかかるのである。

さて、庶民との交流を楽しんでいたヒュースケンは、日本人たちにもそれなりに受け入れられるようになっていった。民家に立ち寄るとご馳走やお酒を振る舞われたりもする。(ただ、酒の味はどうしてもヒュースケンの舌には合わなかったようである。)はじめのうちは逃げ惑っていた若い娘たちも次第に慣れてきて、恥ずかしがらなくなってくる。日本人たちも好奇心旺盛で、異国人の生活や言葉(英語)に対して興味を示してくる。ある時、ヒュースケンはびっくりするような経験をする。身分の高い家を訪れて、お茶などご馳走になっていると、そこの主人が身体の部分の英語を聞いてきた。これに類似した異国人の経験については第二章の「プレブル大尉」のところでも記述しておいたが、どうも人間(日本人)は最も卑近な肉体の部位に関心が向くようで、それをどのような言葉で表現しているかということが気にかかるらしい。周りにはその男の妻や娘や母親もいる。そんなところで男は驚きの行動に出る。ヒュースケンの報告としてハリスが以下のように書いている。

「いろいろな物についての多くの名前をきいてから、その男は着物の前をひらき、彼の陰部を手に持って——女たちがみな見ているところで——その各部分の英語の名称を聞いたのだ！」(同書、一六二頁)

ここでのヒュースケンの英語解説をいわゆる「英語教授」の一例などとは見ることはできないだろうが、日本人の関心の対象が何であれ、英単語や日本単語のやりとりが両者の間で行われたということは日本人にしてみれば異国の言葉の初歩学習の一部ではあることは確かである。この一見して性に対するおおらかな反応を示しつつも陰部の英語名称を聞こうとする日本人について、オリヴァー・スタットラーも『下田物語』の中で「下田の人々は常になにがしかの英語を学ぶことを熱望しており、その日のヒュースケンの主人役の男も同様であった。」(『下田物語』(中)、七六頁）と述べており、英語学習の一端であることを暗示している。

下田の庶民の生活に入り込み、人々と話を交わす中で、こうした場面は頻繁に起こったことは容易に想像される。また、逆にこうした交流からヒュースケンも少しずつ日本語を学習していったことは間違いない。小間使いとしてハリスやヒュースケンの世話をしていた西山助蔵は「言葉はまるで通ぜぬので、私共はヒュースケンからいろいろ教わったが、なかなかに覚えられなかった。(13)」と述懐している。常に接している周りの従者・召使いたちに対してヒュースケンは彼なりのやり方で導入的な英語学習の個人指導を行っていたことは間違いない。そうした結果が、たとえば西山助蔵の「英語単語帳」(約五千語収録）などに実を結んだものと考えられる。

ところで、「教授(教育)」というレベルでヒュースケンやハリスの活動を考察してみた場合、ヒュースケンが下岡蓮杖に写真術を教授したということはよく知られているが、この件に関しては本論からテーマ的に逸れるので紹介は控える。ここではヒュースケンやハリスの英語教授(教育)、および英学上の意味合いについていささか考察してみたい。

ここに一通の通達がある。安政四年一月十七日(一八五七年二月十一日)付けで、江戸幕府老中から下田奉行へ出されたものである。

「伊東貫斎、立石得十郎并支配向忰共之内両人程、其地滞在之亜米利加官吏より英学伝授之儀ニ付、相伺候趣は不苦候間、諸事取締筋厚く心附、稽古為致候様可被取計候、且又蕃書調所出役等之内よりも、人物相撰、両人程可被差遣候間、前書之ものども同様相心得、稽古為致候様可被致候。」(合原猪三郎筆記、『幕末外国関係文書』之十五)(14)

つまり、伊東貫斎、立石得十郎はじめ支配向きの息子や蕃書調所勤務のものたち数人を対象にハリスやヒュースケンが英語を教えてもよろしいか、という下田奉行からの問い合わせに対して「苦しからず」と老中側は答えている。これにより英語教授が何らかの形で実施されたことが推測される。この通達からほぼ二か月半を経たハリスの日記(一八五七年四月二十五日付け)には以下のような記述がある。

「下田奉行に属している幕府の外科医に英語をいくらか教えている。私は彼らの頼みによって、これをやることにしたのだ。この医者はひじょうに天稟のすぐれた人物であることが分った。彼は江戸に住む病父を見舞うため、数週間当地を離れていたが、今日再び勉強をつづけるためにやってきた。私は奉行宛の一通の手紙を彼に示したのみであった。その手紙の内容は、領事としての私の権利の完全な行使が許された暁には、ひじょうに喜んで英語の教授をしようが、それらの権利が否認されるかぎりは、その教授を断らなければならないことを奉行に通告するものであった。」(『日本滞在記』(中)、二三二頁)

後に詳しく説明するが、この天稟の優れた外科医とは伊東貫斎のことである。「彼らの頼みによって」とあるところから、英語教授はもともとは日本人側からの頼みから発していたことも推察されるが、ハリスやヒュースケン側も通詞たちその他に英語を教えることによるプラスの材料を見逃してはいないだろう。つまり、英語教授は情報収集にも役立つし、通詞たちの英語力向上によって協約・条約の「英語―蘭語―日本語」の翻訳プロセスにも役立つことが見込まれるからである。しかし、上記の記録でも分かるようにハリスは英語教授を外交交渉（権利の確保）の交換条件にしようとさえしている。ハリスの老練さである。

さて、日記の中でハリスは外科医に英語を教えていることを明記しているが、外交公務の忙しさを考えれば、当然ヒュースケンのほうが時間的余裕が多くあったことは想像に難くない。オリヴァー・スタットラーも大部分の英語教授はヒュースケンが行っていたのだろう、と推断している（『下田物語』（中）、一二五頁）。いずれにしろ、通詞その他の人物が下田での外交交渉の傍で英語教授を受けていたことは確かなことと言えよう。

では、この英語教授がどのくらいの期間で、どのような形で実際に行われたのだろうか。それについて具体的な記述がハリスやヒュースケンの日記にあるわけではないが、『下田物語』によると、下田協約が結ばれた（一八五七年六月十七日）後の七月に一時中断されていた英語授業が再開されていることが記されている。

「彼（ハリス）はまた、今なら、品位を失うことなく、英語の授業を再び始めることができる、と決心した。そして、それゆえに、伊東貫斎医師、立石得十郎、および、父親が下田の役人である二人（ほど）の若者が、彼らのレッスンのために、寺へ出頭し始めた。」（『下田物語』（下）、一六頁）

この引用の後で、さらにスタットラーは下田奉行から幕府老中宛の手紙として、「私どもは、あなたがたのご承認を得て、長崎で示された例に従って、生徒ひとりにつき年額二十両の割合で、それに相当する物品を私どもの役所から送ることを提案いたします。」（同書、一六頁）という内容を紹介している。[15] 老中からの「苦しからず」の通達が一八五七年二月だったことからすると、一時的な中断はあったにしろ、半年以上は続き、さらに授業料も払う趨勢になっていたことから考えても、この後しばらく英語教授は続いたものと推測される。伊東貫斎や立石得十郎ら通詞にとっては、直接ネイティブ・スピーカーから英語を教授されることは大いに意味があったものと考えられる。

ここで、伊東貫斎についていささか注目してみたい。江戸から下田に戻ってきて、ハリス、ヒュースケンのもとでもう一度英語学習に熱意を燃やそうとした男である。伊東貫斎は蘭語の能力が高く、通詞の森山栄之助(のちに多吉郎)や立石得十郎などとともにハリスやヒュースケンの応対をしたり、書簡や条約の翻訳などの仕事を良くこなしていた。もともと医師であることから病弱なハリスの世話などもしている。

生年は文政九年(一八二六年)五月十九日、出生地は武蔵国の府中である(没年明治二十六年)。神官の織田筑後の次男として生まれている。長崎に一時期遊学しておりオランダ人から蘭方を学び、弘化二年(一八四五年)には大阪の緒方洪庵の適塾にも入門している。嘉永六年(一八五三年)四月(ペリー来航二か月前)には当時既に名声を博していた蘭方医の伊東玄朴の娘婿となって、伊東姓を名乗る。安政二年(一八五五年)七月、紀伊藩で禄を受けて仕官することになり、蘭学の研究に携わっている。ハリスたちが下田に投錨した時に、真っ先に上船していった通詞たちは立石得十郎と名村常之助だったが、その後、上級通詞としての伊東は森山とともに翻訳・通訳の仕事を数多くこなしていくことになる。当時の「下田奉行　役人名」のリストによると蕃書翻訳方として「支配勘定格・御普請役　森山多吉郎／紀伊殿・医師　伊藤(ママ)貫斎」の名が記載されており、また通詞として「名村常之助／立石得十郎／川原又兵衛」の名前が記載されている。[16]

ハリスが来日後二か月を経た時点で日本側の下田奉行ほかの従者たちを玉泉寺に招待した折、上級通詞であった森山と伊東は通訳として随行している。友誼のしるしとしてハリス側から日本側に贈り物が進呈されたが、森山には藤製の杖一本が、伊東には扇子一本が贈られた。来日三か月後には、ハリスなどは「私の親しい友人の森山栄之助」などと記録に残している(『日本滞在記』(中)、一一八頁)。二人の親密さが理解される。通訳・翻訳の仕事をする通詞たちは、単なる言語の媒介者ではなく、幕末時代にあっては重要な外交官の一人でもあった。交渉過程の中で人間関係が育まれることも多々あることである。

伊東貫斎の英語学習はさまざまなチャンスの中で行われていた。通詞の森山栄之助はハリスやヒュースケン

森山多吉郎（栄之助）

に面会する時などはしばしば伊東貫斎を同行させたが、ひとつには貫斎のオランダ語の力を頼りにしたこともあるが、伊東の英語レッスンのため、ということもその理由にあった。条約などを翻訳する時なども英語学習のまたとないチャンスであった。英語のみならず、そもそも日本人通詞たちのオランダ語も完全なものではなかったので、協約・条約の翻訳は大変な作業であった。ハリスは日本人のオランダ語の不完全さについて以下のように記録している。

「今日、我々は協約に調印した。各箇条の用語を定めるのに約九日間かかったが、とにかく用語の決定は極めて困難な仕事である。日本人通訳のオランダ語は、船長や商人が二百五十年も昔に使用したような古いオランダ語なのだ。当座の役に立つような新語を全く知らない。」（『日本滞在記』（中）、二六七頁）

いずれにしろ、こうした翻訳作業は主にヒュースケン、森山栄之助、伊東貫斎が協力して行ったのである。ヒュースケンも「条約の草案が貫斎博士の援けをかりて森山多吉郎の手で翻訳された。」（『日本日記』、一六四頁）と書き残している。

さて、伊東はこうした条約の翻訳および外交交渉の通訳の仕事を精力的にこなしつつ、また医師としてハリスの病気治療などにも尽力してからは、江戸に戻ると神田の神保町に英語塾を開いた。[17] この英語塾に入門してきた一人に津田仙がいた。津田梅子の父親である。

津田は千葉下総の佐倉藩（開明派の堀田正睦が藩主で、「蘭癖」とあだ名されるほどであった）の地で生まれ、

津田　仙

藩邸内の塾で早くから学問（主に漢学）と武芸にいそしんだ。また十七歳にして藩命を受けて大砲隊に加わり、千葉の寒川に出役し、さらに江戸海岸防衛のため江戸に転役する。その折、ペリー来航による江戸内外の騒然たる状況を目の当たりにしている。この風雲急を告げる状況の中で、津田は洋学の必要を痛感することになる。安政三年（一八五六年）二月に蕃書調所が九段坂に設けられた折、蘭学の心得があるものは教授方に任用されたが、堀田正睦侯の家臣であった手塚律蔵もその一人であった。その手塚は京橋の八丁堀に別途で塾を開いていたので、津田仙はその塾に通い始め、一年ばかり蘭学の初歩を習得した。しかし、時代は次第に蘭学から英学へと移っていった。津田もそのことは心得ており、なんとか英学を習得すべく努力をする。西周から借り受けた小文典『初等英文法問答』(*The Elementary Catechisms, English Grammar*)を手写し、ピカードの『英蘭辞書』を頼りに英文法の研究に取り掛かったりしている。こうした時期に神田神保町に開設された伊東貫斎の英語塾のことを聞き及ぶのである。津田は英語には発音しない文字があることをこの塾で初めて学んだ。このあたりの事情は津田が書き残した「洋学の伝来」という回顧談に書き記されている。

「（伊東貫斎が下田にて――筆者注）其滞在中に、ハリスの處にゐたヒュースケンと云ふ和蘭人の通弁に就いて、英語を教はつて見ると、今云つた白いといふ字は「ウヒイツテ」で無くて、「ホワイト」と読むのだと聞いて驚き、また英語には読ま無い字があつたり何かして、蘭語とは大きに趣が違ふと習つて来た。

伊東貫斎が帰つて来ると、今度西洋人から英語を覚えて来たと云ふ評判で、私も手塚の塾を辞して、伊東塾へ入門した。……私等はこの塾で、やつと音を知り、また単語なんか習つて、少し道がついたのだ。(18)」

その後は横浜に出て、当時幕府訳官として横浜詰めであった福地源一郎の家に寄寓したり、松木弘安などとともに英国人医師について英語を学んだりしている。また、江戸に戻ると、小石川で英語塾を開いていた森山多吉郎の門下生にもなっている。

かくして、津田が幕府外国奉行の通弁に採用されたのは文久二年(一八六二年)四月、津田仙二十六歳の時であった。(19) この仙の次女として元治元年(一八六四年)に梅子が生まれるのである。梅子は明治四年(一八七一年)に七歳にして北海道開拓使派遣の五人の女子留学生の一人としてアメリカに留学することになるが、これには父親仙の思い入れが強く働いている。自ら英学を学び通弁となり、そして日本近代の曙の時代における女子教育の必要を痛感していた仙ならではの決断であった。十一年後に帰国したのち、梅子は日本の黎明期の英語教育に貢献し、後年の明治三十三年(一九〇〇年)には女子英学塾(津田塾大学の前身)を開設したことは、よく知られている史実である。

このように見てくると、ヒュースケン—伊東貫斎—津田仙—津田梅子、というひとつの英学の流れが細いながらも浮き上がってくる。津田梅子の明治以降の英学における重要性は強調してしすぎることはない。その遠く前方にオランダからアメリカに渡り、そしてはるばる日本までやって来たヒュースケンが見えてくることに歴史の巡り合わせが思われる。

5　おわりに

万延元年十二月五日(一八六一年一月十五日)、年の暮れの師走に入ったばかりの季節、ヘンリー・ヒュースケンは麻布薪河岸の付近で、馬に乗ったまま、突如長刀を持った浪士たちの一行に襲われ命を落とした。幕末期、異人殺傷事件が続く中でも最も外交的ショックの大きかった殺傷事件のひとつで、大きな外交問題をも引

浪士たちに襲われるヒュースケン

き起こしかねない事件だった。このヒュースケン暗殺に関しては、当時の外交官、随行員たちが残した日記・記録類、日本側の資料などに、さまざまな形で記録されているので、襲撃の顛末から、各国公使との外交交渉、ヒュースケンの葬儀、オランダの母親に対する幕府側からの賠償金の問題までほぼ全体の動きが明らかになっている。宮永孝氏の『開国の使者』には内外の資料を駆使して包括的な視点からこの暗殺事件の全容が描かれている。

ヒュースケンは日本人の庶民のなかに積極的に交わっていきその交流を楽しんでいたし、各国公使館の公使や随行員の日本ガイド役をこなし、外交交渉の通訳としても活躍しており、たいそう重宝がられていた。また、血気盛んな若いヒュースケンは日本人の娘たちにも関心を示していただけに（お福、おきよ、おまつ、おつるなどが侍妾として取り沙汰されており、芝浦の万清茶屋のお里との淡い恋心も噂になっていた[20]）、攘夷を標榜する男たちにとっては、なおさらヒュースケンの自由な振舞い方は面白くないと考えられていたに違いない。ヒュースケンは日本の社会に深く入りすぎてしまったのかもしれない。それが暗殺という悲劇につながったとも考えられる。

四半世紀ほど前、筆者は地下鉄芝公園駅を降りて、徒歩で赤羽根接遇所跡（東麻布一丁目二十二番地。当時の飯倉公園には記念の立て札のみ立っていた。平成十九年の現在も公園内での位置は変わっているが立っている）を訪ね、その足で暗殺現場を探訪すべく赤羽橋を渡った。それからかつての新堀川（現在の古川）端の道（四

①

②

③

④

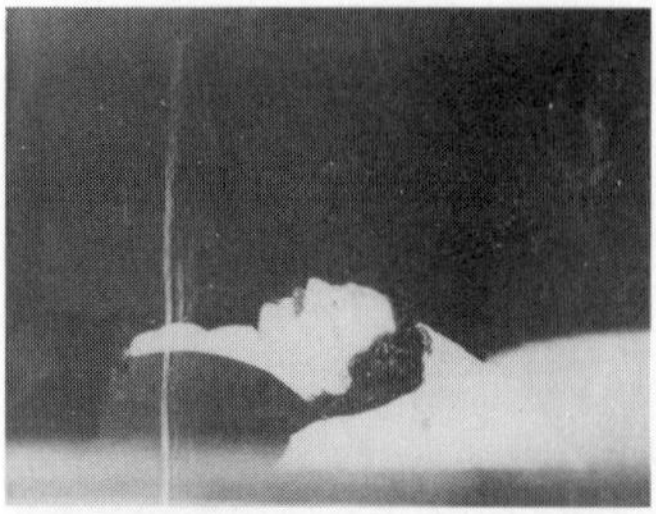

⑤

⑥

①赤羽接遇所跡　②ヒュースケンが襲われた場所(現在)　③ヒュースケンが落馬したと思われる銀杏の大木のあたり　④江戸における葬儀　⑤遺骸　⑥麻布光林寺にあるヒュースケンの墓

半世紀前は東京専売病院が面した道路であった。平成十九年現在ではその建物が国際医療福祉大学附属三田病院になっている）を中之橋、一之橋の方角に向けてゆっくりと歩いた。馬上のヒュースケンが襲われたのは中之橋に差し掛かろうとしていたあたりで、七名ほどの浪士によって切りつけられた。ヒュースケンの傷は両脇腹を数インチの長さにわたっており、傷口からは内臓が出ていたほどのものだった。この現場は現在で言うと、国際医療福祉大学附属三田病院の前あたりと推測できる。馬はヒュースケンを乗せたまま百八十メートル（二百ヤード）ほど走り[21]、そこでヒュースケンは落馬した。おおよその距離を測ると、落馬現場は一之橋の手前九十メートルほどの所、ちょうど銀杏の大木（かつては稲荷大明神が祭られていた）のあたりだろうと推測される。ヒュースケンは担架代わりに使われた戸板に乗せられ、アメリカ公使館善福寺に運び込まれた。プロシャ使節団から急派されたルチウス博士は患部をすぐに縫合したが、その甲斐なく息を引き取った。死ぬ直前にヒュースケンは「ワインを飲みたい」と言った。これが最後の聖なる飲みものとなった。ヒュースケンの葬儀は万延元年二月八日（一八六一年一月十八日）、好天に恵まれた中で立派に執り行われた。納棺されたヒュースケンの亡骸はアメリカ国旗に包まれて、善福寺から麻布・光林寺へと運ばれた。その情景を描いたイラストがプロシャ使節オイレンブルク伯の『日本遠征記』に収められている[22]。

ヒュースケンの墓は現在、麻布光林寺の境内に静かに立っている。

《註》

（1）　今宮新氏は論文「ヒュースケンのことども」（『史学』、第三十六巻第二・三号、一一六頁、一九六三年）のなかで、「何才頃であるか分からないが、恐らく二十才前後の彼は、アメリカに生活の活路を求めて渡ったのである。」と書いている。

（2）　Henry Heusken, *Japan Journal: 1855–61*, Translated and edited by Jeannette C. van der Corput and Robert A.

Wilson, p. xi–xii, Rutgers University Press, 1964.

(3) 宮永孝『開国の使者――ハリスとヒュースケン』、六頁、雄松堂出版、一九八六年。

(4) この宮永説は、氏が現地に赴いて住民票の調査から導き出したものであろうから、かなり信憑性がある。ただ、四月十一日に母親がレイツェフラフトに移動した時に、筆頭者である母親以外にヒュースケンの名前もその住民移動届けに載っていたのかどうか――ここがひとつの疑問点として筆者に残った。ヒュースケンの名前もその住民移動届けに記載されていれば、その四月の時点でヒュースケンはまだオランダにいたことが確認される。というのは、後に検証する第二の仮説を考えると、この時点では既にヒュースケンはオランダを発ってしまっていたのではないか、ということが考えられるからである。オランダまで赴くことができずにいる筆者としてはこのような疑問を呈するのは心苦しいことだが、一応疑問点としておきたい。

(5) もうひとつ検証したことがある。それは先に引用した一八五六年六月十二日付けの日記の「三年半前、私は父母の家に別れを告げた。」(青木枝朗訳、七五頁)という箇所である。この「三年半前」が「三年前」ならば宮永氏の説である第一仮説が正しくなる。幸い宮永氏も『開国の使者』の中でこの箇所を訳出している。その訳出は「私が父の家に別れを告げたのは、三年前のことである。」(『開国の使者』、七頁)となっている。「三年前」である。宮永氏は英訳版を参照しているのではなく、そもそもヒュースケンがフランス語で書いたオリジナル版(手書き)を参照していることが、注の付け方から理解できる。すると、青木枝朗氏が英語版から訳出する時に誤訳したのか、という疑問が生ずる。そこでまずコルプト女史が編集した英語版をチェックしてみると、“Three and a half years ago I said farewell to my parental home.”(*Japan Journal*, pp. 68–69)となっており「三年半前」は正しい訳である。

では宮永氏が典拠とした手書きのフランス語版日記はどのようになっているか？　カリフォルニア大学図書館のDepartment of Special Collectionsに連絡を取り、なんとかフランス語の手書きオリジナル版のコピーを入手することができた。フランス語を判読してみると“Il y a trios ans et demi que je disais adieu a la maison paternelle.”となっていた。英語の“my parental home”(父母の家)とフランス語の“a la maison paternelle”(父親の家)は意味が異なるのが分かるだろう。コルプト女史はフランス語の女性形容詞paternelle(父方の、父親の)をparentale(両親の、親の)と読み違えてしまって、英語の“my parental home”に置き換えてしまったことが推測できる。確かに手書きのフランス語は読みづらいところもある。また、問題の「三年半前」の箇所はどうか？　宮永氏はなぜか“Il y a trois ans et demi”

(三年半前)を「三年前」と訳している。このような単純の表現を誤訳するまでもないことだろうから、宮永氏は承知の上で「三年前」と訳されたものと考えられる。これによって宮永氏の第一仮説(一八五三年四月以降)が成立するからである。いずれにしろ、宮永氏が発見された一八五三年四月十一日付けのレイツェフラフト移動届けにヒュースケン名が記載されていたかどうかが鍵となるように思われる。記載されていれば、内実を捉えた上で、宮永氏が敢えて「三年前」と訳すこともあながち誤った認識とは言えない。ヒュースケンの記憶違いということもありえるからである。ただ、ヒュースケンの手書きのフランス語原本に従うのなら、「三年半」は譲れないところとなる。今後の研究課題でもある。

(6)　一八五六年一月二十四日にハリスはマーシー合衆国国務長官に手紙を書いているが、その内容の概略が『日本滞在記』(上)、一〇六頁に記述されている。そこにヒュースケンの推薦のことが書かれている。

(7)　このオリジナルの手紙は、「ハリス文書」(*The Letters and Papers of Townsend Harris*)の中に収められているもので、現物は**“A Register of the Collection of the Archives of the City College of New York”**の中に整理・保管されている。この資料のマイクロフィルム一セットが横浜資料開港館に保存されている(一九八三年の時点)。

(8)　ハリス『日本滞在記』を編纂したM・E・コセンザ氏はヒュースケンの英語について次のように記している。「ヒュースケンはオランダ人で、その英語は完全なものではなかったが、これから先、日本へ行ってからの役に立たせるつもりで、タウンゼンド・ハリスが秘書として雇ってきたものであった。」と。ハリス『日本滞在記』(上)、一八七頁。

(9)　ハリス『日本滞在記』(上)、一〇六頁、のコセンザ氏の注を参照。

(10)　以下の「海陸安政記」(名主与平治の手記)の記録を参照。「安政三年七月二十一日　翌日は幕吏の監督の下に村人足を出して大体に取片付け、翌二十三日には下田奉行所の役人である脇谷卯三郎、斎藤源之丞出張並びに下田町大工棟梁等を連れ玉泉寺の周囲に柵を廻して居る。其の間には時々異人の上陸玉泉寺の見分等の事がある。／二十九日　今七ツ時(午後四時)より玉泉寺へ御役所大工二十人程来り昼、午後とも所々取繕ひ致し候、即ち彦左衛門、半十郎取締番仕候。」、村上文機『開国史蹟　玉泉寺今昔物語』、一〇―一一頁、玉泉寺発行(増補五版)、一九七五年。

(11)　ハリス『日本滞在記』(中)、一五〇―五五頁、には「番士」(警固役人)についてのハリスと日本側の両者の考え方の相違やハリス側からの非難と「番士」退去の要求のことが記述されている。

(12)　この事件についての背景(若い日本人の娘やその愛人の博徒の親分の存在)が、オリヴァー・スタットラー『下田物語』(中)、八二頁、に面白く書かれている。また、ハリス『日本滞在記』(中)、一四九—五〇頁、の注釈にこの一件に関してのハリスと支配組頭若菜三男三郎のやり取りの記録(『幕末外国関係文書』之十五)が引用されている。

(13) 引用は宮永孝『開国の使者』、六〇頁、によったが、出典が明記されていなかった。また、西山助蔵は「英語単語帳」(和綴じ本、約五千語収録)を書き残しているが、この研究は日本英学史学会会員の川元由美子氏によって進められている。

(14) 大日本古文書『幕末外国関係文書』之十五、「正月十七日老中達、下田奉行へ　英学伝授の件」、四五六—五七頁、東京大学史料編纂所纂(復刻版)、東京大学出版会、一九八五年。

(15) この引用は『下田物語』(下)、一六頁、の記述であるが、下田奉行の手紙の出典の明記がなく、原文の *Shimoda Story* にも同様に出典が明記されていない。

(16) 前掲、村上文機『開国史蹟　玉泉寺今昔物語』、三二—三三頁。

(17) ヒュースケンの『日本日記』の一八五八年三月九日の記録には、伊東貫斎は既に江戸に居ることが記録されているので、また、彼に英語を習った津田仙の履歴から推測しても、貫斎が英語塾を開設したのは一八五八年の三月以降と考えられる。

(18) 津田仙「洋学の伝来」(下)、『英文新誌』第一巻第四号、三頁、明治三十六年八月十五日。津田の蘭学・英学に関わって、この「洋学の伝来」に触れているものに、竹村覚『日本英学発達史』(一四二—四三頁)や茂住實男『洋語教授法史研究』(二一六—一七頁)がある。

(19) 津田仙に関する記述については、吉川利一『津田梅子』、山崎孝子『津田梅子』などを参照させていただいた。

(20) 荒木誠三『らしゃめん』、六七—七四頁、を参照。

(21) ハリスの国務省宛の報告書(一八六一年一月二十三日付け)にヒュースケン暗殺事件の顚末について報告されている。この報告書はヒュースケン『日本日記』所収(二二一頁)、訳者の青木枝朗氏が訳出している。

(22) フリードリッヒ・A・G・オイレンブルク『日本遠征記』(下)(中井晶夫訳)、雄松堂書店、一九六九年。

《主たる参考文献》

Henry Heusken, *Japan Journal: 1855–61*, Translated and edited by Jeannette C. van der Corput and Robert A. Wilson, Rutgers University Press, 1964.

Henricus C. Y. Heusken, "Memoires de Voyage" (handwriting manuscripts), Department of Special Collections, Library of the University of California, at Los Angeles.

The Letters and Papers of Townsend Harris, 横浜開港資料館蔵（コピー資料所収）。

Clay MacCauley, *The Heusken Memorial*, Clay MacCauley（私家版、東京）、一九一七年。

Richard S. Patterson, "Henry C. J. Heusken, Interpreter to the First American Consular and Diplomatic Posts in Japan", Reprinted from *The American Foreign Service Journal* (July issue), 1947.

Oliver Statler, *Shimoda Story*, Charles E. Tuttle Co. , 1969.

荒木誠三『らしゃめん』、大陸書房、一九八二年。

今来睦郎編『中欧史』、山川出版社、一九七一年。

今宮新「ヒュースケンのことども」、『史学』（第三十六巻第二・三号）、三田史学会、一九六三年。

大槻如電『新撰洋学年表』、柏林社書店、一九二七年。

ラザフォード・オールコック『大君の都』（中）（山口光朔訳）、岩波文庫、一九六二年。

菊池文人『ハリス再発見』、サガミヤ、一九八七年。

カール・クロウ『ハリス伝』（田坂長次郎訳）、平凡社東洋文庫、一九六六年。

小西四郎「幕末期の女性」、『明治維新のころ』、朝日新聞社、一九六八年。

小山文雄『明治の異才　福地桜痴』、中公新書、一九八四年。

坂田精一『ハリス』、吉川弘文館、一九六一年。

オリヴァー・スタットラー『下田物語』（上・中・下）（金井圓ほか訳）、現代教養文庫（社会思想社）、一九八三年。

竹内範男『唐人お吉物語』、芸風書院、一九八〇年。

田辺太一『幕末外交談』（一）、平凡社東洋文庫、一九六六年。

田保橋潔『増訂　近代日本外国関係史』、原書房、一九七六年。

竹村覚『日本英学発達史』、研究社、一九三三年。

角山榮『産業革命と民衆』、河出書房新社、一九七五年。

タウンゼンド・ハリス『日本滞在記』(上・中・下)(坂田精一訳)、岩波文庫、一九五三—五四年。

ヘンリー・ヒュースケン『日本日記』(青木枝朗訳)、校倉書房、一九七一年。岩波文庫、一九八九年。

平松勘治『長崎遊学者事典』、渓水社、一九九九年。

宮永孝『開国の使者——ハリスとヒュースケン』、雄松堂出版、一九八六年。

村上文機『開国史蹟　玉泉寺今昔物語』、玉泉寺、一九三三年。

ヘンリー・メイヒュー『ロンドン路地裏の生活誌』(上・下)(植松靖夫訳)、原書房、一九九二年。

茂住實男『洋語教授法史研究』、学文社、一九八九年。

山崎孝子『津田梅子』、吉川弘文館、一九六二年。

吉川利一『津田梅子』、婦女新聞社、一九三〇年。中公文庫、一九九〇年。

第二部　明治人と英語との出会い

第一章
内村鑑三の「英学修養」
高崎時代から東京外国語学校時代まで

1　はじめに

明治維新によって日本は一気に欧化の波に洗われることになったが、こと外国語の修養(教育)に関しては、維新以前に幕府や各地の藩の政策などのおかげで、比較的早い時期から藩の子弟たちに対して蘭語をはじめ、英・仏・露の言語教育が行われていた。それは、十九世紀に入ると徐々にこれら西欧列強国が北から南から島国日本をうかがっていたからであり、その脅威に対応すべく、情報収集の重要な手段となる言葉の習熟が必然的に求められていたからである。

さて、英学に関しては、一八〇八年(文化五年)のフェートン号事件を契機として、幕府の指示で長崎のオランダ通詞たちが英語を学習し始めたことがわが国の英学の夜明けとされている。以後明治維新まで約半世紀強の間、蘭学から英学への時代の移りとともに英学修養熱は高まる一方であった。こうした背景から明治に入って、いわゆる英語名人と称する人たちの誕生があったわけである。なかでも三大英文著作家として知られる内村鑑三、岡倉覚三(天心)、新渡戸稲造が特筆すべき代表格と言えよう。この三人はまさしく時代を共有する形で生きた人物で、幕末・明治の英学時代の申し子とも言えよう。
本論考ではこのうち内村鑑三に焦点を当て、彼の初期の英学修養を跡づけ、時代との関わり、内村自身のパーソナル・ヒストリーの中での英語学習の持つ意味などを考察してみたい。

2　鑑三の生まれた時代の英学状況

内村鑑三は文久元年(一八六一年)[1]、江戸の小石川にある高崎藩の藩邸内で生まれた。父親は有能な高崎藩士内村金之丞宜之である。儒学者であると同時に開明思想の持ち主でもあって、藩の近代化に大いに貢献した人物である。鑑三はその著『余は如何にして基督信徒となりし乎』の中で父親のことを次のように記している。

内村　鑑三

「余の父はもっと〔祖父との比較——筆者注〕教養があり、りっぱな詩を作ることができ、人を統率する術に長じていた。彼もまたなみなみならぬ軍事的能力のある人であって、はなはだ騒然たる一部隊をあっぱれな手際で指揮することができた。[2]」

高崎藩八代藩主大河内輝声は藩の軍制の改革に熱心な人物であって、宜之はその藩政の方針に沿って活躍し、特に砲術は彼の専門とするところであった。このように武芸に秀で、騎乗をもよくした宜之は、一方では漢詩漢籍に明るく、「聖人の文章と言葉のほとんど各節を暗誦[3]」するほどであったという。したがって、鑑三の幼い頃の初期教育は必然的にこの線に沿ったものとなり、「シナ諸聖賢の倫理的政治的教訓を理解することはできなかったにしても、その教の一般的な感じがしみこんで[4]」いくことになった。

こうしたバックグラウンドを持った鑑三が英語と出会うことになるわけだが、それは時代の流れというものに深く関わったひとつの必然と言えなくもない。つまり、幕末の風雲急を告げるシュトルム・ウント・ドランクの時代と開国近代化思想の深化と展開の中にあって、急速に高まりつつあった英学熱が鑑三の父を捉え、鑑三自身をも捉えることになったわけである。かの福沢諭吉が横浜へ出てきて(一八五九年)、オランダ語が通じず、看板もビンのラベルの外国語も分からず、はたと蘭学から英学への時代の移行を感じとった頃とはまた一回転大きく転換した新しい時代になっていたのである。

特に明治四、五年頃(鑑三が十一、十二歳の頃)は英学熱がピークに達した時期でもあった。したがって(後に詳説するが)、明治六年に鑑三が東京にやって来て、一私塾で英語を本格的に勉強し始めたこともまさしく時代の流れと呼応したものと考えられよう。

この明治四年には、福沢の慶応義塾も発展的に芝新銭座から三田へと校舎を移しており、数多くの生徒を在籍させることになったし、その他語学を学ばせる私塾が数多く誕生していることも押さえておきたい事実である。『新撰洋学年表』の明治四年の項には「東京に於て英学仏学独学等私塾前後十八校[5]」とある。また佐々木満子氏の「私塾・官公私立学校[6]」によれば、五十名以上の生徒を抱えていた東京の英学塾には、明治四年以前設立のものとしては慶応義塾をはじめ六校、明治四年設立のものには共立学校など四校、明治五年設立のものには生徒数二七二名を擁していて規模では慶応義塾にひけをとらない勧学義黌や新渡戸稲造も学んだ共慣義塾、そして鑑三も学ぶことになる報国学舎(のちに有馬私学校となる)など十一校を数えている。この種の私塾の誕生はなにも東京だけに限られたものではなく全国的な広がりを見せていた。いかに英学熱がこの時期に高まっていたかがうかがえる。

ところで、こうした民間レベルの学習意欲の高まりと軌を一にするかのように国の教育政策も整えられ始めたことも、英学（実学）修養のバックグラウンドとして認識しておく必要があろう。明治四年に文部省が設置され、明治五年には学制が発布されている。

「一般ノ人民〔華士族農工商及婦女子〕必ス邑ニ不学ノ戸ナク家ニ不学ノ人ナカラシメン事ヲ期ス、人ノ父兄タル者宜シク此意ヲ体認シ、其愛育ノ情ヲ厚クシ、其子弟ヲシテ必ス学ニ従事セシメサルヘカラサルモノナリ(7)」

「学制」の中の有名なことばであるが、この個所の後半部の父兄の責任を謳っているところは、社会の教育熱、子供たちの勉学熱を助長させる強いインパクトになっていたはずである。鑑三の父宜之が、長男鑑三に法学の勉強をさせて、ゆくゆくは政治家にさせたいと願い、その手始めにまず英学を学ばせるようになったことも、こうした時代背景とは無縁ではないと考えられる。ことに英学は実学の花であった。「身を立てる」ということが「英学修養」の先に垣間見えるという状況があった。明治の日本文学史家の大和田建樹によると「恰も幕府時代の漢学の如く、是という専門をも定めずして、唯英吉利の文字を読み、英吉利の書籍を解し、英吉利風の主義を注入するを以て目的とせしは疑ふべからず。いわゆる実利的にして之を以て身を立て之を以て社会に交らんとするに出でたるは十中の八九なりけらし(8)」という状況であった。

英学は世に出て、出世するための大きな手段となりえるのではないか、という漠然とした意識が人々の間に芽ばえていたことになろう。実際に英語を使い積極的に貿易を行ったり、英書を読破して学問・教養を身につけようといった側面は、現実社会の中にあってはまだまだ定着する段階ではなかったが、とにかくある種の英語ブームが到来していたのである。

こうした英語熱は当然のことながら出版界にも影響を与えるわけで、英語独学書、英単語帳、英語教科書などが(多数の海賊版も含め)次々と刊行された。日本人の手によって最初に書かれたものと言われている文法書も明治四年、『英文典便覧』として青木輔清によってまとめられている。この明治四、五、六年の三年間は英語関係書の出版ラッシュと言ってもいい時期である。『英語教育史資料』第五巻の巻末の表によると、明治四~六年まで英語学習文献の点数は八十点以上にも及んでいる。海賊版を含めれば相当な数の英学書が実際には出回っていたことが察せられる。福沢諭吉が実学としての学問を奨励した『学問のすゝめ』を著し、ベストセラーとなったのもこの時期である。若き内村は、この時代の勢いを身をもって受けとめることになるのである。

2　鑑三の英学事始め

先にも記したように父宜之は鑑三をゆくゆくは政治家にしたいと考えていた。それには大学で法学を修めなければならないし、大学で勉強するには、当時はまず英語を身につけておかねばならなかった。「英語は高等教育機関の前提条件であり、従ってその入学試験において英語はもっとも主要な科目」(9)であった。

では、鑑三はいつ頃英語を勉強し始めたのであろうか。それを暗示する個所が鑑三の晩年の日記の中にある。上州高崎の光明寺に先祖の墓参りをした時のことである。

「……墓参りを終へて後に烏川の畔に至り、遥かに榛名碓氷の連峰を眺めながら我少年時代の事共を思ひ出した。……(略)……山の形は変らず、川は依然として流る、其内に我が少年の友なる淡水魚類は棲む。唯釣漁に耽る我を誡めし父の声を聞かない。噫我も亦上州人である。此んな者に成らうとは夢にも想はなかつた。今の高崎聯隊正門前にありし藩黌にて東京より招きし小泉先生より学びしＡＢＣが後に役に立つて、日本全国にパウロ、アウガスチン、ルーテルの唱へしキリストの福音を伝ふるに至つたのである。感慨何ぞ堪へん。(10)」

この述懐によると明らかに鑑三の英学事始めは高崎においてであった。しかも高崎藩の藩黌であったと記している。山本泰次郎著による大部な『内村鑑三──信仰・生活・友情』には次のような指摘がある。

「一八七三年(明治六年)遊学のため再び東京にのぼるまでの五年間、一時登米県少参事となった父に伴われて陸前石巻、気仙沼などに住んだ以外は、ずっと高崎に住み、深く漢籍に通じた父に手をとられて四書五経を学び、また手習いに励んだ。さらにそのころ藩の英学校で英語を学び始めた。この英学校は一八六九年(明治二年)の頃早くも英和辞典を手に入れ、ブドー酒を用いたというほどに進歩的だった藩主大河内輝声が、藩の子弟のために設けたものであった。(11)」

英語教授は鑑三が記したように藩校(黌)で行われたのか、それとも山本氏が記しているように、別にあった英学校で行われたのか。少し藩校の歴史にも触れねばならない。

高崎藩の藩校の歴史は第四代藩主大河内輝高(一七五一～六三年までの十二年間藩主をつとめた)が設立した遊芸館にさかのぼることができる。記録によれば「……旧三之丸馬場跡に文武の大道場を建設し、之を遊芸館と命名し、尾州の練兵堂・備前の青雲堂・肥後の時習館・長門の明倫館等、諸藩の学堂に比する所の設備を為し、唐本の十三経を始め、諸種の図書を備へ、藩中の上下をして大に文武の諸芸を振作せしめたり[12]」とある。つまり、藩士たちの文武の両道を奨励かつ修めるべくして設立されたものであった。ところがこの遊芸館は安永三年（一七七四年）に火災に遇い、やむなく閉館せざるを得なくなった。そして、以後最後の藩主である大河内輝声（第十一代）が慶応三年（一八六七年）に再興し、明治元年（一八六八年）に開業するまでは、先に復興されていた講堂で槍剣術のみが教練されていた。

輝声は洋式の新軍法の導入を図ったり、フランスの将校について実習まで積んだ人物で、幕府の陸軍奉行にもなったほどである。なかなか開明的な思想の持ち主で、自藩の軍制改革にも意欲的であった。この輝声が再興した藩校文武館は、藩籍の子弟がことごとく通学することになっており、これまであった家塾（藩の要請を受けて開いた塾）を廃し、文武学科のすべてをこの一校内に設置した。ここで教授された学科は「和漢学・医学・槍術・剣術・柔術・薙刀術・鎖鎌術・棒術・抜刀術など[13]」であったとされている。英学は学科として入っていない。すると山本泰次郎氏の言う英学校は藩校とはまったく別のものでなくてはならない。ところで高崎市教育史研究編纂委員会の編になる『高崎市教育史』（上巻）には、この英学校のことに関してはなぜかまったく言及がない。しかし、高崎市史編纂委員会の編になる『高崎市史』（第二巻）の中に英学校創設の件が記されていた。

「明治三年（一八七〇年）九月の調査によると、高崎領内分の人口は約五万である。……（略）……このころ、英学校が創設された。この英学校には、後に憲法の神様といわれた尾崎行雄少年も学んだ。[14]」

この文書を厳密に読めば、英学校は、明治三年頃に創設されたことになる。先の山本氏の記述である「一八六九年（明治二年）……設けた」と「このころ（明治三年）創設された」の一年の相違、つまりいずれが史実に正しいかに関して、今のところは他の傍証で確認できていない。ただ、いずれにしても、藩校のほかに英学校が明治二、三年頃に創設されたことは事実として認識していいだろう。鑑三が父宜之とともに一時期滞在していた石巻から高崎に戻ってきたのが明治四年五月（鑑三、十一歳）であり、以後単身で上京するのが明治六年三月であるから、鑑三は約二年弱の間高崎にいたことになる。年代的な推論として、また藩校では英語は教えられていなかったという事実からして、鑑三はこの間にこの英学校に通ったことが推察される。鑑三が「藩黌」と言ったのは、この英学校のことにほかならないだろう。しかし、実際どのくらいの期間、またどのような学び方をしたのかは残念ながら目下のところ調べがつかないでいる。

ところで、鑑三の自伝的著『余は如何にして基督信徒になりし乎』の中に「余が英語の最初のレッスンを教わった一老英国婦人は余の教会行きを非常に喜んだ」[15]（傍点筆者）という記述がある。これをそのまま受け入れるとすると、本格的な英語学習は高崎ではなく東京の有馬私学校で始められた、という認識が鑑三の意識の中にはあるように思われる。なぜならば、この記述の中の一老英国婦人とは、『余は如何にして基督信徒となりし乎』の本文のコンテキストから察するに、有馬私学校で当時教えていたフランセス・ピアソン（当時四十七歳）と考えられるからである。若い鑑三にとっては四十七歳の英国婦人も老いた女性と映ったのだろう。高崎時代に始めた英語学習は本当に初歩の初歩で、鑑三はそのことを無視してしまったのかも知れぬ。結果として「英語の最初のレッスン」として有馬私学校時代の英語学習を述懐したものと考えられる。

さて、ここで次に鑑三が明治六年三月に単身上京して入学した有馬私学校について述べてみたい[16]。鑑三はこの私学校で一年間英語を勉強し、その後明治七年三月には、各地から優秀な人材が集まってきた東京外国語学校に鑑三も入学することになる。東京外国語学校につながる英語教育がこの有馬私学校で行われたと考えられる。

有馬私学校は、旧久留米藩主有馬頼咸が明治五年八月に家禄の半分を費して開設した私学校で、はじめは報国学舎(学社と書く場合もある)という名称であった。英学を主としていたものの皇漢学や洋算なども教えていた。所在地は、はじめは浅草の西鳥越であったが、じきに赤坂三丁目に移り、さらに日本橋の蛎殻町三丁目へと移転している。日本橋には明治九年五月に三階建ての校舎が完成している。この頃が有馬私学校の最盛期だったものと考えられる。鑑三が通ったのは赤坂三丁目にあった頃である。開学当初の生徒数は百九十五名(うち女性十五名)、教員は十八名(うち外人は二人)であった。当時の慶応義塾の生徒が二百五十人で教員が十六人(うち外人は一人)であったことを考え合わせると、決してひけをとらない立派な学校であったことがうかがい知れる。鑑三は約一年間ここで英語を学んだわけだが、同級生にはのちに日本銀行総裁となる三島弥太郎などがいた。(17)

開設当初にあってはケンノン(ロンドン生まれ、二十七歳)とホッシース(女性、ロンドン生まれ、二十六歳)の二人のイギリス人教師がいた。しかし、その雇用期間を見ると、明治五年八月から同六年二月までとなっているので、明治六年三月に入学した鑑三はこの二人には習っていないことになる。その後は、エドワード・E・L・キーリング、フランセス・ピアソン、アレグザンダー・J・ヘアなどの外人教師が雇用された。鑑三が『余は如何にして基督信徒となりし乎』の中で言及していた一老英国婦人とは上記のピアソンであろう。彼女は独身で、その教え方もなかなかきびしく、いい教師であったようだ。

鑑三はこの有馬私学校では約一年間しか英語を学ばなかったわけであるが、比較的恵まれた教育環境の中で、次に移る東京外国語学校への準備として英語力をある程度身につけたものと考えられる。東京外国語学校には第四級のクラスに入学することになる。

3　本格的英語学習の場——東京外国語学校

鑑三が東京外国語学校に入学したのは、満十三歳になる明治七年(一八七四年)三月であった。この東京外国語学校は鑑三入学の前年の明治六年十一月に、開成学校の語学生徒の部、独逸学教場、文部省独魯清語学所の合併校として成立(明治六年八月)していた外国語学校が、正式に分離独立してできた語学専門の学校である(のちに明治七年十二月、東京英語学校として英語科が分離独立)。ただ、外国語学校と言っても時代の流れを反映して、当然のことながら英語が主流になっており、英語科以外に仏語科、独語科、魯語科、清語科の四科の生徒を合わせた上での総数は四百五十三人だが、そのうち実に半数以上の二百三十六人が英語科の生徒であった[18]。

この草創期の東京外国語学校に、鑑三は入学年齢規則の下限である満十三歳で入学できたわけだが、同様に、のちに社会的に活躍する有数の人材が集まっていたことは興味深い。まず、鑑三と同様に同時代を代表する英文著作家新渡戸稲造は、鑑三より半年以上も早く、明治六年九月に入学している。新渡戸はその著『幼少の思い出』の中で次のように記している。

新渡戸稲造

「勉強が少しはできる子だということが分かったので、叔父は私を当時最上の学校に入れることを決心した。それは設立してまもない東京外国語学校という官立の学校であった。ときに明治六年、私はようやく十二歳で、入学年限ぎりぎりであった[19]。」

鑑三が編入されたのは英語科下等第四級だったが、この級にはのちに満鉄総裁になる野村龍太郎、中央大学創立者の土方寧、東京専門学校（のちの早稲田大学）の創立者の一人でもある経済学者天野為之、穂積陳重の弟で兄同様法学者である穂積八束、それに『源氏物語』の最初の英訳を試みた元日々新聞社記者で、のちに伊藤博文の女婿となり政界入りした末松謙澄ら、実に錚々たるメンバーがいた。そして一級上の第三級には内閣首相となる加藤高明が、二級下の第六級には生涯の親友となる宮部金吾がいたのである。

鑑三との比較で、宮部について少し触れておこう。宮部も東京外国語学校に入学する以前は横浜にある高嶋学校で英語を勉強していた。この高嶋学校について宮部はその「自叙伝」の中で次のように記している。

「学校の組織は所謂正則学校で、初級より英語の教科書を用ひて米人教師から読方、文典、算術、地理、歴史等を教へられ、まるで米国の学校の観があった。この「正則学校」に対し、慶応義塾の様な翻訳式の教法を「変則学校」と称して居た。高嶋学校には当時数人の米人が居つたが、西洋人の教師の組に入る前に附属小学校の一室で約一箇月間日本の先生から英語の初歩の教授を受けた[20]。」

これでも分かるように高嶋学校の英語教育のレベルはかなり進んでいたようだし、横浜に英学塾のバラ塾を開校し、日本の英語教育に大きく貢献したあのバラ兄弟もこの学校で教えていたことは注目しておきたい事実である。宮部は高嶋学校が火災で焼け落ち、結果として廃校になる明治七年一月まで約一年半勉強していたことになり、その後は横浜の修文館（S・R・ブラウンが教えていた英学塾）に一時在籍し、それから東京外国語学校に入ったわけで、それなりの英語力をつけていたものと察せられる。だが入学時は最下等の第六級であったことを考えると、第四級に入った内村鑑三の英語力はかなりあったものと認めざるを得ない。

では、こうした人材が集まってきた東京外国語学校の教授状況はどうだったのだろうか。そもそも東京外国語学校の教育目標は二つあった。「外国語学校教則」によれば、「此学校ハ専ラ外国語学ニ達スルヲ以テ目的トナシ、二種ノ学校ト見倣スヘシ、甲ハ通弁ノミヲ志スモノヲ教授シ、乙ハ通弁ヲ志スモノ及専門諸科ニ入ラント欲スルモノヲ教授ス[21]」とあるように、要するに通訳養成と高等教育機関（主として開成学校）への予備教育であった。この線に沿って、いわゆる正則英語が教えられていた。日本人教員も英語を使って教授したのは、当時の他の外国語学校やのちに鑑三たちが入学する札幌農学校などと同様である。宮部によると「一級全科目を通じ一外人が算術、読方、綴方、地理、歴史等皆英語の教科書を使用してこれを担当してゐた[22]」というから、徹底した英語漬けの状態が続いたことになる。新渡戸も同様に「東京外国語学校へ入った頃には、何から何まで英語でやった。……それがため、英語の本を読むのは、大へんやさしい[23]」と言っている。

さて、東京外国語学校（のちの東京英語学校）での英語教育で、学生たちをよく指導し、鑑三をはじめ学生たちにも強い印象を残した外国人教師がいた。マリオン・M・スコットである。

スコットは明治四年（一八七一年）に来日している。お雇い外国人として大学南校の英語教師の職に就き、明治五年八月には師範学校へ転じている。スコットが師範学校に招かれたのは主に小学校での教授法を教えるためであった。東京文理科大学学長にもなった史学者の三宅米吉博士は次のようにその辺のいきさつを記録している。

「今の東京高等師範学校の前身である師範学校の創設は、明治五年八月でスコット先生の来られたのは五年九月のことであった。元来当時の教育方面は総てが極めて幼稚で、小学校では如何にして児童を教育すべきか等に関しては殆んど無智であった。そこで先ず教育方面開拓の目的で師範学校を昌平校学問所に設けて、教授法の如何なるものであるかをも知り、教育の第一歩たる小学校教育にも改善を加えようとしたのであるが、それがためには先ず欧米の教育方法を知り、之れが是非長短を取捨して行くにしかずと言うことで当時大学教師であったスコット先生を聘して其教授方法を研究することとなった。(24)」

このようにスコットはわが国の初等教育の確立に大いに貢献したと言われている。俸給は月俸二百五十円であった。当時のお雇い外国人の月俸には下は五十円から上は六百円に至るまでいろいろあったが、六百円などという高給はほんの数人で、だいたい百五十円から三百円ぐらいに集中していたので、スコットの月俸二百五十円も平均的な額に当たると言える。ただ当時の日本人の月俸と比較すると、この額でもかなり高給取りになる。ちなみに鑑三が明治十四年に札幌農学校を卒業し、北海道開拓使御用掛の官吏になった時の月俸が三十円だったし、スコットが師範学校で教育法を教授した時、その通訳に当たった師範学校教諭の坪井玄道が明治十年仙台中学に体操教師として赴任した時の月俸も三十円であった。お雇い外国人たちがいかに厚遇されていたかが分かる。

スコットが東京英語学校に就職したのは、明治八年三月であった。東京外国語学校は英語科が分離独立して東京英語学校と改称されていた。そして、解任される明治十四年一月まで、六年間教鞭を執ることになる。

ところで鑑三は、明治七年三月に東京外国語学校に入学していたわけだから、当然スコットに英語を教わったはずだが、鑑三は明治八年~九年にかけて約一年間休学してしまったので、実際に教わったのは札幌農学校に移る(明治十年九月)前の最上級のクラスにいた一年ぐらいの期間と考えられる。ちなみに鑑三の休学は、柔道の練習が原因で肋膜炎にかかってしまったためと言われている。では次に、そのスコットの英語教授法と鑑三への影響を見てみよう。

4　鑑三の受けたスコット・メソッド

最後には英語の達人となった鑑三が、英語学習について次のように記していることは興味深い。つまり「其頃、私のみならず、私時代《ママ》の学生大多数にとつて、外国語の課業は最も煩はしい、否最も嫌な学課の一であつた。[25]」このように嫌な学課でありながら、鑑三は不断の努力と研鑽でもって英語をマスターしていき、常に優秀な成績を残したのである。

ところで、この勤勉家内村鑑三が後年になって学生時代のことを振り返った時、今日ある自分はたぶんに東京英語学校（明治十年四月に大学予備門となる）のスコットの英語教育に負っていることを認めているのである。

「……しかるにスコット氏のメソッドは私等をして英語の勉強に多大の興味を覚えさせせるに至つた。…（略）…当時の学生が其後それぞれの活動に於て外国語に負う処如何に多大であるかは今更之を云ふさへ愚かな事であるが、スコット氏の教授法は私等のために外国語学習の其礎をしつかり据ゑてくれた。…（略）…此人の英語教授を大学予備門に於てうけた時、私等は全く一の新天地に導き入れられたやうに感じた。[26]」

鑑三がいかにスコットの教授法に感銘を受けたかが察せられるかと思う。それは、単なる語学教授以上の何かが、つまり、教師という人間と生徒という人間との間に一脈通ずる何か温情のようなものがあったのではないかと考えられる。そして、大きな意味での学問、「学ぶこと」の意味さえおのずと生徒たちに感得されていったのではないかと推測される。それは、新渡戸稲造の次のようなことばからも感じ取れる。

「スコット先生ほど私に学問に対する愛好心を植えつけてくれた人は、先にも後にも誰もいない。このケンタッキー州出身のヴェテラン教育家に対して、私の級友の大部分は私と同じように、心からの感謝の念を抱いていると思う。彼は最高の意味の教育を施してくれた人であった。すなわち、どの少年からも、その小さな魂の中に潜在する能力を引き出してくれた。[27]」

スコットは、いかめしいいかにも教師然とした教師とはタイプを異にしていたようだ。人なつっこく、また開けっぴろげの性格であった。自分のミスも素直に認めるし、知ったかぶりを決してしない教師だった。おそらくこういう態度が学生にも安心感と信頼感を植えつけ、学生たちも気張らない自由な雰囲気の中で学習ができたのではないかと察せられる。こういうスコットではあるが、「先生には知識以上の何ものかがあった。それは人生の知恵であったと思う。[28]」と新渡戸が言っているように、まさに先に生まれた者——人生の先達であったことに学生たちは感服していたのであろう。

ところで、いわゆるスコット・メソッドと鑑三が呼んだ教授法とはどのようなものであったのか。それまで鑑三が習っていた従来の英語教育は、主に単語暗記主義や文法尊重主義であったが、スコットの教授法はそういった主義とはまったく異なっていた。つまり、学生たちは、「単語一つ一つの意義を記憶させられるよりも、寧ろ若干数の言葉が相集つてなして居る集団の内容を理解するように導かれた[29]」のである。鑑三は一例を挙げている。たとえば、‘God is love.’という一文もそれぞれ単語を切り離して、God は名詞「神」で主語、is は動詞「～である」で三単現の用法、love は名詞「愛」で補語、のようにひとつひとつ分離して意味を解しても思想上の意味は読み手にまったく伝わってこない。これらをグループとして、「神は愛なり」とひとつのまとまったことばとして理解して初めて深い意味と大いなる力が現れるのだ、と言っているのである。鑑三は「スコット氏のお蔭で、私等の注意は単語の煩はしさより解放されて、言葉の集団が有する其内容の意味に初めて導き入れられた[30]」と述懐している。

もう一点、スコットの教授法で特筆すべきことは、「作文尊重主義」であった。鑑三がそれまで受けた授業は主として文法のアナリシスに終始していた。当時は'parsing'という文章の文法的解説が流行っていたが、スコットはいきなり作文を課して、英語の実際的応用を試みている。つまり、それまで教えられなかったシンセシス(文章の総合的組み立て方)を教わることになるのであった。

鑑三たちは毎週月曜日に英作文をスコットに提出することになっていた。ほとんど第一席を占めていた鑑三は同級生のペイパーを集めてスコットに渡すことになっていた。ただし、その宿題を提出する者は一級中に六、七人ほどであったため、提出者は懇切丁寧に自分の作文を添削してもらえることになった。鑑三の作文力の向上の要因がこのへんにあったのではないかと察せられる。「外国文を読む分量に比較して、寧ろより多く外国語を実地につかはせてみるといふのがスコツト氏語学授業法[31]」であったと鑑三は言っている。このスコットの教え方によって「英文に対する面白味は段々と強められた[32]」のであった。スコットは学生をして英語に対する興味づけ、動機づけに成功したのである。英語教師にとって、これは大変重要なことであり、現実にはなかなかむずかしいことでもある。そして、この種の経験が鑑三ひとりのものでなかったことからも、スコットの教授法は優秀な学生相手にまさしく成功したものと言える。新渡戸稲造は次のように述懐している。

「先生の最も得意とするところは作文の教授であった。この教授法はただもうすばらしかった。文章を書くことによって始めて、私たちの考えていることは具体化され、明確化されるのである[33]。」

鑑三はスコットのこのメソッドが大いに気に入り、自分の息子のドイツ語学習に適用さえしている。鑑三の息子はどうも外国語が苦手で勉強しなかったらしい。ドイツ人の教師につけても思うように向上しない。鑑三は自らの語学教師としての経験に照らしながら、スコット・メソッドを使ったのである。「なるべく単語や文法のこまかい詮索をさけて、寧ろこれを学びたいといふ desire を自ら起すやうに仕向けつゝ、適当な言葉の集団の内容意義を教へ、また其欲求を基礎として新しい短文を授けた。…（略）…所がしばらくにして著しい進歩があらはれて来た。それ以来私の苦心は半分以上に消えてしまつた。同時に彼は進んで独逸語を学ぶやうになつた。[34]」と鑑三は述懐しているが、スコット・メソッドには、学ぶ者に良い動機づけを与えるという利点があることを、息子への教育から鑑三自身が確認しているようだ。

鑑三は、この東京英語学校時代にいわゆる「使える英語」をマスターしたと考えられる。そして、スコットの影響がいかに大きかったかということが以上述べたことからも察せられよう。札幌農学校の入学試験の時も、東京英語学校（大学予備門）からの入学希望者はかなり英語ができたと言われている。札幌農学校の第一期生（鑑三たちは第二期生）もそれなりに英語の力はあったようだ。クラーク博士の手紙からもそのことがうかがえる。

「四十九人の学生の試験をしましたが、彼らの多くは十分新入生となる資格がありました。彼らは英語をとてもよく読み理解しますし、英語を書くことはたいていのアメリカの学生よりすぐれています。[35]」

しかし、クラークのあとを継いで教頭となったウィリアム・ホイラーは母親に宛てた手紙の中で、鑑三たち第二期生の学生に言及して“They talk better than other class did, . . . ”[36]と述べているのである。other class とは第一期生のことである。鑑三たちは友人たちとの日常の会話、やり取りする手紙などにも進んで英語を使用していたほどである。東京外国語学校から東京英語学校、そして大学予備門とその名称を変えたこの英語の専門学校で、鑑三は後年の英文著作に示されるように、アウトプットの英語の根本を学んだものと考えられる。

《註および参考文献》

（1）鑑三が誕生した年を「文久元年」としているものが、岩波文庫解説を含めて多くあり、筆者も一応これに従ったが、万延の時代は万延二年二月十九日をもって文久に改元されたので、一八六一年三月二十三日（万延二年二月十三日）に生まれた鑑三は正しくは「万延二年生まれ」とするのが歴史的にはより正確と言える。
（2）『余は如何にして基督信徒となりし乎』、一二頁、岩波文庫、鈴木俊郎訳、一九三八年。
（3）同書、一四頁。
（4）同書、一四―一五頁。
（5）大槻如電『新撰洋学年表』、一五四頁、柏林社書店、一九二七年。
（6）土居光知・福原麟太郎・市河三喜ほか監修、高梨健吉・大村喜吉編『日本の英学一〇〇年』（明治編）、四二一―一二三頁、研究社出版、一九六八年。
（7）「学制」（太政官布告第二一四号）、大久保利謙ほか編『近代史史料』、九八頁、吉川弘文館、一九六五年。
（8）高梨健吉・大村喜吉・出来成訓『英語教育史資料』第三巻、七頁の大和田建樹『明治文学史』より引用、東京法令出版、一九八〇年。
（9）茂住實男「明治前期大学予備教育機関の成立」、日本英語教育史研究会編『日本英語教育史研究』第一号、八三頁、一九八六年。
（10）『内村鑑三全集』第三十五巻、三七五頁、岩波書店、一九八三年。
（11）山本泰次郎『内村鑑三――信仰・生活・友情』、二九六―九七頁、東海大学出版会、一九六六年。
（12）「旧高崎藩概誌」（昭和十四年七月十二日、深井寛八編）、高崎市教育史研究編纂委員会編『高崎市教育史』（上巻）、一六頁、高崎市教育委員会、一九七八年。
（13）同書、二三頁。
（14）高崎市史編纂委員会編『高崎市史』第二巻、四頁、一九七〇年。
（15）内村『余は如何にして基督信徒となりし乎』、二〇頁。

(16) 有馬私学校に関しては、先行研究として手塚竜麿氏の論文「有馬私学校について」(『英学史の周辺』所収)がある。参考にさせていただいた。
(17) 山本、前掲書、二九八頁。
(18) 東京外国語学校の成立・発展のプロセスに関しては、茂住氏の前掲論文に負っている。
(19) 高梨健吉氏訳による。高梨健吉『幕末明治英語物語』、七七頁、研究社出版、一九七九年。
(20) 太田雄三『英語と日本人』、七二―七三頁、TBSブリタニカ、一九八一年。
(21) 茂住、前掲論文、八九頁。
(22) 太田、前掲書、七八頁。
(23) 新渡戸稲造『内観外望』の中の「英語及び英文学の価値」より。『新渡戸稲造全集』第六巻、三五四頁、教文館、一九六九年。
(24) 福原麟太郎監修『ある英文教室の一〇〇年』、九頁、大修館書店、一九七八年。
(25) 内村鑑三「スコットメソッドの復活と浦口君のグループメソッド」、『内村鑑三全集』第三十巻、五五〇頁、岩波書店、一九八二年。
(26) 同書、五五〇―五一頁。
(27) 高梨『幕末明治英語物語』、八〇頁。
(28) 同書、八一頁。
(29) 内村、前掲論文、五五一頁。
(30) 同書、五五一頁。
(31) 同書、五五二頁。
(32) 同書、五五二頁。
(33) 高梨『幕末明治英語物語』、八一頁。
(34) 内村、前掲論文、五五三頁。
(35) 太田雄三『クラークの一年』、八六頁、ウィリアム・B・チャーチル宛手紙(一八七六年八月五日)、昭和堂、一九七九年。

(36)　太田『英語と日本人』、三〇五頁、ホイラーの母親宛手紙(一八七七年九月十一日)。

《主たる参考文献》

石井研堂『明治事物起原』(復刻版)、『明治文化全集』(別巻)、日本評論社、一九六九年。

内村鑑三『外国語之研究』(復刻版)、亀井俊介解説、南雲堂、一九八四年。

太田雄三『内村鑑三』、研究社出版、一九七七年。

太田雄三『英語と日本人』、TBSブリタニカ、一九八一年。

小原信『評伝　内村鑑三』、中公叢書、中央公論社、一九七六年。

亀井俊介『内村鑑三』、中公新書、中央公論社、一九七七年。

亀井俊介「内村鑑三と英語」、『国語通信』一四三号、二一一―三二頁、筑摩書房、一九七二年。

木戸三子『内村鑑三』、新人物往来社、一九八四年。

重久篤太郎『明治文化と西洋人』、思文閣出版、一九八七年。

砂川萬里『内村鑑三・新渡戸稲造』、東海大学出版会、一九六五年。

関根正雄『内村鑑三』、清水書院、一九六七年。

高橋俊乗『日本教育文化史』(三)、講談社学術文庫、一九七八年。

高梨健吉・大村喜吉『日本の英語教育史』、大修館書店、一九七五年。

高梨健吉・大村喜吉・出来成訓編『英語教育史資料』第五巻、東京法令出版、一九八〇年。

高梨健吉『幕末明治英語物語』、研究社出版、一九七九年。

手塚竜麿『英学史の周辺』、吾妻書房、一九六八年。

政池仁『内村鑑三伝』(再増補改訂新版)、教文館、一九七七年。

松下菊人『国際人・新渡戸稲造』、ニューカレント・インターナショナル、一九八七年。

山縣悌三郎『児孫の為めに余の生涯を語る』、弘隆社、一九八七年。

山本泰次郎『内村鑑三――信仰・生活・友情』、東海大学出版会、一九六六年。

第二章
嘉納治五郎と「英語教育」

グローバリゼーションと英語

1　はじめに

嘉納治五郎の名前を聞くと、我々はすぐに講道館（柔道）の創始者ということを思い浮かべるが、彼はまた柔道の世界のみならず、日本の教育界、体育界でも偉大な足跡を残した人物である。熊本の第五高等中学校校長、東京の第一高等中学校校長、東京高等師範学校校長、文部省普通学務局長などを歴任し、東京高等師範に英語専修科や体育科を新設し、また日本体育協会も設立している。さらに、国際オリンピック委員会委員や第五回オリンピック（一九一二年）日本選手団団長を務めたり、第十二回オリンピック東京招致（一九四〇年、結果的には中止）を成功させたり、教育界や体育界への功績は枚挙にいとまがない。

こうした輝かしい経歴を持つに至る嘉納は、人並み以上に時代状況を察知する能力に長けていたと言える。それは、嘉納が早くから日本の国際化、日本人の国際化を強く訴えていたことからも理解できるし、そういった視点から教育行政の中での英語教育の重要性に着目し多くの発言もしていたことからも分かる。ここでは、そうした教育者嘉納治五郎の英学的な側面に光を当ててみることにしたい。嘉納がどのような英学的修養を積み重ねたのか、長じて教育者になってからどのような英語教育行政に携わり、英語教育論を持つに至ったのかなど、彼の略歴を辿りつつ明らかにしていく。また嘉納がどのような英学者と師弟関係もしくは交友関係を持っていたのか、などについてもいささか触れてみたい。

2　嘉納治五郎の初期英学修養

嘉納治五郎は万延元年（一八六〇年）十月二十八日、摂津国菟原郡御影村（現在の神戸市東灘区御影町御影）に、嘉納次郎作希芝《まれしば》の三男として生まれた。元来、嘉納家は灘の銘酒「菊正宗」を作っている造り酒屋の旧家で、御影では酒造家としてかなりの勢力を張っていた。父親の希芝は、近江国坂本の日吉神社の神官でありまた和漢洋に通じていた学者でもあった生源《しょうがん》寺《じ》希烈《まれたけ》の四男として生まれており、長じてから勉学のため各地を歴遊していた途次に、たまたま御影の町を訪ねた。その折、嘉納家から分家して一家を成していた嘉納治郎右衛門に見込まれ、長女定子の婿養子になったのである。このような家系の背景を持った治五郎の家は、当然財政的には裕福であったし、幼少時の治五郎は広い屋敷の中で近所の子供たちと遊びながら伸び伸びと育っていた。ただ、母定子はしっかり者で、子供たちの養育には大いに心を砕いていたので、治五郎もおのずとその母の訓育の影響を受け、富裕な家にありがちなぼんぼん育ちになることはなかった。治五郎はかつて幼児期を振り返って次のような言

嘉納治五郎

葉を残している。

「私は十歳の時に母と死別したが、母はまことに慕わしい人であったが、また怖い人でもあった。普通はとても可愛がってくれたが、私が何か間違ったことをした時は何処までもとがめ、心から悪かったと反省し、詫びるまでは絶対に許してくれなかった。母は常にみんなの為にと言って、他人のことに自分を忘れ尽くしていた。誰にこうしてやろうとか、あの人が気の毒だからしてあげようなどとよく言っていたのを覚えている。私が人の為に尽くそうという精神になったのはこの母の感化だ。(1)」

このような家庭環境の中で育った治五郎であるが、また時代の大きなうねりというものも当然のことながら、治五郎にも影響を及ぼさないはずはなかった。治五郎が生まれた万延元年という年は、「桜田門外の変」が起きた年であり、それ以前の約十年間は、日本が外圧によって、長年閉ざされていたその門戸を徐々にではあるが外に向かって開いていった年月でもあった。また万延元年以降大政奉還までは、外国船との砲撃戦が長州や薩摩や下関で勃発したり、外国との貿易が広がったり、さらには外人殺傷事件が頻発したりで、いやおうなしに日本全体が「外」との対決を迫られることになり、それに付随するかたちで国内的な政治機構の変革も余儀なくされた年月でもあった。人々の目はおのずと外国の「力」の文明に向けられ、ひいては西欧の文化・科学技術といったものに瞠目し、それらを吸収摂取しようとし始めた歴史的変動の時代であった。治五郎はこうした時代の空気を吸って成長したわけで、彼の人格形成やものの見方などは、この激動期・変革期の時代の影響をまともに受けたものと察せられる。のちに、成長した治五郎の思想に世界的・国際的視点が常に備わっていたことの遠因がこのへんにあるのではないかと考えられる。また、治五郎の生家にはこうした時代の空気を運んで来る人物——勝海舟はじめ幕府の要職の人々——がいたということも彼にとってはそれなりの刺激になっていたものと思われる。

さて、治五郎は明治三年(一八七〇年)満十歳の時に上京している。同じ明治三年には父の次郎作(希芝)は明治政府に起用されるが、彼はそれ以前から単身東京の蛎殻町に居を移していた。その前年には母の定子が没していたため、次郎作は治五郎と兄の謙作の二人の息子を東京に呼び寄せたのだった。

治五郎はさっそく蛎殻町の自宅から遠くない両国矢の倉の成達書塾という書塾に入学することになる。塾主は生方桂堂と言い、壮年ながら経史詩文に造詣が深く、特に書では一家をなしていたと言われている人物であった。当時、「両国に名高きものが二つ有り、七色とうがらしに生方先生」と俗謡にうたわれるほど人気が高かったという。治五郎は九歳で母を失っているが、この桂堂は十歳で父を失っている。桂堂が治五郎の面倒をよく見た背景にはこういった早くして片親を亡くすという類似した境遇があったからかもしれない。桂堂の父鼎斎《ていさい》は上州(群馬県)出身で、剣は真庭念流の免許皆伝を持つほどの腕前であったが、また書でも多くの門人を抱えたほどの人物であった。ただ酒癖が悪く、彼の死も酒の上での口論が原因とされている。桂堂はこの父の「書の血筋」をよく引き、父の亡き後はその高弟たちの指導を得て大いに精進し、自らも書道に生きる道を発見し、書道でもって人のために尽くすことを自分の使命と決めたのだった。

かくて当時は門人の数も数百を越え、大いに活気を呈していた桂堂塾だったが、いわゆる普通の書塾とはいささか毛色が違っていた。桂堂塾は、単に書道の技術を教える場ではなく、書道精神を培いつつもそれぞれの個性を伸ばすことにその指導理念を置いていた。また塾には貧富の差を越えてさまざまな階級の子弟が通っており、桂堂はこれら子弟を同じように懇切に指導したという。これは後になって、治五郎が柔道の技だけではなく、平等主義の思想に立ちつつ、その柔道精神を通じて人格形成を図ろうとした姿勢にどこか通ずるものがある。

この生方桂堂は治五郎の中に何か非凡なるものを見い出しており、書道以外に特別に二、三の子供と一緒に訓話や歴史の話をしてやったという。そして、明治維新後の文明開化の時代の流れの中で、「これからは漢学や書道だけの時代ではない。英学を合わせて修養するがよい(2)」と治五郎に勧めている。この助言を受けて、治五郎は神田にある箕作秋坪の英学塾、三叉学舎に通い始めることになる。明治五年の頃である。ここに初めて治五郎の英学修養が開始されたと言えよう。しかし、『英語青年』（第五十九巻第二号）に嘉納治五郎の談話として寺西武夫が記しているところによると、明治四年頃には治五郎は自宅で初めて英語を習った、とされている。その箇所を以下に引用してみよう。

「始めて私が英語を習つたのは明治四年の頃である。家庭教師を頼んで兄と二人で勉強した。昔の所謂変則英語の先生で、発音なども正しくなかつた様だつたが、兎に角この人から私は英語の手繙きをして貰つたのである。明治五年に菊地大麓博士の父君である箕作秋坪先生の開いて居られた濱町の箕作塾に通つた。(3)」

この談話記録を信ずれば、治五郎は三叉学舎に入学する前に家庭で英語を習い始めていたことになる。英語の手ほどきをしたとされるこの人物については目下のところ特定できていないが、いずれにしろ、明治四、五年頃には治五郎（十一歳ないし十二歳頃）の英学修養が開始されたことは間違いないと見ていいだろう。

この三叉学舎での勉強の仕方は、基本的には輪講であった。治五郎はいわゆる『薩摩辞書』（明治二年）や開拓使の『英和対訳辞書』（明治五年）などを頼りに自宅でまず予習し、なんとか自分の訳文を作り輪講に臨んだという。ついでながら治五郎が使ったこれらの辞書だが、前者『薩摩辞書』は文久二年（一八六二年）に出た開成所の『英和対訳袖珍辞書』（わが国初の印刷本の英和辞書）を元にした薩摩藩学生の『改正増補　和訳英辞書』の別称で、上海で活版印刷されたものである。後者『英和対訳辞書』は東京の開拓使学校の校長荒井郁がその学生たちのために出版したもので、その元になっているのは『薩摩辞書』の再版である『大正増補　和訳英辞林』である。この辞書は『薩摩辞書』よりも安価だったことから大いに売れたと言われている。

治五郎は予習の苦労についてはその回顧談[4]の中で述べているが、とにかく辞書がまだ不完全だったし、自分の学力も未熟だったので、一つの文章が八通りにも九通りにも解釈されてしまったという。そして輪講に出ても生徒たちの意見があれこれ出てなかなか訳が決定できない。そこで先生の訳を聞くと、疑問がたちどころに氷解したと述懐している。学生たちが不十分な辞書と格闘しているとき、箕作秋坪先生は英々辞典を使っており、これは学生たちにとって大いなる驚異であったようだ。こうした三叉学舎の輪講風景を治五郎の上級生であった大槻文彦（のちの先駆的国語辞典『言海』の著者）が自伝の中で次のように記している。

「其頃の英学の学修に輪講という事があった。かねて下読みして出て、輪になって座し、一人ずつ書中の一節を講釈し、各生徒互に其意味に異見を述べて闘い、最後に先生が誰の解釈が勝ちと断案を下して白星をつける。負けた者は黒星だ。勝てば喜ぶ。負ければ悔しがる。次に又順廻りにそうしたものだ。妙な教育法もあったと思われようが、字引で一所懸命に考えるので、学力は付いたようだ。[5]」

では、三叉学舎ではどのような教科書が使われていたのだろうか。『英語青年』に寄せた先の回顧談によれば、「教科書としては、理学初歩（簡単な物理学を説いたもの）、ピネオ、サリバンの文法書、ミッチエルの中地理書、コーネルの大地理書、グツドリツチの米国史、パーレーの万国史等を用ひてゐた[6]」とある。ピネオというのは原著名を *Pinneo's Primary Grammar of the English Language for Beginners* と称し、明治三年『ピネオ氏原板英文法』（通称『ピネオ英文法』）として翻刻され、慶応義塾をはじめ多くの塾や学校で用いられたものである。サリバンの文法書は、アイルランド人のロバート・サリバンが書いた *An Attempt to Simplify Eng-*

lish Grammar; with observations on the method of teaching it であろうと考えられる。[7] ミッチェルやコーネルの地理書は明治の初期から中期にかけてよく使われていた。英国史や米国史を書いたグッドリッチは出版業者であり教科書執筆者でもあったが、そのペンネームである Peter Parley を冠した『パーレー万国史』(実際は作家ホーソンが執筆した、とも言われている)は、当時英語教科書として大いに使用されていたものである。

かくして治五郎はかけもちでもって、箕作塾で英語を、桂堂塾で書道を勉強したわけだが、病気以外は一日も休まなかったという。持ち前の「なにくそ精神」はもうこの時期に培われていたと考えていいだろう。三叉学舎で英語の初歩を修めたあと、明治六年に治五郎は芝の烏森にあった育英義塾に入学する。この塾は、旧水口藩(現滋賀県南部)の藩士巌谷修ややはり水口出身で、有栖川熾仁《たるひと》に仕えていた城多《きた》董《ただす》との提唱により、旧水口藩主加藤明実の理解を得て、明治四年十一月に開設されたものである。[8] 年少子弟に対し新しい教育を施すことをその目的とした。ちなみに巌谷修(名を一六とも称す)は書家でもあり、童話作家巌谷《いわや》小波《さざなみ》の父である。

治五郎が育英義塾に入学したのは、おそらく父の次郎作がこの塾に何らかの形で関与していたからだろう。[9] 明治六年に、塾が芝の桜川町の加藤邸から同じ芝の鳥森町の分部《わかべ》光謙《みつかね》(旧大溝藩主)邸に移ったのを契機に治五郎は入塾したものと考えられる。育英義塾はオランダ人ライへを教頭とし、ドイツ人ワッセルを助教とする教授体制で、授業は日本語はいっさいまじえず初めから英語だけで行われた。また、治五郎は英語を習う傍らドイツ語も習うことになる。後になって平田禿木が嘉納治五郎を回顧して「嘉納先生は稀に見る語学者で英語でも佛蘭西語でも獨逸語でも自由にこれを駆使するだけの素養をもつてゐられた」[10]と述べているが、おそらく治五郎が早い時期にこの育英義塾でドイツ語を習っていたことも「ドイツ語駆使」の遠因になっているものと考えられよう。ただ、英語学習については、惜しむらくは教授者がオランダ人とドイツ人であったため、発音上の問題はなくもなかった。治五郎自身「併し和蘭人の英語であるから、発音などは怪しいもので、例へば、“character”は「チヤラクター」、冠詞“the”は「デー」といふ風に習つたものである」[11]と述懐しており、同時期に育英義塾で習っていた山縣悌三郎（旧水口藩出身。英文学者・ジャーナリスト山縣五十雄の兄）も「今より当時を顧みて考えれば、ライヘイやウェーゼルの英語は、其の発音が正しくなかつたようだ[12]」と述べている。しかし、とにかく英語以外の学科、地理も歴史も物理・化学もすべて英語を通じて学習していたわけで、こういった学習状況が「使える英語」の語感の習得につながったのではないかと考えられる。

この育英義塾の授業風景は、先の山縣悌三郎が次のように描いている。

「生徒は上級も下級も皆広い一教室の内に入りて、各組それぞれあちらこちらに集団して業を受けるので、秩序の無い極めて不規則なものであつた。余の組の如きは生徒僅に四、五名、教室の片隅に座席を定められて、向ふの方にライヘイの上級生徒に授業するのを見聞しながら、此方ではウェーゼルより、読本や綴字書を習うた。さうかと思ふと、会話、地理、文典などは、ライヘイが自ら余の組に来て、暫らく教へて行くこともあつた。[13]」

なんとなく授業風景が目に見えてくるし、かなり自由な開放的な雰囲気が伝わってくる。ライヘ（ライヘイ）もワッセル（ウェーゼル）も子供相手に英語（たとえ発音に多少の問題があったにせよ）のみによるいわゆる直接教授法を採っていたわけで、外国人に慣れ、直接教授法に慣れるには、治五郎や悌三郎にとっては貴重な経験となったことだろう。明治初期の英語教授法は、外国人教師であろうが日本人教師であろうが、おおむねこの種の直接教授法が採られていたのである。

ここで治五郎の精神形成について少し触れておきたい。この育英義塾は全寮制をとっており、当然治五郎も寄宿舎に入った。治五郎が入寮した時はすでに多くの先輩たちがおり、当時、一見ひ弱に見えて体も小柄な治五郎は、彼らにとっては格好の「いじめ」の対象となった。はじめはどうすることもできず、治五郎はただ耐え忍ぶだけだったが、勝ち気の治五郎はそのうっぷんを学業にぶつけた。結果、学科成績では抜きん出ることになり、やがていじめていた連中も治五郎に勉強を教えてもらうことになる。治五郎は次第にリーダー格になっていき、精神的にも一回り大きくなるのである。しかし、この時の経験が治五郎に、学力のみではなく体力も伴わなければ将来大きな人物にはなれぬと悟らせ、柔術修得への道へと彼を進ませたのであった。

3　官立学校での英学修養、そして「弘文館」創設

約一年ほど育英義塾で英学修養をしたのち、治五郎は明治七年の春、試験を受けて文部省管轄下の東京外国語学校に入学した。同期の学生にはのちに総理大臣になる加藤高明、物理学の田中館愛橘、歴史学の坪井九馬三などがいた。東京外国語学校は、開成学校の一部としてあった外国語学校が明治六年十一月に正式に分離独立して設立されたもので、当時教師は邦人十七人、外国人十五人で、生徒数は英・仏・独・魯・清語学科で合計四百五十三人おり、そのうち英語科生は約半数の二百三十六人を数えていた[14]。英語がいかに重要視されまた人気が高かったかが察せられる。このように英語科を志す生徒が多かったことから、東京外国語学校は明治七年十二月二十七日、英語科を分離独立させて東京英語学校として設立させた。治五郎はこの両学校で初めて英米人について本格的に英語を学習することになる。彼は「従来習つた英語と、発音などが甚しく違つている事を発見したので、これはいけないと思つて、大に勉強したものである[15]」と述懐している。

東京外国語(英語)学校は事実上は専門課程としての大学予備科のようなものだったので、治五郎は一年ほどでここを卒業し、明治八年にはまた受験して今度は東京開成学校に入学した。この学校には諸藩出身の武術で鍛えた学生がたくさんいて、ここでも治五郎は「腕力」の世界が存在することを痛感させられる。治五郎は学問に精励する傍ら、いよいよ柔術修業への情熱を燃やすことになる。この東京開成学校でも英米人教師につい

て英語を学習しており、治五郎は「私が今日多少なりとも英語の素養があるとすれば、その基礎は東京外国語学校、英語学校、開成学校の時代に作られた様に自分には思はれる[16]」と述べ、当時の英語学習の意味を認めている。また、当時の自分の読解学習を後に「蜘蛛の巣読み」と呼び、次のようにその苦心談を記している。

「Idiom は全体として意味を取ることをせず、冠詞、前置詞などの意味には拘泥しないで、主要な字だけ捉へて、それに依つて意味を判じてしまふのである。丁度蜘蛛がある一点を捉へて、それからそれへと糸を張り、空隙だらけの巣を造るのと、似通つてゐるではないか。訳語不足の字書を片手に、この所謂「蜘蛛の巣読み」一点張りで地理も歴史も物理も化学も片端から片付け様とするのだから、並大抵の苦心でなかった[17]。」

明治十年四月、東京開成学校と東京医学校が合併して東京大学(法・理・文および医)が創設されたが、嘉納はそのまま文学部第一年に編入されることになる。ここで嘉納は政治学と理財学を専攻した。この時、嘉納は日本の美の発見者と言われているアーネスト・F・フェノロサに出会っている。フェノロサは当時大学で政治学と理財学を講義していた。そもそもフェノロサは哲学の教師として来日し、東京大学で教鞭をとっていたが、その博識ゆえに他の学科も担当することになったのだった。嘉納はフェノロサに強い感化を受け、彼の講義に熱中した。後年(明治二十九年)、フェノロサが二度目の来日をし、就職口で困っていたとき、嘉納は暖かい援助の手を差し伸べ、東京高等師範学校の英語講師に迎えたことは、この東京大学時代の二人の交友があったればこそと言えるものだろう。嘉納は専攻の学問のほかに、英文学、漢学、和学、印度哲学などを修め、明治十四年第二回生として卒業した。しかし、嘉納はそのままさらに一年間哲学選科に入って道義学と審美学を研究することになる。このあたりにもフェノロサの影響を見ることができよう。

明治十五年七月、嘉納は一年間で哲学選科を修業したわけだが、この明治十五年という年は嘉納にとって、まことに記念すべき年となった。つまり、嘉納のその後の人生を決定するいくつかの活動をこの時点でスタートさせているのである——教育者としての嘉納、柔術家としての嘉納、人間教育者としての嘉納のスタート・ラインがこの明治十五年という年なのである。

嘉納は在学中の明治十五年一月には、学習院の研究科で講師として政治学・理財学を講義し始めており、二月には私塾の嘉納塾を創設し、さらに五月には柔道道場として講道館を開設している。この講道館開設とほぼ同じ時期にまた別に弘文館という学校も作っているのである。教育者としての萌芽が開き始めるや、一気にそのエネルギーを人間形成を含む教育に投入する嘉納の意気込みたるや大変なものである。時代の流れが嘉納という個性を必要としたのかもしれない。ここでは、英学上の関係から嘉納塾と弘文館についていささか触れることにする。

嘉納が私塾を興した背景には、彼なりのひとつの考えがあった。それは、学習院というようなひとつの社会化された institution での教育ではなく、嘉納自らが自分の思想を直接子弟に血となり肉となるように近しい関係で伝え、知識のみではない真の人間形成を目ざしたい、という願いがあったからである。このため嘉納は私塾では子弟と起居を共にし、学習院の教頭になった暁でも書生同様の生活を厭わなかったという。嘉納は述懐してこの塾の目的をこのように言っている。

「この塾は学問を奨励する為だけに設けたのではない。学問はもとより人間形成の上で大切なものであるが、他にも一層必要なものがあることを知らねばならん。この必要なものが備われば学問はたとえ十分でなくとも、優れた人物に成れる。それは何かと言うと人間の良い性質である。そもそも人間の性質は各人が生まれつき持ってきた才能と、生まれてから習得した学問や教養、習慣、体験などにより成立するものであり、またそれらによって変化させられるものだから、そういった教育、習慣、体験を良い方向に導き、良い性質、つまり優れた人物に必要な性質を作り出すことが大切で、この塾の目的もそこにある。(18)」

塾の生活はかなり厳しいもので、早朝から規律正しい生活が始まり、食事も粗食に徹し、勉学（嘉納による訓話もある）の時間外には当然柔道の稽古もすることになっていた。つまり嘉納は昔から言うところの文武両道を目ざしていたのである。これは、のちのちの高等師範学校校長時代に掲げた「知育・徳育・体育」といった教育方針につながるわけで、この時代に東京高師で教えを受けた子弟たちにも受け継がれていくものである（たとえば、「湘南プラン」を推し進め、東京高師出身の英語教員を集めた湘南中学の初代校長赤木愛太郎の教育方針など。第三部第四章参照）。

さて、嘉納が作ったもうひとつの学校、弘文館に触れよう。この学校はいわゆる英語学校で、はじめは神田の南神保町に創立され、以後は麹町一番町、今川小路一丁目、富士見町一丁目などと転々と移りながらも、明治二十二年に嘉納が欧州に出かけるまで七年ほど続くことになる。嘉納が弘文館を設立した目的は「自分の修得した学問を少しでも世の中に弘めたいという志し(19)」からであった。明治十年代において、条約改正への動きや鹿鳴館に象徴される西欧化現象など、近代化を逸速く遂げようとする日本の国情の中で英学の需要は高まりつつあったわけで、嘉納としても英語教育の重要性は強く感じていたのであった。嘉納は資金的にもかなり苦しみながらも、翻訳で金をつくりつつ、自ら校長兼主任教師として英語の教授に努めた。週日の午後三時から五時の二時間は、どれだけ忙しい中にあっても毎日少年たちに英語を教えていた。嘉納以外の教師陣には、東京外国語学校時代の同期の（のちの東京帝国大学教授・歴史学者）坪井九馬三や田部詮次郎（のちの彦根中学校校長）、英文学者安川辰三郎（のちの枢密顧問官金子堅太郎子爵の実弟）などがいた。

この弘文館での教え子の一人に英文学者本田増次郎がいた。本田は嘉納塾にも入っており、講道館では柔道に励み、弘文館では英語のほか英書を通じて理財学や哲学なども学んだ。本田の回想によると、英語の教材には *Webster's Spelling Book*, *Pinneo's Primary Grammar of the English Language for Beginners*, *Quackenbos's First Book in English Grammar*, 読本には *Sanders' Union Readers* や *Royal Readers* などが使われたという。(20) 弘文館では最後の最後まで残った二人のうちの一人でもあった（もう一人は高等師範学校教授や仙台の第一中学校校長を勤めた宗像逸郎）。本田は、このようにまさしく嘉納イズムを全身全霊で受け継ぐことになる。本田は嘉納とのこうした結びつきから、明治二十四年には嘉納が熊本の第五高等中学校校長の職にあった時に英語教師として招聘されているし（当時二十六歳）、嘉納の高等師範学校校長時代にもやはり英語教師として招聘されている（明治三十年、三十二歳）。

嘉納の人材抜擢には、機を見て敏なるものがある。山縣悌三郎を学習院に推挙したり、ラフカディオ・ハーンを松江中学校から第五高等中学校に招聘したり、植物学者の矢田部良吉博士を英語教師として高等師範学校に招聘したり、夏目漱石やフェノロサなども同様に高等師範学校に迎え入れたりしている。夏目漱石は外山正一に推挙されて嘉納に面接に出かけるのだが、もともとあまり教師などになる気がなかったが、嘉納に見込まれて就職を決めた。このあたりの面白い面接のやり取りが漱石の回顧談「処女作追懐談(21)」に残されている。また嘉納校長時代の東京高師で学生としてフェノロサに薫陶を受けた平田禿木を、明治三十六年の文部省英国派遣留学生に強く推挙したのも嘉納であったという。この留学制度は、高等専門学校教授の在外研究のためのものであって、明治三十三年に始まっており、これまで夏目漱石、岡倉由三郎らがこれを利用して渡英していた。二十六歳という若さで、しかも文学士でもない平田が選ばれたのは異例と言ってもいいだろう。嘉納の力が大いに働いたわけで、ここからも当時の嘉納の教育者としての人望の篤さがうかがい知れるような気がする。

教育者としての嘉納の経歴は、学習院講師（明治十五年一月）に始まり、第五高等中学校校長（明治二十四年八月～二十六年一月）、第一高等中学校校長（明治二十六年六月～同九月）、東京高等師範学校校長（明治二十六年九月～三十年八月、明治三十年十一月～三十一年六月、明治三十四年五月～大正九年一月）といった具合である。これでわかるように東京高等師範学校校長在任は約二十六年間、三期に分かれている。こうした解任、復職、解任、復職といった経緯には多々述べるべきことはあるが、ここでは触れる余裕はない。だが、とにかく嘉納はこの二十六年間という四半世紀の期間内に、人材育成という観点から大いに高等師範の教育行政・内容の改善充実に努めたのである。高等師範に英語専修科を設置（明治二十八年）したのも嘉納である。この英語専修科の設置に対しては、多くの教授陣の反対があったが、嘉納の英語教育の先見性が敢えてこの断行に踏み切らせたのである。(22)

4　嘉納治五郎の英語教育論

嘉納が英語教育について具体的に触れたもので、代表的なものには以下のようなものがある。

(一)　“To the Japanese Teachers of English”（『英語教授』第三巻第二号所収、明治四十三年二月）

(二)　“Opening Address”（第二回英語教員大会での挨拶、大正三年。『英語教授』第七巻第四号所収、大正三年六月）

(三)　「我が国の国際的位置を高むる上に英語はいかなる職能を有するか」（『中等教育』第五十三号、中等教育会発行、大正十四年十一月）

まず、最初の“To the Japanese Teachers of English”（「日本人英語教師へ」）は嘉納が東京高等師範学校の第三期目の校長を務めていた時の論文である。この発表が明治四十三年ということも時代背景との関わりで押さえておくべきことだろう。明治三十八年、日露戦争終結後の日本は国際的にもますます注目されつつあり、この明治末期はその勢いに乗って日本がますます拡張主義に突き進んでいた時代である。と同時に国粋的な感情も高まりつつあり、かつ英語教育の効率の悪さ、学生たちの英語力の低下などがいろいろと指摘され始め、英語教育もひとつの曲がり角に差しかかろうとしていた時期である。この流れから大正期に入って、大岡育造や浮田和民などの英語廃止論が生まれてくるのである。

こういう状況の中で、嘉納がまず訴えていることは、世界各国がお互いの異文化性、異質性をよく理解し合い相互認識を深めなければならない、ということである。嘉納は実にメリハリの効いた、しかも簡明な英語で次のように書いている(拙訳を付しておく)。

The highest good to all will be realised when an intimate understanding of each other's differences and peculiarities has been created, and with this mutual understanding will come that commercial and economical interdependence that develops the best in each country.(23)

「お互いの異質性や特性が十分に理解されたとき初めて最善なるものが実現されます。またこの相互理解とともに、それぞれの国にとって最もすばらしいものをもたらす通商的・経済的相互依存というものが生まれてくるのです。」

嘉納は常にグローバルな視点を持っていた。世界の究極の目的は「真の平和と幸福」にあり、他国の慣習や文化に対する無知がこの大きな目的の障壁となるのだ、と明言する。紛争の種は常に異国に対する、異文化に対する誤解から生まれるのだ、とも言う。この困難を克服するためにはどうすればいいのか、そしてそれはだれがやらねばならぬ仕事なのか、嘉納は次のように言う。

To remove all such difficulties is the duty of those who have at heart the highest interests of their country, and especially of language teachers, for language is the only medium through which we can become familiar with the peculiarities of life and thought in other nations.(24)

「こうしたあらゆる障壁・困難を取り除くことは、自国の最大の利益を常に念頭においている人たちの義務であります。とりわけ、語学教師の義務でもあります。というのも言語は異国の生活や思想を理解することが可能となる唯一の手段だからです。」

ここで語学教師の役割を訴えているところは、教育者を育成する高等師範学校の校長である嘉納らしいところであるが、ある意味で英語教育の非効率性に対して厳しい批判を突きつけられていた中等学校の英語教師に対する激励のような気もする。つまり語学（英語）教育の重要性をまずもって教師自身に認識して欲しかったのである。そしてさらに続けて、この自覚に立って英語教師は英語そのものに精通するばかりではなく母語（日本語）にも精通していなければならない、と強く説くのである。二つの言語の十分なる知識があって初めて英語教師は対照言語的に最も効果的に英語を教えることができるのだ。今の中等学校の教師に欠けているのはまさにこの点なのだ、ときっぱり言う。さらに英語教員は教授ということだけではなく、翻訳という仕事を通じてもアングロ・サクソンの文化・国民性を我々に紹介することができるのだ、と主張する。そして、

By striving to attain a high standard of knowledge they [English teachers] best qualify themselves to interpret the thought of the English-speaking peoples, and by their work in school and out they help materially to promote that mutual understanding which is the foundation of a close union, lasting friendship, and the peace and happiness of the whole world.(25)

「努力して最高の知識を修得することによって、彼ら英語教師は英語圏の国民の思想を最もよく理解し翻訳する人物となります。そして、学校の内外で彼らは実質的に相互理解を推し進めていくのです。その相互理解は全世界の結束、恒久的友情、平和と幸福などの基礎となっていきます。」

と結論づける。英語教師の仕事は、まさしく世界の平和と幸福につながっていくのである。英語教育関係者、英語教員などを読者としている雑誌『英語教授』に載せた嘉納のこの論文は彼らにとって大いに encouraging なものになっていたはずだ。

この論文で嘉納はもうひとつ重要なことを言っている。それは英語学習においては当然 "the habit of thinking in English and feeling as English people do"（英語で考え英語国民のように感じる）の習得が大事であるが、日本人としての本性を失ってはならぬということである。あまりにも英語かぶれになることで、日本の歴史・文化や文学に対する関心を失わせる危険性があるということである。自国の歴史や文化を無視するような人はその社会から弾き出されるばかりでなく、外国人からも軽蔑されてしまうのだ。英語学習（研究）において、嘉納が強く訴える提言は以下の言葉で要約されることになる。

The student of English then has double work to do, for besides making himself proficient in the foreign language, he has to familiarize himself with the history and literature of his own country.(26)

「それゆえ、英語学習者が為すべきことは二つあります。つまり、学習者は外国語（英語）に熟達するだけでなく、自国の歴史や文学にも精通しなくてはならないのです。」

嘉納は英語力を身につけることの必要性は十分認識している。しかしながら、上記の言葉は、昨今の安易な英語教育論、英語がただただ話せればいい、という英会話一辺倒になりつつあるわが国の英語教育の実態(現実的にはこれとて実を結んでいない)や、教育行政などに対する鋭い批判ともなり得る。

二番目の"Opening Address"は大正三年に東京で開かれた第二回英語教員大会での挨拶である。この英語教員大会は前年の大正二年に京都で第一回が開かれているが、これは明治後期からの中学校の激増とともに英語教員の数も増え、教授法の改善などが唱えられ始め、また英語教育に対する風当たりが強くなる中で、英語教員が団結してこの諸問題の解決に当たろうとした一つの意義ある動きであった。嘉納が挨拶をしたこの第二回大会には、文部省から「英語に対し中学生をして尚一層の興味を感ぜしむる方法」という諮問まで出されており、これに対し「生徒に英語学習の興味をもたせる方法」という答申が出されたのである。二年後の大正五年には、文部大臣も歴任した前衆議院議長の大岡育造によって「教育の独立——中学校より必修外国語を除去すべし」(『教育時論』第一一三三号、大正五年十月五日)というある種の英語廃止論が発表されるような時代状況であった。

この"Opening Address"は、ある意味で、コミュニケーション・スキルとしての英語の習得への提言とも言えるものである。異文化理解の上に立ったコミュニケーション・スキルの必要性は嘉納も十分認めている。嘉納はまず「世界の商業言語としての英語」の学習の重要性を訴え、かつ日本語と言語体系のまったく異なる英語の学習の困難さも指摘する。そして、この困難さを克服するためには注意深い学習と適切な教授法の活用が必要と説く。また広い視野から(これは先の"To the Japanese Teachers of English"の延長線上にあるものだが)、国際的な相互理解が人類の幸福と啓蒙につながっていくものだ、と主張する。このための手段に外国語の習得がある、というわけである。世界に進出し始めた日本にとっては特に英語が重要な意味を持ってくることを歴史的、経済的背景の中で言及している。ここでは嘉納は教育者と同時に日本という国の進路を方向づけようとする指導者的立場に立っている。嘉納は啓蒙家になっているのだ。

嘉納は次いで教員と生徒の英語教育・学習上の基本的なところでの問題点を指摘している。嘉納の簡明な、かつ洗練された英語を味わってもいただきたいので、少し長くなるが以下にその箇所を引用する。

But first and foremost I must emphasize the great need there is for teachers and pupils, to realize fully the value and position of the English language in our school curricula. A realization of this will inspire the determination and the consequent hopefulness necessary for overcoming the prevailing obstacle of fear and timidity which is common to all language students, but especially disconcerting in our case. This fear and timidity is due to the two facts, first that the vocabulary and syntax of English are widely dissimilar to those of our mother tongue, and, secondly, that the Japanese at home have few opportunities of hearing correct English spoken and of trying their knowledge on English-speaking people.(27)

「まずもって私が強調しなければならないことは、学校のカリキュラムにおける英語教育の価値と位置づけを教師・学生双方がしっかりと認識する必要があるということです。この認識によって、(学習への)決意とそこから生まれる希望というものが育まれます。この決意と希望こそが、すべての英語学習者が往々にして抱く(とりわけ日本人の場合は狼狽にさえつながりかねない)不安と気後れという障壁を克服するために必要なものなのです。この不安と気後れは二つの事実から生まれます。第一は、英語の語彙と文法が我々の母語である日本語のそれとまったく異なっているということ。第二は、日本にいる日本人は正しい口語英語を聞いたり英語圏の人と話したりするチャンスが非常に少ないということと。」

日本人が抱える英語学習上の基本問題を非常に分析的に摘出しており、これは現在でもそのまま当てはまる指摘でもある。特に学校教育におけるカリキュラム上の英語教育の位置づけをしっかり確認しているところは教育者嘉納の姿勢がはっきり出ているところでもある。そして、それらの問題の解決策を次のように提示するのである。

The first difficulty can be met only with a will to succeed and a faith in the power of perseverance, because we cannot hope to modify the nature of the English through educational methods. The second difficulty, however, is in a measure within our control. It should be minimized by taking advantage of every possible opportunity of coming in contact with correct speakers of English to accustom the ear and to exercise the tongue.(28)

「第一の障壁はやり遂げるという意志と忍耐力によってのみ乗り越えられます。なぜなら、たとえ教授法をもってしても英語それ自体の性質を変えることなど不可能だからです。しかしながら、第二の障壁を克服するひとつの方策は我々の手中にあります。つまり、耳と舌を慣らすために正しい英語話者と話す機会をできるだけ持つことによってその種の障壁は最小限に小さくできるのです。」

要するに、生徒・教員双方が英語学習の価値を真に認識するには、成功への意志力と忍耐が必要であると説く。それによって自ずと不要な恐れや気後れを解消できるのだ。そして、本物の英米人の発音に接する機会がそれほど多くない日本人学習者には、なんとか正しい本物の英語に接しさせることによって耳と口の訓練をさせる努力も必要なのだ、と主張する(この種のことは当時の時代状況が反映された言及であり、平成の現代ではまったく問題にならない)。こういうことからも分かるように、ここで嘉納が訴える基本にあるのはいわゆる「実用英語」の習得であり、コミュニケーションの手段としての外国語である。その四技能(読む・書く・話す・聞く)を習得させるには、具体的に次のことを行うべし、と言う。私なりに嘉納の言葉を要約すると次のようになる。

(一)　生徒たち相互のコミュニケーション活動としての文通や会話の励行。アウトプットの英語力の強化につながる。

(二)　時には強制的にでもリーディングをさせる。ヴォキャブラリーや文法の力が自然とつく。特にこれは初心者には効果的。

(三)　リーディング、ライティング、スピーキングの反復練習。これは語彙、成句・慣用句、英文構成などの増強につながり、ひいては聴解力と発話力の向上につながる。

(四)　良い発音に慣らすためにレコードを使用する。

最後の(四)に関しては現在では格段に改善された教育機器を利用できる。その他ここに挙げた嘉納の提言は現在の教育においてもそのまま応用できることであり、傾聴すべきことが多い。(二)などは昨今の中高ではあまり実施されていないようであるが、たくさん音読させることの重要性を再認識したいものである。これらを実行に移し、学生を積極的に学習させ、そしてより良く指導する——これこそ教育者が行わねばならぬことであろう。嘉納が教員大会の“Opening Address”で本当に訴えたいことはこのへんにあったのではないかと思われる。そして、このことはそのまま現在の学習者・教育者に対する提言にもつながっていくものである。

三番目の「我が国の国際的位置を高むる上に英語はいかなる職能を有するか」という論文は、嘉納が既に東京高等師範学校の校長の職を辞した後のものであり、その視野は従来の発言よりさらに拡がっており、国際的に進出する日本を想定したうえで英語教育を考えようとしている。嘉納はまず日本に瀰漫しつつあった欧米文化至上主義に一撃を加える。

「外国のものでも、真に価値のあるものは、我が国に取入れて我が国の文化を進め、国力の増進に資することを怠ってはならぬのはもちろんであるが、今日のように物の道理も考えずに弁別もせず、何事でも欧米のものであれば歓迎するというようでは、国民的自尊心は消滅したかのように考えられる。(29)」

この嘉納の姿勢は従来から一貫しており、嘉納は常に自己のアイデンティティ、日本国民のアイデンティティを念頭に置くことを忘れない。日本固有の文化で世界に紹介すべきものがあれば自信をもって紹介すべきだ。そのことが世界の文化に寄与することになるのだ。こうした考えから嘉納は特にアウトプットの英語の必要を訴える。

「世界に日本の文化を紹介するには、英語に限ったわけではない。独語も仏語も可なりである。しかし今日世界の最も優大な国といえば、米英二国である。領土の広き、人口の多き、富の多き、文化の進み、世界的大勢力を有するこれら二国は、いずれも英語を話す国である。それゆえに、外国語のうち一か国の語を学ぼうとすれば、英語を学ぶ必要のあることは、最も明らかなことである。(30)」

さらに、嘉納は学術研究のための英語、および商業取引のための英語の重要性を強調し、結論的に英語教育の進歩普及の急務なることを説く。この観点から嘉納はさまざまなことを提言する。以下に整理してみる。

（一）英語会館というものを建設する。ここでは、英語に関する各種の参考書を備える。英国米国の市街や田園の図、家庭生活の図や標本など、要するに英書で読み英語を話すときに出てくることを図とか標本で見る機会を与えるようにする。また、この会館には、集合のできる部屋を備え、有志者に英語の練習をする機会を与え、時には外国人教師も頼んで教授させる。

（二）英語の教授を幼少の時から始めさせる。しかし、すべての学生に課する必要はない。英語を深く学ばせるのは、すべての学校においてする必要はない。ある学校においては特に年限を長くする場合もある。またある科目を省いて英語の時間を増す道もある。またある生徒には英語を多く課し、他の生徒には他の学課を多く課するというような道もある。

（三）毎週ある日または毎日ある時間において、生徒相互に必ず英語で話をする規約を結んで練習させる。英語を使って友人同士で文通をさせたり、英文日記をつけさせたりする。

（四）教員の学力と教授法を向上させる。教員のためにしばしば講習会を開き、教員相互にも協議会を催して、共に切磋琢磨させる。

嘉納はかなり具体的に突っ込んだ形で提言しており、今日でも応用可能なものもある。特に(二)や(三)の場合はやりよう次第ではいい効果を生むことも可能だ。ただ、何を行う場合にしろ、語学教育(学習)においては教員や学習者双方の「意欲」と「忍耐」が要求されるものであって、嘉納の提言も「教育・学習」の本質的な部分に触れつつも、マスプロ教育の中でのごく一般的な一律の教育論にはなり得ないところもあろう。

いずれにしても、嘉納は自分の英語教育論をかなり率直に述べており、その直言が現場の教育者たちに対する大いなる刺激になればいい、と願ったのだろう。教育の指導者的立場にあった嘉納にとって、低迷する英語教育に何とか活を入れたいといった気持ちから、上記のようなさまざまな提言が発せられたことは疑いの余地はない。

この後、昭和二年には東京帝国大学国文科教授藤村作が「英語科廃止の急務」を発表し、一気に英語存廃論が論議の的になるが、嘉納は率先して発足したばかりの日本英語協会の会長となり、ひとつの行動を起こしている。それは、文部省内に中学校の英語の時間数を半減しようとする意向があることを知って、嘉納は東京の英語教授関係者を招集し、特に石川林四郎、岡倉由三郎、市河三喜、頭本元貞など錚々たる学者たちに意見を聞いたのである。ここに英語教育を推進したいと願う教育者としての嘉納の意地が、情熱が感じられる。英語教育者・嘉納治五郎を知るひとつのエピソードとして興味深い。また晩年には独特の教育で名声をはせている神戸の灘中学校（現灘中・高等学校）の創設にも尽力している。

これまで見てきたように、学習院での教授を皮切りに、嘉納塾や弘文館の創設、第五高等中学校、第一高等中学校、東京高等師範学校（三期、約二十六年間）などそれぞれの校長を歴任、また弘文学院創設（清国留学生の教育）、文部省普通学務局長兼務、英語協会会長など、学校教育・英語教育において嘉納治五郎が果した役割は決して小さくはなかったと言えるし、彼のもろもろの提言は現代の英語教育への警鐘ともなり得るものだろう。

《註および参考文献》

（1）　戸川幸夫『小説　嘉納治五郎』、三九頁、読売新聞社、一九九一年。『嘉納治五郎体系』第十巻『自伝・回顧』（三〇〇頁）（本の友社、一九八八年）に次のように記されている。「母はなかなか厳格な人であって間違った事をすれば、決して許さぬ。……概していえば、母から幼少の時分に受けた精神的感化は、自分の今日あるを得るに助けになった事は、自分の少しも疑わない所である」と。戸川のこの嘉納治五郎伝は、氏が「あとがき」で「ノン・フィクションの史伝小説として執筆したかったので、出来るだけ史実に忠実にと考え」て書いたものなので、引用などは資料的にしっかりしている。他文献とのクロスチェックの上で利用した。

（2）戸川、同書、四二頁。

（3）「私の始めて英語を習つた頃」（嘉納治五郎談・寺西武夫記）、『英語青年』第五十九巻第二号、二四頁、英語青年社、一九二八年四月十五日。前出『嘉納治五郎体系』第十巻『自伝・回顧』（三〇一―二頁）にも次のように出ている。「東京へ出て来たのは明治三年であったからいまだ廃藩の前で、人が皆刀を差して歩いている時分であった。東京では最初漢学と習字を学び家庭教師を頼んで英語を学び始めた。」

（4）同「私の始めて英語を習つた頃」。

（5）大槻文彦著・大槻茂雄校訂『復軒旅日記』、二二四頁、冨山房、一九三八年。ここの引用は福原麟太郎監修『ある英文教室の一〇〇年』（大修館書店、一九七八年）、二〇頁によった。

（6）前出「私の始めて英語を習つた頃」。

（7）「サリバンの文法書」については当初なかなか特定できなかったが、江利川春雄氏（和歌山大学）から、時代的な考察から見て *An Attempt to Simplify English Grammar* であろうとご教示いただいた。記してお礼申しあげる。その後の調査によって、Robert Sullivan（一八〇〇―六八年）についても調べることができた。アイルランドの Trinity College（ダブリン）を卒業し、スペリング・ブック、英文法書、地理学書などの教科書、英語辞書などを著書として刊行している。彼の教科書は当時の英語圏の学校でかなり使用されたと言われており、その勢いに乗って当時の他の教科書とともに日本に入ってきたものと考えられる。ここで紹介した *An Attempt to Simplify English Grammar*（一八四三年）も一八六三年には五十三版、彼が亡くなる一八六八年には八十五版まで版を重ねている。また、アイルランドの学校教育にも貢献し、キリスト教主義に基づく学校創設にも力を尽くした。母校の Trinity College から一八五三年に法学博士の学位を得ている。cf. Ulster History Circle, *Robert Sullivan—Educationalist and Benefactor*, by John Stevenson. www.ulsterhistory.co.uk/sullivan.htm

（8）戸川、前掲書や長谷川純三編『嘉納治五郎の教育と思想』（明治書院、一九八一年）には、育英義塾は明治六年に創設されたとしており、佐々木満子「私塾・官公私立学校」（高梨健吉・大村喜吉編『日本の英学一〇〇年』（明治編）、四二三頁、研究社出版、一九六八年）には開設年不明とあるが、私はここの記述は山縣悌三郎『児孫の為めに余の生涯を語る』(弘隆社、一九八七年)、四九頁によった。

(9) 前出「私の始めて英語を習った頃」。「此塾は有栖川宮熾仁親王も色々御世話下され、書家の巌谷一六(巌谷小波氏の父君)や私の父等が世話してゐたのである。」

(10) 平田禿木「嘉納治五郎氏逝く」、『英語青年』第七十九巻第五号、二九頁、英語青年社、一九三八年六月一日。

(11) 前出「私の始めて英語を習った頃」。

(12) 山縣、前掲書、四九頁。

(13) 同前。

(14) 茂住實男「明治前期大学予備教育機関の成立」、日本英語教育史研究会『日本英語教育史研究』第一号、八八頁、一九八六年。

(15) 前出「私の始めて英語を習った頃」。

(16) 同前。

(17) 同前。

(18) 戸川、前掲書、一二九頁。

(19) 嘉納治五郎「弘文館創設」、前出『自伝・回顧』、第二章「教育家としての嘉納治五郎」、一九八―九九頁。

(20) 本田雷砧(増次郎)「明治英語学史の一節」、『英語青年』第三十九巻第二号、四五頁、英語青年社、一九一八年四月十五日。

(21) 「處女作追懐談」、『漱石全集』第十六巻、六〇三―七頁、岩波書店、一九六七年。「……嘉納さんは高等師範の校長である。其處へ行つて先づ話を聴いて見ると、嘉納さんは非常に高いことを言ふ。教育の事業はどうとか、教育者はどうなければならないとか、迚も我々にはやれさうにもない。今なら話を三分の一に聴いて仕事も三分の一位で済まして置くが、その時分は馬鹿正直だつたので、さうは行かなかつた。そこで迚も私には出来ませんと断ると、嘉納さんが旨いことをいふ。あなたの辞退するのを見て益依頼し度くなつたから、兎に角やれるだけやつてくれとのことであつた。さう言はれて見ると、私の性質として又断り切れず、とうとう高等師範に勤めることになつた。それが私のライフのスタートであつた。」

(22) 前出『自伝・回顧』、二六一―六二頁参照。「当時の舎監滝沢教授を始め多くの教授が、卒業生の就職難という点から、この科の増設に反対した。自分は、全国中等学校の増設が目前に迫っていると見ているから、これらの反対にかかわらず、断然専修科設置を決行したのである。もし万一この予想がはずれたとしても、教員というものは多すぎるほど養成して、その中から優秀なものを選択任用するがよいと自分は考えていた。」

(23)『英語教授』第三巻第二号、六頁、一九一〇年二月。引用は名著普及会の復刻版(一九八五年)によった。

(24) 同書、七頁。

(25) 同書、九頁。

(26) 同書、八頁。

(27)『英語教授』第七巻第四号、二二頁、一九一四年六月。引用は名著普及会の復刻版(一九八五年)によった。

(28) 同前。

(29)『中等教育』第五十三号、一九二五年十一月、中等教育会発行。ここの引用は『嘉納治五郎体系』第五巻『教育論』所収の同論文による。引用箇所三七八頁。『中等教育』は嘉納が中等教育の重要性に鑑み、全国的な規模を視野に入れて創設(明治四十一年三月)した中等教育研究会の機関誌である。この研究会は会の改善を図ることもあって、大正十一年三月には中等教育会と改名している。

(30) 同前。

《主たる参考文献》

大村喜吉・高梨健吉・井田好治監修『英語教授』(復刻版、全五巻+別巻)、名著普及会、一九八五年。

岡倉由三郎「東京高師に関係されし以来の矢田部博士」、『英語青年』第二十一巻第十号、英語青年社、一九〇九年。

勝浦吉雄「本田増次郎とマーク・トウェイン(下)」、『英学史研究』第九号、日本英学史学会、一九七六年。

加藤仁平『嘉納治五郎』、逍遥書院、一九五三年。

講道館監修「嘉納治五郎氏逝く」、『英語青年』第七十九巻第五号、英語青年社、一九三八年。

講道館監修『嘉納治五郎体系』(全十四巻+別巻)、本の友社、一九八七―八八年。

嘉納治五郎談・寺西武夫記「私の始めて英語を習つた頃」、『英語青年』第五十九巻第二号、英語青年社、一九二八年。

土居光知ほか監修、高梨健吉・大村喜吉編『日本の英学一〇〇年』(明治編)、研究社、一九六八年。

日本英学史学会編『英語事始』、日本ブリタニカ、一九七六年。

長谷川純三編『嘉納治五郎の教育と思想』、明治書院、一九八一年。

福原麟太郎監修『ある英文教室の一〇〇年』、大修館書店、一九七八年。

本田雷砧(増次郎)「明治英語学史の一節」、『英語青年』第三十九巻第二号、英語青年社、一九一八年。

茂住實男「明治前期大学予備教育機関の成立」、日本英語教育史研究会編『日本英語教育史研究』第一号、一九八六年。

山縣悌三郎『児孫の為めに余の生涯を語る』、弘隆社、一九八七年。

第三章 吉田幾次郎の「英語世界」

英語名人のエディターシップ

1 はじめに

明治以降、世に言う英語名人という人は数多くいる。三大英語名人(英文著作家)として岡倉覚三(天心)、内村鑑三、新渡戸稲造がいることはよく知られているが、在野にあって英文ジャーナリストとして活躍した人たち(のちに教育界に転じた人もいる)としては、山縣五十雄、頭本元貞、伊地知純正、花園兼定、秋元俊吉などの名前が思い浮かぶ。戦前・戦後ではジャパンタイムズ編集局長だった城谷默(筆名 Joya Mock)の名を忘れることはできない。また、先の三人を含めこうした人たちはいずれも世界(社会)に向けて日本の思想、自分の思惟・思想を発信し続けた人たちでもあるという点で、単なる英語屋とはひと味もふた味も違う存在であった。彼らは英語を思惟・思想を伝達する媒体(ツール)として見ており、学習対象としての言語というレベルから一歩抜き出た形で英語を駆使していた。

ところで、この章でこれから扱おうとする英語名人は上記の人たちとはまたまったく異なっており、学習レベルの言語としての英語（とりわけ初級英語）を徹底的に研究し、また英語学習のノウハウを真剣に考えて、その学習アイディア・工夫を自分が関わった英語雑誌や参考書で開示し続けた人である。名前は吉田幾次郎。英語雑誌編集者、英語研究家として五十八年の生涯を貫いた人でもある。(1)

明治後半から大正時代にかけて、これだけ出版界で編集者として活躍し、また英語参考書や訳注書を次から次へと出版したのに比して、彼に関して残されている記録、思い出などは非常に少ない。本人も自らについて多くを語っていない。その意味で本格的な吉田幾次郎論を書くにはさらなる資料の掘り起しが必要であろう。筆者がここにまとめた本論も、各種資料館・図書館での調査、およびこれまで集めることができた限りの資料・著作・雑誌類などを元に書かれたものである。今後の「吉田幾次郎」研究の第一章として考えていただければ幸いである。

2　「英語名人・編集者」の誕生

吉田幾次郎は明治八年（一八七五年）九月十二日京都に生まれる。(2) 幕末の匂いをそこここに残しながらも、近代国家として明治政府が教育政策を矢継ぎ早に出していた時代であった。文部省が学制を発布したのが、そのわずか三年前の明治五年であった。当時は、高給の手当てを払って海外から「お雇い外国人」を次々に雇って教育に当たらせ、日本の近代化（西洋化）を急いでいた。明治六年には東京外国語学校が設立され、次いで翌年には各地（宮城・新潟・愛知・大阪・広島・長崎）にも外国語学校が設立されていた。吉田が生まれた明治八年は、文部省が最初の留学生を欧米各国に派遣した年でもあり、また新島襄が同志社英学校を創立した年でもあった。新渡戸や内村を育てた札幌農学校が開校したのもこの頃である（明治九年）。まさに教育における近代化の波が押し寄せていた時代であった。

吉田幾次郎

吉田は奈良県郡山尋常中学校を卒業すると、小学校教員免状を得て、郷里の京都市の立誠尋常小学校の教員（訓導）となった。その後まもなく、吉田は京都市の小学校創立三十年記念会（明治三十一年）が企画した懸賞応募論文に応募しており、幸いにも受賞を果している。論文テーマは「京都市小学校ニ適切ナル教科読本ノ編纂方法」というもので、応募総数十三編があった中で吉田は丙賞を受賞し賞金として「金弐拾圓」を獲得した。この時は、最高の甲賞（賞金百圓）の受賞者は一人も無く、乙賞（賞金五拾圓）受賞は一名、丙賞受賞は吉田を含め二名であった。(3)

京都は全国に先駆けて明治二年（一八六九年）に、住民自治組織の番組（町組）を単位として六十四校の小学校を創立している。その創立の経緯は資料と共に『京都小学三十年史』(4)に詳しく記述されている。それから三十周年目に当たるのが明治三十一年（一八九八年）であり、吉田が二十三歳のときである。これは、『英語青年』創刊二十周年記念号（大正七年［一九一八年四月］）で「創刊当時の20年前の明治31年ごろには何をしていましたか」という趣旨の問いに吉田が答えた内容（論文受賞）の時期とちょうど重なる。吉田はこの受賞のときの気持ちを「天晴新進の教育家と自惚れて居りました」(5)と書き残している。若いときの有頂天をいささか恥じるように書いているのだが、それにしても与えられた論文テーマである「読本ノ編纂方法」で受賞するなどは、後年の名編集者誕生を予見させるような事柄でもある。

吉田はこの受賞二年後の明治三十三年に東京高等師範学校の英語専修科に入学した。明治三十六年春には同校専修科の第三回生として卒業したが、同窓には佐川春水や広瀬雄がおり、同年の本科卒業には篠田錦策がいた。一高から東大英文科に進んだあの芥川龍之介はこの広瀬雄の東京府立三中(現東京都立両国高校)教員時代の教え子である。吉田はさらに上の「研究科」に進み、明治三十八年春にはそこを卒業している。(6) 吉田三十歳のときである。

ただ、東京高等師範学校英語専修科を卒業した後の吉田の経歴に関しては、『英語青年』(第六十九巻第二号)の「片々録」追悼記事内容と『英語教育史資料』第五巻(『英語教育事典・年表』)との内容とでは少し異なっているところがある。(7)

「片々録」によれば、専修科卒業後の吉田は東京府立二中(現都立立川高校)で教え始め、二年ほどして(明治三十八年頃)そこを辞してから出版社の有楽社に入り『英学界』(*The Youth's Companion for the Study of English*)を編集し、明治四十三年頃の終刊号まで担当していたことになっている(傍点筆者)。たしかに明治三十八年頃には前身である『英文少年世界』は改題して『英学界』となっているので(正確には明治三十八年四月から)、この点に関しての記述の筋は通っている。しかし、『英学界』の最終号は明治四十三年ではなく、明治四十二年十二月刊である(傍点筆者)。このあたりの「片々録」の記述にはいささか曖昧なところもある。

一方、『英語教育史資料』第五巻によれば、吉田は東京高等師範研究科の学生の身分のまま明治三十七年(一九〇四年)に『英学界』の編集をしていることになっている(何月から、という言及はない)。たしかに明治三十七年の時点、吉田は研究科学生であった。ただし、『英文少年世界』が改題して『英学界』となったのが明治三十八年(一九〇五年)四月であるので、明治三十七年中に学生の身分で編集を始めたとしたら記述は「『英文少年世界』の編集」、としなければならない。しかし、どちらかの統一名で解説を記述する場合もあるので、一概に『英語教育史資料』の記述が間違っているということではない。

「研究科の学生であった一九〇四年(明治三十七年)に初等英語雑誌『英学界』を編集」、という『英語教育史資料』の記述はある意味で史実的に支えられたことになるが、となると、「専修科を卒業して東京二中に赴任して二年許りで辞して」という『英語青年』の「片々録」追悼記および「専修科卒業後一ヵ年立川第二中学校にて英語を教へた」という『英語研究』追悼記「略歴」の記述内容が史実的に正しいものかどうかが問題になってくるところである。[8] このことは、のちに説明するように、吉田と『英文少年世界』との関わり始めの年月の特定からも、「片々録」追悼記の記事内容（「東京二中に赴任して二年許りで（明治三八年頃）辞任して有楽社に入り『英学界』を編集」、という記述）はいささか事実と違うものと推定できる。（傍証のつき合わせによって、記述がいささか煩瑣になっていることをお許し願いたい。）

『英文少年世界』創刊号

『英学界』に改題

そもそも『英文少年世界』第一巻第一号の発行は、明治三十七年一月二十八日である。[9] その奥付に記されている編集人の名前は安孫子貞次郎（我孫子とも書く）となっている。吉田幾次郎ではない。安孫子は『英文少年世界』（および『英学界』）に編集人として毎号の記事整理・編集をしていただけでなく、執筆記者として記事（コラム、英文註釈、和文英訳、手紙の書き方、エスペラント講習、ほか）も寄稿しており大いに活躍していた。また明治三十九年（一九〇六年）六月十二日には、黒板勝美（東京帝国大学講師）や薄井秀一（読売新聞記者）らとともに日本エスペラント協会を設立している。

編集人の名前がこの安孫子から吉田幾次郎に代わるのは誌名が『英学界』に改題（明治三十八年四月、第三巻第一号）された以後の第四巻第十二号（明治三十九年十月）からである。では、吉田は編集人になったこの明治三十九年十月の時点から『英学界』に関係し始めたということなのだろうか？

そうではないと考えられる。吉田は『英文少年世界』の誌名のときから既に関わっている事実が見て取れるのである。吉田は記事を書くときに、本名で書くときもあれば、筆名で書くときもあった。私が調べた限り、書いたものの連載の筆名の変化や連なりから「九十九翁」「愛隈生」という名前が吉田幾次郎の筆名であることが推測できる。そのほか、単なる「記者」や無記名の記事のいくつかもその内容から吉田の執筆であろう、と推測されるが、目下のところ確たる証拠は得ていない。

その筆名と考えられる「九十九翁」での記事が最初に掲載されたのが、『英文少年世界』の第一巻第一号の創刊号である。記事は「人名考」というもので、有名人の名前がいったいどのような意味を有しているのか、ということを調べたものである。Abraham から William まで二十七名の名前を取り上げて簡潔な解説を加えている。面白いので一例を示す。

「Cecil = dim-sighted　目の朦朧たる――南阿戦争の主人公阿弗利加に於ける無冠の大王と云はれたる偉人 Cecil Rhodes, 其目が朦朧どころか眼識高邁よく英国百年の大計を南阿に立てて世界の人心を寒からしめたり。[10]」

このように名前が体を現したり現さなかったりで、なかなか名前というものは興味深いものだ、といった調子で書いている。

また第二号では既に吉田の得意とする英文訳註の「ペルシャ人の髯」（英訳御伽噺）の仕事をしている。その他、第一巻においては最後の第十二号までほぼ毎回のごとく「九十九翁」の筆名が登場している。つまり、吉田は執筆者としては第一巻第一号から積極的に参画していたものと考えられる。第一巻第三号から連載（第十二号まで）を始めた初級英語の訳註「サンボーの手柄」などは評判が宜しいと判断されたようで、出版社の庶務（営業）のほうからまとめて一冊（絵入り小冊子）にしたいという希望まであったようである。

そして、吉田幾次郎が初めてその本名で登場するのが第二巻第二号（明治三十七年十一月）である。「風船の難破」（Lost in a Balloon）という英文記事の訳註で、「サンボーの手柄」よりはやや上級レベルの英語である。訳文の調子もなかなか良く、註釈も実に詳細である。註釈の「吉田スタイル」（辞書は引かなくてよい）が既にこの時点でできているようにすら思える。また、この号には「九十九翁」の名前で他に二本の記事を書いているところを見ると、吉田の活躍ぶりが十分にうかがえる。以後、吉田は安孫子貞次郎から編集をバトンタッチされるまで（受けた後も）、本名、筆名で寄稿し続けるのである。おそらく、このような形で『英文少年世界』（『英学界』）との関わりを持ちながらも、少しずつ編集の手伝いも頼まれていったのではないかと考えられる。編集のバトンタッチをした第四巻第十二号（明治三十九年十月五日発行）に、前編集人の安孫子は次のような言葉を書き残している。

「余は茲に深厚なる満足を以つて読者諸君に次の報道をなすの愉快を有ちます、其れは多年余の親密なる友人にして且つ同僚である吉田幾次郎君が本号より正式に本誌の主筆として読者諸君に相見え従来よりは一層の熱心と興味を以つて本誌の編輯を担任せらるゝことであります。

実際を白状すれば此一ヶ年以来は余は執筆者の一人であつて事実上の主筆は吉田君であつた、本誌今日の面目を持し読者諸君の親切なる歓迎の間に日に月に発行部数の増加を見るのは全く吉田君の尽力の結果と宣言するに躊躇しないのである。(11)」

安孫子は、一年前より実質的な編集人は吉田幾次郎であると宣言している。このような言葉から察するに、吉田は執筆の傍ら、創刊当初から徐々にではあるが編集の仕事に携わっていき、第三巻あたりから実質的な編集を任されていたものと考えられる。編集人担当の話もこれまでたびたびあったが、吉田は断り続けてきたようである。しかし、最終的には安孫子の頼みに応じたものと考えられる。吉田幾次郎三十一歳のときである。

また、上記の言葉に続けて安孫子は次のように言っている。

「且つ夫れ吉田君は其時間の一部を割いて多年の経験の上に更に経験の練磨をなすべく府の第一中学に現に英語の教授をも努められて居るから、教授上については其同僚なる多くの寄書家諸君と共に実地的な方法を供するに於て多大の便宜を有するのである。余は主筆の交代によつて本誌が一層適当なる良主筆を得たることを読者諸君と共に喜ぶ者であります。」(12)

ここに重要な指摘がある。この時期（つまり明治三十九年の十月の時点）には吉田は東京府立一中で教鞭を執っていた、という事実である。つまり、『英語教育史資料』第五巻（「英語教育事典・年表」）に記述されていた「東京府立一中に英語嘱託として一九〇六年（明治三十九年）五月～一九〇七年（明治四十年）三月までわずか一年間だけ勤めた」という記述の裏付けが、この安孫子の言葉によってある程度確認できた、ということになる。

さらにまた、この件に関してはもうひとつ重要な確認が取れることになった。東京府立一中の後身である日比谷高等学校に直接問い合わせたところ、残されていた文書（人事に関わる事項なので外部閲覧は不可である）からお調べいただいた結果が筆者の手元に届いた。それによると、旧職員名簿綴りの記載文書に以下のような記録があることが判明。

「氏　名　　　　吉田幾次郎
免許関係　　　英語科教員免許
本校関連経歴　明治三十九年五月一日　東京府立第一中学校授業ヲ嘱託ス
　　　　　　　明治四十年三月三十一日　嘱託ヲ解ク
　　　　　　　明治四十二年八月三十一日　東京府立第一中学校教諭に任ス
　　　　　　　明治四十二年十二月三日　願ニ依リ本職ヲ免ス」

これによって、勤務期間の日付も明白になり、吉田は明治三十九年五月一日から明治四十年三月三十一日までは嘱託の身分で東京府立一中に勤めていたことが確認された。さらに『英語教育史資料』第五巻には記述されていなかったが、その二年半後には教諭としてわずか四か月の間ではあるが、明治四十二年八月三十一日から十二月三日まで再度府立一中に勤務していたことも判明した。(13) 今回の調査では貴重な発見となった。

吉田の『西洋今昔世界』

さて、三十二歳の編集長吉田幾次郎はこうして執筆者としてまた編集人として『英学界』を中心的に支えていくことになっていった。さらに、吉田の活躍ぶりはひとつ所に留まるものではなかった。吉田には頼まれると気軽に応じる気概があった。当時、有楽社は『英学界』以外にもいくつか雑誌を発行していたが（漫画雑誌『東京パック』、「食」に関する雑誌『食道楽』、手紙研究雑誌『手紙雑誌』など）、青少年向けの一般雑誌として明治三十九年五月に創刊された『世界の少年』には、吉田は本名および筆名「九十九翁」「愛隈生」で第一号からエッセー記事を寄稿している。また有楽社だ

『初等英語研究』創刊号

けではなく、他の出版社からも英語学習本を出している。『英学界』で註釈・対訳を施した読み物などを編集しなおし、「英学界主筆」吉田幾次郎として『西洋今昔物語』のタイトルで建文館から刊行している(明治四十年十一月)のである[14]。

府立一中で教えながらも、このように気軽にさまざまな編集・執筆の仕事を引き受けていた吉田幾次郎だったが、明治四十年代に入ろうとしていた頃についに一人の生真面目な男と出会うことになる。それは取次店の上田屋に奉公しながら出版界で身を立てようとしていた小酒井五一郎であった。吉田の英語雑誌の編集能力を高く買っていた小酒井は、自ら興そうとしていた出版社(英語研究社)の中心に初等の英語雑誌刊行のアイディアを育んでいた。小酒井がこのアイディアを吉田に持ちかけると、吉田はその考えをよく理解し、まさにその意を汲んだ雑誌名『初等英語研究』(*The Study of English*)創刊に協力することになるのである。

3　英語学習誌のエディターシップ

自らも英語を勉強していた小酒井五一郎は、初歩の英語を独習できる雑誌を作りたいと考えていた。その考えには吉田も同感だった。英語研究社は明治四十年十一月に創立されているが、その翌年(明治四十一年)の一月には『初等英語研究』が創刊され、主筆に吉田がおさまった。『英学界』での編集と執筆の仕事を兼ねながらの新仕事である。吉田は創刊号の編集後記で初歩英語雑誌の必要性を強く訴えている。

「世間に英語雑誌は沢山ある、沢山あるに何故また斯んな雑誌を出したか。記者は先ず其理由をあらまし弁明して置きたいのである。

記者の見る所又親しく教える中学生などから聞く所によると世間の英語雑誌は皆程度が高い、六づかしい、中学程度三四年の学力を標準としてかかつて居るものが先ず一番低いものであるらしい、最も一二それとは幾らかやさしいものもあるが、それも近頃は大分六づかしくなりかかつて来た。

……寧ろ一二年の頃から盛んに教科書以外、先生以外に自ら働いて自ら研究する習慣を養ふ事が総ての学科を通じて必要である――殊に語学の如き応用練習の必要なる学科に於ては特別必要である。従て初歩の英語雑誌も充分に必要である。[15]」


この記述からも分かるようにこの雑誌の英語レベルを、初歩英語（中学一年）も含め主に中学二、三年程度と考えていた。また語学学習というのはある意味で個人的な作業である。そこのところを吉田はしっかりと認識しており、読者の「自働」の学習をこの初歩英語雑誌で継続していくことを願っている。それはいみじくも久保田正次が言うところの「筆によっての英語の教授」である。[16] 創刊号からの連載としては発音・綴りの記事「次郎のＡＢＣ」、訳註もの「長靴をはいた子猫（西洋お伽噺）」、初歩英会話記事「やさしい会話」、「新聞英語」、「写真と英語解説」、英文手紙の書き方記事「我輩は郵便函である」、演説英語「ハイカラー演説」（第二号からは「ハイカルァ演説」）などがあり、盛りだくさんである。第二号からは「文法の話」、第三号からは「英作文組立法」などの新連載も登場する。ほとんどの記事は無署名であるが、かなりの部分、吉田が書いていると言っても過言ではないだろう。ただ、有楽社の『英学界』以来の付き合いでもある久保田正次は編集や執筆において吉田を助けていたものと考えられる。久保田が『英学界』時代の吉田の手伝いをするようになった経緯は、久保田が自ら書いた英語小研究論を同誌に寄稿したのがきっかけだったという。[17] そうした二人の協力・友情関係から、のちのちの大正十二年七月には久保田の編集していた『英作文雑誌』(*The Practical English* 大正五年四月創刊、研究社)が『英語研究』に合併されるのを契機として、吉田の後を引き継ぐかたちで、久保田が『英語研究』の主筆となる。

『初等英語研究』は二十八ページほどの雑誌であるが、その内容の多彩ぶりは吉田が『英学界』でも心がけていた「面白く楽しみながら英語を勉強する」という編集方針をそのまま引き継いでいるものと考えられる。そして、吉田は「編集(エディターシップ)」の意味、および学習雑誌の持つ意味合いを当然のことながら強く自覚していた。吉田は創刊号の編集後記にそのことを記録している。

「雑誌は實に教科書の飯に対するお菜である。巧妙なる雑誌は毎日毎回様々に献立の巧を凝らして調理の妙を極めたるお菜である。依りて以って飯の眞味を味はしめ、教科書の会得を深からしむるのである。されば初学者と雖も――否、或点より言へば初学者こそ却て――雑誌の必要は適切に感ずる訳である。……初学者は胃の腑が弱い、進んで学ぶといふ慾もなく堪もない、料理人が是非腕を振つて旨い物をこさへて充分に飯の食へる様仕掛けて遣らねばならぬ。[18]」

このような自覚から吉田は料理人として自らの能力を発揮するのである――つまり、編集者として英語初学者の読者たちが関心を引くように、英語学習のモチベーションを維持するように雑誌の中身を工夫する。吉田のエディターシップの発揮どころがここにある。多彩な英語学習の記事内容はもちろんのことだが、たとえば、懸賞つきの「絵さがし・英習字・英文和訳・和文英訳・創作ミニ英作文」などのコーナー(これは吉田の『英学界』でもやっていたし、当時の他の英語学習誌でも実践していたことだが)を数種類も作って、読者に積極的に応募させる。成績優秀者には賞品を送って努力に応える。また読者欄・投書欄を設けて、その意見や質問を送らせて、それらにはできるだけ答え(応え)るようにする。読者と編集者(記者)たちとの情報交換および気持ちの通い合いが可能となるパイプ作りを心がけるのである。これは吉田が有楽社の『英学界』を編集していた時代からの彼なりの学習誌編集原理であった。

さて、英語研究社としてのこの雑誌創刊という初仕事は、予想以上に成功したと言える。幸いに、第一号は第四版まで売れ(当時の雑誌は売れ行きに応じて版を重ねていた)、吉田自身も『初等英語研究』第二号の編集後記で以下のようにそのことを綴り、さらに第五号では売れ行き好調ぶりを確信をもって綴っている。

「初等英語研究第一号は非常なる歓迎を受け、既に第四版を発売するの盛況に達した。渺たる一小雑誌を以て斯る盛況を見るを得たるは遍に読者の賜物である。[19]」

「本誌創刊以来僅に五ヶ月、既に其発行部数に於て数多き英語雑誌中、本誌に続くものなきの盛況を見る事を得た。偏にこれ江湖好学の士、本誌の主義を壮として厚き助力を本誌に致さるゝの結果と言はねばならぬ。[20]」

吉田にとってもこの成功の意味は大きく、いよいよ英語研究社の仕事に専心していき、草創期のさまざまな英語雑誌創刊や初級英語参考書・対訳テキスト出版の原動力となっていく。吉田はまさしく英語研究社のお知恵袋、プラン・メーカーとなっていったのである。有楽社の『英学界』が明治四十二年十二月(第七巻第十六号)で突然に終刊になるが、[21]このときをもって吉田は英語研究社の編集を一手に引き受けることになる。『初等英語研究』はその後明治四十五年一月には『英語研究』と改題し(内容も徐々に高度化し、戦後は英文学・文化へと趣向を変えていった)、戦時中の一時期は『英語青年』との合併をも経験し、最終的には昭和五十年三月をもって六十有余年の歴史に終止符を打ち休刊となる。

では、以下に吉田が研究社で手がけたいくつかの雑誌の紹介を簡単にまとめておく。

吉田が『初等英語研究』の次に創刊した雑誌が『初歩英語』(*The English Primer*)である。明治四十二年十月創刊であるからまだ『英学界』の編集および当然ながら『初等英語研究』の編集との掛け持ちのときでもある。三十四歳という若さの吉田ではあるが、雑誌三誌の編集はなかなかエネルギーを必要とするはずだ。まして、吉田は自らも記者として記事執筆をもその仕事のひとつにしていたわけで、その編集力・執筆力の発揮には目を見張るものがある。『初歩英語』は徹底して易しい英語の手ほどき(中学一年程度・第一読本程度)を目指した学習誌で、ある意味で吉田が一番やりたい類の雑誌であった。初めのうちは月二回のペースで発行していたが、明治四十三年十月からは月一回のペースにダウン。そして、別の初級の学習雑誌『ABC研究』(やはり吉田幾次郎が主筆)が大正二年一月に創刊されるにともない、前年の大正元年十二月でもって廃刊となった。[22]『英語研究』第六巻第一号(大正二年一月一日発行)にはその廃刊された『初歩英語』の代わりの場として「『初歩英語』第六回懸賞大試験」の成績優秀者の名前が発表されている。

『英学界』最終号

『初歩英語』の次は明治四十三年四月創刊の『新英語』(*The New English Magazine*)であった。前年(明治四十二年十二月)でもって有楽社の『英学界』が廃刊になっているので、吉田にとってはいささか余裕ができたのかもしれないが、依然として『初等英語研究』と『初歩英語』との掛け持ち編集は変わらない。また、吉田は創刊号の「発行の趣旨」(一五頁)において、記事内容や体裁は違うが、ある意味でこの雑誌は『英学界』の後身であると位置づけている。英語を楽しみな

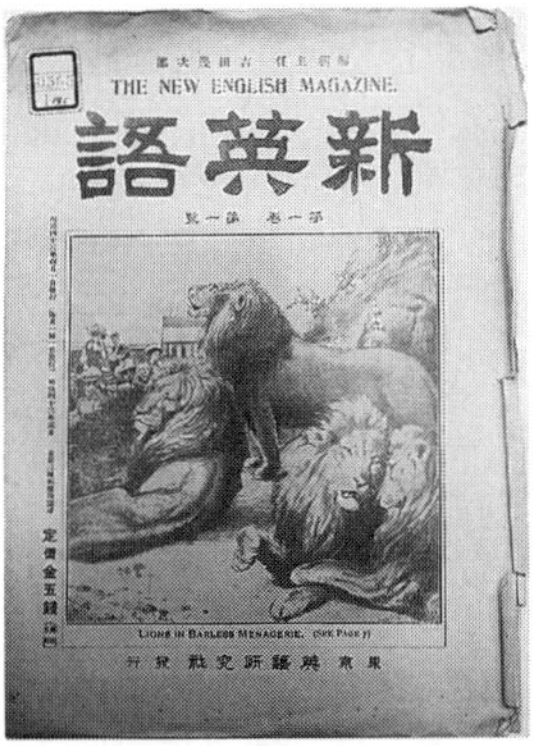

『新英語』創刊号

がら学ぶ、というその精神を受け継いでいる、ということか。また、十六ページという薄い冊子を有意義なものにするため、執筆者も厳選して五名の逸材のみに絞る（熊本謙二郎、上田畊甫、大阪竹治、久保田正次、それに吉田本人）と宣言している。熊本先生は「日本一の英語の先生」と評されていると、自慢げに語っている。そして「世間の英語雑誌とは少しく毛色の違ふもの」(23)を目指したものだという。その五人の筆者による記事を創刊号の内容から以下に見てみよう。

◎「尾なし狐」(The Fox and His Tail) 久保田正次訳註
◎「上手に話す」(和文英訳の研究) 吉田幾次郎
◎「最高尚なる行為」(The Noblest Deed of All 第四読本研究) 大阪竹治
◎「兵士フリッツ」(Soldier Fritz 第五読本研究) 上田畊甫
◎「人の感情を表はす熟語」(熟語慣用句の研究) 久保田正次
◎「勤勉」(Industry 英文学研究) Sir John Lubbock 原作／熊本謙二郎訳註

これら目次タイトルから分かるように（第四読本や第五読本の研究もある）、『新英語』の英語レベルはやや高く、中学三年以上から高専受験程度で、『初等英語研究』ではレベル的に満足できないような学習層を対象としていた。発刊時の広告でも以下のようにその読者対象を明確に規定している。

「世間の英語雑誌は余りに課外に楽しみ半分に読むものにしては真面目でテンで趣味がない。我が『新英語』はこの初等と冠してある極々やさしい雑誌と冠してない極々六つかしい雑誌との中間――普通中学生が三年以上補習科までの程度の人なら、仮令優等生ならずとも、イヤ劣等生でも面白く楽しみながら英語の力を養はれる様に、本社一流の筆法を以て書く雑誌である。[24]」

上級レベルの英語学習に挑戦する吉田の意気込みが感じられる。しかし、明治四十五年一月に『初等英語研究』が『英語研究』に改題され、程度も中学四、五年程度に上げることに伴い、この雑誌『新英語』は最終的に大正三年一月には『英語研究』に合併されることになる。[25]

次に創刊したのが大正二年一月の『ＡＢＣ研究』である。それにしてもこれだけ矢継ぎ早に新雑誌を創刊する吉田のエネルギーは驚異である。しかも、吉田はこの雑誌創刊ラッシュのあいだにも冊子形式の英語参考書（後述する「初等英語叢書」）を編集・執筆しているのである。まさに天性の編集人と言っても過言ではない。『ＡＢＣ研究』も英語入門期の雑誌であるため、この創刊とともに先に発刊していた『初歩英語』は廃刊となる。『ＡＢＣ研究』は以後、大正四年四月には誌名を『中等英語』に改題しレベルも中学二、三年程度として、さらに大正十五年四月には『三年の英語』に改題、そして昭和十七年四月には戦局高まる状況下での雑誌統合の国策により『上級英語』（大正十五年四月創刊）に合併され、最終的には戦時下での用紙不足の影響で、その『上級英語』も昭和十九年三月をもって廃刊となる。

大正四年四月にはまた新たな雑誌『ＡＢＣ』を創刊。この入門期英語学習雑誌の創刊によって、同様レベルの前の『ＡＢＣ研究』は先に述べたように同じ大正四年四月に『中等英語』と改題し、レベルをやや上向きにした。『ＡＢＣ』は大正十五年四月には『一年の英語』に改題し、さらに昭和十七年四月には『初級英語』に改題、そして『上級英語』同様に最終的には用紙不足のため昭和十九年三月に廃刊となる。[26]久保田正次によると、この『ＡＢＣ』の記事は吉田がほとんど一人で書いていた、という。[27]

吉田による雑誌創刊は留まることはなく、次なる雑誌は『初等英語』である。大正九年四月に創刊されており、吉田は相変わらず他の数誌の編集も兼ねていた。この雑誌は『ＡＢＣ』のすぐ上のレベル、『中等英語』のすぐ下のレベル、つまり中学二年程度を対象とした。このようにそれぞれのターゲットを絞り込んだ編集戦略を目論んだのである。この雑誌は大正十五年四月には『二年の英語』に改題され[28]、さらに昭和十七年四月には『中級英語』に改題され、昭和十九年三月には他の雑誌と同様に戦時下の用紙不足のために廃刊の道をたどることになった。

吉田が最後に雑誌創刊に関わったのは『上級英語』である。大正十五年四月創刊である。研究社はこれまで初等英語用として数種の英語学習誌を出していたが、やや高めのレベルをターゲットにしたかつての『新英語』は『英語研究』に合併されていたので、今一度やや程度の高い学習誌の必要を感じ、この『上級英語』を発刊することにした。『英語研究』の編集は既に久保田正次に任せ、『中等英語』の編集は石井正雄に任せていた吉田幾次郎は、余力ができたのかもしれないが、初等英語以外の雑誌創刊に力を注ぐことになった。『英語研究』(こちらの英語レベルと内容をもっと上げた上で)のやや下あたりのレベル(つまり中学四、五年生程度)を対象とした雑誌で、高専や上級学校の受験色もかなり出すことになった。創刊号の主な内容は以下のようなものである。

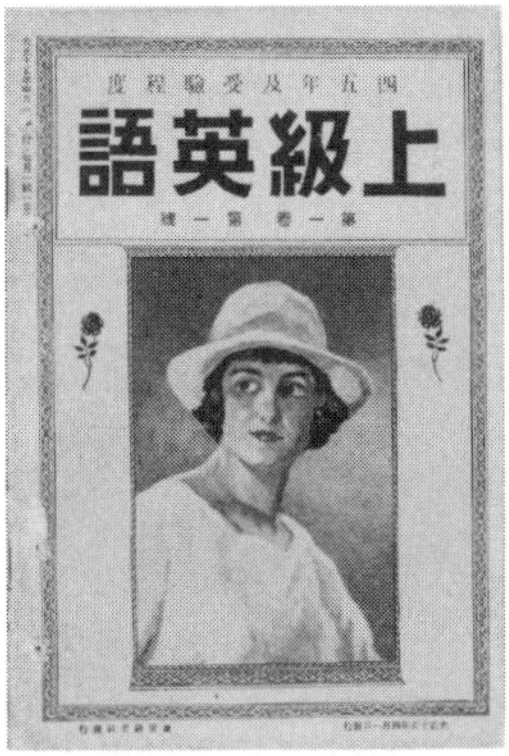

『上級英語』創刊号

◎「英語受験準備に就て　清野暢一郎」
◎「入試問題中心　和文英訳講話　浜林生之助」
◎「東京高師入試問題研究　左右田実」
◎「会話の研究　佐伯有三」
◎「第五読本研究　長澤英一郎」

◎「参考書案内　AとBの対話　吉田幾次郎」

実力のある英語研究者が執筆者として名を連ねており、吉田も編集のみならず執筆者として参加している。以上、めまぐるしいほどの創刊、改題、合併、廃刊のプロセスである。その意図は、編集人吉田幾次郎のアイディアだけではなく、できるだけさまざまな層をターゲットにするような学習誌を世に送り出し営業的にも成功を収めたいという、小酒井五一郎の戦略もあったからだと考えられる。それにしても吉田幾次郎の雑誌編集(それとともに、後に記述する参考書執筆)にかける情熱と創意と実際の労働力としてのエネルギー投入は普通ではない。何かに憑かれていたようでもある。昭和八年三月に脳溢血で亡くなる前年からは視力も衰え始め、雑誌の編集も休みがちだったという。しかし、彼が亡くなったその翌年には吉田幾次郎著として《やさしい初等英語叢書》二十四冊が刊行され始めるのである。吉田は疲弊する肉体と頭脳に鞭打って過去に書いたものを整理し、あらたに書き下ろしをして、初等英語学習のための新参考書シリーズを完成させたかったのだろう。それが死期を早めたのかもしれない。

4　初等英語の参考書、訳註書の筆力とアイディア

では次に、吉田が研究社で刊行した英語参考書・テキストの成果を見てみよう。

『初等英語研究』創刊から八か月、その第八号(明治四十一年八月発行)に参考書シリーズ「初等英語叢書」発刊のアナウンスメントが掲載された。「参考書案内」というコーナーに「暑中休暇の読み物」と題して、話の面白いもの、スラスラ読めるものを推薦している。吉田自身が訳註を付けた『西洋今昔物語』(建文館発行)の他に『東西お伽噺』(有楽社発行)、『英文少年』(神田上田屋発行)に加えて、次のように数行で新シリーズものを

紹介している。

「休暇中は斯んな面白い本を読んで、やがて休暇が済んで秋の勉強期になれば少しは六づかしい骨のある書物をみつしり勉強せねばなりませぬ。其頃迄には本社からも叮嚀親切を旨とした『初等英語叢書』といふを発行して、御勉強の資料に事欠かさぬ様努める考です。此叢書の詳しい事は次号に御報告しませう[29]。」

そして、予告通りに第九号の「記者の領分」という編集後記のなかで「この勉強期の読み物として予告の通り、親切と叮嚀と平易と明解とを主眼とせる初等英語叢書三冊を発刊致し候[30]。」と吉田は書いている。その三冊とは第一篇『初等英作文の話』、第二篇『初等英文法の話』、第三篇『西洋幽霊の話』である。発売（十月）と同時に好評を博したようで、刊行の翌月の雑誌『初等英語研究』第一巻第十一号（明治四十一年十一月一日発行）の広告では以下のように販売実績と好評の一文を載せている。

「日本唯一の初学者用の参考書として発行したる初等英語叢書は刊行旬日ならずして各編を再版発売するに至れり、一読者は書を寄せて曰く『未だ嘗て如斯叮嚀に、如斯親切に、説明周到を極めたる書あるを見ず、初学者のため感謝に堪ず』と[31]。」

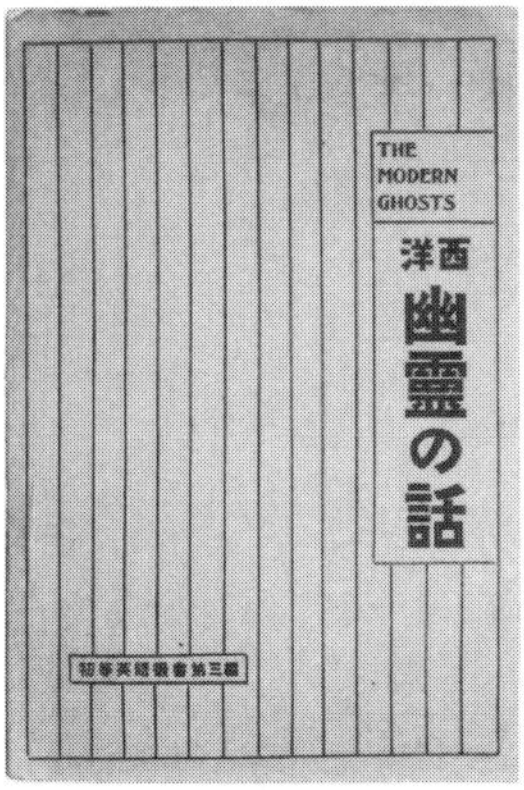

『西洋幽霊の話』（「初等英語叢書」）

このシリーズ「初等英語叢書」はこれ以降大正四年まで逐次刊行され全部で二十八篇となった（ただし、第二十三篇『新式英習字の話』（吉田幾次郎著）からはシリーズ名も「英語研究叢書」と改称）。そのほとんどが「初等英語記者編著または訳註」（奥付の編著者は吉田幾次郎）となっており、それ以外のものには著者・訳註者の個人名が明記されている。以下に刊行年順に列挙する。

明治四十一年十月　第一篇『初等英作文の話』、第二篇『初等英文法の話』、第三篇『西洋幽霊の話』

明治四十二年五月　第四篇『ローマ字の話』、第五篇『第二英作文の話』、第六篇『第二英文法の話』／十月　第七篇『アラディンのランプ』、第八篇『ロビンソン・クルーソーの話』（鈴木正士訳註）

明治四十三年二月　第九篇『第三英作文の話』、第十篇『第三英文法の話』、第十一篇『後のロビンソン』（鈴木正士訳註）／六月　第十二篇『イーソップの話』／十月　第十三篇『第四英文法の話』、第十四篇『ギリシャ神話』（杉山孫之助訳註）／十二月　第十五篇『英文日記の話』、第十六篇『英音綴字の話』

明治四十四年六月　第十七篇『和文英訳の公式』、第十八篇『第二イーソップの話』（鈴木正士・杉山孫之助註釈／記者校訂）

明治四十五年二月　第十九篇『時事文の話』／四月　第二十篇『第五英文法の話』／五月　第二十一篇『ガリヴァ旅行の話』（鈴木正士訳註）、第二十二篇『第六英文法の話』

大正二年二月　第二十三篇『新式英習字の話』（吉田幾次郎）（この書よりシリーズ名が「英語研究叢書」と改称）、第二十四篇『第三イーソップの話』（鈴木正士・荒井克成註釈／記者校訂）／十月　第二十五篇『英語商業文の話』（杉山孫之助編著／記者校訂）

大正三年三月　第二十六篇『第二商業文の話』（杉山孫之助編著／記者校訂）

大正四年三月　第二十七篇『第三商業文の話』（杉山孫之助編著／記者校訂）／発行月不明　第二十八篇『英文簿記の研究』

以上二十八冊を挙げたが、表紙に著者名が出ているもの以外、表紙に「英語研究記者編著・訳註」となっているものがすべて吉田幾次郎の書き下ろしであるのかどうか、目下のところは確認が取れているわけではないが、奥付には（いくつかの表記のスタイルはあるが）おおむね「英語研究編輯所　著作者 吉田幾次郎」の名前が記されている。このシリーズはこれ以後も継続して発刊する予定であったようだが（第二十九篇『第七英文法の話』、第三十篇『第四英作文の話』まではタイトルも決まっていた）、それは果せなかった。吉田が新たなシリーズ創刊（「やさしい初等英語叢書」）の準備のほうにエネルギーを注いでいたからかもしれない。

次に著者名に吉田幾次郎と明記している著作を挙げてみよう。先に挙げた第二十三篇『新式英習字の話』刊行以後に、かなりの数の著作が吉田によって書かれている。単独の訳註としてはまず『キング・アーサ』（大正二年九月刊）があるが、これは吉田が「社友某君」に委嘱した仕事のようで、吉田が一応校訂したことになっている（「緒言」より）。吉田は「緒言」の中でその日本語の訳文についてなかなか厳しいことも言っているが、最終的には訳註の作業については褒め言葉になっている。

「訳文は――訳者には失敬だが――忌憚なく言へば、余り上手ではない、これだけを読んでは、何だか変な日本文だとの感が起る。併しこれを原文と対照して見ると、流石は篤学の某君が苦心の訳と首肯せられる、原文の一語一句を忽にせず忠実に訳出してあるから、原文を読む際、これを対照すれば註を見ずとも、辞書を引かずとも、大抵の初学者にでもよく解る様に出来て居る。(32)」

次の仕事としては訳註叢書「ＡＢＣ研究叢書」（全十冊）がある。訳註は吉田の仕事の真骨頂である。約二年間で十冊の訳註をこなしている。しかも数誌の雑誌編集を兼ねながらの仕事である。これは大正二年一月に創

『世界の不思議国』（「ＡＢＣ研究叢書」）

刊された英語入門雑誌『ＡＢＣ研究』から派生的に生まれたもので、読者層も同様のレベルを考えている。発刊の辞を見てみよう。

「『ＡＢＣ研究』記者は親愛なる『ＡＢＣ研究』幾万の読者諸君に、『ＡＢＣ研究』以外に『ＡＢＣ研究』と同様の趣味である読物や、利益多き講義を提供する目的で、この『ＡＢＣ研究叢書』を発行することにいたしました。ですから、何の巻を一冊お読み下さつても面白くて、併かも大変な利益を読者にお與へ申す事は、記者が密太鼓大の印を捺してお受申す所です。[33]」

記者（吉田幾次郎）の自信の程がうかがえる発刊の辞である。この他にも、雑誌と同様に質問があればどんどん送って欲しい、それらは雑誌誌上でお答えしたい、とまで書いている。編集者吉田は読者に対しては実にサービス精神が旺盛である。

またこのシリーズは当初の予定では以下に紹介するように全二十冊を考えていた。

第一巻「西洋昔物語　上巻」、第二巻「同　下巻」、第三巻「世界の不思議国　上巻」、第四巻「同　下巻」、第五巻「読本ごっこ　上巻」、第六巻「同　下巻」、第七巻「英文法の手ほどき　上巻」、第八巻「同　下巻」、第九巻「第一読本研究会　上巻」、第十巻「同　下巻」、第十一巻「暗誦用英文集」、第十二巻「読本独学び　上巻」、第十三巻「同　下巻」、第十四巻「英作文の手ほどき　上巻」、第十五巻「同　下巻」、第十六巻「西洋お話蔵」、第十七巻「英文の手紙」、第十八巻「会話の手ほどき」、第十九巻「西洋お伽噺　上巻」、第二十巻「同　下巻」

だが、実際に刊行されたのは、大正二年九月から大正四年九月までの二年間で第十巻までであった。それ以後は未刊となってしまった。大正四年以降、吉田は『英語研究』、『中等英語』（『ABC研究』改題）、そして創刊したての『ABC』を編集しながら、その上に参考書の執筆にも励んでいたのである。客観的にみてもエネルギーと時間が足りなかったことが推測される。ただ、内容をチェックすると、未刊のほとんどが、吉田の逝去後（昭和九年、十年の二年間）に編者吉田清夫(34)および研究社編集部の手によって刊行されることになる「やさしい初等英語叢書」（全二十四冊）のなかに組み込まれていることが分かる。吉田にとってはこの「やさしい初等英語叢書」という初級英語学習の参考書シリーズ完成こそ（生前中は果せなかった）が彼の積年の夢だったものと考えられる。以下に全二十四冊のタイトルを列挙する。

『やさしい第一読本講話』（第一巻、第二巻）
『やさしい第二読本講話』（第一巻、第二巻）
『やさしい第三読本講話』（第一巻、第二巻）
『やさしい初歩英作文』
『やさしい英作文』（第一巻、第二巻）
『やさしい初歩英文法』
『やさしい英文法』（第一巻、第二巻）
『やさしい英語の発音』
『やさしい英語の手紙』
『やさしい西洋お伽噺』（第一巻、第二巻）
『やさしい英語の日記』
『やさしい英語の会話』
『やさしい童話劇』
『やさしい英文法』（第三巻）
『やさしい英作文』（第三巻）
『やさしい英語の時事文』
『やさしい英語の詩』
『やさしい西洋お伽噺』（第三巻）

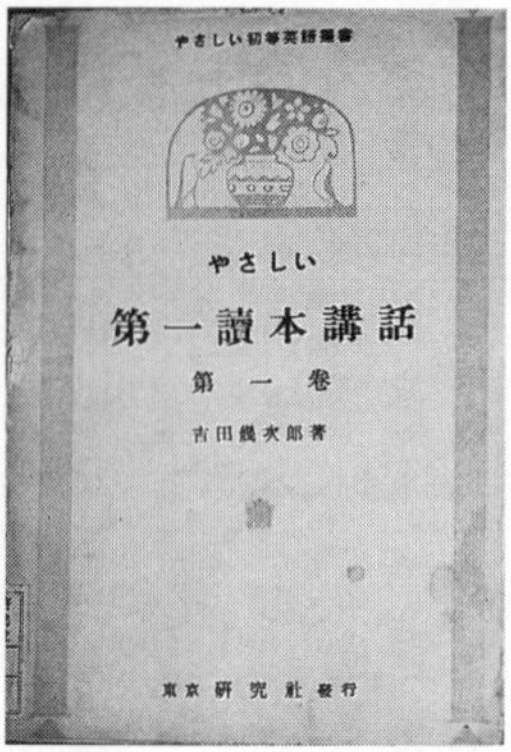

『やさしい第一読本講話』
(「やさしい初等英語叢書」)

これ以外に吉田が生前最も忙しかった大正四年から昭和六年頃の間に(まさに油の乗った四十歳代から五十歳代に)、彼が執筆した参考書・訳註書としては以下の数冊が残されている。『英作文の講話』(大正四年)、『英文法新話』(第一巻　名詞、第二巻　代名詞、第三巻　形容詞、大正五年)、『英文手紙の講話』(大正六年)、『英作文入門』(昭和三年)、『英文法入門』(昭和三年)、『英語入門』(昭和四年)、『チョーサー物語』(「英文訳註叢書」大正六年)などなど。とにかく、初級英語を「筆でもっていかに効率よく、面白く、ためになるように教授するか」、これこそが吉田幾次郎が生涯を通じて追究し続けたテーマだった。

5　おわりに

吉田幾次郎の約三十年間の雑誌と書籍の仕事の変遷を、その成果から眺めるような形で紹介してきたが、改めてその仕事量の多さに驚嘆する。一人の人間の能力を超えるような質と量の仕事であるが、いったい何がそのように吉田を突き動かしたのだろうか？　吉田には語学学習の基本は「自働」である、という認識があった。とにかく初歩段階でしっかりとモチベーションを作り、楽しく効率よい学習を自学自習でやらねばならない、という考えがあった。それを実現化するためには学習雑誌が必要であり、またそのためのエディターシップが必要であった。雑誌の編集後記などを読むと彼のそうした意図が汲み取れる。それに、言葉の学習はまず「読み方」から始まる、ということも吉田が考える学習理念・原則のひとつでもある。そこから辞書を引く必要のない適切なる詳註と訳文対応の「吉田式対訳学習」が生まれる。吉田が雑誌でも書籍でも多くの面白く楽しい記事に訳註を付したのは、そうした彼の学習理念の実現であったと考えられる。

易しく楽しい記事・物語をたくさん読むことで、自ずと言語の文法・構造が感得される――吉田が意図したのはこのことだろう。そこからさらに直読直解へと進み、それがひいては直聴直解へと応用されていくものだと吉田は考えていたのではないか。その「『読み』から『聞く』」がもしうまく機能しないとしたら、それは学習の初歩段階での読む量(インプットの量)が少ないからだ、と指摘できはしないか。あまりに少ない、と言い換えてもいいだろう。吉田は多くの「読み」を基本に据えた「楽しい初級英語の学習」を生涯の研究としたのである。

《註および参考文献》

(1) 吉田幾次郎については研究社とも関係が深く、第四部第三章、第四章でも言及している。なるべく同じような記述は避けるようにしているが、文脈からいささか同じ事象に触れるところも出てくる。ご了承願いたい。

(2) 『英語青年』(第六十九巻第二号、昭和八年四月十五日発行)掲載の「片々録　吉田幾次郎氏逝く」の記事に「明治八年京都に生る」とあり、久保田正次「あゝ吉田先生」の「略歴」(『英語研究』第二十六巻第二号、九八頁、昭和八年五月一日発行)にも「明治八年九月十二日京都に生まれ」とあるので、これによった。ただ、高梨健吉ほか編『英語教育史資料』第五巻(東京法令出版)「英語教育事典・年表」には、明治七年生まれ、となっている。片々録の追悼記事には「行年五十九」とあるので、昭和八年三月十六日逝去から逆算すると明治七年説が浮上するが(それでも正確には五十八歳六か月である)、昭和八年という逝去当時の時代風潮を考えると、「数え年」で数えた可能性が強い。明治八年九月十二日生まれ説を取った次第である。この説によると、正確な没年齢は五十七歳六か月となる。

(3) 吉田幾次郎本人が『英語青年』(第三十九巻第一号、大正七年四月一日号、創刊二十周年記念号、一三頁、「二十年前の回顧」)に寄せたわずかな情報記事、および『京都小学三十年史』(詳細は註(4)を参照)を参照した。吉田の論文受賞は『京都小学三十年史』八八五頁、に明記されている。また前者の情報記事だが、これは『英語青年』が創刊された明治三十一年頃、「あなたは何をしていましたか？」といった趣旨の質問に自由に答えたものである。

ちなみに、江利川春雄『近代日本の英語科教育史』（東信堂、二〇〇六年）、一九四頁によると、後年の吉田は明治三十八年（一九〇五年）、雑誌『教育実験界』（第五号～十二号）に連載で「毎時配当　神田氏改訂小学校英語読本教授案」という記事を書いている。一九〇四年検定の神田リーダー（第一巻、第二巻）に基づいた週二時限分の詳細な教案、とのことだが、小学校での初等英語教育への関心は、かつての明治三十一年の応募論文テーマ「京都市小学校ニ適切ナル教科読本ノ編纂方法」からつながっているように考えられる。

（4）京都市小学校創立三十年記念会編『京都小学三十年史』、明治三十五年一月一日、非売品。復刻版、日本教育史文献集成（編集委員　仲新・石川松太郎）、第九回配本、「解題　仲新」、昭和五十六年九月二十五日、第一書房。

（5）『英語青年』（第三十九巻第一号、創刊二十周年記念号）、二三頁、「二十年前の回顧」、大正七年（一九一八年）四月一日。

（6）傍証として以下の二点によった。『英語研究』（第六巻第一号、大正二年一月一日発行）所収の「現代英学者一覧」、一六二頁、「吉田幾次郎　明治36年　東京高師英語専修科卒業　明治38年　同研究科卒業」。藤井啓一『日本英語雑誌史』（名著普及会復刻版、昭和五十七年）、四七頁、「吉田幾次郎氏は明治36年東京高師英語専修科卒業、38年同研究科を卒業の篤学の士」。

（7）さらにもうひとつ、吉田の略歴について触れた記事が『英語研究』（第二十六巻第二号、九八頁、昭和八年五月一日発行）の吉田幾次郎追悼「あゝ吉田先生」（久保田正次）に「略歴」としてある（註（2）でも触れている）。これにも東京府立第二中学校での勤務（東京高等師範学校専修科卒業後一年間）や有楽社入社前の寶文館での短期間の編集仕事の経験のことなどが記されているが、それぞれ共に年度の特定が難しく筆者も確認が取れていない。東京府立第二中学勤務に関しても、『英語青年』の「片々録」追悼記では「二年許り」の勤務となっていて、内容的に異なる。註（8）をさらにご参照いただきたい。

（8）東京府立二中の後身である現在の都立立川高等学校に、明治三十六～三十八年頃に吉田幾次郎という名前の教員が勤務していた記録があるかどうか問い合わせてみたところなかなか調べがつかない、という返事であった。ただ、『立川高等学校創立一〇〇周年記念誌』をお送りいただいたので、その付録の「職員在職期間一覧」（常勤）の明治三十三～四十年までの期間の英語教員のリストを調べてみたが、そこには吉田幾次郎の名前は記載されていなかった。残る可能性は非常勤としての勤務だけである。短期間ではあるが、東京高師研究科学生在籍のまま、非常勤講師として府立二中で教えた可能性(しかも『英文少年世界』の編集・執筆も手伝いながら)は否定できないが、現在のところ府立二中教員に関しては確認できないでいる。

(9)『英文少年世界』(のちの『英学界』)の刊行記録および解説に関しては、『日本英語雑誌史』(藤井啓一著)や『英語教育史資料』第五巻(「英語教育事典・年表」)にはいささか曖昧なところもあるので、できるだけ原典にあたって巻数・号数・発行年などをここにすべて記録しておく。

『英文少年世界』——第一巻、第一号、明治三十七年一月二十六日発行、編集人　安孫子貞次郎(以後、第四巻第十一号まで安孫子が編集人となっている)。**第二号**、明治三十七年二月十八日。**第三号**、明治三十七年三月十五日。**第四号**(特集　日露海戦逸話　「英文少年世界　臨時増刊」と表紙に記されているが、事実上は増刊ではない)、明治三十七年三月二十五日。**第五号**、明治三十七年四月十日。**第六号**(特集　日露戦争軍人談片　「英文少年世界　臨時増刊」と表紙に記されているが、事実上は増刊ではない)、明治三十七年五月五日。**第七号**、明治三十七年五月二十日。**第八号**(特集　日露戦争軍人気質　「英文少年世界　臨時増刊」と表紙に記されているが、事実上は増刊ではない)、明治三十七年六月五日。**第九号**、明治三十七年六月二十日。**第十号**、明治三十七年七月十五日。**第十一号**、明治三十七年八月十五日。**第十二号**、明治三十七年九月十五日。

第二巻、第一号〜第六号、明治三十七年十月〜明治三十八年三月まで毎月十五日発行。

『英学界』(『英文少年世界』を改題)——**第三巻、第一号**、明治三十八年四月十五日。以後十月の**第七号**まで毎月(日にちはだいたい十五日だが、一定していない)発行されたが、十月十七日にもう一冊**『青燈集』(臨時増刊号)**が発行された。号数から行けばこれが第八号になるので、次号(十一月刊)は第三巻第九号とすべきところ、出版社のミスで第八号(明治三十八年十一月一日)となってしまった。したがって、**第九号は欠号**ということになった。それについて、**第三巻第十号**(明治三十八年十二月五日)において「◎前号の本誌を第三巻第八号としたのは誤りでした。《第三巻第九号》とすべきでありました。第八号は臨時増刊『青燈集』であったのですから。従て本号は第十号と致したのです。」のような断り書きが「記者の手帳」(通巻ページ二九一頁)に記されている。

第四巻、第一号(明治三十九年一月)〜**第十五号**(明治三十九年十二月)(第四号、第九号、第十三号の臨時増刊号は除いて)まで毎月五日に発行された。アーサー・ロイド、岡倉由三郎、神田乃武などの英語名士の肖像写真を表紙に掲載。

臨時増刊号の発行日は、**第四号『春鳥集』**(明治三十九年三月二十日、ただし奥付のほうは四月二十日と間違っている)、**第九号『緑蔭集』**(明治三十九年七月二十日)、**第十三号『白菊集』**(明治三十九年十月十七日)となっている。したがって、第四巻は合計で十五冊。重要なことは、この第四巻第十二号(明治三十九年十月五日)から編集人の名前が安孫子貞次郎から吉田幾次郎に変わったことである。吉田は以後最終号となる第七巻第十六号(明治四十二年十二月)まで編集人となっている。

第五巻、第一号(明治四十年一月)~**第十六号**(明治四十年十二月)(第二号、第六号、第十号、第十四号の定期増刊号は除いて)まで毎月五日に発行された。第四巻と同様に坪内雄蔵、夏目金之助、新渡戸稲造などの名士を表紙に掲載。定期増刊号の発行日は、**第二号『稚松集』**(明治四十年一月十五日)、**第六号『櫻花集』**(明治四十年四月十五日)、**第十号『清風集』**(明治四十年七月十五日)、**第十四号『明月集』**(明治四十年十月十五日)となっている。

第六巻、第一号(明治四十一年一月)~**第十六号**(明治四十一年十二月)(第二号、第六号、第十号、第十四号の定期増刊号は除いて)まで毎月五日に発行された(一号のみ一日)。表紙には有名中学校(たとえば、第一号は東京府立第一中学校)の建物を背景にして学校長と英語科主任の顔写真が左右に並ぶ。ただし、後半になると写真が揃わなかったと見えて、象とか麒麟、鰐とか虎の写真になったりもする。定期増刊号の発行日は、**第二号『初花集』**(明治四十一年一月十五日)、**第六号『若葉集』**(明治四十一年四月十五日)、**第十号『碧浪集』**(明治四十一年七月十五日)、**第十四号『金波集』**(明治四十一年十月十五日)となっている。

第七巻、第一号(明治四十二年一月)~**第十六号**(明治四十二年十二月)(第二号、第六号、第十号、第十四号の定期増刊号は除いて)まで毎月五日に発行された(一号のみ一日)。表紙は雑誌名「英学界」の文字と目次列挙のみのシンプル

『英学界』臨時増刊号。上から、『春鳥集』『清風集』『金波集』『春光集』。

なもの。定期増刊号の発行日は、**第二号**『**春光集**』(明治四十二年一月十五日)、**第六号**『**花香集**』(明治四十二年四月十五日)、**第十号**『**錦虹集**』(明治四十二年七月十五日)、**第十四号**『**澄高集**』(明治四十二年十月十五日)となっている。

(10)『英文少年世界』第一巻第一号、一八頁、有楽社、明治三十七年一月二十六日発行。

(11)『英学界』第四巻第十二号、五二五頁(通巻ページ)、「記者の手帳」、有楽社、明治三十九年十月五日発行。

(12)同前。

(13)吉田が「願い」を出して府立一中を辞したこの明治四十二年十二月というのは、吉田が編集人として関わってきた『英学界』の最終号(第七巻第十六号)が刊行されたときでもあり、吉田はこれ以降研究社での編集の仕事に専念していくのである。

しかし、吉田の教員経験に関してはもう一校可能性があることが筆者の調査から推測されていた。それは「錦城中学校講師」という肩書きを持っていた時期があったと考えられる点である。これははじめ、間接的な資料(吉田の著作『西洋今昔物語』[明治四十年十一月刊行、建文館]の雑誌での広告および吉田自身の雑誌投稿のときの肩書き)から推測したものであった。筆者が最初に確認できた「錦城中学校講師」という肩書きは、『英語乃友』第二巻第十二号(明治四十三年十二月一日発行、建文館)での吉田著『西洋今昔物語』の広告においてだった。以後、雑誌『英語の友』(第三巻からこのタイトル)に掲載されたこの著作の広告の調査では第三巻第八号(明治四十四年八月一日発行)まで肩書き「錦城中学校講師」の使用が確認された。

ちなみに当時同じ出版社(建文館)から刊行されていたもうひとつの英語学習誌『英語の日本』も調べてみたが、こちらに掲載されていた吉田著『西洋今昔物語』の広告においてははじめ「英学界主筆」という肩書きが使用されていた。雑誌『英語の日本』では第一巻(明治四十一年一月〜十二月)および第二巻(明治四十二年一月〜十二月)まで、『西洋今昔物語』の広告の吉田の肩書きは一貫して「英学界主筆」で通している。『英語の日本』第三巻(明治四十三年一月〜十二月)にはこの著作の広告はいっさい掲載されていない。『英学界』が明治四十二年十二月に終刊になっているので、「英学界主筆」をずっと使用していた広告は取りやめたのかもしれない。しかし、第四巻(明治四十四年一月〜十二月)では『西洋今昔物語』の広告が復活して、第一号〜第三号までの広告には「英語研究記者」の肩書きとなっており、第四号(定期増刊号、明治四十四年三月十五日発行)ではじめて「錦城中学校講師」の肩書きが使われた。以後、第九号までこの「錦城中学校講師」の肩書きが使われたが、第五巻(明治四十五年一月〜十二月)になると、『西洋今昔物語』(刊行から五年が経過）の広告は半減し、広告を掲載したときは「錦城中学校講師」の場合もあるが「英学界主筆」を復活して使用する場合もあった。

いずれにしろ、筆者が確認できたもので、「錦城中学校講師」の肩書きが最初に使用されたのは『英語乃友』では第二巻第十二号（明治四十三年十二月一日発行）で、『英語の日本』では第四巻第四号（明治四十四年三月十五日発行）であった。

さて、次に「錦城中学校講師」肩書きをさらに別の雑誌で確認できたのが、『英語青年』への吉田の投稿であった。それは「中学校の英語についての私見」という投稿で、『英語青年』第六十巻第十一号（昭和四年三月）においてだった。このことは何を意味しているのか？　肩書きが使用された明治四十三年から昭和四年まで、約二十年近い間講師として継続的に（あるいは不定期に）「錦城中学校」で教えていた、ということなのか。

この推測・疑問を持ちつつ調査を続けている中で、『英語研究』（第二十六巻第二号、昭和八年五月一日）の「あゝ吉田先生」追悼記事の「略歴」を見つけることができ、次に示すように、吉田の錦城中学校勤務は現実のものであるという念を強くした次第である。そこには「又同年（明治四十一年——筆者付記）錦城中学に奉職したが、翌四十二年府立第一中学に転じ、病を得半年にて辞し、再び錦城中学に帰つて引続き同校に英語を教へられてゐたのである」という記述があった（『英語青年』、第六十九巻第二号、片々録の追悼記事にも「氏は研究社の英語雑誌の外に錦城中学にも出講して居た」という短い記述があった）。錦城中学校勤務のことが明確に記されていた。

（筆者付記——ただ、この時期に「病」が理由で府立一中を辞した、というのはなかなか想像し難い。というのも、この明治四十二年十二月で『英学界』は廃刊になるが、吉田は研究社の『初等英語研究』や『初歩英語』などを同時編集中であり、また明治四十三年四月からの『新英語』の創刊に取り掛かる時期であり、いよいよ研究社の編集に邁進することになるからである。この忙しさのために、願いによる府立一中辞任の理由を敢えて「病」としたのかもしれない。）

ここまで調査が至っても錦城中学校の正確な勤務期間の特定がなかなかむずかしい。そこで、最後の手段として、錦城中学校の後身である現在の錦城学園高等学校に直接「問い合わせ」をすることにした。百年も前のことなので期待は小さく持っていたが、幸いにもひと月ほどしてから吉田幾次郎の錦城中学校勤務を確認できる重要な資料を送っていただくことができた。『錦城百年史』を編纂したお一人の相馬登氏から電話連絡をいただき、吉田幾次郎に関する記録がある資料のコピーを送って下さる、という。研究調査というのは思わぬところから救いの手が伸べられるものである。
早速手元に届いた資料の中に、決定的な記録が見出せた。かつての錦城中学校の校誌『錦城』昭和五年版(昭和五年三月五日発行、財団法人錦城會)所収「錦城中学校現職員」録に教員勤務録が掲載されていたのである。それによると、「教員　英語　明治41.5—42.8, 43.2—　吉田幾次郎」とある。明治四十一年五月着任してから、途中明治四十二年八月に一時的に離任したものの、また明治四十三年二月には再着任しており、この雑誌が刊行された昭和五年三月までは継続的に勤務していたことになる。吉田の名前はこの校誌『錦城』の昭和六年版、および七年版(昭和七年二月十日発行)までその「現職員録」に掲載されている。吉田が脳溢血で亡くなったのは昭和八年三月である。吉田は最後まで錦城中学校に在籍し、研究社の仕事と二足の草鞋を履いていたのかもしれない。雑誌の広告で推測していた「錦城中学校講師」のことがこれでようやく確認できた。また新たに分かったこの記録を、先に記述しておいた『英語研究』(第二十六巻第二号)の「あゝ吉田先生」追悼記事の「略歴」の記述、および本文で書いておいた府立一中の勤務歴(一七一頁)を重ね合わせると、ほぼ合致することになった。吉田の教員歴(府立二中は除く)を整理すると以下のようになる。

明治三十九年五月一日　東京府立第一中学校に嘱託として着任
明治四十年三月三十一日　同校、嘱託を辞す(十か月間勤務)
明治四十一年五月　錦城中学校に着任
明治四十二年九月　同校、離任(一年半勤務)
明治四十二年八月三十一日　東京府立第一中学校教諭に再任
明治四十二年十二月三日　同校、願いに依って辞職する(約三か月間勤務)
明治四十三年二月　錦城中学校に再任、以後昭和七年二月まで(ないしは昭和八年三月の逝去まで)勤務(二十二年間もしくは二十三年間)

こちらの「問い合わせ」に快く応じてくださり、資料等を送付くださった相馬登氏(錦城学園高等学校の『錦城百年史』を編纂)に感謝申し上げる。

(14)　当然、有楽社も『英学界』で掲載したものをまとめて刊行している。たとえば『英文英語叢書』(十二冊)(明治四十年十二月〜明治四十二年一月)などはその一例である。内容は以下の通り——第一冊「如何にして余は英語を学びしか」(尾崎行雄、神田乃武、矢野次郎など著名人の英語学習談)、第二冊「大人物の少年時代」(エジソン、モース、ニュートンなどの少年時代の物語の対訳詳註）、第三冊「世界奇聞」（英和対訳詳註）、第四冊「やさしい会話と対話」（やさしい日常会話の解説）、第五冊「英文手紙の書き方」、第六冊「東西お伽噺」（英和対訳詳註）、第七冊「英文法講話」（山田巌著）、第八冊「前置詞活用實例」（久保田正次著）、第九冊「日英時事会話」、第十冊「余は如何にして米国少女を娶りしや」（金子喜一著）、第十一冊「英米詩歌集」（英和対訳詳註）、第十二冊「日本お伽噺」（ロイド博士英訳）。個人の著作以外は、扉表紙には『英学界編輯局』編纂（あるいは、編輯）、となっているが奥付はすべて「編輯者（あるいは、編著者）吉田幾次郎」となっている。

(15)『初等英語研究』第一巻第一号、二九頁、「記者より読者に」、英語研究社、明治四十一年一月。
(16) 久保田正次「あゝ吉田先生」、『英語研究』第二十六巻第二号、九八頁、研究社、昭和八年五月。
(17) 同前。
(18)『初等英語研究』第一巻第一号、二九頁、「記者より読者に」、英語研究社、明治四十一年一月。
(19)『初等英語研究』第一巻第二号、二八頁、「記者の領分」、英語研究社、明治四十一年二月。
(20)『初等英語研究』第一巻第五号、二八頁、「記者の領分」、英語研究社、明治四十一年五月。
(21)『英学界』第七巻第十六号（明治四十二年十二月刊）の編集後記には、次年度に向けての抱負が書かれており、休刊（廃刊）などの言及はまったくない。藤井啓一『日本英語雑誌史』（五〇頁）には「突如発行所の都合により廃刊する事となつた。」と記されているが、実際の理由は分からない。ただ、仔細に編集後記を読むと、どこか奥歯に物が挟まったような記述とも読み取れる。ここにその編集後記を掲げる。

「来るべき明治四十三年に於ける我が『英学界』は如何なる進歩と改良とをなして読者に見えんとするか。記者は之に対して記者の抱負計画を縷陳せんが為めに既に十数枚の原稿紙を費せり。されど退て考ふるに『言ふは易くして行なふ難し。』況んや『言はぬが花』との諺さへあるものをと。断然原稿紙を廃棄して、ここに唯粉骨砕身、全力を尽くして年と共に益々本誌の改善せん事を誓ふに止む。希くは読者の本誌に対する同情亦年と共に愈々益々大ならん事を。」

次年度への抱負計画を何枚もの原稿にしたためながら、それを結果的には破棄したということは、出版社側の事情、記者側（吉田幾次郎なども含め）の事情が何かあったのではないか、と推測することも可能である。だが、今はこの推測にとどめておく。

(22) 藤井啓一『日本英語雑誌史』によると、『初歩英語』は明治四十二年四月創刊となっているが、これは十月の間違いであろう。また廃刊は明治四十五年十二月となっているが、そもそも明治は四十五年七月三十日に大正に改元されているので、大正元年十二月とすべきであろう。

(23)『新英語』創刊号、「本誌発行の趣旨」、一五頁、英語研究社、明治四十三年四月。

(24)『英語乃友』第二巻第五号、『新英語』広告ページ、建文館、明治四十三年五月一日発行。

(25) 藤井啓一『日本英語雑誌史』および『英語教育史資料』第五巻（「英語教育事典・年表」）には、『新英語』の創刊時期は正しく記載されているが、廃刊がともに明治四十四年十二月となっており、これは間違いであろう。筆者が実際に実物を手にして調べられたのは『新英語』創刊号のみであったが、同じ出版社の研究社から出ている『英語研究』によって追跡調査をし、吉田幾次郎の編集後記「記者の領分」や同誌所収の『新英語』広告などによって、『新英語』は明治四十四年十二月以降も刊行され続けていることが確認された。大正二年四月一日発行の『英語研究』（第六巻第四号）の吉田の編集後記「記者の領分」には、同僚の久保田正次が病気のため極めて忙しく「斯く申す記者吉田には外に『ABC研究』『新英語』の原稿も書かねばならぬ。」と嘆いている部分もある。また、重要な傍証として、大正二年十二月一日発行の『英語青年』（第三十巻第五号、一五九頁〔通巻ページ〕）「片々録」には「英語研究社の『新英語』は十二月限りで廃刊して新年より「英語研究」に合することになつた。」とある。大正二年十二月まで『新英語』は刊行されていたことがこれで確認されたと言っていいだろう。ほぼ百年前の雑誌であり、実物の入手が困難な中での史実確定は傍証の調査も含めなかなか厳しいものがあった。

(26) 戦後になって、昭和二十年十一月には同名の英語入門雑誌『ABC』が再度創刊され主筆には野尻抱影が就いた。またこの雑誌は昭和二十三年四月には誌名を『一年の英語』（戦前のものとは別物）と改題し、それに伴い『ABC』の誌名はそのまま継続させて既に刊行されていた『Romaji』（昭和二十一年四月創刊の『Robin』が昭和二十二年四月に『Romaji』と改題）を合併して小学校上級生を対象とするローマ字学習誌に方向転換した。これは昭和二十五年十月号をもって廃刊となる。

(27) 久保田正次「あゝ吉田先生」、『英語研究』第二十六巻第二号、九八頁、研究社、昭和八年五月。

(28) 研究社の『ABC』『初等英語』『中等英語』など先行雑誌を『一年の英語』『二年の英語』『三年の英語』に改題した時期を、藤井啓一『日本英語雑誌史』ではいずれも昭和二年四月としているが、これも間違いで、実際は大正十五年四月（大正は十五年十二月二十五日で昭和に改元される）である。大正十五年四月一日発行の『英語研究』（第十九巻第一号）には大々的に三ページにわたって、『ＡＢＣ』が『一年の英語』に、『初等英語』が『二年の英語』に、『中等英語』が『三年の英語』に改題されることが、それぞれの改巻第一号の内容目次と共に広告として掲載されている。藤井はそれぞれの改巻第一号の目次内容は正しく紹介しているので、改題時期の間違いは何かの勘違いだろうと考えられる。

(29)『初等英語研究』第一巻第八号、一七頁、「参考書案内」、英語研究社、明治四十一年八月。
(30)『初等英語研究』第一巻第九号、二七頁、「記者の領分」、英語研究社、明治四十一年九月。
(31)『初等英語研究』第一巻第十一号、裏表紙広告ページ、英語研究社、明治四十一年十一月。
(32) 吉田幾次郎編著代表者『キング・アーサ』、「緒言」、英語研究社、大正二年九月。
(33)「ＡＢＣ研究叢書」第一巻『西洋昔物語』（巻の上）、「ＡＢＣ研究叢書の序」より、英語研究社、大正二年九月。
(34) 吉田清夫氏に関しては未詳である。吉田幾次郎氏のご子息なのか、あるいは縁者の方なのか。

〔**付記**〕本論を執筆するにあたって、出版物確認のために研究社資料室の利用をお許しくださった研究社に感謝申し上げると共に、『研究社八十五年の歩み』の「研究社刊行出版物年譜」も参考にさせていただいた。記して感謝申し上げる。
また、『英文少年世界』と『英学界』その他の雑誌の調査にあたっては、成田にある成田山仏教図書館および国会図書館に残されている所蔵資料によった。特に成田山仏教図書館には、臨時増刊号のいくつかを除いてよく整理され保管されている。成田山仏教図書館の司書のかたのご好意により写真撮影、コピーなどの便宜も図っていただいた。記して感謝申し上げる。

第四章
初期「文検」受験者たちの「英語対策」

風物知識の問われ方とその対策を中心に

1　はじめに

「文検」とは「文部省師範学校中学校高等学校女学校教員検定試験」の通称で、明治十八年(一八八五年)三月および四月に第一回の試験が行われた。残念ながら、この第一回および翌年第二回の英語問題については、現在の段階では未確認・未見の状態である。この第一回以降、試験は明治・大正・昭和と続き、第二次世界大戦後の昭和二十四年(一九四九年)まで、通算で実に八十一回の試験を数えている。英語試験に関しては、第四十六回(一九二七年)以降は一回おきに実施され(ただし、一九二二年の第三十六回以降は年二回実施の年もある)、都合六十四回実施されたことになる。合格者は千二百名以上を数え、明治・大正・昭和の英語教育界の一翼を担った。[(1)]

本論は「英国(西洋)風物」の知識が「文検」でどのように問われ始めたのか、明治期のその試験の発端から、問われ方の内容、歴史的経緯、受験者の準備、参考書による対策などについて考察するものである。当時の英語学習者たちが、言語そのもののみならず、その背景となる風土文物（文化）の知識に関しても、書物（活字）を通して学習した苦労が垣間見られる。いつでも容易に異国の地に飛ぶことができ、パソコンを介すれば世界のあらゆる情報（文化）が画像と共に入手できる現在から見ると、まさに隔世の感がある。

2　「文検」受験英語のレベルの高さ

そもそも「文検」の英語レベルはかなり高いものだと言われていた。「文検」受験参考書のひとつ伊東勇太郎著『文検受験用　英語科研究者の為に』（大正十四年）には受験者の英語レベルについて具体的に触れた興味深い記述がある。まず中学（五か年）卒業の時点での英語レベルについて。

「中学五ヵ年で得た英語の所得は、大略、リーダー五巻、補助読本三、四巻、英文法二巻、英作文三巻ほどである。極く極くの英語の得意の人の外、平均した所スキフトの「ガリヴァ旅行記」が辞書片手にやっと読める位で、アーヴィングの「スケッチ・ブック」を可なり難かしがる所である。(2)」

そして、以下の記述のようにこのレベルから卒業後三年目にして受験のレベルまで到達させる、というのが著者の主張である。

「二ヵ年で培ひ得た読書力を活用して博く群籍を渉猟し英語英文学の一般に通じ、百般の英語を修得し、如何なる問題に逢着し、どんな事柄を訊かれても窮通自在に答の出来るやうにするのである(3)」

受験参考書ならではの高い目標設定であるかのように見受けられるが、実際の文検の問題を調査してみると、こういった目標レベルの高さは単なる参考書のセールス・ポイントだけとは言えないものがある。他の参考書にも、「文検受験者は中学卒業後一日に平均五時間、それを二年間勉強すれば合格する」と明言しているくらいである。(4) 文検受験者にはかなりの猛勉強が求められていたことが分かる。当時は、時代背景、社会状況、学校教育、家庭環境、学生気質、学習意欲、などなどどれをとっても現代とは大いに異なった状況にあったわけで、単純比較は慎まねばならないが、文検受験者の英語猛勉強ぶりは今の大学受験勉強の比ではないように思われる。食事や眠る閑さえ惜しむくらいの覚悟が必要だったのではないかと推測される。

ちなみに他の受験参考書には「文検」の英語問題レベルについてかなり具体的に記述している部分があるので、参考のためここに列挙してみよう。實方清著『最新指導　文検標準英語科の研究』(昭和六年)には次のように指摘されている。

「実際に於て文検の問題は現行試験中、高等教員検定試験を除いて一番難関な試験である。英語の問題も、世間一般から可成困難であり且つ程度が高い様に誤考されて居る高等試験外交科の英語も文検より程度が低いのである。(5)」

「文検」英語のほうが高等試験外交科の英語より難しい、ということからもある程度レベルが推測できよう。また、「文検」予備試験についても同著は「高等師範四ケ年卒業の英語力の理解する英語が標準とされ、従って高等学校文科卒業程度の英語力より稍々高程度であると思はれる。(6)」と語っている。もう一冊の受験参考書から引いてみよう。

「ここに文検諸学科の程度を正確に限定することは出来ないが、大体に於て高等師範卒業程度なることは試験の性質上容易に想像し得られるところである。語学の如く融通自在の学科の程度を云々することは全く無意義であるが、仮に既往の問題を検討して大略の見当をつけ、これを現行の一二の試験と比較してみると、予備試験の英文和訳は帝国大学入学試験、乃至高等文官外交試験のそれと大差はない。……但し和文英訳は帝大、高文とは到底比較出来ぬ程難解である。(7)」

参考のため具体的に「文検」の英文和訳と和文英訳の一例を左記に示してみる。たとえば、入手できた問題の中でも最も古い第三回試験(明治二十年)の英文和訳の実例を見てみよう。出題された四題のうちのひとつである(四)の英文を以下に例示する。

(四) He is given to indulge his veneration for family usages, and family encumbrances, to a whimsical extent. His manor is infested by gangs of gypsies; yet he will not suffer them to be driven off, because they have infested the place time out of mind, and been regular poachers upon every generation of the family.

語彙力のみならず、be given to ~, to a whimsical extent, be infested by, to be driven off, time out of mind などがしっかり把握されていないと、現代の英文科の学生にとっても解釈はなかなか難しいのではないかと推測される。

次に、和文英訳(英作文)の問題を取り上げてみるが、そもそも現代人の我々からすると与えられている日本語(古文調)自体も理解困難なものがあるので、比較的分かりやすい日本文(第五回のものと第八回のもの)を取り上げてみる。

「帝国大学にて目下建築中なる博物教場の柱材は、水戸産出の大理石を以てする事に決定せしも、重量を増加するが為に到底之を用ひ難く、遂に鉄柱と為すことに定めし由。」（第五回「文検」、明治二十四年）〔句読点を補った〕

「和田菊次郎氏が獄中にて発明せる新記憶術は既に数ヶ所に於て講話を試みしが、近来頗る学者間の一問題となりて、同氏は去る三十日哲学会例月会の招待を受け、文科大学講堂に於て記憶術の実験及び之に関する講話を為したる由。」（第八回「文検」、明治二十八年）〔句読点を補った〕

これで、ある程度のレベルが推測できるかと思われるが、これなどは現代の英文科の大学院学生の入試英語試験よりレベルは高いのではないかと考えられる。

このような状況から理解できることではあるが、文検を無事合格して、希望通りに教員になった人たちの語学力にはそれなりの定評が与えられていたということである。文検試験委員の一人である神田乃武は「文部省英語検定受験者の心得」という談話の中で、次のように言っている。

「英語教員検定試験は中々に念を入れて其実力を試験する、それ故或る特殊の学校を卒業し、無試験で検定を得た者より、此文部省の検定を経た教員の方が余程全国の中学校で受けが善いやうである。(8)」

文検の厳しい合格率を潜り抜けて、(9)晴れて教員になった人の「受けが善い」ということは、このコンテキストから判断しても、性格とか人柄が「善い」というものではなく、「英語の力がある」ということを暗示しているものと考えられる。文検合格者は、かなりの英語実力の持ち主だったわけである。後半部の第五節で紹介する井上孝一や高須豊は「文検」合格後数年にして、「文検」受験参考書を書いている。また、それ以前の明治時代でもかの今井信之（英語通信社創設者）や山崎貞（ベストセラー「山貞」こと『英文解釈研究』の著者）も「文検」合格後二、三年にして英作文や英文解釈のための英語学習参考書・独習書を書いている。これらの英語学習書がまた独学の英学者たちや文検受験者たちを育てていったのである。

3　Realien（風物）研究・学習の必要と「文検」との関わり

一九〇二年（明治三十五年）二月、文部省は「中学校教授要目」を定めたが、それに付随する形で「教授上ノ注意」十項目を挙げている。その中のひとつに、「東西の人情・風俗・制度の異同を教えること（＝異文化理解）」[10]がある。つまり、英語教育を行っていく中で、その言語の背景となる英国（西洋）風物をも同じように教えていく必要があるということである。

イギリス留学時の岡倉由三郎

さて、明治時代に英語教育との関わりでこの英国（西洋）風物研究の重要性を訴えた人がいた。岡倉由三郎その人である。岡倉は一九〇二年（明治三十五年）から三年間にわたり、英語および英語教授法の研究のためドイツ・イギリスに渡っている。この留学において、とりわけドイツにおいて英語教員養成のシステムをつぶさに観察する中で、言語学習における風土文物知識の重要性を認識するに至るのである。その科目が、風土文物の実際的知識を学ぶ授業科目“Realien”であった。

そもそもRealienとはドイツ語で(現代ドイツ語辞典で調べる限りは)「事実、実体／専門知識／自然科学、精密科学」(小学館『独和大辞典』)の意味である。「風物」なる訳語はまったく見当たらない。では、どこでこの“Realien”と「風物」は結びついたのか？　この詳細な経緯については拙論「《英国風物論》の誕生とその系譜」[11]に譲るとするが、結論だけ言うと、岡倉由三郎がドイツにおける英語教育視察・見聞の経験から、ある教授法の著書(Mary Brebner, *The Method of Teaching Modern Languages in Germany*『外国語最新教授法』)の翻訳において、“Realien”を「風土文物」と翻訳したのである(具体的には本書の第三部第三章を参照)。日本における英国(西洋)風物論・風物誌研究の発端が、“Realien”というドイツ語を介してここに出発したのである。

この翻訳書が出版されたのが明治三十九年(一九〇六年)のことであった。「文検」のほうから言うと、その前年の明治三十八年の第十八回「文検」において初めて外国人教師アーサー・ロイド氏が試験委員として参画している。また、出版物の面から見てみると、明治四十一年には英国風物論のひとつとも言える著書 *My English Diary* (Austin W. Medley著、三省堂)が日本で刊行された。この本は日本人を主人公とした英国見聞録形式のもので、風俗・事物・慣習・名所・旧跡が会話を通して描かれている。ちなみに、著者のメドレーは明治三十九年に来日したイギリス人で、長いこと東京外国語学校で教鞭を執った。村井知至との共著の英作文教科書 *English Prose Composition* はいくつも版を重ね、一世を風靡したものだった。

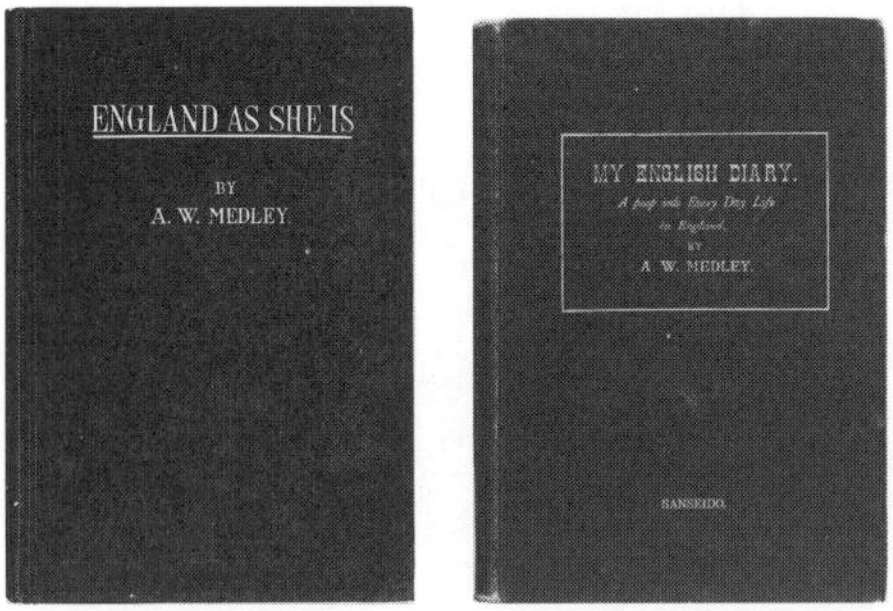

My English Diary (右)。大正14年に *England as She Is* と改題。

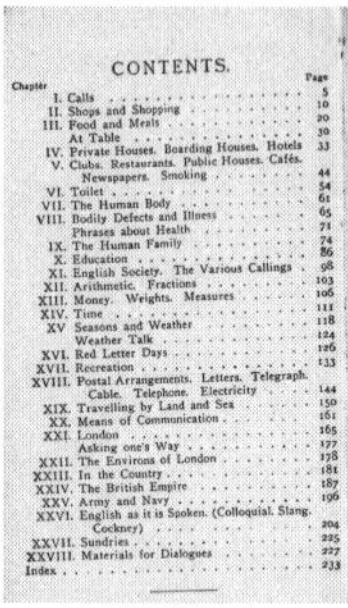

CONTENTS.

Chapter		Page
I.	Calls	5
II.	Shops and Shopping	10
III.	Food and Meals	20
	At Table	30
IV.	Private Houses. Boarding Houses. Hotels	33
V.	Clubs. Restaurants. Public Houses. Cafés. Newspapers. Smoking	44
VI.	Toilet	54
VII.	The Human Body	61
VIII.	Bodily Defects and Illness	65
	Phrases about Health	71
IX.	The Human Family	74
X.	Education	86
XI.	English Society. The Various Callings	98
XII.	Arithmetic. Fractions	103
XIII.	Money. Weights. Measures	106
XIV.	Time	111
XV	Seasons and Weather	118
	Weather Talk	124
XVI.	Red Letter Days	126
XVII.	Recreation	133
XVIII.	Postal Arrangements. Letters. Telegraph. Cable. Telephone. Electricity	144
XIX.	Travelling by Land and Sea	150
XX.	Means of Communication	161
XXI.	London	165
	Asking one's Way	177
XXII.	The Environs of London	178
XXIII.	In the Country	181
XXIV.	The British Empire	187
XXV.	Army and Navy	196
XXVI.	English as it is Spoken. (Colloquial. Slang. Cockney)	204
XXVII.	Sundries	225
XXVIII.	Materials for Dialogues	227
Index		233

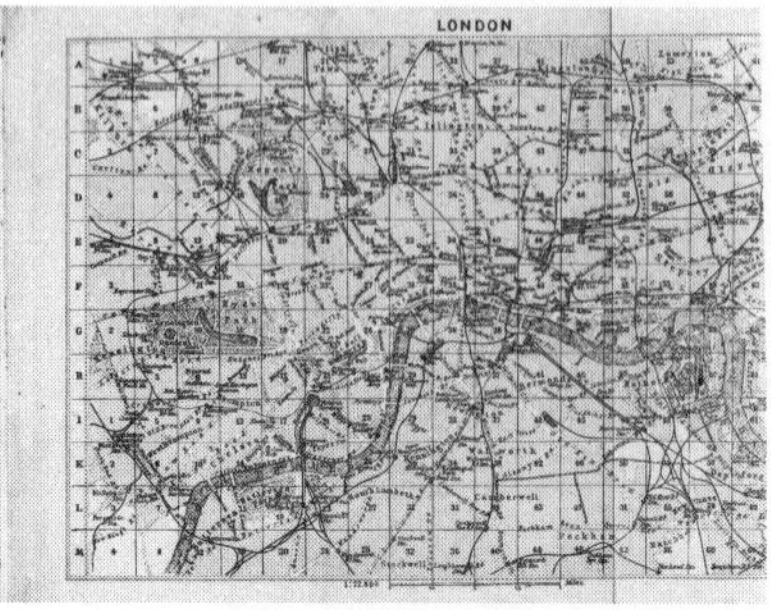

中西屋書店から刊行された *The Little Londoner*. 左は目次と折り込みの地図。

この *My English Diary* に「文検」でも試験委員として中心的人物となる神田乃武が献辞を寄せているのである。神田は本書を推薦する形を取りながら、ある意味で英国風物学習の必要性を謳っていると考えられる。

“I congratulate you on having accomplished what I have always felt ought to be done; namely, to introduce our English students into the knowledge of English institution, manners and customs, just as Kron has done for his countrymen in his ‘Little Londoner.’”

「本の完成おめでとう。これは私がかねがね誰かに書いて欲しいと願っていたものです。これで英語を学ぶ学生たちに英国の制度、風習、慣習などの知識を与えてやれることになります。ちょうどクロンがその著 *Little Londoner* で自国の同胞に知識を与えたように。(12)」

ここで引用されているR・クロンの *The Little Londoner* は、岡倉が訳出したブレブナーの『外国語最新教授法』の中にも紹介されているもので、岡倉自身がその「『風物』知識の必要」というエッセーの中で「此著書は英国の Realien を窺ふに至極便利であるから、本邦の英語の教師たる者には誰にも、自分は其一本を座右に備へんことを切に薦める者ではある(13)」と説いているものである。しかし、岡倉は同時に、記述の内容があまりに簡便すぎているところもあるので、いささかの不満も述べている。

岡倉が指摘しているように、そのハンディさが功を奏して、この著書 *The Little Londoner* は日本においても評判を呼び、大変よく売れた。大正七年にはこの日本版(複製版)が中西屋書店から刊行されているほどである。「文検」受験参考書にも必ずと言っていいくらいに紹介・推薦されていた。

このように明治四十年代は、英語学習との関連において英国(西洋)風物知識の必要性が訴えられ始めた時代と言ってもいいだろう。そして、それに呼応するように、「文検」の試験の中においても、試験委員が英語口頭試問の形をとりながら、風物知識を問う動きが生まれてきたのである。

明治四十一年の第二十一回「文検」において、外国人教師ロイドが会話試験の中で、受験者が購読している新聞や雑誌のことについて質問をしている。「どのような新聞を読んでいるのか、如何なる雑誌を講読しているのか、何故にそのような新聞・雑誌を取るのか、それらの新聞・雑誌の特徴はどのようなものか」などといった内容であった。これに応える受験者の反応として、同じ試験委員であった小島憲之は「会話で何新聞を読むかと聞かれて、萬朝とか *Rising Generation* とか答へた者が随分とありまして、何故萬朝を執るかと聞かれて English Column があるからと答へ、英語青年には毎号寄稿するとか言ふ者もありました(14)」と述べている。英語の能力を試験するばかりではなく、このように受験者の英語文化・風土についての知識やそれに関わる単語の熟知度を問うたのではないかと考えられる。そして、翌年の明治四十二年の第二十二回「文検」試験の中で、初めて絵葉書を利用した形で、風物・風俗に関わる事柄やそれらに関わる単語の知識が問われた。

4　「文検」での英国(西洋)風物・事物の問われ方の実際

神田乃武試験委員は第二十二回「文検」(明治四十二年)において、ポルトガルの田舎婦人が描かれている絵葉書(二〇八頁参照)を利用することにした。受験者にこの絵葉書を示し、ここに描かれていることを英語で記述させたのである。それによって、どれだけ英語での描写力(会話力・風俗に関わる単語力)があるかを試験したかったわけである。ナチュラル・メソッドを唱導する神田らしい発想である。神田はそのことを振り返って以下のように述べている。

「今年は教授法で何か珍しい試験をしやうと思つて居る所へ外国旅行中の友人から Portuguese peasant woman を描いた絵端書を送つて来たから之を材料に試験した。之れは外国の風俗や単語を如何程知つて居るかを試みるのよい材料であつた。(15)」

このように、そもそも神田の個人的な発想が元になっていたのだが、これ以降、本試験において、絵葉書、雑誌からのイラストや写真などを用いる形で、英国(西洋)の風物・事物(などに関係する単語)の知識を問う口頭試問(会話試験)が慣例化していくのである。試験委員の一人であった小島憲之もこの神田の試みについて言葉を残している。

「あの絵端書に就て describe させた事も一種の会話であって、如何程単語を知つて居るかを知るによい試験でありました。necklace から bodice, skirt など多数の者は知らなかつた。bodice は昔姿勢を善くする為め着物の外に着けたが今日では内に着けるのみである。skirt は女袴の様なもので、複数だと裾という意味もある。絵端書の下の方に薄く Madeira—Portuguese costume と印刷してある。之を見れば Portugal の者といふことが判るのである。然るに何れの国の者かも、絵の中に国を suggest するもの無きかと問はれても、此文字を見ないで答への出来なかつた者があつた。(16)」

試験官は常に厳しい評を出すものである。それでは受験者たちはこの「絵葉書」口頭試問についてはどのような感想を持っただろうか？「K. G. 生」というイニシャルで感想を残している者がいる。

「……此れが済むと試験委員の面前に呼付けられる、見れば一片の picture post-card が机にある、はゝー realien の試験だなと気がついた、絵は外国人の像で card の下に Madeira, Portuguiese(*sic*) Costume と書いてある、小島委員が其の絵の女の持つる者を総て English で文章にして云へと云ふから出鱈目にいつた、頸つ玉にかゝつている金鎖をば neckchain は余程苦しかつた、イヤソレハ neck-lace だよと小島教授が訂正された。ナール程、diamond neck-lace なんかと云ふから diamond か pearl で作つたものゝみが neck-lace と思つてたは誤だと感付いた、後から考へると試験程 comic のものはあるまい、試験委員はよくもまあ長時間、吹出しもせず如此く grave で居られるものだと思つた。[17]」

この感想でも分かるように、受験生側も "realien" という語には馴染みがあり、それが風物(研究)のことであること、そしてそれが文検試験で問われるということも了解しているのである。しかしながら、このK. G. 生はなかなか肝がすわっている。試験官の態度をアイロニカルに見る余裕すらうかがわれる。K. G. 生とは五味赫の可能性がある。『英語青年』の上記「感想」のすぐあとのページで武信由太郎が五味赫の英語の優秀さと今回の検定に合格したことを報告している。五味は『英語青年』の和文英訳練習欄の常連投稿者であって、武信はかねてから五味に着目していて、結局編集助手としての仕事を頼むことになるのである。

以上が、『英語青年』の記事からうかがわれるところの、初めて絵葉書を利用した風物知識の試験の状況である。実際の絵葉書は『中外英字新聞』第十六巻第三号に資料として掲載されている。

翌年の第二十三回「文検」(明治四十三年)では Yosemite Valley の冬景色の絵葉書が使用された。鮮明では

MADEIRA—Portuguese Costume.

右は本試験第二回の会話試験で使用されたポルトガルの婦人の絵。上は Yosemite Valley の冬景色の絵葉書。

ないが、『英語青年』に掲載された絵葉書をご覧いただきたい。

この絵葉書の風景を見て、その内容を受験生は英語で記述するのである。この絵葉書の内容描写の出題について、神田乃武本人の英文書簡が『英語青年』に寄せられた。

"In the second Oral Examination, on the 21st, I had a picture postal card representing "Mirror Lake in Winter, Yosemite Valley, Cal." with snow-clad mountains and woods in the back ground and the frozen lake in the fore ground, with some people on the ice and others looking at them from the road, etc., etc. This the candidate was requested to describe at sight in English.(18)"

「二十一日の第二次の口答試験において、私は "Mirror Lake in Winter, Yosemite Valley, Cal." というタイトルの絵葉書を用意しました。絵の背景には雪を戴いた山々と森が見え、前景には氷の張った湖があり、その氷上には数人の人がいて、ほかの人たちは道路の方から彼らを眺めている……などなど。この絵葉書をパッと見て受験者は内容を英語で描写することを求められたのです。」

神田乃武

「この絵葉書をパッと見て英語で描写せよ」ということだが、前景描写にはじまって人の動き(状態)、何をやっているのか(推測・イマジネーション)、後景の描写など、目に映るものを説明せねばならない。私が見る限りでは、「氷上の三人は背景の美しい谷あいをバックに写真を撮っているのだろうし、左側の緩やかに登る坂には何人ものひとが立っていて、この写真を撮ろうとしている人たちを見ていたり、同様に雪に覆われた遠くの山々や谷あいを眺めている。湖は湖面の中ほどまで氷が張っており、その湖面の向こう岸には森林が見える。寒々とした冬のヨセミテ渓谷の風景である。」といったことになるが、適切な英語表現で描写するのはそれほど容易なことではないだろう。しかも、絵葉書を見ながら瞬時にその場で説明するのである。この第二十三回「文検」を受験した一人の「S. Y.」は以下のような後日談を残している。

「……それから絵葉書を出して之を生徒に話す様に describe しろといはれた、“This is a scenery of a mountain lake.” を初めとして、『それは冬であつて、湖水の面には氷が張つて居る、氷上に人が二人立つて居る、多分何か遊戯をして居るのだろう、湖に沿うた道の上に五、六人居る人々はそれを見て居るのだ、汀に立つた一人は氷上の二人を撮影しやうとして居る、湖水の向ふに繁つた森があつて、其一本の木は非常に高い、遙か向ふに snowcapped mountain がある』という様な事を極めてあやしい English でやつてのけた、自分乍ら滑稽だつたのは one of trees are very high とやつてロイドさんにわざと repeat されて気づいて is と訂正した事である。[19]」

それにしても、受験のときに一回しか見るチャンスのなかった絵葉書のことをこれだけ覚えているとは、並大抵の記憶力ではないと思われる。しかも、描写していることが的を射ているのは驚きである。S. Y. は「極めてあやしいEnglish でやつて」と述懐しているが、このS. Y. も合格しているのであるから、謙遜の述懐であろう。S. Y. とは山崎貞ではないかと推測される。

第二十四回「文検」(明治四十四年)にはシェイクスピアの肖像とその生家の絵葉書が使われた(上掲の写真を参照)。

シェイクスピアの肖像と生家の絵葉書

今の時代であれば、英語・英文学に関心のある人ならシェイクスピアの肖像とかその生家やその妻のアン・ハサウェイの実家の写真ぐらいはほぼ知っているだろうが(実際に英国で訪問している人も少なくないだろう)、明治時代にはこれが難しかった。したがって、この人物が何者か分からなければ、風物(文化)を問うこの英語口頭試験はお手上げということになる。試験委員の小島憲之教授は談話の中で「絵端書でShakespeare の肖像を知らず Washington とか Lincoln とか答えし者もあり。甚しきは亜弗利加人だのと答へた者もあつた。[20]」と述べているくらいである。現代のような映像社会とはまったく異なる百年も前の明治にあって、活字文化は発達していたものの、写真製版や印刷の技術的レベルから見れば、書物・雑誌などでシェイクスピアの肖像にお目にかかる機会も多くはなかったであろう。なかなか酷な試験ではないかと思われる。実際の受験者「木原生」もこの肖像が誰だか知らなかったことを告白している。

「会話では、Lloyd 教授が絵葉書の説明を求められたから、田舎の家だなどと出鱈目に始めた所、「其肖像は見覚い無いか」と尋ねられた、「ありませぬ」と答へて「Avon の詩人を知らぬか」と云はれて始めて気が附いて「Shakespeare で御座います」と云つた。すると今度は沙翁の事を尋ねられ、人肉裁判、Shylock の人物なども聞かれた。[21]」

試験委員ロイドからの「Avon の詩人」というヒントによってこの肖像がシェイクスピアだと分かったのは、当時の中学を卒業した英学生にとっては当然の知識なのかもしれない。現在の大学生に対し、英国の「エイヴォンの詩人」と言っても分かる者は少ないだろう。この「木原生」とは合格者の一人木原順一であろうと考えられる。

翌年の第二十五回「文検」には絵葉書は使用されなかった。ロイド教授が亡くなったために外国人試験委員は東京高等師範学校のジョン・T・スウィフト教授に代わっていた。

外国人教員が急遽代わって「絵葉書利用」が引き継がれなかったためかどうか分からないが、過去三年間やってきた絵葉書利用の英語口答試験による風物知識(語彙)のチェックは実施されず、代わりに「実物教授」の試験を実施した。ただ、翌年の第二十六回「文検」には絵葉書利用が復活しているので、たまたまこの年には適当な絵葉書がなかっただけなのかもしれないし、あるいはスウィフトの意見を取り入れて「実物教授」試験に切り替えたのかもしれない。以下は『英語青年』に掲載された試験の状況レポートである。

「次に試験官は西洋の風俗習慣を教ゆるに際し服装のことを如何にして生徒に教ゆるか、ズボン、チョッキ、ネクタイ等の名称を有効に教ゆる法を尋ねたり。会話の試験としては試験場に在りしもの何でもかでも会話の材料たり、table なり、pencil なり、時計なりをつかまへては実物教授の試験を為せり、時計につては短針、長針、白い所 (dial) などの名称、Arabic numerals, Roman numerals 等に就て問答せり。Swift

教授は自ら色々の挙動所作を為して之れを受験者に語らしめたり、試験官はペンを取り上ぐ、ペンをインキ入れに入れる、ペンで何か紙に書く、ペンを落す等の所作を為す、受験者は其所作を見て之を英語で言ふ。次に Swift 教授は r と l との発音の区別を生徒に教へるに際し舌の位置などを黒板に図解せよと求め、ここに又問答始まる。(22)」

実物教授を実地で受験生たちにやらせながら、その教え方、英語力、生活(文具)用品などの英語名称の知識などを試験している光景が見える。

大正元年の第二十六回「文検」において、「絵葉書利用」が復活した。今回は絵葉書と雑誌から取られたポンチ絵も加わった。ポンチ絵は四枚つづりのもので実業之日本社発行の『幼年の友』という雑誌から取られたもの。十人ばかりの少年がボール遊びをしていて、そのボールが高い木の枝に引っかかってしまっている。下から石を投げてもダメなので、凧の糸にのこぎりを付けて、それで枝をギコギコ切ろうとしている。そのような情景を描いたものである(後述の受験者感想談を参照)。これを順次に英語で言わしめる試験であった。

次に出されたのが上掲のような絵葉書で、フランスの田舎家の庭での生活風景である。

家の中では婦人がアイロンをかけている。庭では男の子が鋤でも使いながら家庭菜園の仕事をしていて、手前にはキャベツのような野菜が転がっている。猫や鳩も庭に居る。老人が垣根越しに男の子の作業を見ている。何か語りかけているのかもしれない。そのような情景である。この絵葉書の口答試

フランスの田舎家の絵葉書

験について、神田乃武は『英語青年』第二十八巻第四号に「佛国の田舎家を写した絵端書の説明で火熨斗をかけて居るをShe is ironing. と言ふべきにfiring と言ふ人が多かった、草葺をthatched と言はでstraw roof など言ふ者が随分あつた。[23]」と言い残している。ちなみにこの『英語青年』の神田の言葉のすぐ下に新刊紹介で山崎貞著『公式応用　英文解釈研究』(研究社刊、一九一二年）が紹介されている。実に驚きである。山崎は二年前の一九一〇年第二十三回「文検」を合格したばかりである。これから考えても、「文検」受験者たちがいかに優秀な英語力の持ち主であったかが推測されよう。

ところでポンチ絵に関しては受験生「C. H. 生」の感想も残っている。かなり具体的な経験談となっている。

「l とr の発音も二度繰返された、終るとスヰフト教授と会話する事になる絵端書を渡され絵を説明せよと求められる、田舎の植木屋が草花を植え様として居る處です、家の内にはその御神さんが布に火のしを掛けて居ます、門に寄り掛てゐるのは近所の人か何かで植木屋が土を掘て居るのを見てゐるのです、庭の花は薔薇で其他は多くは日本にない草花で名を知りませんと答へた、後で人に聞いてあれは農夫の畑だつたのは滑稽である。次に渡されたのは四つ続きの絵で、一は小供の球が木の上にヒツかゝつて居るのを落さうとして石を投げて居る絵、二は爪を持て来て其の糸に鋸の刃を付けて居る絵、三は此の爪を上げて糸を手繰て球の止まつて居る枝を切り落す絵、四は枝と球が落ちて来た絵で、之を順に説明するのである、枝を切り落すと云ふのを私はcut down the branch と云ふとスヰフト教授はcut down a tree とは云ふがcut down a branch と云はぬと云はれる、成程これは間違でしたcut off ですと云ふと良しと云はれた。[24]」

この「C. H. 生」とは合格者の鹿児島出身の早崎親雄か？　よくこれだけ細かく記憶しているものだと感心する。それだけ集中して受験しているの証拠であろう。

これ以降しばらくの間、絵葉書・イラスト・写真などの利用によって風物(語彙)知識をチェックする口頭試問の試験が毎年続いていく。

試験で使用されたすべての絵葉書・イラストを紹介する余裕もないので、とりあえず以下に、岡倉由三郎が『『風物』知識の必要」という風物研究論として重要なエッセーを書いた年、一九一七年(大正八年)の第三十一回「文検」までの五年間で、『英語青年』で確認できた絵葉書、イラスト等を左頁に提示しておく(一九一六年の第三十回「文検」の《少年少女の富士登山図》は『英語青年』で確認できなかったので除く)。

これらの数年間の絵葉書やイラストを見ても分かるように、何が出るかまったく予測がつかない。言ってみれば、試験委員のかなり恣意的な判断で取り上げられている節もあるくらいである。たまたま手に入った絵葉書、偶然に目にした雑誌のイラスト、といった感を免れない。それだけに、「風物」知識の受験対策はなかなか大変なものがある。受験者は生活万般、事物などボキャブラリーを少しでも増やしておく努力を日々行っておかねばならない。しかも、風物知識の必要は、英学者たちによってますます強く訴えられていく傾向にあった。

一九一五年(大正四年)には文部省夏季英語講習会において、W・E・L・スウィートが九回にわたって「英国風物談」(Talks on English "Realien")という講義を行っている。これは同じ東京高等師範学校の岡倉由三郎の要請を受けたものであった。この講義は実に充実したものだったので、これを元に純然たる英国風物論の著作として、一九一八年(大正七年)に『英国風物談』(飯島東太郎が主に編訳)が誕生していくのである(岡倉由三郎の発案によって)。そして、このように風物知識の重要性を説く風潮が高まる中で、一九一七年(大正六年)、先にあげた「『風物』知識の必要」(『英語教授』第十巻第一号所収)というエッセーが岡倉由三郎によって書かれたのである。こうしたことから見ても分かるように、風物誌・論の研究の系譜の中で、その初期においての岡倉由三郎の存在・足跡がいかに重要であったかは押さえておく必要がある。

第 27 回「文検」(大正 2 年〔1913 年〕11 月)――少年たちがアイスホッケーをしている光景。雑誌 *The Sphere* から。これをじっくり見せて、なるべく多くの質問を作らせた。

第 28 回「文検」(大正 3 年〔1914 年〕11 月)――雑誌 *The Sphere* から。英国の軍人の野営の光景。

第 29 回「文検」(大正 4 年〔1915 年〕10 月)――英国軍戦線の背後の農場でのひと時で、afternoon tea を楽しむ光景。

第 31 回「文検」(大正 6 年〔1917 年〕11 月)――男性が机に向かって事務をとっている光景、および台所で主婦が食事の支度をしている光景。これらのイラストについて試験官がさまざまな質問をした。

「文検」の英語口頭試験における、こうした絵葉書・イラスト等の利用による風物（語彙）知識のチェックは、この後も続いていくが、昭和に入ると徐々に少なくなっていく。その理由として、外国人試験委員の交代による口答試験の質の変化もあっただろうし（パーマーやホーンビーなどの言語学者／文法・発音研究家はあまり絵葉書使用には積極的ではなかった）、時代の進展とともに、書物による風物論研究の姿勢も変わっていった。さらには留学経験などにより、英国（西洋）の風土・文物の情報・知識の吸収・学習の方法も異なってきていた。つまり、書物を通じて風物の知見を得るのではなく、海外留学経験で直接見たり聞いたりすることによって風物知識を獲得する英語（英文学）研究者が増えてきたのである。時代の変化は「文検」の風物知識試験にも影響を及ぼしていたということである。

5　「文検」受験参考書にみる風物知識の研究と対策

さて、いつの世でも受験者にとって助けとなるのは受験参考書である。「文検」受験参考書も例外ではない。受験者にとってどのような「風物知識」対策が必要かということをガイドしてくれる。ここでは、いくつか代表的な参考書を取り上げて、どのような提言、対策が言及されているかを調べてみたい。

『文検受験用　英語科研究者の為に』の題扉

まず、大正十四年に刊行された『文検受験用　英語科研究者の為に』（伊東勇太郎、大同館書店）を見てみよう。第二章「中堅時代」第五節に「英国事情」という項目がある。その書き出しにおいて、伊東は次のように、「文検」での Realien に関する出題について少し触れている。

「文学を味わうにしろ、西洋人と会話をするにしろ、英文を草するにしろ、其の背景となるべき英国の事情（法律制度より人文地理、人情風俗、名物器数の末に到るまで）に暗くては何とも仕様がない。足地に着かざる架空の事となる。是れ近年我が英語研究界将た文部の検定に Realien が重んぜられ来つた所以である。小説も劇も詩も或は内面より或は外面より英国事情を明すものたらざるは無いのであるが、而し又別にそれ相當の注意を以て研究する所が無ければならないのである。[25]」

先に挙げた（第三節で）岡倉由三郎の言葉と同様に、伊東も英語を学び英文学を研究するものにとってはその言語の背景である Realien の研究が不可欠であると説いている。そのための参考書として岡倉同様に伊東もR・クロンの *The Little Londoner* を推奨している。この小型で簡便なクロンの書がいかに評判になっていたかがこれでも分かる。当時の受験参考書には必ずといっていいほど推薦されている。伊東はこのように紹介している。

「之れには A concise account of the Life and Ways of the English with special reference to London（英人生活習俗の撮要、特に倫敦に関する事多し）といふ側付けがあり、更に「日常生活のあらゆる部門に於ける常用言語を使用し得しむる為めの材料を添ふ」と附記してあるに負かず、廿八項に亘つて要領よく各種の必要事が述べてある。……本書は英学生必携の良書である。細心熟読を切に勧める。[26]」

これ以外の参考書として、伊東は飯島東太郎・W・E・L・スウィート『英国風物談』（大日本図書）や岡倉由三郎『英語絵単語』（研究社）などにも触れている。さらに別のところ（第三章「博渉時代」第五節の「英国事情」）では、*A Pictorial and Descriptive Guide to London and Its Environs*（Word Lock & Co.）を「小冊子なるにかかはらず、鮮明な写真版（その多くは飛行機上から写した鳥瞰図式のもの）が多数挿入してあり、詳細な地図があり、詳細にして要領を得た記事が豊富にあり、携えて倫敦の市内を見物するにも、居ながらにして英都の街衢を神遊するにも便利な書物である」[27]と紹介している。

昭和に入ってから、自ら「文検」合格（第三十七回、大正十二年三月）後わずか五年にして受験参考書を書いた人がいる。兵庫出身の井上孝一である。井上は中学を卒業してから二年後、志願兵として軍隊に入営している間に猛勉強して「文検」に合格している。一日に少なくとも五時間、それを二年間続けて猛勉強したという井上は、まさしく寸暇を惜しんで勉強したのだろう。このような自分の努力を読者にも期待して、その著『文部省検定　英語科受験準備の指導』の「目次」の前の一ページ全面に標語のような面白い囲み文を作っている。

或る英国の科学者は妻君が毎晩化粧する間を利用して一ケ年に一ケ国語をおぼえ込んだ。何んな生活をしてゐても、活動の合ひ間に暇はあるものだ、通勤途上の電車の中、散歩に行つた野原の三十分、人を待つ間の五分間、いつでも書物を抱へてゐなさい、そうすればきつと文検に合格ができます。

英語を自分のものにするには、とにかく多くの時間を投入する集中的な勉強が重要である。第二外国語として言語を習得することにおいては、無我夢中という姿勢が学習のある時期には必要である。それを井上は強く説いている。そして、その著書の第三章「豫備研究時代後期」第七節「英国風物の研究」において、次のように風物研究の必要を謳っている。

「我々英語を研究する者にとっては、英語を生むに至つた英国の国土、生活様式、風習、制度等（獨逸語に所謂 Realien）の、十分なる理解が必要である。英国風物（English Realien）に対する相当の理解がなくては、真に英文学を鑑賞することもできず、英人と会話するにも、大変不便を感ずることが多い。近年我国でも、Realien の研究が大いに唱導せられ、文検にも Realien に関する問題がでることがある。English Realien に通ずる一番の捷径は、親しく英国に行つて見ることであるが、これは到底出来ない相談である。我々は、何か簡単にこの英国風物のことを書いた書物が欲しい。[28]」

このように述べた後に参考書として、井上は先の伊東と同様に『英国風物談』や *The Little Londoner*, *A Pictorial and Descriptive Guide to London and Its Environs*,『英語絵単語』、を挙げており、その他以下のような参考書を第四章「基本研究時代」第十節「英国風物」の項で列挙している。

伊地知純正『倫敦名所図会』（研究社）、*My London Year*（研究社）、*My New York Life*（研究社）、*England Revisited*（研究社）、*America Revisited*（研究社）。

Max O'Rell: *John Bull and His Island*（興文社）、*Jonathan and His Continent*（北星堂）。

Arabella B. Buckley: *History of England*（Macmillan and Co.）

上記の列挙でも分かるように、井上は単に英国文化・風物論のみならず、アメリカの文化・風物論にも目配りをしている。それは「我々は、英国風物とともに米国風物をも研究しておく必要がある。[29]」という彼の言葉からも理解できるし、井上の意識的な判断でもある。第一次世界大戦後のアメリカは徐々に世界史の中に登場してきており（アメリカでの排日移民法成立は大正十三年［一九二四年］で反米感情が一気に高まり、英語排斥論に拍車もかかる）、良きにつけ悪しきにつけアメリカが日本人に意識され始めてきた時代だった。また、エズラ・パウンド、セオドア・ドライサー、ユージン・オニール、スコット・フィッツジェラルドなど二十世紀アメリカ文学を代表する旗手たちが台頭してきた時代でもあった。

もうひとり同じように「文検」を合格（第五十四回、昭和六年七月）して、こちらは三年後に受験参考書を書いた人がいる。福岡出身の高須豊である。高須はその著『文検英語科の徹底的研究』の第一篇「総論」の中で、次のように liberal education という言葉を使って、風物知識の必要を説いている。

「これまで述べてきたことは総て直接に試験されることであつて、その何れの方面をも閑却出来ないのであるが、なお研究すべき方面がある。それは Realien 即ち風物知識である。受験者の中には試験に直接関係のなさそうに見える（實は大いにある！）ことには見向きもしない者があるが、これは所謂受験生気質に累せられたもので、かかる準備法では却つて目的達成が遅れる。……辞句の解釈も文法も必要であるが、これのみに偏せず、英文の解釈に、又英文学の鑑賞に、重要な sidelight を投ずる地理、歴史、人情風俗等の一般的文化、換言すれば liberal education に就いての素養が欲しいものである。[30]」

このように語ってから、風物知識の参考書を列挙している。我々には既になじみのあるクロンの *The Little Londoner* や飯島の『英国風物談』の他には、

J. Finnemore: *Social Life in England*
S. R. Gardiner: *A Student's History of England*
T. Traill & J. S. Mann: *Social England*

中川芳太郎『英文学風物誌』

などが推薦されている。中川の『英文学風物誌』は高須のこの著書刊行の前年(昭和八年)に研究社から出版されたものである。七百ページを優に超す大部な著書で、中川の広範なる学識と文献および資・史料の圧倒的な渉猟が本書に結実したものである。

こうした「文検」受験参考書が受験者たちにとってガイドとなっており、受験者たちはこれらの書で語られていることを真摯に受けとめ、推薦・紹介されている風物知識の参考書をなんとか入手して遮二無二 Realien 研究を行ったのである。実物に触れることのない異国の風物ではあったが、英語学習者の心が描くイメージとしてわずかなりとも知識として定着したのではないかと考えられる。

《註および参考文献》

(1)　茂住實男「第2章　「英語」の試験問題とその分析」、『「文検」試験問題の研究』(寺崎昌男ほか編)、学文社、二〇〇三年二月、および、茂住實男「〈文検〉英語科試験問題の調査」、『語学研究』第一〇六号、拓殖大学言語文化研究所、二〇〇四年(平成十六年)九月。ちなみに、筆者は茂住實男氏他との文部科学省科研費研究成果報告として「戦前中等学校英語科教員に期待された英語学力・英語知識に関する史的研究——「文検」英語科の試験問題をとおして——」を作成した(二〇〇七年五月)。本論はその時の報告を元に書き改めたものである。

(2)　伊東勇太郎『文検受験用　英語科研究者の為に』、四頁、大同館書店、一九二五年(大正十四年)二月。

(3)　同書、五頁。

(4)　井上孝一著『文部省検定　英語科受験準備の指導』、(序)二頁、啓文社出版、一九二八年(昭和三年)三月。井上氏は中学卒業後、一年志願兵として入営中に、少なくとも一日五時間は英語の勉強をした、と言っている。彼は入隊中に(中学卒業後二年目にして)「文検」を受験して見事合格している。この経験から、どんな人でも努力すれば、一日に五時間くらいの勉強はできないことはない、という確信を持ったようである。
(5) 實方清『最新指導　文検標準英語科の研究』、二三頁、大同館書店、一九三一年(昭和六年)五月。
(6) 同書、二四頁。
(7) 高須豊『文検英語科の徹底的研究』、四頁、大同館書店、一九三四年(昭和九年)五月。
(8) 神田乃武「文部省英語検定受験者の心得」、『英語青年』第十三巻第二号、三七―三八頁、一九〇五年(明治三十八年)三月十一日、英語青年社。
(9) たとえば、数値的に受験者数と合格者数が明らかになっている第十八回での予備試験受験者数は、三百三十九人、最後の本試験合格者数は二十二人、ということで、合格率は実に六・四パーセントであり、第二十一回では、予備試験受験者数は四百四十八人、最後の本試験合格者数はやはり二十二人で、合格率は四・九パーセントの狭き門であった。いかに厳しく合格者が絞り込まれるかが、この数字からも明らかである。
(10) 茂住實男「第2章「英語」の試験問題とその分析」、寺崎ほか、前掲書、四六頁。
(11) 庭野吉弘「《英国風物論》の誕生とその系譜」、『英学史研究』第三十六号、二九―五六頁、日本英学史学会、二〇〇三年(平成十五年)十月。本書に第三部第三章として改稿収録。
(12) Austin W. Medley, *My English Diary*, "Dear Prof. Medley"(神田乃武の献辞)、三省堂、一九〇八年(明治四十一年)四月。
(13) 岡倉由三郎「『風物』知識の必要」、『英語教授』第十巻第一号、十頁、一九一七年(大正六年)二月。
(14) 『英語青年』第十八巻第十一号、「試験官の所感」(小島教授の談片)、二七一頁、一九〇八年(明治四十一年)三月一日。
(15) 『英語青年』第二十巻第十二号、「神田男爵を訪ふ」、二九一―九二頁、一九〇九年(明治四十二年)三月十五日。
(16) 同誌、「小島教授の談片」、二九二頁。
(17) 同誌、「第二十二回英語検定本試験 K. G. 生」、二九二―九三頁。
(18) 『英語青年』第二十二巻第十一号、「神田男爵よりの書翰」、二七〇頁、一九一〇年(明治四十三年)三月一日。
(19) 『英語青年』第二十二巻第十二号、「第二十三回英語検定試験受験談 S. Y.」、二九四―九五頁、一九一〇年(明治四十三年)三月十五日。

(20)『英語青年』第二十四巻第十二号、「試験官小島教授の談片」、二七一頁、一九一一年(明治四十四年)三月十五日。
(21)同誌、「読者投書　文部省英語検定受験談　木原生」、二九三頁。
(22)『英語青年』第二十六巻第十一号、「第二十五回英語教員検定本試験問題」、三五〇頁、一九一二年(大正元年)三月一日。
(23)『英語青年』第二十八巻第四号、「神田男爵の談片」、一二六頁、一九一二年(大正元年)十一月十五日。
(24)『英語青年』第二十八巻第五号、「読者投書　文部省英語検定受検談　C. H. 生」、一五六―五七頁、一九一二年(大正元年)十二月一日。
(25)伊東勇太郎『文検受験用　英語科研究者の為に』、一四三―四四頁。
(26)同書、一四四―四五頁。
(27)同書、一九七―九八頁。
(28)井上孝一『文部省検定　英語科受験準備の指導』、三七頁。
(29)同書、六六頁。
(30)高須豊『文検英語科の徹底的研究』、五四頁。

第三部　個性ある英語教授

第一章 ラフカディオ・ハーンの英語教授

H・スペンサーの『教育論』との関わりにおいて

1 はじめに

小説家、紀行作家、文芸批評家、民俗学者、日本文化論者、とさまざまな顔を持つラフカディオ・ハーンは、また英語教師としても忘れることができない存在である。

ハーンの英語教授はほぼ三期に分けることができる。第一期は、島根県立松江中学での約一年間。これは、彼が英語教師としての自覚を培いながら、日本の学生を観察し、英語教授の試行錯誤の中で、自らの教育理念を実行していった時期である。第二期は、嘉納治五郎が校長をしていた熊本の第五高等中学校での三年間。この熊本への転任に際しても、先の松江中学に就職した時と同様にB・H・チェンバレンの力が大きく働いている。だが松江における幸福な時代に比べ、この熊本転任は必ずしも好ましい結果をもたらさなかった。熊本という土地が有する保守的な風土が一外国人英語教師の神経をかなり参らせることになるのである。熊本での二年目あたりから松江の友人西田千太郎に手紙を書いて不平不満を言い始めている。

「私はすぐに解雇されやすく、見つける何の理由もなく日本の同僚の教師らから不思議な憎悪で憎まれている、一介の貧乏な外人教師にすぎません。私は契約が終わりましたら、五月七日までに熊本から出て行くようつとめます。(1)」

西田はハーンが心を許した数少ない友人の一人である。熊本の学校での同僚との軋轢や付き合いづらさなどを率直に伝えている。

「私は三年の間、熊本で非常に不幸でした。神経が疲れ果ててしまいました。私の赴任以来ずっと、学校から無理やり私を出そうとする絶え間ない努力がなされてきたと思います。(2)」

ラフカディオ・ハーン

だが、不幸な三年間ではあったが、ハーンの日本人および日本文化に対する考察はこの時期にいっそう深くなっていく。そして第三期は、一時期神戸クロニクルの記者をした後、東京大学での約六年間およびその後の早稲田大学での半年間である。この第三期はハーンの死によって終止符が打たれる。もっとも両大学ではどちらかというと文学論、作品解釈論を中心に講義したので、純然たる英語教授という観点からすればこの第三期はいささか性格を異にするが、その流麗な英語による講義がそのまま学生たちに対する良き英語文章論となり得たことを考えて、一応の区分とした。学生たちはハーンの英文学講義を一字一句漏らさずに書き取っているのである。こうした学生の筆記ノートからあのハーンの文学講義録が復元された。

したがって、本論は必然的に前者二期間における英語教授、特に学生たちとの蜜月時代とも言える第一期、松江時代を中心に論を進めたい。

2　教師になる経緯

ハーンが日本にやって来たのは、明治二十三年の春である。同行者は画家のチャールズ・D・ウェルドン。二人は『ハーパーズ・マンスリー』誌に、日本に関する記事を送る約束で来日したのだが、横浜到着後ひと月ほどして、ひとつのハプニングが起こった。ハーンが突如、ハーパー・アンド・ブラザーズ社（ハーパー書店）に絶縁状を出したのである。理由は、ハーパー書店の自分に対する処遇の仕方に嘘があったからというものだ。そもそもハーンは自分の書く紀行文が「主」で、ウェルドンの挿し絵は「従」だと考えていたのだが、実際はまったくその逆だったことが判明した。さらに、ウェルドンの報酬がハーンのそれを上回っていたという事実は、ハーンの自尊心を、物書きとしての矜持をいたく傷つけることになった。ハーンがこの事実を知ったのは、二人が船で日本に向かっていた途中のことであり、おそらくハーンはこの時点で、あるいは横浜に到着した時点でハーパー書店との決別の意思を固めていたのではないかと考えられる。

このようなことが、彼が横浜到着後すぐに新たな就職口を見つけなければならなくなる背景となった。ハーンは到着したその足でひとまず横浜のグランド・ホテルに行き、ビスランド女史からの紹介状を持ってM・マクドナルドに面会する。マクドナルドは当時、グランド・ホテルの支配人をしていた。そこでハーンは、当時東京大学に奉職していたB・H・チェンバレンへの紹介状を得て、その日のうちに（四月四日）第一信を書いて

B. H. チェンバレン
（横浜開港資料館蔵）

いる。それから六日、九日、十一日とたてつづけに（返信も含めて）チェンバレンに手紙を書いているのだ。これらの手紙は当然のことながら、一連の就職運動と見てもさしつかえないだろう。ハーンの切迫ぶりというものが、これでもよく分かる。

さて、チェンバレン宛の第一信にはこうある。

「なんとかして日本に関する優れた書物を書いてみたいというわたくしの気持ちは、とても言葉ではあらわし尽くせないほどです。ハーパー出版社も、わたくしが提供することのできそうな材料の刊行にかけては、きわめて強い意欲を示しています。しかし、かれらは、それ以外のこととなりますと、このたびの冒険に力を貸そうとはしてくれないのです。それゆえ、この冒険にともなう危険は、すべて、わたくし自身が引き負わなければなりません。日本で何か職に就くことができるようでしたら――英語の家庭教師とか、あるいは、何かわたくしの能力で満足にこなせるような職に就くことができれば――わたくしは、自分の計画に失敗するおそれはなくなるのです。(3)」

ここで言及されている「冒険」とは、日本（文化）に関する研究のことと考えられる。これはかねてからのハーンの夢であった。ハーパー書店が自分の「冒険」を助けてくれなくても（経済的に）、自分の責任でそれを全うしたい。それには、新しい働き口が必要になってくるというわけである。「英語の家庭教師」などという職も既におぼろげながらハーンの心の内にあったようだ。

ところで、ハーンとハーパー書店との関係はそもそもひとりの物書きと出版社といった素朴な関係以上（つまりより親密な関係)にはなっていなかったようである。書店は、従来からハーンの原稿は買い上げてくれるのだが、それ以上のパトロン的存在にはならなかった。西インドにハーンが行った時も、原稿は買うが、旅費・滞在費はいっさいハーン持ちだった。そして今回の日本渡航も、旅費と二百五十ドルの手当は、カナダ太平洋鉄道汽船会社社長サー・ウィリアム・ヴァン・ホーンの好意によるものだった。

この意味で、ハーンにとってハーパー書店と手を切ることは、ある面ではそれほど精神的苦痛をともなうものではなかったが、記事を送ることで得るなにがしかの収入(言ってみれば、今後の生活費の一部となるもの)を切り捨てるということであるから、ハーンにとって非常に具体的な生活問題となったわけである。

この四日の第一信でひとつ注意しておきたいことがある。それは、ハーンがこの手紙の中では、ハーパー書店との決別に関してはまったく言及していないということだ。逆にハーパー書店がその刊行に意欲を持っている優れた日本論を書いてみたい、と言っているのである。前出の手紙の文章のすぐ後に次のようなことが書かれている。

「わたくしは、最小限、一つの民族の話し言葉を習得し、その民族の情緒的特質を幾分かでも解せるようになるまでは、その民族について本当のことなど書き得るものではないとかんがえております。……日本では、数年間の滞在なしには、わたくしが研究したいとねがっている生活諸相を、正しくとり扱うなどのことは、とうてい望むべくもないでしょう。(4)」

つまり、この時点で既に長期間の日本滞在を予測しているのである。ハーパー書店との決別を胸に秘めながら、ハーンは日本でなんらかの職業に就くことは自分の研究にとっても必要不可欠と心に決めていた節がある。しかし、日本人・日本文化をよりよく観察するため、という大前提の課題のためもあろうが、察するに、ハーパー書店との決別によって生ずる経済的困窮の理由から就職口を求めていた、と考えたほうが妥当のようだ。

「この件に関して、なんとか先生のご助力をいただくことができますれば、わたくしは、ハーパー出版社の見込んでいる以上のことを実現できるものと思っております。(5)」

本来はもうハーパー書店のことなどは眼中にないはずだが、チェンバレンには上記のように申し開きすることで、彼から就職口などの助力を得たい、というハーンの気持ちが表れたのだろう(ややアイロニカルな見方をすれば)。ある種ハーンのぎりぎりの突っ張りのような気がしなくもない。こうでも言わない限り、ハーン自身、なおさら自分がみじめになっていくことをよく承知していたからではないだろうか。正直言って、ハーパー書店の期待などもうどうでもよかったのだ。要は、なんとか経済的支えを確保し、日本研究を自分の納得のゆくまで押し進めたい、というのがハーンの偽らざる心境だったものと考えられる。

さて、第三信の九日の手紙を見てみると、ハーンは既にはっきりと英語教師として働いてみたいとチェンバレンに伝えているのである。将来の自分を予見していたかのようだ。

「こちらでわたくしが会ったさるイギリス人教師から、日本の学校について、多少の知識を得ました。かれを通じてわかったことから、もしわたくしでよろしいのなら、わたくしは心底喜んで、数年間、公立の学校の英語教師として勤務したいと思います。わたくしは日本のどの地方に赴くことになりましても、どれほど長期間の勤務となりましても、一向に差し支えありません。(6)」

ハーンの決意のほどがうかがわれる。こうしたハーンの働きかけが実って、チェンバレンが当時の文部省普通学務局長であった服部一三に話を持って行き、この服部の斡旋で出雲の松江中学の英語教師の職を得ることになる。ハーン自身、服部一三とは一度ニューオリンズで会っている。一八八四年に開かれた万国産業博覧会の日本展示館の事務官として服部一三は働いていたのである。ハーンはその博覧会の記事をハーパー書店発行の雑誌『ハーパーズ・ウィークリー』に書いている。そして、ハーンは「服部氏は、わたくしのことを、好意をもって記憶しているはずだと思います。[7]」というように自信を持ってチェンバレンに伝えている。

言ってみれば、英語教師にでもなろうか、というハーンの希望が実現したわけだが、この松江赴任ということは、ハーンにとっても、また日本にとっても大きな意味を持つ巡り合わせとなるのである。ハーン、服部一三、日本、チェンバレン、松江、といったようにハーンを日本に、そして松江に導く連鎖がつくられていく。

しかし、九月の新学期までにはまだ少しの時間があるわけだが、この時期のハーンの気持ちを探るうえで興味深い手紙が一通ある。それはエリザベス・ビスランド宛に書かれた手紙である。

「親愛なるビスランド嬢よ――合衆國のどこかできちんと定まつた俸給で私を雇つてくれる者は無いでせうか。御周旋を願ひますよ。私はハーパース社と永久的に縁を断つて了ひました。今は飢ゑきつてをるところです。……私は一つの口を契約してありますが、それは九月迄延引されます。

何とかなることでせうが、それにしてもこのやうにせめたてられ、このやうに無視され、このやうに飢ゑ、特にこのやうに精神的の屈辱を受けるべく強ひられて、飢ゑや寒さよりももつと悪るい目に合ふのは、私にとりてもはや耐へきれぬことであります。だから私は貴女に対して恥づかしいといふ感じは皆捨てて了つて、只管にお願ひ致しますから、若し近いうちに定職を私に與へてくれる所がありましたならば、新聞社なり、或は出版工場なりへ、よろしくご紹介を願ひます。[8]」

確かにこの文面からはハーンの苦しい生活ぶりとある種の就職運動がうかがわれるが、「一つの口を契約してありますが」とも言っているわけで、ハーンは松江での教員職の契約を手中に収めているのである。気持ちは既にもう松江での教員の職に向いており、それによって生活を確保し、自分なりの日本研究を一歩進めたいという気持ちも確かめてあるものと推測できる。となると、このように日本からアメリカのビスランド嬢へ就職口探しを依頼しているのはどのようなことなのか。これは、ある意味でビスランド嬢に対していささか弱音を吐くことで甘えているのではないか、とも察せられる。はるか遠いアメリカにいるビスランド嬢を慕うハーンの気持ちが、ふっとこのような「弱音」の文言として出たのではないか。ビスランド嬢の注意を、情愛の視線を「みじめな」自分に向けて欲しいというハーンの気持ちの無意識の表れと解釈できるような気がする。

さて、このようにハーンが松江中学に英語教師として就任したことは、まさに偶然の連鎖と言えばそれまでだが、両者の求めるところがはからずも一致したということでもある。当時の松江中学生徒たちが小泉八雲を偲んで語り合った「座談会」によると、松江中学では、理学士と洋人のどちらを招聘したほうが学校のために益するか、というひとつの問題があった。そして、結局のところ洋人招聘に決まったとのことである。(9)

ところで、この洋人招聘の決定の裏にはひとつの事実が想起されてくる。当時松江中学には、M・R・タットルという英語の教師がいた。このタットルはカナダ人で、元は商人とも宣教師とも法律学校を卒業した人物とも言われていた人物であるが、ここにひとつ問題があった。タットルは生徒の間ではあまり評判がよろしくなかった。生徒を可愛がったりして、人柄そのものはさほど悪くはなかったようだが、どうも教師としての自覚と人格においていささか欠ける面があったようだ。要するに、タットルは、教育者というよりは、たまたま英語を話す外国人、そしてその性格は多少がさつでおっとりした人物だったのではないかと察せられる。

前出の「座談会」の中で大村貞蔵が、このようなタットルの一面を語っている。

「タットル先生には、初めて中学校で外人の方に教へられたのであるから興味を持つたものであつた。処で此の先生大変な寒がりであつて、特別の教室でストーブを焚いて、生徒は其の教室で代る代る教を受けた。後には頭巾を被つて教へる。段々授業を受けますうちに、ストーブの前へ毛布を敷いて遂にはごろつと横になつたといふ具合でした。これには我々、書生であつたけれども、何だ先生たるものが、我々を馬鹿にしてゐる。こんな先生はつまらんといふ事になつてしまつた。[10]」

その他、談話によれば、長い脛で教室の机をずっと跨って授業をやる、とか、教育の程度はたいしたものではない、とか、金儲けのために来ている、とかのマイナスの評価が生徒たちの間にあったようだ。こうしたことが原因となって、タットルは解任される羽目になったのである。西田千太郎の日記（明治二十三年七月二十八日付け）にも「中学教師タットル氏、尚雇期限中ナレドモ教授上不完全ノ点ナキニアラザルヲ以テ、本月限解雇。本日松江ヲ去ル[11]」とある。

かくして、タットルの後任英語教師として、チェンバレンが服部一三に推挙していたハーンに白羽の矢が立ったというわけである。

3　ハーンの初登校とその教育理念

昭治二十三年九月二日、ハーンは松江中学に初登校する。この出校第一日については、『知られぬ日本の面影』の中の「英語教師の日記から」にハーン自身詳しく記している。これによると、ハーンは中学の教頭西田千太郎に導かれ、校長、教師などに紹介され、授業時間のこと、教科書のことなどについての必要な注意を与えられている。このとき島根県庁では県知事の籠手田安定にも紹介されているが、ハーンは籠手田の人品をひと目で見抜いている風があった。「英語教師の日記から」には次のように描いている。

「知事は椅子から立ち上がると、わたくしに会釈をして、巨人のごとき握手をわたくしに与える。わたくしはこの人の目を見て、この人なら、生涯好きになれるような気がした。少年のようにさえざえした、淡白率直な知事の容顔は、温和な力と寛大な友愛の心とを多分にあらわしている。――仏陀の慈顔というのが、まさにこれだ。この人のそばにいると、ほかの職員たちがひどく小さくなって見える。(12)」

ハーンはこの記述のすぐあとでも「むかしの日本の英雄も、おそらくこの人と同型の人だったのではあるまいか」と推測しているが、まさしく籠手田安定は剣道でも弓道でも秀でた人物(日本的サムライ)であった。彼は島根県知事のあとは、新潟県知事、滋賀県知事などを経て、最終的には貴族院議員にまでなっている。相手の人間を見極める、というハーンの眼力を物語るエピソードでもある。

ところで、教室で新任の外人教師を待ち受けていた生徒たちの眼には、ハーンはどのように映ったであろうか。写真で見て我々も知っているように、隻眼の異人の第一印象がどのようなものかは容易に察せられよう。要するに「背が低いし一眼は無いし何となく風采の上らん先生」(前出、「座談会」、大村貞蔵談)ということになる。一見して、神経質そうで、近づきがたい窮屈さを感じさせたことは否定できない。だが、授業回数を重ねるに従って、ハーンの人間性、教育者としての真価が生徒たちにも少しずつ認識されるようになっていった。中学生ではあるが、前任のタットルを批判するくらいのはっきりした態度を示し得るだけの勇気と認識力を持ち合わせていた生徒たちであるから、何ごとにつけ真摯にぶつかっていくハーンの姿勢に打たれ、その人間としての、また教師としてのハーンを認めていったことは当然のなりゆきと言えよう。ハーンも生徒たちを大いに可愛がったようである。執筆中などはいっさい面会謝絶というのがハーンの原則であったが、こと教え子たちだけは例外で、喜んで家に上げ、彼らの話し相手になってやった。

さて、非常に熱心に生徒たちを指導したということは、教え子たちのさまざまな言葉で裏付けることはできるが、では、そもそもハーンはどのような教育理念を持っていたのだろうか。それまでジャーナリストとして、また作家として生きてきたハーンが、一転して教育の現場に身を置くことになったわけで、当然のことながらそうしたハーンの経験が教育に反映されたことはうなずける。とりわけ、後に詳述するように英作文教育において反映されるところが多くある。

ところで、ハーンがスペンサーの社会進化論に傾倒していたことはよく知られている事実であるが、このスペンサーの著作の中に『教育論(知育・徳育・体育論)』(*Education: Intellectual, Moral, and Physical*)という書があることは、ハーンの教育理念を考える場合、注目してしかるべきであろう。ハーンが説く教育理念の考え方とパラレルな部分が散見されるのである。実際にこの『教育論』(D. Appleton & Co. 一八八九年版)の存在は富山大学のハーン所蔵文庫目録(*Catalogue of the Lafcadio Hearn Library*)にも記載されている。ハーンは実際にこの書を読んでいたと考えてもいいだろう。[13]そもそも『教育論』の初版は一八六〇年であるから、初版から約三十年ほど経た一八八九年版を持っていたということは、ハーンが日本にやって来た年(一八九〇年四月)に購入した可能性もある。アメリカで購入してわざわざこの本をカバンの中に忍ばせて持ってきたものではないだろう。推測の域を出ないが、来日以降、教師になる可能性が出てきたところで、急遽購入したのかもしれない。また、この書は既に日本でも評判になっていて、明治十三年(一八八〇年)には尺振八によって『斯氏教育論』として訳されている。明治十年代だけでも尺振八訳以外に二種の翻訳が出ており(小田貴雄訳『斯辺鎖教育論議』明治十八年、有賀長雄訳『標註斯氏教育論』明治十九年)日本人のあいだでもかなり読まれていた本であった。

西田千太郎

ところで、ハーンは松江中学に着任して三か月後の十月二十六日、島根県教育会の総会で、「教育の要素としての想像力の価値」という演題で講演を行っている。通訳を買って出たのは西田千太郎であった。この講演記録は『島根県私立教育会雑誌』(第七十号、七十一号)に中村鉄太郎訳で「想像力ノ価値」として掲載された。基本的には、ただ暗記のみを通して生徒の学力を向上させるのではなく、生徒の創造性を促す想像力というものを養うことが肝要である、と説いているものだ。

「講演」の中でハーンは、「此貴重スベキ想像ヲ養成スルニハ如何セバ宜シヤトイフニ、私ハ容赦ナク質問ヲ起サス様ニ生徒ヲ奨励スル事ガ最モ緊要デアルト思ヘマス[14]」と説き、どのような生徒の質問にも丹念に答えてやらねばならず、その質問の馬鹿らしさを批難するようなことは決してしてはならないと強調している。つまり常に生徒たちの質問力を鼓舞するような教え方が勧められる。「教師タル者ハ勉メテ能クワカル様ニ教ヘネバナラズ、能クワカル様ニ教ヘタ許リデハマタ不足ナリ、可成面白ク感心スル様ニ教ユルコソ教師ノ本分ナリト思ハレマス[15]」と説いている。実際に教育の現場にあってもこの指導理論を実践していたことが、教え子の回顧によっても理解される。熊本時代の教え子の一人であった白壁傑次郎五高教授は次にように述懐している。

「先生の授業は非常に興味があつたもので、教授法などに捉はれてはゐなかつた。生徒が何か質問でもすると、すぐにその話を取り上げて次の会話が進行すると云ふ風である。一字一句もおろそかにしない人で、教室に持つて来られた辞書は、語原などの説明をする時にいちいちそれに當つてから話された。私が一番ヘルン先生に感服したのは作文を丁寧に見てかえされたことです。誤を正すだけでなく、“Of course”などと短評がいつも入つてゐる。先生は五高を嫌つてゐられた様であるが、それは生徒を嫌はれたのではないと思ふ。[16]」

この教え子の回顧からも分かるように、あくまで生徒たちの理解と関心を引き出し、自発性、積極性に基づく質問の奨励が、彼らの精神形成や学力向上には欠かせない、ということ、そして教師はそのような生徒の姿勢に応えてやるということが重要なのだ、とハーンは考えていた。この考え方は、スペンサーの『教育論（知育・徳育・体育論）』にも明確に見られるものである。

「……教育においては自己発達の過程ができるかぎり奨励されなくてはならないということである。子どもたちは自分自身の手でものごとを調べ、かれら独自の推論を下すように指導されなくてはならない。[17]かれらはできるだけ少なく語られるべきであり、できるだけ多く発見するように導かれるべきである。」

ハーバート・スペンサー

ハーンの講演とスペンサーの論は、生徒の積極性を促す姿勢・考え方において、明らかに呼応するものである。ハーンはこのように自発的に生徒に多く質問させることが、想像力の養成につながり、ひいては創造力の育成という教育の根本理念を実現化させ得る、と確信していた。生徒の心のうちに芽生えたもの（疑問・質問）は摘んではならないのである。一方、先の引用でも分かるように、スペンサーも「できるだけ少なく語られるべきであり、できるだけ多く発見するように導かれるべき」と言っているように、外側からの情報に頼らせるのではなく、内発的な観察からの発見を奨励している。

次に、ただ暗記法に頼りながら事実と事実の関係(単なる事柄、ないしは規則)のみを教えるのではなく、「原理」(事実の由ってきたる所以)をしっかり教え込むことが肝要であるという両者にパラレルな考え方を、ハーンの「講演」とスペンサーの『教育論』からそれぞれ引いてみよう。

「昔ノ教授法ハ只是レハコフデアル、アレハアンナ物ダト只事柄ヲ覚エサス事デアッタガ、斯様ニ事柄ダケムヤミニ覚エタノデハ何ノ役ニモ立タヌ。想像力ト共ニ仕込ンデ覚エサシタ物デナケレバ殆ンド無益ダト申シテモ過言デナイト私ハ考ヘマス。今頃私共ガ学ンデ居ル事実ハ決シテ結局完全ナル事実デハナクテ、只事実ト事実ノ関係ヲ研窮シテ居ルニ過ギナイ。故ニ今後学ブベキ処ハ其事実ノ因テ以テ起コル所以、並ニ其由来ヲモ合セテ研窮セネバナルマイ[18]」

「暗記法とともに、これと堅固な同盟者である規則による教授法も衰退しつつある。まず、個物を教え、ついで一般化するというのが新しい方法であり、……経験によって正しいと証明されている方法である。……規則のみを教えられた若者は、この規則の適用できない問題に遭遇すると途方にくれてしまうだけである。それに対して原理を教えられた若者はあたらしい問題でもすでに解決した問題と同じように容易に解決できる。[19]」

さらに、ハーンが「講演」のなかで最重要なものと指摘するのは「想像力の育成」である。これは作家ハーンならではの考え方、発想と言えなくもない。ものを書くという作業は(記者にしろ作家にしろ)まずじっくりと観察し、そこから想像の翼を広げ、思い描くことを文字に写すことである。ハーンはこの想像の力が教育における若者の精神を育み、ひいては学問、芸術、道徳、そして文明にポジティブな働きをしていくものと考察する。いささか長くなるが以下に引用する。

「此百年来ニナシタ長大ノ進歩ハ實ニ熱心、事ニ當タルノ結果ナルニハ相違ナキモ、ソモソモ又想像力ノ大ニ補助スル所アルヤ疑イナイデス。想像ノ力ハ能クニュートン氏ヲシテ彼ノ偉業ヲナサシメ、想像ノ力ハ能クチャーレス・ダァーウイン氏ヲシテ人間發生ノ歴史並ビニ種原論ヲ草シメ、想像ノ力ハ能クトーマス・ヤング氏ヲシテ光線並ビニ物色ニ受ケルエーテル作用ノ新説ヲ吐カシメタノデス。……斯如ク偉大ノ發明ハ勿論諸学者ガ一身ヲ犠牲ニシテ千挫不屈ノ實験ニ従事シ自己ノ利慾ヲ捨テ研窮ニ熱心セシ結果ニハ相違ナキモ、ソモソモ又此等ノ諸学者ガ想像力ニ富ミシワケデハアリマセン乎。……(略)……

想像ノ官能ハ技芸、学術、道徳上ニ如何ナル関係ヲ有スルモノデショウ乎。諸君ハ定メテ既ニ彼ノ有名ナル英國ノ大学者「ハーバート・スペンサー」氏ノ著ワシタル綜合哲学書ヲ御覧ニナッタデショウ。諸君ハ必ズ彼ノ書中ニ記載シタル進化論ハ英國ノミナラズ諸外國ノ学者仲間並ビニ大学校ノ信認スルトコロトナッタ事モゴ承知デショウ。……諸君ハ所謂漸化ノ何物タル事モゴ承知デショウ。……然レドモ生物ノ漸化スルハ只形体上ノミニトドマラズ、心モ同様ニ漸化スルモノニテ、心ガ漸化スレバコソ同感ヤ其ノ他種々ノ高尚卓越ナル感情モ起コリ、従テ一國ノ文明ヲ開發スル事ガ出来ルノデアル。此ノ如キ心ノ漸化ヲ想像ト申スノデ、之ヲ再言スレバ、自分ノ思フ所ヲ脳髄ノ中ニ描キテ顕ハシテ見ルトイフ事デス。……

實ニ當今ノ学科ハ想像力ヲ要スル事多ク、想像力ヲ用ユルニ非ラザレバ決シテ其ノ真正ノ研究ヲ得ザル如キ有様ナルガ故ニ、想像力ノ養成ハ即チモットモ必要ナル事トナルノデス。……既ニ其ノ必要ガ知レタナラバ、教師ハ之ヲ養成スル様ニ教授セネバナリマスマイ。之ヲ教ユルニ其ノ道ヲ以テシナガラ想像力ノ養成セラレヌトイフ事ハナイデス。日本人ハ天性想像力ニ富メドモ、或ル生徒ノ中ニハ至テ斯カニ乏イ者ガアル様ニ見ヘル。之ガ教師タル者ハ深ク注意シテ、此想像力即チ心ノ創造力ヲ其ノ脳中ニ注射スル事モ勉メネバナリマスマイ[20]」

スペンサーの進化論を引きながら諄々と想像力(すなわち心の創造力)の意義を説いている。ハーンの基本的な考え方はその後も変わることがなく、常に一人一人の生徒の個性と独創性を導き出すような「想像力と情緒に訴える」教育を実践した。とりわけ東京大学に移ってからの文学教育においてもこの教育姿勢に固執した。明治三十七年、狭心症の発作で帰らぬ人となるハーンだが、その二年前の明治三十五年九月(日付けなし)の友人エルウッド・ヘンドリック宛に書いた書簡で自分の文学講義に触れつつ、次のように書いている。

「僕は僕の短所を悟ってゐた。が僕は直ぐと、如何なる点に勝れることが出来るかを感じて、文学をば情緒と感情との表現として――生活の写象として――教へた。……要するに、僕は僕の教授の根底をば、全然自分の学生の想像力と情緒に訴えることに置いた[21]。」

松江中学以来のハーンの言語教育・文学教育の理念の一貫性というものが分かる。その他、実物教育の重要性、教師の技量と資質の問題、丸暗記の否定、教師と生徒との幸福な関係など、スペンサーが『教育論』の中で説いていることを教師ハーンは自らの教育現場の中で意識化し、体現していった。ハーンはまさにスペンサーの『教育論』の実践者であると言えなくもない。

4　英作文と書き取り

前節で述べた想像力養成のためにハーンが英語教育で実践したものは、それでは何であっただろうか。ハーンはそのための最善の方法として、英作文をしばしば学生に課していた。それも単なる和文英訳ではなく、今日で言うところの自由英作文である。

ハーンは「三、四、五学年の生徒が、わたくしのために、毎週一回やさしい題で、かんたんな英作文を書くことになっている。題はこちらで選定するのだが、だいたいにおいて、日本に関するものを原則としてある。」とその「英語教師の日記から」に記している。与えた題には「月、牡丹、蚊、竜、蛍、神道、酒、偉大な日本人、出雲、宍道湖、西洋と日本の習慣、日本欧化の恐怖について、天長節」などがあった。[22] 学生たちにもなるべく親しい題材を与えることで、彼らの表現力、想像力を伸ばしてやろうというハーンの意図も汲みとれるが、また同時にハーンにとってもこれらは興味ある題材であり、ハーンは学生たちの作文を通して日本人の物の考え方、文化の一端を垣間見ようとしたことも想像に難くない。

ここでひとつ興味深いことが見えてくる。想像力を養おうとして自由英作文を課したハーンが、学生たちの書いた作文を見て、逆に日本の学生たちには想像力というものが根本的に欠落していることを発見している点だ。「英語教師の日記から」には次のような記述がある。

「かれらの作文は、たんに個人的な性格のあらわれとしてではなく、わたくしにはまた別趣の興味があるのである。日本の学生の英作文を見て、わたくしに最も不思議に思われることは、そういう作文に、個人的特色というものがまったくないということだ。二十篇の英作文の筆蹟までが、ふしぎに同族的な似よりをもっているのを発見する。……(略)……じっさい、同じ題で書いた中学生の作文は、何十篇あっても、かならずその思想と感情において、じつに多くの類似点がある。――もっとも、だからといって、おもしろみが少ないというわけではないが、だいたいにおいて、日本の学生は、想像力という点では、あまり独創性を示さない。[23]」

ハーンは学生たちのこの一側面を単に批判するのではなく、ある意味で日本人の一種の文化的資質として見ている節もある。ハーンは、日本人は子供の頃から「自然」を見る目や「自然」を受け入れる姿勢が育まれているのだと言う。

「だれもがみな、それこそ子どもの時分からひとりのこらず、自分の国の古い文学に見いだされる、最も美しい思念と比喩は、しっかり頭にいれておぼえておくようにと、教えこまれているのである。だから、子どもはだれでも、青空にそびえ立つ富士山の形は、半開の白扇を空に懸けたるごとしとこころえているし、また、どの子をつかまえても、満開のサクラの木は、あたかも夏の夕焼雲が梢にたなびくごとしと、ちゃんとおぼえている。雪の上の猫の足あとが梅の花に似ているというたとえ歌、下駄のあとが二の字に似ていることを歌った比喩歌は、どんな少年少女でも知っている。[24]」

このようにハーンは日本人の持つ独特のそして共通の「自然観察の眼」を指摘する。これは古来の詩人（歌人）たちの感情であり、思念であり、思想であり、それが連綿と日本人の文化の根として受け継がれている。ハーンはこのことを学生たちの英作文をチェックすることで気がついたのである。

さて、ハーンは具体的にどのような英作文指導をしたのだろうか。ハーンはイディオムを多用したり、美辞麗句を弄する文章を良しとせず、平易簡明な文章を書くよう指導した（記者や作家としてのハーンは、あれほどゴーチェばりの色彩豊かで音楽的な文体に凝ったものであったが)。そしてその添削の仕方も、まず書き手の意を達することを第一に心がけ、文体を直すようなことをせず、丁寧に赤字を入れ、批評を加えていった。教え子の一人である野津静一は前出の座談会の中で次のように回顧している。

「其の頃は自由作文でした。色々な題がありまして、それで文章を作るというような具合であります。……教室で作るのではありません。自分の家へ帰って作るのでありますが、其れを不自由な眼で赤い字で綿密に添削してありました。……良いインキで細かく丁寧に直して御座いました[25]。」

この引用からも、ハーンの生真面目な教授ぶりがうかがわれる。学生たちにとっても「風采の上がらぬ、片目の先生」という第一印象から「真面目で、生徒たちにやさしい愛すべき先生」という認識に変わっていったことは明らかだ。当のハーンも生徒たちとの教室内外での交際を楽しみにしていたところもあり、教えることは自分にとって掛け替えのない楽しみであり慰みにさえなっている旨の以下のような手紙を教頭の西田千太郎宛に書いてもいる。

「今日、第三学年に最初の書き取りをしました。彼らには詩ばかり与えています。『母親幽霊』という題の、――ロングフェロウによってノルウェイ語から翻訳された一篇の美しい小さな物語詩から始めました。生徒はそれを好んでいるように思われます。……(略)……生徒たちは非常に善良です。――ただし、低学年では書き取りの時間中、彼らみんなに書かせるのは多少困難ですけれども。しかし私たちは毎日より親密な友になりつつあります。もし、今、授業ができなかったら、私は大変憂鬱になるでしょう。教育が私にとってだんだん楽しみと慰安になりつつあります[26]。」

では、実際の書き取りはどのように行われただろうか。この書き取りでも、自由英作文と同様に生徒たちにはなじみのある題で書き取りさせた。「大社祭り」とか「佐陀の祭り」「松江大橋」「城内の稲荷さん」といったローカルカラーの強い題材から『竹取物語』『かぐや姫』などの昔話、果ては講談の翻訳まであり、生徒を一人一人黒板の前に出させて書き取らせるのだった。黒板の前の生徒も、席に着いている生徒もハーンの「銀の鈴でも鳴らすような、非常に美しい」音楽的な発音を一言一句書き取る。そして、ハーンは黒板に書かれる英語が間違っているとすぐに訂正し、それに従って他の生徒たちも自分たちの英文を直していく、といった風であった。教え子の一人、高橋節雄はその時のハーンの教えぶりを以下のように称賛している。

「書取をやるのに、本も持たねば原稿も持たず、而もそらですらすらすらすら御言ひになる。そして次の時間にはそれをレピートされて、一字一句少しの相違もない。書取といふと手からも目からも本を離さなかつた高等小学校の日本人教師から、一足飛びに先生と来たんだから、吾々が少からず驚いたに無理もない。……書取の方法はといふと、先生の名指しに依つて、生徒が代る代る黒板の所へ出る。そして出た生徒も席に居る生徒も、同時に先生のリーヂングを聞いて書取る。先生は黒板の字を見て居て、間違ふと直ぐ御直しになる。席に居る者も、亦見て直ほす、と斯ういふ風であつた。」[27]

この書き取りで特に生徒たちを悩ましたものは、多くの日本人に共通する問題でもあるrとlの聴き分けであった。生徒がその区別ができなくて間違って書いたりすると、ハーンは声の調子を変えてもう一度大きく発音するのだった。その大きな声が実に恐ろしかった、と回顧している者さえいる。また、あの大声だから、これはlではなくrだ、などと生徒たちもそれなりに苦労して書き取りの授業を受けていたようだ。そして、良くできた生徒には褒美として本を与えた。それらの本には絵入りの英訳本『桃太郎』や『かちかち山』、またグリムの童話などがあった。英語が比較的良くでき、ハーンにも可愛がられ、ハーンが焼津にいた頃にはそこを訪れ、富士登山を共にした教え子の一人、藤崎八三郎は、優等生（英作文の場合だが）の賞品として *Greek Heroes* なる洋書を授った。このように優秀な学生に褒美として洋書を与える習慣は、その後も東大講師時代まで続いてゆくのである。

ここでハーンが非常に細かなことまで目を配っていた証左に、文字の書き方まで注意を与えていたことが挙げられる。それはハーン自身もそうしていたように、英国人がおうおうにして書くところの肉太の堅文字式の英字を書くよう生徒たちに勧めていたのである。それまでは、日本に入ってきていたアメリカのナショナル・リーダーやスペリング・ブックによって、右に少し傾いた極めて繊細な字を綺麗に書くことが教授されていた。これはアメリカ式とかクラーク型とか言われていたものであるが、要するにスペンセリアンのペンマンシップにのっとっていたものである。このスペンセリアン、つまりスペンサー式というのは十九世紀初頭のペン習字の大家、P・R・スペンサーによって確立された習字法である。ハーンは息子の一雄には一応『スペンサーの英習字帖』を与えているが、その手本に従うことを許さずハーン自身がその練習帖に書き記したアルファベットによって英習字を習わせている事実もある。ハーンがなぜスペンセリアンの英字を斥けて、堅文字式の英字を習わせたかはよく分からないが、そのようなところにも自分の好み、美的センスを徹底させるところなど、いかにも自分の考えや主義などに忠実たらんとするハーンらしさがうかがえもする。

この書き取りのときには、当時数学も兼任していた中山弥一郎先生が教室の窓辺に立っていて、時折通訳めいたことをしていた。というのも、ハーンは原則として日本語はいっさい使わず（正しく話せるはずもなかったが）、英語一点ばかりだったからである。この中山先生というのはハーンも「西田氏は英語の学問に、中山氏は英語のプラックチスに長けて居らるる」[28]と言っているように、会話も発音もなかなかのものだったようだ。島根県教育会の大会でハーンが二度目の講演「熱帯地方の話」をした時にはその通訳を引き受けている。

しかし、博多からの一八九二年七月八日付けのハーンの手紙の中で、松江の西田に会う計画を探っているときに「中山には全然会いたくありません！」と言っているところを見ると、ハーン自身は中山弥一郎にはあまり好感を持ってはいなかったのではないかと察せられる。

英語一点ばりのハーンだったが、それを補う意味で、ハーンは身ぶり手ぶり、果ては黒板に絵や図などを描いて、生徒が納得するまで説明した。絵は実に上手で、左手でも右手でもさらさらと描いたという。高梨健吉氏がその共著『日本の英語教育史』の中で、坪内逍遥の名講義に触れて「その美しい声、上手なせりふ、身ぶりまで劇中人物と化してしまう講義ぶりであった。……教師は学者と役者を兼ねなければならぬ、という市河三喜の言葉を思い起させる」[29]（傍点筆者）と語っているが、銀の鈴の音のような美しい声で英文を朗読しながら身ぶり手ぶりで教えるハーンにも、この市河三喜の言葉が当てはまるような気がする。

また、生徒たちが口頭の説明のみで納得しない場合などは、たとえば、マッチをすって「ファイア」「ファイア」などと叫ぶこともあったようだが、これなどまさしくスペンサーの言う「実物教育」の実践にほかならない。その他 lion と lie on の区別、son と sun の違いを教える時など、実際にそれぞれの絵を描いて解説している。

5　リーディングおよび文法

さて、リーディングはどのような形で教えられていただろうか。そもそも明治期初期の英語学習はリーディングに始まりリーディングに終わると言っても過言ではない。英語は西欧文明摂取の一手段としての役割が最重要と考えられていたわけで、解釈さえできれば「事足レリ」であり、発音など頓着しないいわゆる変則英語が教えられていた。ハーンが来日した明治二十三年頃も依然としてリーディング中心の授業であったことは想像に難くない。ハーンの前任者タットルもひたすらリーディングの授業をしていたようで、スマイルズの *Self-Help* などを教科書に使用していた。彼がこの本を教科書に選んだのもさして理由があったのではなく、当時の英語教育の時流に乗っただけで、手っ取り早く手に入る教科書を採用したに過ぎないのだろう。それは「迎合的な先生だった」（前出、座談会、中谷昌左談）と教え子からも評されていたタットルの自然ななりゆきだったと考えられる。

ハーンは、西田千太郎なども使用していた『ロイヤル・リーダー』第四巻や『スイントン・リーダー』第三巻などを使用し、クラスの生徒に順々に読ませ、誤りを正して、その誤った語をその都度黒板に書いて、皆で斉唱させ、徹底的に正しい発音を教えた。思うにハーンは自分の声に自信を持っていたのではないだろうか。しばしば引用するが、「銀の鈴でも鳴らすような、非常に美しい musical 」な声の持ち主であったハーンにとって、朗々と英語を音読することはある種の喜び、楽しみになっていたようにも思われる。そして、そうした自信と喜びが、ハーンをしてさらに「英語教師として」の自覚を促し、必然的に生徒をより良く導こうと努力することにつながっていったものと考えられなくもない。

ハーンの教授法はまさしく正則英語の直読直解、つまり、「正しい発音で読みながらそのまま理解していく英語」を教えるものだった。教え子の一人高橋節雄は前出の座談会の中で、教わった期間が短期間にもかかわらず、「ヘルン先生」が一生通じて忘れられないことに触れつつ、「之れは全く先生が、如何にも英国紳士らしき態度を以て、始めて正しい撥音、始めて正しいリーヂングを教へて下さつたからである。……（略）……實は余は先生に依つて始めてリーヂングなるものの味を知り、リードし乍ら英語を解する事の面白さが此時始めて解つた」[30]とも回顧している。

次に文法についてだが、ハーンは文法は最後に教えるべきだと説いている。妻セツに対する英語教育について語りながら、ハーンは西田千太郎宛の書簡の中で次のように記している。

「しかし、言葉を学ぶ自然の順序は、先ず第一に話すこと、それから書くこと、そして、最後が文典です。これはスペンサーの説です。[31]」

最後にスペンサーの名を出しているように、これはまさしく『教育論』の中の「……教育のどの領域においてもわれわれは経験的なものから理論的なものへとすすまなくてはならない。……そして、豊富な量の観察が蓄積されてから、推理は開始されるのである。現代の教育課程にこの規則の応用例をさぐってみると、文法こそことばよりさきではなく、そのあとに教えるということ、あるいは、実際に絵をかかせながら遠近法の手ほどきをするという一般の習わしをあげることができる。[32]」という文章に呼応しているところである。こういう理念を抱いていたハーンだけに、とりたてて文法を教えるようなことはしなかった。英作文やディクテーションをやりながら、生徒たちのミスを見つけては正し、実際の英語運用のレベルで文法規範を教えていたようだ。ただ熊本の第五高等学校では文法の時間を持っていたらしく、その教え子の村川堅固は次のように回顧している。

「先生の教授法は一種独特のものであった。例えば文法を教えらるるにも教科書を用いらるるでなく、又口授筆記さるるでもなし、教場に入られて、出欠をつけらるる。それからクルリと振り返って、黒板に向い、チョークを取って、左の上の隅から文法を書き始められる。生徒は黙々としてそれを写す。其の書かるるのは些の渋滞なく、時間の終りの鐘の鳴るまで続く。鐘が鳴ると一礼して退出さるる。かくして写し来った筆記帳を放課後読んで見ると、秩序整然、而も日本学生に取って最も適切な文法上の注意が与えられて居る。[33]」

ハーンは、こまごまと文法規範を教室で教えることはあまり意味がないと考えていたのではないか。文法は各自が独自に学べばよく、そのための最低必要文法を黒板に記して、あとは各人の独習の手にゆだねたところがなくもない。そして、あくまで自由英作文という自己表現の英文、書き取りなどのネイティブ発話を聞き取った英文といったように、実際の運用レベルでの英語表現に則しつつ、文法的ミスを指摘し、正し、そして教授していったものと考えられる。ちなみに教え子などから英文の手紙をもらったりすると、ハーンはその英文の良し悪し、文法的ミス、語法などをこと細かにその返書の中でしたためたりもしているのである。(34)

6　教師ハーンと当時の学校事情

以上見てきたように、作家・ジャーナリストから一転して教壇に立ったハーンだが、その生真面目さも手伝っているが、本質的に教師の素質をハーンは持っていたような気がする。厨川白村はそんな生真面目ぶりを『小泉先生そのほか』の中でこう記している。

「天才と云へば不規則な怠け者の様に心得てゐる人もあらうが、勤勉努力の人であつた先生は非常に几帳面で、欠勤なぞは滅多にせられなかつた。講義の時間などもきつしりと守つて、鐘が鳴ると間もなく、重さうな風呂敷包みに美しい装釘の詩集や文集を幾冊も入れたのを提げて、あたふたと教室に遣つて来られる。(35)」

厨川　白村

ただ、少しうがった見方をするならば、ひとり日本にやって来て、生活のためにやっと見つけた職業だけにいいかげんなことはできない、といった認識が、あるいは切実な自覚があったのではないかと考えられる。学生たちの不評のために放逐されるといった前任者タットルの二の舞は演じたくなかったはずだ。当時の日本では、学生のほうからクレームがつくと、教師は解雇されるという事実があることをハーンはよく知っていたのである。ハーンはその「英語教師の日記から」の中にこんなふうに書いている。

「西洋では教師が生徒を放校する。ところが、日本では、それと同じほどに、生徒の方が先生を放逐することがしばしば起るのである。およそ公立学校は、一個のまじめな共和国であって、校長と教員は、たんに大統領と内閣の関係に立っているものにすぎない。じじつ、校長も教員も、東京にある文部省の推薦によって、県庁が任命するのであるが、実際の上では、かれらはその能力と人格を生徒に認められて、はじめてそこに自分の地位を維持して行かれるのであって、もし能力と人格に欠けるものがあるとわかった場合には、その教員は、一種の革命的運動によって放逐されることがよくあるのである。[36]」

こう述べたあと、どうやって生徒たちが先生を放逐していくかの方法とそのプロセスを一例を挙げながら記しているが、その場合にもおうおうにして生徒たちのほうに理があると言って生徒の姿勢を支持しているほどである。生活の資のためだからと言って、ハーンが嫌々ながら教師の職に就いていた、などと筆者は毛頭言うつもりもないし、ハーンの教授ぶりからしてその真摯な姿勢、有能な教育者であることは自明なことであるが、前述したようにハーンが当時の日本における教師と生徒の関係をよく認識していたということは「教師ラフカディオ・ハーン」を考える場合、注目しておいてしかるべきことであろう。「英語教師の日記から」第九節の最後にハーンは以下のように結んでいる。

「日本では、教員の成功は、学位によって保証されているのではなくして、教員の実際的知識と、それをすなおに、かつ徹底的に伝える力倆手腕によって保証されているのである」(37)

この教師の技量についてはスペンサーもその『教育論』の中で繰り返し強調していることでもある。けだし、この結びの文章(百年以上も前のもの)は、教員の資質や力量が問われつつある現代の教育現場、および学歴・学位偏重の傾向にある教育界に放たれるいささかのアイロニーになっていると言えなくもない。

《註および参考文献》

(1) 西田千太郎宛のハーンの手紙、一八九三年二月八日付け、『ラフカディオ・ハーン著作集』第十四巻、二七二頁、恒文社、一九八三年。
(2) 西田千太郎宛のハーンの手紙、一八九四年七月八日付け、同書、二八七頁。
(3) B・H・チェンバレン宛のハーンの手紙、一八九〇年四月四日付け、前出『ラフカディオ・ハーン著作集』第十四巻、三六七頁、恒文社、一九八三年。
(4) 同前。
(5) 同書、三六八頁。
(6) B・H・チェンバレン宛のハーンの手紙、一八九〇年四月九日付け、同書、三七〇頁。
(7) B・H・チェンバレン宛のハーンの手紙、一八九〇年四月四日付け、同書、三六八頁。
(8) エリザベス・ビスランド宛のハーンの手紙、一八九〇年日付けなし、『小泉八雲全集』第九巻、四七五—七六頁、第一書房、一九二八年。
(9) 松江中学校編『座談会　旧師小泉八雲先生を語る』、二一頁、島根県立松江中学校英語科発行、一九四〇年。
(10) 同書、一五頁。

(11)　西田千太郎『西田千太郎日記』、明治二十三年七月廿八日付け、七六頁、島根郷土資料刊行会、一九七六年。
(12)　ラフカディオ・ハーン「英語教師の日記から」、平井呈一訳『日本瞥見記』(下)、一一五—一一六頁、恒文社、一九七五年。
(13)　銭本健二「ラフカディオ・ハーンの教育観」(日本英語教育史学会編『日本英語教育史研究』第五号、一九九〇年、五三頁)には、スペンサー『教育論』の一部が多少語句を変えた形で、講演「想像力ノ価値」に引用されているという指摘がある。
(14)　ハーン講演「想像力ノ価値」(中村鉄太郎訳)、『島根県私立教育会雑誌』第七十号、七十一号(一八九一年)。本引用は矢部太郎氏の尽力によって島根県立北高等学校発行の『研究紀要』第十一号に採録されたものによった。『研究紀要』第十一号、一一頁、島根県立北高等学校、一九七三年。これ以降の「講演」の引用は、少し分かりやすくするために、句読点を補ったり、濁点を付けたり、多少の字句修正などを施した。
(15)　同前、前出『研究紀要』第十一号、一三頁。
(16)　白壁傑次郎氏の述懐、丸山学『小泉八雲新考』、七七頁、北星堂書店、一九三六年。
(17)　H・スペンサー『知育・徳育・体育論』(三笠乙彦訳)、九五頁、明治図書出版株式会社、一九六九年。
(18)　前出、ハーン講演「想像力ノ価値」。前出『研究紀要』第十一号、九頁。
(19)　前出、H・スペンサー、七七頁。
(20)　前出、ハーン講演「想像力ノ価値」。前出『研究紀要』第十一号、八—一〇頁。
(21)　エルウッド・ヘンドリック宛の手紙、一九〇二年九月日付けなし、『小泉八雲全集』第十一巻、五八五頁、第一書房、一九三〇年。
(22)　前出「英語教師の日記から」、『日本瞥見記』(下)、一四四—一四五頁。
(23)　同書、一四五—一四六頁。
(24)　同書、一四七頁。
(25)　前出、松江中学校編『座談会　旧師小泉八雲先生を語る』、二九頁。
(26)　西田千太郎宛のハーンの手紙、日付けなし(一八九一年二月頃と思われる)、前出『ラフカディオ・ハーン著作集』第十四巻、三七〇頁。

(27) 前出、松江中学校編『座談会　旧師小泉八雲先生を語る』、五六頁。
(28) これは、藤崎八三郎の回顧談として、ハーンが言ったとされているもの。前出、松江中学校編『座談会　旧師小泉八雲先生を語る』、一〇一頁。
(29) 高梨健吉・大村喜吉『日本の英語教育史』、四〇頁、大修館書店、一九七五年。
(30) 前出、松江中学校編『座談会　旧師小泉八雲先生を語る』、五五—五八頁。
(31) 西田千太郎宛のハーンの手紙、一八九三年三月三日付け、『小泉八雲全集』第十巻、七三頁、第一書房、一九三〇年。
(32) 前出、H・スペンサー『知育・徳育・体育論』、九四頁。
(33) この村川堅固の回顧は、速川和男『小泉八雲の世界』(笠間書院、一九七八年)、一三五頁から引用させてもらった。
(34) 大谷正信宛の手紙、一八九二年一月二十二日付け、二月二十七日付けの手紙を参照。前出『ラフカディオ・ハーン著作集』第十四巻、三二五—三〇頁。
(35) 厨川白村『小泉先生そのほか』、三三頁、積善館、一九一九年。
(36) 前出「英語教師の日記から」、『日本瞥見記』(下)、一三五頁。
(37) 同書、一三七頁。

《主たる参考文献》

池野誠『松江の小泉八雲』、山陰中央新報社、一九八〇年。

梶谷泰之『へるん先生生活記』、今井書店、一九六四年。(新版は一九九八年、恒文社から刊行されている)

厨川白村『小泉先生そのほか』、積善館、一九一九年。

桑原洋次郎『松江に於ける八雲の私生活』、島根新聞社、一九五〇年。

小泉一雄『父　小泉八雲』、小山書店、一九五〇年。

小泉一雄『父「八雲」を憶う』、恒文社版『小泉八雲』(小泉一雄・節子共著)、一九七九年。

H・スペンサー『知育・徳育・体育論』(いわゆる『教育論』、三笠乙彦訳)、明治図書出版株式会社、一九六九年。

高田力『小泉八雲の横顔』、北星堂書店、一九三四年。

高梨健吉・大村喜吉『日本の英語教育史』、大修館書店、一九七五年。

田部隆次『小泉八雲』、北星堂書店、一九八〇年。

西田千太郎『西田千太郎日記』、島根郷土資料刊行会、一九七六年。

根岸磐井『出雲における小泉八雲』(再改訂増補版)、松江八雲会、一九三三年。

速川和男『小泉八雲の世界』、笠間書院、一九七八年。

松江中学校編『座談会　旧師小泉八雲先生を語る』、島根県立松江中学校英語科、一九四〇年。

丸山学『小泉八雲新考』、北星堂書店、一九三七年。

矢野峰人『日本英文学の学統』、研究社、一九六一年。

矢部太郎「ヘルンの島根県教育会における三つの講演」、『研究紀要』第十一号、島根県立松江北高等学校、一九七三年。

第二章　訳読史における浦口グループ・メソッド

その評価と問題点

1　返り点式訳読法への批判から「直読直解」へ

訳読の歴史は、近代以前からの日本の歴史の発展とともに、今日に至るまで連綿と続いていると言えなくもない。かつては、中国の文化・思想を受容するのに漢籍の文を読み下していたし、江戸中期以降の西欧文化摂取にあたっては、やはり同様に蘭書の原文に漢文を添えてそれを返り点式で訓読した（和語として読み下した）上で、それなりに内容を捉えていた。そして、英学の世界においてもこの流儀を踏襲し、同様の方法が採られることになる。そもそも中浜万次郎が書いた（訳した）『英米対話捷径』（安政六年［一八五九年］）は日本で最初に書かれた英会話書と言ってもいいものであるが、その英文に添えられた訳文はまさしく返り点式の日本文であった。この『英米対話捷径』は現在は写真版でそのまま復刻されているので、それによって一例を見てみよう。(1)

ジョン万次郎

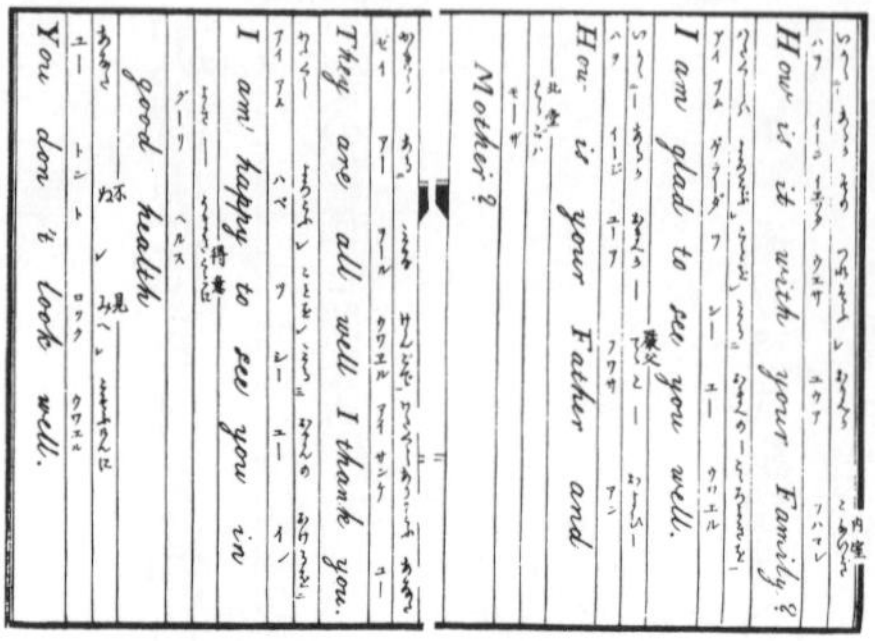
How is it with your Family?
I am glad to see you well.
How is your Father and Mother?
They are all well I thank you.
I am happy to see you in good health
You don't look well.

『英米対話捷径』の下記引用部分のページ

わたくしは　よろこぶ｣　ことを｣　みる二　おまんの　こころよきを一
アイ　アム　グラーダ　ツ　シー　ユー　ウワエル
I　am　glad　to　see　you　well.

漢字を当てて読み下すと「私はおまんの快きを見ることを喜ぶ」となって、日本人にとって意味が明快に理解される。漢学の素養のある日本人にとって、この方法はスムーズに受け容れられ、以後の日本人の外国語学習に決定的な影響を及ぼしてきたことは否めない事実である。現代の英語講読の時間での教え方もこれに近い方法、後ろからひっくり返って訳す方法をとっている場合が往々にしてある。

では、何故にか。簡単に言ってしまえば、教授する側も、訳読する側もこの方法が一番手っとり速く意味がつかめるからであり、まがりなりにも日本語として理解可能な文に変換できるからであろう。つまり、ここの時点ではその訳文の良し悪しは別問題になっており、また英語（英米人）の発想の手順なども無視されているのである。とにかく、中味の把握こそが最重要課題となっている訳読法なのである。この辺の事情を明治期英学界の第一人者である岡倉由三郎はその著『英語教育』の中で次のように述べている。

「普通我国の英語教授には、一種の解釈方式があつて、甲の単語より乙の単語へ、丙より丁へと単語を辿つて返り読する風がある。此風は因習の久しき、殆んど動かすべからざる型の如くに為つて居る。惟ふに、是は、以前漢文を学ぶに当り、一二三、甲乙丙、上中下などの所謂返り点なる者を添へて、漢文本来の語脈とは関係なき、我国の語脈を主とし、全く日本流に漢文を引直して読んだ習癖が、其ま、英語学習の上に踏習さられたのに外ならぬ。[2]」

しかし、岡倉はこの種の一語一語に訳を与えながら行う直訳式訳読には弊害があることもよく承知しており、彼はかなり早い時期から、そのマイナス面をも指摘している。明治二十七年に『教育時論』に発表した「外国語教授新論」の中の「訳解」の項で、直訳の弊害として次のような事例を述べている。つまり、直訳は「生徒をして如何なる平易の原文と雖も直読一下して直に其意を知る力を減ぜしめ必ず直訳を施すに非れば文意に通ずる能はざしむる」と言い、また「生徒をして一語々々に返り読みする習慣を養はしめ為に朗読又は説話を聞き取る力を失はしむる」と言っている。[3]岡倉は、英文の一語一語に捉われすぎた妙な訳語(直訳式)を与えることの非合理と、それをまた分解したあとに日本語に返り点式に構成しなおすことの非効率性とに言及しているのである。さらに、英文を読み下しても日本語に直してみないと意味が通じないような、そうした方法では畢竟リスニングの力も養えないと言明しているわけである。この考えは十七年後、その著書『英語教育』の中であらためて「直読直解」の推奨という形にまとまっていく。

「凡そ読書には二つの要件があつて、これを具備せでは、完全なる域に達することは出来ぬ。其一は、或る程度まで正確に読むことで、其二は或る程度まで敏速に読むことである。此の正確（Accuracy）と速敏《ママ》(Velocity)とは、英語を所謂直読直解するに依りて、始めて達せられるので、外国人が他の国語を学ぶは、必ず此の直読直解なる遣り方に拠るべきである。而して此の直読直解に達せんには、先づ其発音が正確で、其国語本来の面目を鮮明に発揮したもので無ければならぬ。言語は元来耳に聴いて了解せらるべきもので、目に拠るのは畢竟一種第二位の手段に外ならぬ。必ずや、他人の読み若くは語るを聞いて直に了解し、自分も音読若くは口頭の説述に依つて、直に其意味を会得すべきである。否寧ろ意味を会得し乍ら口頭に発表する位に行かねばならぬ。He is very clever. と聴いては「大層怜悧だ」と直覚する様でなければならぬ。読書は他人の言語を耳で聴き乍ら了解する手順を、便宜上目を仮りて行ふのであるから、He is very clever. と目で見たる際には、見ると併行して了解すべきである。[4]」

いささか引用が長くなってしまったが、直読直解法の本質をずばりと突いている主張である。つまり、直読直解法は単に読むためのものではなく、英語(英文)を頭から順次その流れのままに理解する方法を養うことにある、と説いている。これは詰まるところ“thinking in English”に通ずる道でもあろう。読むことにおいても、聞いたり話したりすることにおいても、つまりは、四技能の養成は総合的に進める必要がある、ということでもある。岡倉は別のところでも、このことをしっかりと指摘している。

「外国語での談話の力を成るべく早く養つておくと例の外国語に対する『こつ』が出来、外国語を読むに外国人の通り直読直解する力が生じる。すると返り読みのやうに手間が取れぬのみならず、原文の意気の理会も、一層正しく成つていく。[5]」

談話 (speaking, listening) に慣れることによって、自ずと英語そのものが頭から順に理解されていく「こつ」が養成され、これが「読み」でもそのまま応用されてくるのである、と説いている。返り読みをする手間

村田　祐治

が省略されるのみならず、原文の持っている味わいも感得される、ということである。

さて、この「直読直解法」をひとつの方法論として広くアッピールしたのが村田祐治であり、彼は大正三年（一九一四年）四月六日、東京大塚にある東京高師で開かれた第二回英語教員大会第四日目（第三日目までは一橋の東京高商で開かれていた）に「直読直解」という演題で講演している。

村田はまず、自分の前に既に講演している東京開成中学校の長谷川康の発言内容に賛同する形で「日本の英語で何が一番大切であるかと云ふと、どうしても英書を読むと云ふ事が一番大切であると云ふことも唯今長谷川君の云はれた通り私も至極同意であります(6)」と言明している。これは当然のことながら当時の英語学習状況がそのように言わしめたわけであるが（同様に岡倉も「本邦の中等教育に於ける外国語の教授についての管見」のなかで、まずは読書力の養成が中等教育における英語学習では中心となるべきである、と説いている）、さらに「訳読は英書を解するに至るまでの段階である……決して訳読の為めの訳読でなくて英書を正しく訳し英文をヨーック味ふに至るまでの手段である(7)」とも述べている。要するに従来の英書講読の教授があまりに訳読中心主義に陥り、日本語訳作成に専心しすぎている弊害を突いているのである。訳解の最終目的は英文を「味わい」「鑑賞する」ことであり、そのための英文訳解の合理的な方法論が模索されねばならない、と主張する。

村田は当時の日本の英語教授の現状を踏まえた上で建設的な意見を提出し、ここに「直読直解法」が推奨されることになる。

「日本に於ては英語教授法は先づ大別して三つに分れて居る、即ち読書会話作文の三つであります、中学に於ける英語教授法の目的は此中何れに重きを置くべきか、まだ一定して居らぬ様です、勿論此三つは平行して行かねばならぬもので一方に偏すると変なものになります、併し此中どれに重きを置くべきかと云へば唯長谷川君の云はれた如く読書に重きを置かねばなりますまい、と申して読書にのみ力を用ひて会話作文を全く度外視したならば片輪の英語になつて仕舞ふ、所で読書は朗読即ちリーヂングと譯解と作文と会話と成るべく平行して互に相助け合ふ様にするのが今の英語教授の目的であると思ひます、然るに実際の処は此三つが能く連絡を保つて行けない場合が随分多い様である、そこで此三つを成るべく平行させる一つの手段として私は直読直解と云ふ事をやつたらよからうと思ひます。(8)」

村田は直読直解法を読み・書き・話すの総合的英語力養成の切り札として考えているようである。これはある意味で当を得たものであり、いわゆる "thinking in English" の力を養成することにほかならない。村田は『英文直読直解法』という書も著わしており、その中でもこの考えを発展させて次のように述べている。

「……一体英語といふ国語は我々日本人が読み或は聴くに、一々下から上へ返つて行かなければ、意味が取れない様な、そんな不便なものではない。一語を見てその一語を解し、次の一語を見て又その一語を解し、一行を見てその一行の意を知り、二行三行と進むに従つて、それを解して行けるのである。英人がさう解して行く以上、吾々も矢張り、さう頭を慣らして行かねばならないのである。さうなつてこそ初めて書物でも談話でも、迅速正確に了解する事が出来、作文にも会話にも、別に困難を感ぜぬ様になるのである。(9)」

つまり、直読直解は、会話・作文という "out-put English" にも効力を発揮できるという考え方である。今から見れば至極当然の考え方であるが、訳読が語学学習の中心であった時代にあっては斬新な意見と映ったことだろう。要するに直読直解は英語的発想を読み手に求めているわけで、この発想が身に付けば、従来のように日本語の文を考え、それを英語に変換するときでも、いわゆる訳読式の逆の英作文方法を採らなくて済むということである。直接英語を発話し、綴るという自然体の"out-put English"に慣れることになる。(この考え方は、今の時代の英語講読授業にも、まだまだ建設的なヒントとなり得るし、適用もできそうである。)

ところで村田自身は従来の直訳法そのものに対してはどのような考え方を持っていたのだろうか。彼は一応は直訳法のプラスの側面を押さえつつ、次のように批判を加えている。

「従来の直訳法と云ふものは中々能く考へたもので、之れを案出した先人先輩の苦心は非常なものであつたらうと思ひます、日本をして今日に至らしめたものは実に洋学の力である、洋学をして今日の如くに盛ならしめたのは実に直訳のお影による事が多いのでありませう、実に直訳は日本に取つて物質界に於ける汽車電気の発明にも譲らない精神界の大発明であると云つてもよからうと思ひます、併し先刻長谷川君の述べられた通り直訳法にも弊害があります、而して此弊害を知るを今日に至つたのも一つは此直訳法のお影でありませう。

　第一直訳は下から上へ返らなければならない、若し文が非常に長くなると非常に下の方から逆戻りをしなければならない。

　第二には直訳の日本語が変なもので何んだかい《マ》たい《マ》の分らぬものが往々ある、所謂怪訳に至るのであります。[10]」

岡倉由三郎と同様に訳出上での逆戻り現象の弊害を挙げているし、また訳文の不得要領に陥る可能性も指摘している。この文のあとに「然るに此直読直解法によると此二つの弊害を或る程度まで救ふことが出来る」と述べて、自らが推奨する直読直解法の利点を訴えている。たとえば、“He speaks so fast that I cannot understand him.”を「私は彼の云ふ事が分からない事ほど左様に彼は早く話す」と訳出していては下から逆戻り式の訳し方であって、これは面倒であり、それに加え、“I cannot understand”という結果内容を先に出すことは首尾転倒している。やはり、英語の発想の流れに従って「しゃべりが早くて分らぬ」という考え方で訳出すべきである、と言明する。[11] また、“It was dark before I arrive.”も「私が着く前に」や「私が着かぬ内に」ではしっくりこない。当然「暗くなって漸く着いた」とすべきである、と解釈している。つまり、なるべく頭からそのまま解することで英語の語順通り、要するに英米人の発想の順序に従って理解することが直読直解の要点であると説く。こういった指摘は現在出版されているいくつかの翻訳入門書や翻訳法の著書にも述べられていることでもあり、ここから先は分かりやすい日本語に訳すための推敲ないしは意訳法へと進むことになるが、本論のテーマから逸れるのでここでは詳述を控える。

さて、上記のような直読直解の発想をさらに展開し、訳出上応用しようとしたのが浦口文治のグループ・メソッドであった。

2　浦口文治とグループ・メソッドの誕生

まず、浦口文治の略歴を眺めておきたい。浦口は明治五年（一八七二年）三月二十一日、摂津の三田藩（現在の兵庫県三田市）に生まれた。明治五年という時期は、全国的に英語学習がブームにさえなったほどの英語熱のピーク時でもあった。英語を教える英学塾や、私学校、藩塾・藩校も多く創設されていた。また学制も発布された年でもある。武家の屋敷に生まれた浦口だが、少年期には新開港都市の神戸に移っており、この地でハイカラな洋風文化の洗礼を受けたものと考えられる。父の勧めもあって、小学校を終えると京都の同志社普通学校に通うことになる。この同志社では皇漢学以外はすべて英書を用いていたということが、浦口の英語修養に大きな影響を及ぼしたものと察せられる。

明治二十三年には同志社普通学科を卒業し、いったんは神戸に戻りはしたものの、精神的に不安定な時期が続いたため、これといった職業に就くことはしなかった。明治二十七年には所属教会の副牧師の推薦で、W・ウェストンの四回目のアルプス登山に通訳として同行することになる。浦口二十二歳の時である。このウェストンとの登山経験については、ずっと後々の昭和九年十一月八日、赤坂三會堂において「W・ウェストンと歩んだ頃の思いで」として講演を行っている。冒頭では日本紹介者としてのウェストンをヘボン博士や東大のロイド教授、ラフカディオ・ハーンなどと比較し、その後は北アルプスその他の山岳登攀談を語った。このときの司会者は英学者の田部重治であった。浦口の登山好きは少年期の生地三田での山歩きで培われたもので、同志社時代にも土曜日など授業がない日には近くの山々に何度も登った経験がある。

このあと、神戸、東京、仙台など転々と生活の場を移していったが、この間に自ら英学と神学の学習を深めた。そして、明治三十年には教員の資格を取るために、第十回の文部省英語教員検定試験を受験し、見事に合格している。文検はこの第十回から予備試験と本試験とに分かれ二段階選抜試験となっていて、ますます狭き門になっていたときであり、予備試験でもかなりのレベルの問題が出されている。試みにこの第十回の予備試験の英文和訳と和文英訳の書き出しの一部を見てみると、どれほどの英語力が要求されていたかが分かる。

英文和訳のほうは、英国の国会議員の処女演説にまつわる二百語ほどのエッセイ、和文英訳は「平家時代の琵琶を発見す」というタイトルのやはり二百字ほどの日本文が出題されている。

Many experienced members of Parliament consider it rather an inauspicious omen if a young man should begin with a very successful maiden speech. The idea is that probably the young man has, to use a colloquial phrase, put all his best goods in the shop window, and that nothing is left inside. There are notable instances that way, and notable instances also the other way. . . .

「長門国壇ノ浦沿岸なる土原村の旧家金山与右衛門といふ人、此頃古き土蔵を取り壊ちしに天井板の間より真黒になりたる一個の筥現はれ出しかば、何物の入れあるにやと開き見しに一面の古き琵琶出でたり。手に取りて見れば少しの破損もなく余程見事の物にて筥の隅には文字判明ならざる書附やふものあり。……」

（いずれも『教育時論』第四四三号、一八九七年八月五日、開発社、による）

英文和訳については、構文はそれほど複雑ではないが、出来・不出来は語彙力の差によるところが大きいだろう。inauspicious omen; maiden speech; put all his best goods in the shop window などの意味、またコンテキストからの that way と the other way の意味が解釈上の鍵となる。また和文英訳（日本語の古文調は別としても）もいかに英文の発想に置き換えるかがポイントになる。この予備試験を通過してさらに本試験を通過しなくてはならない。この時の受験者数は八十四名、そして最終的に合格となったものはわずかに七名という厳しさだった。浦口の英語力の高さが推測されるというものである。浦口二十五歳の時である。

このあと、熊本の済々黌中学（七年間教授）や新潟の長岡洋学校などで教え、明治三十九年には、日本女子大学英文科および慶応義塾大学部理財科などの講師となる。この明治三十九年（浦口三十四歳）には英学新報社から処女出版として『英詩の栞』を出している。これはワーズワース、ロングフェロー、テニスン、ブライアント、バーンズ、シェイクスピアなど九人の詩人の短詩二十編を対訳評註の形式でまとめたものである。この本には坪内逍遥、岸本能武太などが序文を寄せており、岸本は「世上既に公にせられたる英詩の他の韻文的翻訳に比するに、少なくとも翻訳としては遥かに優勝したるものといはざるを得ない[12]」と賛辞を送っている。

明治四十一年四月には台湾に新設された七年制の全寮制の学校の教師となり、大正二年まで約五年間を現地で過ごす。この学校は特に英語教育を重視する方針を採っており、浦口は英語科主任という重責を任されていた。そして明治四十五年、同志社大学が創立され、神学科、政治学科、英文科ができた時に、英文科主任教授に選ばれることになる。浦口四十歳の時である。そして二年後の大正二年には米国留学を命じられ、ハーバード大学大学院に入学し、世界的シェイクスピアの権威G・L・キトレッジの指導のもとでシェイクスピアを研究した。浦口はそのキトレッジ博士の人物像について『英語青年』に載せた追悼文の中で次のように簡潔に記している。

「彼は、長身痩躯、眼光炯々。精悍の気満面。頭顱の形の相似たるは、羅馬詩人のそれ。服装は、年が年中鼠色一式(かと思はれた)。しかもそのプイッスぶりは、いつもきりつとしたもの。彼の講堂に入るや、ほとんど一秒の遅刻なく、またその退場ぶりには、半秒の遅滞なしといはれてゐた。かやうにして彼の言動一切に発揮されたのが、科学的の几帳面ぶり。随つて、その講義にも、一言の無駄なく、半句の駄句なし」(13)

ハーバードでは二年間の研修で修士の学位を取得し、大正四年に日本へ帰国することになる。

大正七年には東京へ転じ(同志社の内紛が原因とも言われている)、四月に東京高商専門部教授となり、大正九年四月には東京商大予科教授となって昭和四年四月までの十一年間同校に在職することになる。東京高商に就職することができたのは神田乃武の斡旋によるものであった。文検を受験した時の抜群の成績結果が当時試験官であった神田の記憶に残っており、結果として神田を動かせたものであった。大正十四年には『ジャン・ラスキン』(同文館)、昭和七年には『新評註ハムレット』(三省堂)、同九年には『新訳ハムレット』(三省堂)を出版している。この『新訳ハムレット』は浦口が提唱していたグループ・メソッドの実践的翻訳であった。東京高商以後は、立教大学、駒沢大学、明治学院高等部などで教鞭をとったが、昭和十九年に七十二歳でこの世を去る。[14]

以上の経歴で分かるように、浦口は大正二年から約二年間ハーバード大学に留学している。浦口自身はその著『グループ・メソッド』(文化生活研究会)の中で「此式(グループ・メソッド——筆者注)はハーバードで私が得たものではない。其始りは上述の略歴より察し得られるやうに、何時はた何處の事であつたか、私自身にもしかと指さし得られない。[15]」と言及しているが、私は思うに、この留学における英語漬け体験がグループ・メソッドの発酵を促したのではないかと考えられる。つまり浦口は敢えてこのように述懐することによって、ハーバード留学中にこのメソッドを誰れ彼れといった特定の人物に教わったのではなく、自らが編み出した方法論なのだと主張したかったのではないかと察せられる。実際前述の引用個所の少し前のところで、次のように述べて、グループ・メソッドの萌芽とその後の経緯を簡単に説明している。

「此式の経過は其命名以来に於て上述の通りであるが、更に其以前に溯つて云ふならば、かなり久しいのが私と此メソッドとの縁故である。英文の訳解を簡潔かつ有力な翻訳文体に仕上げるといふ自分自身の要求に応じようと私が試み始めたのは明治三十二年—同三十六年に於ける熊本時代であつた。次にこの試みと平行して、私に於て益々明確になつたのは英文其物の構造を忠實にたどつて行くことを要すといふ意識であつた。これは明治四十一年—大正二年に於ける私の台湾時代の事であつた。其後外遊中にハーバード其他に於て、私が愈々痛感させられたのは英文構造のグループ式順序を敏活につかむべき必要であつた。[16]」

ちなみに、村田祐治が「直読直解法」を第二回英語教員大会であらためて推奨する講演を行ったのが大正三年であり、浦口が帰国したのが大正四年であったことを考え合わせると、村田による「直読直解法」の普及活動と浦口自身の中でのグループ・メソッドの誕生と発展が時代的に軌を一にしているように考えられる。グループ・メソッドという解釈方法論も、その誕生には浦口という個人を必要としたものではあるが、当然のことながら英語教育（学習）を取り巻く時代背景を抜きにしては考えられないだろう。グループ・メソッドや直読直解法などを誕生させる外側の英学環境が村田や浦口の生きた時代に育まれていたのである。浦口はこの新たな解釈法であるグループ・メソッドを実践すべく、東京高商・東京商大予科時代（大正七〜十三年）の教室で実践教授していることが彼のことばで確認される。

「グループ・メソッドといふ名称が公然私の教室で用ひられ始めたのはたしか大正八年の事であつた。自来丁度八ヶ年の間に名實ともに教室より出で丶、我邦の語学界にぼつぼつながら廣まりつ丶あるのは此式である。[17]」

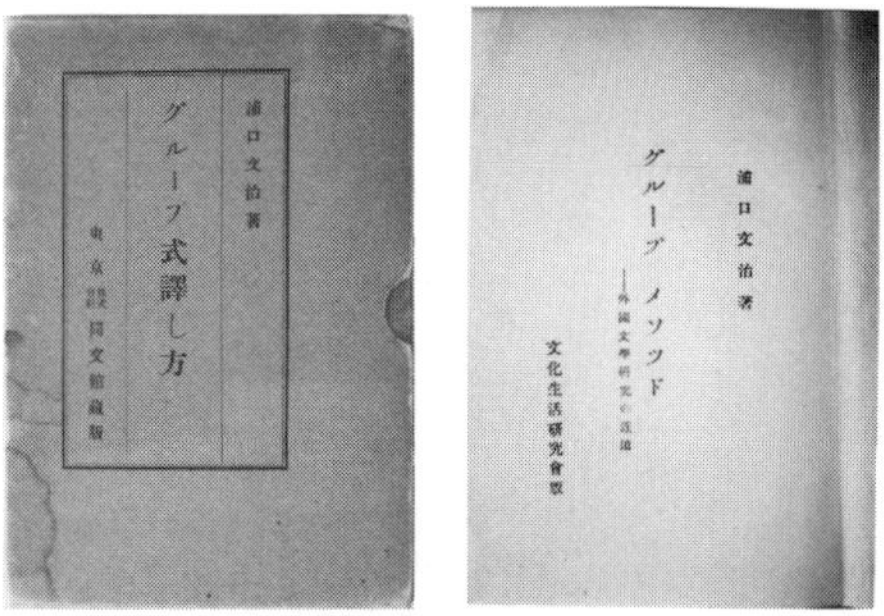

浦口文治の代表作

そして、活字として広く世に提唱し始めたのが大正十三年、雑誌『英語研究』（研究社）の一月号から七月号までの七回連載、および大正十四年九月から昭和元年二月まで雑誌『English』（神戸理文閣）の半年間の連載で、実例を挙げながら詳細に方法論を展開している。単行本としては昭和二年に『グループ・メソッド』（文化生活研究会）が、昭和三年に『グループ式訳し方』（同文館）が刊行された。この時期、グループ・メソッドはかなり評判を呼び、その是非論や印象批判などがいろいろと出た。

興味深いことは、あの内村鑑三も『グループ・メソッド』の改訂三版が出版されるに及んで（昭和二年一月に初版が刊行され、同年五月に早くも改訂三版が刊行されている。評判の程がこれでも分かる）、「スコツト・メソツドの復活と浦口君のグループ・メソツド[18]」という形で談話を発表していることである（スコット・メソッドを理解するには貴重な文献である）。内村は、グループ・メソッドは自分がかつて東京英語学校（明治十年四月には大学予備門となる）時代にM・スコットより教えられたスコット・メソッドと相通ずるものがあると感得している。

「此人（スコット――筆者注）の英語教授を大学予備門に於てうけた時、私等は全く一の新天地に導き入れられたやうに感じた。その以前に行なはれた英語教育をかためて居たのは単語暗記主義と文法尊重主義とであつた。然るに此人によつて、私等が教へられたのは全然その反対であつた。といふのは単語一つ一つの意義を記憶させられるよりも、寧ろ若干数の言葉が相集つてなして居る集団の内容を理解するやうに導かれたのであつた。此等の集団を名附けて文法学者はフレーズとかクローズとか云ふであらうが、其名称は兎に角として、私等は当時此等をもつと広義に解してゐた。もし浦口君の用語を以てするならば、それが即ちグループスであらう[19]。」

このように内村自身がスコットから習った学習法それ自体が浦口のグループ式訳読法そのものでもある、と言明しているわけである。さらにこの談話の最後の部分で、「此恩師（スコット――筆者注）より私自身がうけ得た語学教育法、しかももはや約五十年前の同級諸君併びに現在私の家の後継者が倶に衷心より感謝すべき理由のある語学授業法と大体上其立場を同うして居るものとして、加ふるに一層合理的な消化法が外国文構造上の諸細目に適用されたものとして、浦口君のグループ・メソツド其物は私も之を推奨するに憚らない[20]。」と言って浦口のグループ訳読方式を素直に推薦している。

そして、談話の別のところでは「此メソツドの応用によつて、宗教思想が如何によく消化し得られるか、特に現在の日本訳においては屡々その意義の難解を免れない聖書の本文が如何に明快にその精神を示してくれるかと云ふ事は此著の数章、即ち第二十四、五、六、七章を一読せられるならば、何人も直に合点せられるであろう。[21]」と述べているところなどはいかにも宗教家内村鑑三らしい見方である。

3　グループ・メソッドの方法論――その是非をめぐって

グループ・メソッドがその基本のところにおいて、読み進めていく文脈の流れ、あるいは訳していく流れの中で理解をしていくということなので、その意味では村田祐治の直読直解法を受け継ぐものであることは先に述べた通りである。

ところが浦口は、この点を認めながらも、自分のグループ・メソッドの独自性と優位性を示さんがために両者の比較論をその著『グループ式訳し方』において行っている。この比較の発端となったものはイニシャルR．F．の某氏（おそらく福原麟太郎であろう）が『英語青年』（第四十二巻第五号、昭和二年）誌上で浦口の『グループ・メソッド』を紹介したことにあった。

「浦口氏の Group Method の主張は、之を聞くこと久しい。この書物の標題のわきには sub-title みたいにして外國文学研究の近道とかいてある。外國文学の文章を何時までも返り読みにしてゐては、到底之を十分に理解することは出来ない。グループ・メソツドによつて、語群を順に読み下す、直ちに意味がとれるといふ習慣をつけて置かなければ駄目だといふ主張である。[22]」

このように紹介したあと、本篇の内容を少しばかり解説し、「然し要するに直読直解法である」とR．F．

氏は断言するのである。浦口にとってはこの断定がお気に召さなかったようである。浦口は時を移さずに出版した『グループ式訳し方』の中の第十章「グループ・メソッドと直読直解法」にサブタイトルとして「R・F・君へのお答へ」の言葉を添えている。この中で「一方に於いて拙著通読の御好意を謝しつゝ他方に於て此御批評を幸ひの呼び出しとして、私が少しく述べたいのはグループ・メソッドと所謂直読直解法との異同辯である。[23]」と述べて、両者の違いを明確化しようとした。否、グループ・メソッドの一歩進んだ面を強調しようとしたのである。

浦口によれば、直読直解法は原文中の clause（成句）の順序をその訳し方において守ろうとしているところに、一大特徴があると言う。たとえば、独立句と従属句という二種類の成句がある場合は、これら二つの区別を文法的に見分け、その訳し方においてもただちにこれを示そうとする。その一例として、

Yesterday I went to the Ueno Park, where I met Mr. Abe.

なる英文を用いて、直訳式、直読直解式、グループ・メソッドの訳を挙げている。

〈直訳式訳〉

「昨日私は私が阿部君に逢つた處の上野公園に行つた。」

〈直読直解法訳〉

「昨日私は上野公園に行つた、そこで私は阿部君に逢つた。」

〈グループ・メソッド訳〉

「昨日私の行つたのは上野公園で、そこで私の逢つたのは阿部君である。」

浦口によれば、直読直解法の clause（成句）式の訳し方に比し、グループ・メソッドはまさしく「グループ式の直解法」であると言う。つまり、言葉の側面においてはその切り方が常に clause よりも細かくて、phrase（半句）の場合もあり、さらに進んで単語の場合もあるという。そして、直読直解法を「クローズ式の直解法」と言うのに対し、自分のグループ・メソッドは「フレーズ式直解法」、あるいは「単語式の直解法」である、とまで言っている。したがって、先の英文の訳も徐々にグループ・メソッド訳へと変化させていくと、さらに一歩進めて「昨日私は行つたよ上野公園へね、そこであつたよ阿部君に」という訳文になり、さらに究極的には「昨日行つた上野公園で、僕はあつたよ阿部君にね。」とまで簡約され得ることになる。そして、浦口は次のように述べて、グループ・メソッドに対する自信の程をうかがわせている。

「グループ・メソッドがかやうに原文の形式を消化して、之をひらたく砕いてしまふにかゝはらず、此等の訳文に於て一々厳密に守られてゐるのは原文内容の展開順序である。此式の訳し方に於てたゞの一回も逆戻りのない處に著眼されるならば、誰も直に合點されるのは幾多の場合に於て、此式が内外両様の文脈に共通であるといふ事實であらう。かやうな事實に立脚してこそ、私が時々主張するのは此式が我國文に於て守られてゐるといふ見解と並に此式を我國文に一層深く取り入れる事の必要とである。[24]」

こう述べてからさらに、いわゆる直読直解法の延長が即ちグループ・メソッドであり、また「グループ・メソッドが『直読直解法』に比して更に一歩進んだ発達物である[25]」とまで言い切っている。

さて、そこでもう少し私はこのグループ・メソッドの方法論を検証してみたいと思う。取り上げる英文は浦口が『グループ式訳し方』で訳出論を展開している以下の英文である。

Africa will lack bread and water, before it lacks gold and diamond.

まず直訳式の訳として浦口は次の訳文を挙げる。

「アフリカはパンや水に欠乏を告げるとも、黄金やダイヤモンドに欠乏を告げることはあるまい。」

ところでグループ式の切り方にすると英文は次のように区分できるという。

1　2　3　4　5　6

Africa / will lack / bread and water, / before / it lacks / gold and diamond.

そして訳文は、

「アフリカが何時かは事かくのはパンと水とであらうが、其後に初めて事かくのが黄金とダイヤモンドとであらう。」

確かにグループ・メソッドは出てきた語順に日本語をあてはめて、うまく文章化している。また浦口自身が述べているように will lack の未来時制の訳も「何時かは」と工夫している。そして主文と従文の bread and water と gold and diamond の対照も一読明快に出すように訳出上工夫してあると言う。

しかし、上記の英文の主眼はあくまで主文の Africa will lack bread and water にあると解釈できよう。人間が生きていく糧としてのパンと水の不足が日本文においても強調される形で定着されるべきであろう。浦口は英文のスタイルからその対照性を押さえて訳出しているが、これでは黄金とダイヤモンドの欠乏に力点が置かれていると言えなくもない。浦口の解釈はいささかスタイル(語順)に捉われすぎた訳出と言えなくもない。この英文の場合は接続詞 before で導かれる節を副詞節として素直に訳したほうがよさそうである。敢えて拙訳を示せば、以下のようになる。

「アフリカでは、黄金やダイヤモンドもやがてなくなるが、それ以前に、まずパンと水が（近いうちに）なくなってしまう。」

必ずしも英文の語順通りに訳しはしなかったが、その基本的な英語（英米人）の発想（思想）はこちらのほうが日本文に定着されるのではないかと思われる。浦口は英語語順に捉われすぎて、時に牽強付会になってしまうこともある。つまり、訳文の観点から言うと、グループ・メソッド一辺倒になると理解と訳出（翻訳・推敲も含め）の距離を無視してしまう危険性がなくもない。語順に拘泥しすぎて、奇妙な日本文になってしまう可能性もある。

グループ・メソッドの検証のためにもう一例を挙げてみたい。英文は以下のものである。

Our country has succeeded in developing her national power through peaceful pursuits—a policy left by the greatest political leader of modern Japan, Okubo Toshimitsu.

浦口はこの英文を八つの idea groups に区分して以下のように分割する。

1 Our country / 2 has succeeded / 3 in developing her national power / 4 through peaceful pursuits / 5 —a policy / 6 left / 7 by the greatest political leader of Japan, / 8 Okubo Toshimitsu.

そして、浦口はこのグループ分けに従って次のような訳文を与えている。

「我が國が現に成功してゐるのは其國民的勢力の発展に於てであるが、これが手段は即ち種々の平和的施設である——此政策をのこしたのが近代日本の最大政治的指導者、大久保利通であつた。」

この訳文を見る限り、確かに英語の語順に従って訳しており、いわゆる逆戻り訳はない。浦口によれば、この英文の思想的内容の重要性は第四グループの through peaceful pursuits にあり、そのために訳文ではこれを強調する形で「これが手段は即ち種々の平和的施《マ》設《マ》である」（「施設」という意味はこのコンテキストでは当てはまらないだろう——筆者補足）となる。つまり、日本が国民勢力の発展を可能にしたのは平和的な施策遂行によってである、ということがこの文のネライだと言っているのであり、このネライを出す訳文でなければ原文の味が損なわれるというわけである。同様にダッシュ以下も大久保利通がそのネライでありクライマックスであるから、上記の日本文のように末尾に大久保利通を持ってきてその重要性を表さねばならない、という。

確かに浦口の言わんとしていることはよく分かるし、そのネライを中心に訳文を作り上げれば上記のような訳文になるのは分かる。浦口自身もこの訳し方だと「如何に手取早くかつ可得要領であるか」と言っているし、自信さえうかがわせている。しかし、一読して分かるようにこの日本文はいささかギクシャクしていて日本語としては上等な文とは言い難い。浦口はどうもネライばかりに視点が集中するあまり、日本語を「作文」してしまっているきらいがある。日本語の持つ論理性とスタイルというものをはなから無視してしまっている傾向もある。私の印象では、上記のグループ・メソッドの訳文は逆に非日本語的だと言わざるを得ない。

要するに、このグループ・メソッドは、英文を理解するにあたって、グループ式に語句の意味を分割し、さらに語句単位の理解とその語句の内容の重要性の把握によって頭から理解していくというやり方においては妥当性を持つが(これこそネイティブ・スピーカーが自然に行っていることである)、いざ日本語に移し変える時に、このグループ式による重要語の強調型の訳出は、自然な日本語のスタイルを破壊しかねないマイナス面を持ってしまう。また、なんでも語順通りに訳そうとするところにもこのグループ式の弱点があるように思える。英語は、次から次へと分析的思考の流れによって、また時間の流れに応じて関係詞や接続詞の多用によって増殖的に文章化していくが、日本語は主語と述語の距離が離れてもどちらかというと総合的な文章化の方向をとるのではないかと思われる。

上記の英文を敢えて私なりに文章として訳せば次のようになる。

「我が国は平和的な施策遂行によって国力を発展させることに成功してきたが、これは近代日本の偉大な政治的指導者である大久保利通が実現した政策でもある。」

英文の語順通りの訳文ではないが、日本文としては自然なスタイルになり得ていると思うし、このように訳したからと言って「平和的な施策遂行」や「大久保利通」の持つ意味がいささかも損なわれているわけではないと思われる。

浦口はその著『グループ式訳し方』の中で次のように述べているところがある。

「一見した處は大に違つて居るやうで、其實は殆んど共通的の構造法を守つているのが我国文と欧文とである。この文章上の類似点の根底に存しているのは即ち人の心の働き方が今と昔と、西と東とに通じて相同じき事であろう。文字の書き方に於てこそ其習慣がたてよこ相異つて来たとはいへ、別段相違のあらう筈のないのは考え方はた感じ方に於ける大体的順序である。(26)」

しかし、そもそも言語構造、シンタックスが異なった場合、その発想や思考の流れも異なってくる部分があるということの認識が浦口には欠けているように思われる。浦口は人間の心理、感性、思考、つまり人間性というものの共通項に依拠しすぎ、言語構造の差違を過小評価してしまったきらいがある。したがって、グループ・メソッドによって出来た訳文の日本語としての自立性、自然さが視野に入ってこなかったのではないかと考えられる。

昭和二年の『英語研究』五月号にN生というイニシャルの某氏が「浦口教授近著グループ・メソッドに就いて」というタイトルでブックレビューを行っているが、その中でN生氏が指摘していることは、やはり「強調すべき点を探しすぎた」ということ、そこに拘泥しすぎて訳文を作ってしまっている、ということである。

「グループ・メソッドの長所にして欠点は實に此處にあるのではなからうかと思はれます。グループ・メソッドはその出発点に於て極めて優れて居るのであります。英文を読む場合に頭の中でこの方法を敏活に活用することは極めて必要欠くべからざることであります。けれどもグループ・メソッドはその邦訳への適用に於て余りに画一的であり、余りに熱心過ぎるのではないかと思はれます。寧ろ一つの長い文章中の最重要点に時々用ひましたら遥かに有効であらうと思はれます。[27]」

グループ・メソッドは直読直解法の流れを汲んでいるわけで、その意味で現在でも読書法としての応用の仕方は十分考えられるが、N生氏の指摘にもあるように訳出の仕方、翻訳の方法論としてはたぶんに問題をはらんでいると言わざるを得ないだろう。また、根本的なところにおいて、R.F.氏が「直読直解法が自然であつて良い方法である事は誰でも知つてゐる。むつかしいのは group を見つける方法である。[28]」と言っているように文章全体を理解できない初学者にとっては、所詮グループ・メソッドは絵に描いた餅に陥る可能性もある。

最後になったが、浦口文治の外国語教育に対する考え方、姿勢をいささかなりとも探ってみよう。外国語(英語)教育の刷新化の一助として自ら考え出したグループ・メソッドの効用に対してかなり自信をもっていた節があるので、検討を加えておきたい。浦口はその著『グループ・メソッド』の中で次のように言及している。

「今日の実際に於て、高等程度の各種学校よりの出身者中其就職に際して外国語の使用はた理解を必要とする種類の地位を与へられるものは多くない。また外国語に熟通といふ條件にて就職したものでも、其使用はた理解といふ実務的実力を屡々要求されるものは極めて少い。随つて其学校時代に用ひられた語学研究の方法が果して当を得て居るや否やを検討し得べき機会に接する事は至つて稀れである。其実用価値のかやうにあやふやな外国語学のために、我邦男女学生の最大多数をして其時間と能力とを多分に費させるのは果して教育上軽々に看過してよいことであらうか。彼らの半数以上にとつて、現実一種の贅沢流行物にすぎないのは外国語の学習であらう(29)。」

ここには学校における外国語(英語)学習の非効率性や学生一人一人の語学適性を考えない全体教育などが言及されているが、これは時代を超えて今日的な課題でもある。浦口はさらに続けて言う。

「もとより外国語研究の利益には二側面がある。其一は職業上の利益で、其二は修養上のそれである。されど外国語教育の修養的価値を発揮するために、当然の必要となつて来るのは受験難といふ圧迫の緩和といふ條件であらう。とにかく上の学校への進入といふ難関の通過を以て下の学校に於ける教育の実際上の第一主眼として居る今日に於て、修養手段としての希望を外国語の教育に嘱し得る処が当分少いとするならば、また職業の手段として外国語を実地に利用し得るものが学校卒業者中まだほんの一部に過ぎないとするならば、我邦教育界に於ける経済問題中一の急務と称すべきは語学教育難の解決であらう。其一案として考究される価値の十分あるのは我青年学生中外国語教育を受るものを部分的に限定して其数を減少する事であらう[30]。」

昭和二年時におけるこういう指摘を読むと、いかに語学教育の問題の根が深く、また長い年月を経ていながら根本的な解決策がこれまでにもほとんど出されてきていないかという現実を考えさせられる。いささか暗い気持ちにさえなってくる。上記の指摘などはまさしく現況の受験体制の問題、また、かの「平泉vs渡部論争」の論点そのものではないかと思われる。

浦口は上記の指摘を踏まえ、教育行政的な問題をひとまず置いた形で自分の提唱するグループ・メソッドが語学学習の改善の一助になり得ることを示唆するのである。グループ・メソッドそのものの問題点は先に検証したようにいくつかあるが、浦口の指摘している学校における語学教育・学習の問題点は今日的な課題としても注目してしかるべき点であり、個々の英語教育者のみならず行政的な立場からも真摯に取り組むべきことでもあろう。

オーラル・コミュニケーション教育にかなり傾きつつある（一辺倒になりつつある）現代の中・高・大（さらには小学校の英語教育にも波及する勢いであるが）の英語教育に対して再考を加える余地はないのか、という懸念がいささか生まれてくる。英文の「訳読」という問題を考えながら、かつては岡倉由三郎はじめ幾人もの英学者たちが言っていたように、「英語学習の根本は、まずは読解、英文を読むということにある」という考え方の根本をもう一度考察してもいいのではないだろうか。確かな「読解力」(シンタックスの習得)の土台の上にこそ本物のオーラル・コミュニケーション(挨拶程度のものではない意思疎通のコミュニケーション)も乗るべきであると考えられるのだが。

《註および参考文献》

(1) 川澄哲夫編『中浜万次郎集成』第三編　資料集成I、第四章「英米会話捷径」、七五〇頁、小学館、一九九〇年。
(2) 岡倉由三郎『英語教育』、一二〇頁、研究社、一九三七年。(これは明治四十四年に博文館から刊行されたものの再版)
(3) 岡倉由三郎「外国語教授新論」、『教育時論』、一八九四年。本引用は高梨健吉・大村喜吉・出来成訓編『英語教育史資料』第二巻(「英語教育理論・実践・論争史」)、三四頁、による。東京法令出版、一九八〇年。
(4) 前出、岡倉『英語教育』、四三頁。
(5) 岡倉由三郎「本邦の中等教育に於ける外国語の教授についての管見」、岡倉訳『外国語最新教授法』(M・ブレブナー著)の「付録論文」、付録二五頁、大日本図書株式会社、一九〇六年。
(6) 村田祐治「直読直解」、『英語教授』第八巻第一号、三六頁、一九一四年。本引用は名著普及会刊行の復刻版第四巻(一九八五年)による。
(7) 同前。
(8) 同書、三七頁。
(9) 村田祐治『英文直読直解法』、「総論」五―六頁、南窓社、一九一五年。
(10) 前出、村田「直読直解」、三七頁。
(11) ちなみに同じ英文をグループ・メソッドの方式で浦口文治が試訳すると「彼の話し方があまりに早くて、ために私に出来ないのは彼の意を解する事だ。」となる。(浦口文治『グループ式訳し方』、一四四頁、同文館、一九二八年)
(12) 浦口文治『英詩の栞』、序(岸本能武太)三頁、英学新報社、一九〇六年。

(13)　浦口文治「ハァバードのキトレッヂ博士逝く」、『英語青年』第八十六巻第一号、二一頁、英語青年社、一九四一年。
(14)　以上、経歴の略述に関しては、手塚竜麿「浦口文治の生涯と業績」(日本英学史学会編『英学史研究』第十号、一九七七年)を参考にさせていただき、その他『英語青年』片々録等の浦口関連記事を参照した。
(15)　浦口文治『グループ・メソッド』、「まへがき」一一頁、文化生活研究会、一九二七年。
(16)　同書、「まへがき」一〇—一一頁。
(17)　同書、「まへがき」五頁。
(18)『内村鑑三全集』第三十巻「別編　参考」、「スコットメソッドの復活と浦口君のグループメソッド」、五四九—五四頁、岩波書店、一九八二年。
(19)　同書、五五一頁。
(20)　同書、五五四頁。
(21)　同書、五四九—五〇頁。
(22)　R・F・『『グループ・メソット』について』、『英語青年』第五十七巻第五号、三三頁、英語青年社、一九二七年。
(23)　前出、浦口『グループ式訳し方』、一三一頁。
(24)　同書、一三六—三七頁。
(25)　同書、一三八頁。
(26)　同書、六頁。
(27)『英語研究』第二十巻第二号、N生「浦口教授近著グループ・メソッドに就いて」、一〇六頁、研究社、一九二七年。
(28)　前出、R・F・「『グループ・メソット』について」、三三頁。
(29)　前出、浦口『グループ・メソッド』、三—四頁。
(30)　同書、五頁。

《主たる参考文献》

上田明子「直読直解」、『読む英語』(『現代の英語教育』第五巻)、研究社、一九七九年。

浦口文治「神田先生の面影」、『英語青年』第五十巻第十二号、三六二―六三頁(通巻通しページのみしかない)、英語青年社、一九二四年。

浦口文治「外國語問題私見」、『英語青年』第六十巻第八号、二七頁、英語青年社、一九二九年。

浦口文治「Smoker 氏へのお答へ」、『英語青年』第六十四巻第五号、三四頁、英語青年社、一九三〇年。

浦口文治「Smoker 氏へ再び」、『英語青年』第六十四巻第十一号、三〇頁、英語青年社、一九三一年。

『英語教育』第三十巻第五号(八月号、特集 直読直解の指導)、六―三〇頁、大修館書店、一九八一年。

川澄哲夫「訳読の歴史」、『英語教育』第二十五巻第五号(七月増刊号)、一四―一九頁、大修館書店、一九七六年。

神田乃武 “English in Middle Schools”,『太陽』二月号、一八九六年。『神田乃武先生――追憶と遺稿』(刀江書院、一九二七年)にも所収。

澤村寅二郎『訳読と翻訳』、研究社、一九三五年。

Smoker「グルウプ・メソッドなりや」、『英語青年』第六十四巻第二号、三二頁、英語青年社、一九三〇年。

外山滋比古「英文解釈法」、『読む英語』(『現代の英語教育』第五巻)、研究社、一九七九年。

松村幹男「リーディング教授・学習の史的展開」、『英語のリーディング』(垣田直巳編『英語教育学モノグラフ・シリーズ』の一冊)、大修館書店、一九八四年。

茂住實男『洋語教授法史研究』、学文社、一九八九年。幕末期のオランダ語学習における訳読法について詳しい。

第三章 英語教育から見た《英国風物論》

その誕生と系譜

1 はじめに

日本人がいわゆる西洋の文物に関心を示し始めた契機となったものは、よく知られているように一五四三年(天文十二年)のポルトガル人による種子島鉄砲伝来と一五四九年(天文十八年)のイエズス会の宣教師聖フランシスコ・ザビエルによるキリスト教伝来である。ほぼ時を同じくしたこの二つの出来事はまた物心両面において、南蛮・紅毛からの文化的衝撃としてその後の日本人にかなり大きなインパクトを与えたものであり、言ってみれば西洋からの精神文化(キリスト教という宗教)と物質文化(鉄砲という[武]力の具体物)の渡来という象徴的な出来事として認識することもできる。

特に時の権力者たちは異国からの文明・文化には敏感に反応していた。それは政治権力の維持という立場から、それを脅かすかもしれない外側からの潜在的な力となるものに常に監視の目を向けていたからであり、また当時の外来文化の高貴なるもの珍奇なるものが贈答品として集まってくる権力者たちは、自ずと好奇心が掻き立てられ、また異国趣味的なもの(風土・文物)への関心を高めていたからである。したがって、鉄砲とキリスト教の伝来から鎖国令(一六三九年[寛永十六年])に至るまでのおよそ百年間の「キリシタンの世紀」と称された時代、時の権力者となった信長も秀吉も家康も直接・間接に異人たちから西洋の文物にまつわる知見を自ら進んで広めようとしていた。

2　南蛮・紅毛の文明・文化への眼差し

この「キリシタンの世紀」時代のそうした西洋の文物知識の情報源となったものは、キリスト教布教のためにやって来た宣教師たちであったり、漂着船の乗組員だったり、また平戸や長崎に入って来たポルトガル、スペイン、オランダ、イギリスなどの貿易商人たちであった。(1) 彼らがもたらした書物・地図・文物・調度品などは、これまで知っていた唐(中国)、天竺(インド)とはまったく異なる文明・文化の存在を当時の日本人たちに知らしめ、またその文明・文化の質の高さは彼らを驚愕させ、ある意味で彼らの持つ伝統的な世界観(唐・天竺・日本の三国観)の転換さえ迫るものでもあった。とりわけ信長、秀吉、家康の三人の天下統一者の西洋文物やキリスト教に対する反応は三者三様であり、彼らの人間性や資質、統治政策を探るうえでなかなか興味深いものがあるのだが、本論が扱うテーマから言って、今ここでそちらの方面に分け入ることはしない。

「キリシタンの世紀」以後、西洋の文物や情報の流入はたとえ鎖国時代に入っても絶えることなく続き、長崎の出島という小さな窓を通じてかなりの海外情報が異国人と直接に接するオランダ語の通詞たちや輸入された漢籍地理書などによって日本人にもたらされたことは、よく知られている事実である。また彼ら通詞が訳した『阿蘭陀風説書』は長崎に入港したオランダ船が長崎奉行を通じて幕府に提出したものであり、中国・朝鮮、東南アジア、インド以外の当時の西欧諸国の事情や覇権的動向を知る情報源としても非常に貴重なものとなっていた。こうした西洋文物・情報の流入の経緯の中で、不完全ながらも日本人の手によって海外（西洋）の事情が少しずつ書かれ始めていく。まさに本邦における海外地理書や西洋風物誌の出現である。

その本格的西洋風物誌の嚆矢が、新井白石の『西洋紀聞』（一七一五年［正徳五年］）であるという指摘がある。[2]これは新井白石がイタリア人宣教師ジュアン・シドッチ（日本語式にはヨワン・シロウテ）を取り調べた際に記録した知見を基にして書いたいわゆる西洋事情の書である。ところが、日本における洋学の展開を年表式に記した大槻如電編修『新撰洋学年表』（一九二七年［昭和二年］）には別の興味深い意見が見られる。『新撰洋学年表』の一六九五年（元禄八年）の項には、天文・地理学者の西川如見が編纂した『華夷通商考』〔二冊本〕についての細川十州の次のような短評が出ている。

「細川十州曰く　如見の著書往々誤謬あるも富《ママ》時の学術を見ば誰人も免れざらん　世に西洋学術を新井白石に始れりと云へど如見其十余年前に在り　創闘の功は掩ふ可らず[3]」

つまり、西洋学術［風物・事情誌］の源流を新井白石の『西洋紀聞』に求めることが世の通例と考えられているが、それより十数年前の西川如見の『華夷通商考』こそがその出発点だと言ってもいいのではないか、という指摘である。しかし、そもそもこの『華夷通商考』は、唐通詞頴川藤左衛門《えがわとうざえもん》（東アジア方面担当）とオランダ通詞西吉兵衛（オランダ人の往来する諸国担当）が共同で書き記した『諸国土産書』（一六九九年［寛文九年］）や長崎通詞による幕府当局への海外事情報告書『異国産物記』（一六八一年［延宝九年］）、それに唐通詞林道栄《はやしどうえい》が著した『異国風土記』（一六八八年［貞享五年］［推定］）などを参考にして書かれたものとされている。特に『異国風土記』が種本になったのではないかという指摘もあるくらいだし、今では西川如見のオリジナルの作とは見なされていない[4]。ところが、西川はその十三年後にはさらに『増補華夷通商考』（一七〇八年［宝永五年］）〔五冊本〕を刊行している。しかし、この増補版とても当時の明に滞在していたイエズス会宣教師ジョリオ・アレーニ（漢名　文儒略）が漢文で著した世界地理書『職方外紀』（一六二三年［元和九年］）をさらに参考にして増補したものであった。内容的には、中国・朝鮮、東アジア、インドを中心としながら、それ以外に中近東から西アジア、アフリカ、西欧さらにはアメリカ大陸まで広範囲に記述の対象としている。しかし、両書ともいわゆる「商業的」世界地理書であって、諸国の産物、地理・風土解説、商船の貿易活動、航行経路などを単に記述したものである。したがって、幕府の鎖国政策をも背景にした世界地理・事情「研究誌」の観点からして、既に広い海外知識を有していてかつ『華夷通商考』さえ読んでいた白石の『采覧異言』（一七一三年［正徳三年］）や『西洋紀聞』と比較した場合、内容的に見劣りがするのは止むを得ない(5)。

確かに『華夷通商考』『増補華夷通商考』は鎖国時代の日本人の海外知識の拡大には寄与するところ大であったが、洋学［西洋事情］の源流として、また西洋風物誌としての嚆矢として考えた場合、知識・情報の正確さから言ってもやはり『西洋紀聞』に軍配を上げざるを得なくなる。先に挙げた『新撰洋学年表』の中の細川十州の言葉の内実はいささか差し引いて考えなければならないだろう。以下に引用する岩波文庫版『西洋紀聞』の校訂をした村岡典嗣氏の解説文からもそのあたりは裏付けられる。

「而して、シロウテの我が国に於ける生涯の歴史中、最も光彩ある場面は、いふまでもなく寛永六年の暮、切支丹屋敷に於ける新井白石の吟味である。……互ひに些か知り得た異語の覚束ない知識ながら、渾身の智能を注いで、質問応答、相弁じ相駁した有様は、単にめざましい一場の壮観であつたのみならず、その結果としては、實にわが国洋学の興隆の端緒ともなつた［傍点筆者］、意義深いものであつたのである。而して西洋紀聞は、白石その人が親しく筆を執つて、思ふに當時の記録をもとゝして、その後約七年を隔てた正徳五年某月に完成したものである。……自然の名文として、文学的功果のゆたかなるものあるはもとより、記載の内容に於いても、當時初めて国人に伝へられたともいふべき、西洋に関する正しい知識〔傍点筆者〕、かねて西洋文化に対する理解等の、如何なるものかを、今日に示す貴重なる史料をなしてゐる。[6]」

先に挙げた『采覧異言』も、やはりシドッチの尋問から生まれた海外地理・風俗事情誌である。この著は後年、土佐藩の蘭学者山村才助(昌永)によって『訂正増訳　采覧異言』(一八〇二年〔享和二年〕)として再編纂され、当時の最良の世界地理書として重要な海外情報源となった。

これ以後、鎖国という治世のなかで天文・地理学者、オランダ通詞、蘭学者、漂流民帰国者などによって幾多の西洋(異国)事情誌が書かれたり訳されたりしているが、本格的な西洋風物誌の出現は、幕末に至って日本人による海外渡航が事実上解禁され、実際の見聞に裏打ちされた西洋に関する豊かな新知見の獲得まで待たねばならない。その大きな成果が福沢諭吉の『西洋事情』(全十冊。一八六六―七〇年〔慶応二年―明治三年〕)である。時事新報社版(一八九七年〔明治三十年〕)の『福沢全集』緒言で福沢本人が述べているところによれば、その初版は十五万部を下らず、また偽版も相当数出回ったようで、合計すれば二十五万部くらいまで売れたはずだ、と言っている。[7]『西洋事情』は当時の知識人から一般庶民まで幅広く読まれた先駆的西洋紹介書となったのである。

3　明治期《英国風物論》の誕生

「風物」の意味するもの

前節の中で既に「風物誌」という形で「風物」という言葉を使っているが、一般的に使われている「風物」

とは多少意味合いが異なる。したがって、本論においては「風物」という言葉がどのような意味合いで使われているのかをあらかじめ検討し、また定義しておく必要がある。

「風物」をいくつかの国語辞典で調べてみた。『広辞苑』では第一義として「風景　景色」、第二義として「その土地・季節を特徴づける風景や事物」となっている。それぞれの用例として、前者は「車窓の風物」、後者は「秋の風物」が挙げられている。本論文で扱う《風物論》の持つ意味合いとしての「風物」にはどうもしっくりこない。さらに同じ出版社の『岩波国語辞典』を見てみると、上記のような第一義、第二義に加えて、第三義として「風俗や事物」という定義が与えられている。《風物論》の持っているニュアンスがいささか出ているかと思われる。

また『角川大国語辞典』には、「風光景物」の意味があり「景色・風景・風光、季節に伴ってあるもの。雨・雷・動植物など」の定義が載っている。「風俗・事物」といった意味合いの定義はまったくない。

さらに、漢字語句を調べるための重要な辞典である諸橋轍次の『大漢和辞典』(大修館書店)に当たってみると、「風物」の第一義に「其の土地の風光景状。けしき。ながめ。風趣景物」、第二義に「風化が物を動かすこと」と出ている。したがって、この定義からも本論文で扱うような「習俗、習慣、生活事物、制度」といった意味合いの「風物」の用法はもともと漢語にはなかったということが言えるかもしれない。

また、言葉の作品における初出用例を提示してくれる『日本国語大辞典』(小学館)によると、第一義に「ながめとして目にはいるもの。風景やその風景を形作っている景物。また、その土地やその季節特有の景色や産物」とあり、その用例は平安時代の古くからあったことが例示されている。そして第二義として、本論文で扱う意味合いそのものの「風物」の用例が載っており、「ある土地の生活、行事に関係のある事物」と説明されている。広い意味での《風土・文物・文化》としての「風物」であり、その初出の用例も引用されていた。それは永井荷風の訳詩集『珊瑚集』(一九一三年[大正二年])の「序」に現れる「邦人又争ひて海外の風物を迎へ」

という例である。つまり大正年間に入ってからようやく新たな意味の「風物」がある程度認知され始めていたことがこの用例によって理解されるだろう。これは後で説明する岡倉由三郎のその著作の中での「風物」の使用年代(明治終わり頃から大正にかけて)とある程度符合するものでもある。

では次に、「風物」を英語ではどのように定義しているかを検討することでその意味合いの広がりを探ってみたい。いくつかの現代の和英辞典に当たってみた。大学生レベルで使われる『カレッジ版ライトハウス和英辞典』(研究社)には「日本語の『風物』のように人間と自然をひとつに融合させた考えにぴったりの概念が英語にはないので、このような説明的な訳しかできない」と断ったうえで、“people's lifestyle and nature”という定義を与えている。他の辞典には、ただ単に“thing(s)”(大修館『ジーニアス和英』)と出ていたり、また原義的な意味としての“scenery; nature; landscape”以外には“institutions and customs”(研究社『新和英中』)あるいは“scenes and manners”(研究社『大和英』)といった定義が紹介されている。前者“scenery; nature; landscape”はそのまま『広辞苑』の第一義の定義と重なってくる。後者“institutions and customs”や“scenes and manners”の英語をそのまま訳せば「制度と慣習」あるいは「状況と風習」といったものになり、このように書かれればとにかく日本語による具体的認識が可能であり、本論文で扱う《風物論》の「風物」の意味にかなり接近してくる。

ちなみに日本で最初の和英辞典であるJ・C・ヘボンの『和英語林集成』(一八六七年[慶応三年]。講談社学術文庫版による)を見てみると、「風物」の語は載っておらず、代わりに「風俗」や「風儀」があり、それぞれ前者「風俗」に“customs; manners; usages”、後者「風儀」に“customs; fashion; manner; practice; way”が定義として与えられている。本論文で扱っている「風物」の概念に大変近いものがある。これによっても、この幕末明治の時代には本論文で扱う意味合いとしての「風物」の使用はまだ一般的ではなかったことがある程度理解できる。
ところで、《風物論》の意味合いとしての「風物」を考察するうえで、ひとつ興味深い定義がある。研究社『大和英』(第五版)には上記の“scenes and manners”の定義の他にドイツ語の“Realien”なる語が与えられていた。この辞典の源流である『武信和英大辞典』(大正七年)にも既に「「風俗、事物」realien【獨】」として載っていることも確認できた。大正七年と言えば、飯島東太郎・スウィート著『英国風物談』が出版された年でもある。なぜ「風物」の対応語として英語以外にこのドイツ語が与えられているのか。この“Realien”を現代のドイツ語辞典で調べてみると「事実、実体／専門知識／自然科学、精密科学」(小学館『独和大辞典』)であったり「実在する物／実物／事実／実際的知識／実科(現代語・数学・自然科学など)」(同学社『新修ドイツ語辞典』)となっていたりする。「風物」なる訳語は出てこない。上記の訳語の列挙からも、いわゆる「風物」のニュアンスは現代語のドイツ語“Realien”には見られない。「風物」と“Realien”はどこで結びついたのだろうか。

“Realien”なるもの——岡倉由三郎の主張

このドイツ語“Realien”と日本語「風物」を結びつけた人物がいた——岡倉由三郎である。いわゆる論としての風物論を説いた嚆矢とも言われる彼の『「風物」知識の必要』(一九一七年[大正六年])というエッセーの中に次のような一節がある。

「たとへば英佛獨と云ふ様な近く隣あつて、吾人の眼には風習も制度も大同小異と思はれてゐる国々でも、互いに風物の違ふ所を調べ其知識を根抵として教師が外国語の教授の際、教授する語句に一々聯想の適切な背景を與へようと努めるので、これが為にも外国語の教師は抄からぬ修業を積むのが彼の國の今日の風潮である。茲に風土文物又は風物と自分の謂ふのはドイツ語でRealienと呼ぶ科目で、語義は故實の實、故事の事の意である。[8]」

この記述によって、これまでもある程度予測はついていたものの、「風物」とは「風土文物」から来ており、岡倉がそれをドイツ語の“Realien”の語の内実から定義したことが読み取れる。しかし、岡倉はこれ以前にも既にその著『英語教育』(一九一一年[明治四十四年])の「教師に対する要求」の章で“Realien”なる語を使っている。岡倉がドイツ国の教師養成について触れているところである。

「大学で、四年乃至五年の修業を積むとも、正式に教師に任命せらるゝ迄には、尚其上の修業を積まねばならぬ。それは、全く實地経験の為めに費す所の専攷学年(Seminarjahr)と試補学年(Probejahr)とである。専攷所(Seminar)は、大学に付属し、教員検定試験を受ける迄は、学生は、此処に出入せねばならぬ。此処には図書館もあれば、講義も開かれる。此処で、中世英語などを調べてDoctorの学位を受け、休暇を利用して、英米へ出かけて風物(Realien)を研究する。斯くして検定試験を受け、それから試補学年を一年履むのである。[9]」

さらに岡倉はこの文章の少し後のページでも外国語の教師にとっての風物知識の重要性を強調し、その具体的内容としては、その国民の風土、人情、文物、習慣、地理、歴史などを指している。これによっても岡倉が意味する「風物」の包含する意味合いがかなり広いことが見て取れる。

「教師は又、言語其の物の外に所謂風物の知識を有することが必要である。即ち、其言語を話す国民の人情、習慣、地理、歴史等に関する知識を蓄ふべきで、此知識に乏しき時は、外国語の教授は、徒に言語文章の法則関係のみに囚はれて、活きた材料無き乾燥無味のものとなつて仕舞ふ。且又、外国語の修養的価値は、其言語の外形に通ずると共に、其内容たる風土、人情、文物、習慣を知るに存するのであるから、此方面から見ても、外国語の教師は、風物に関する知識に豊富ならねばならぬのである。」(10)

しかし、興味深いことに、こうした《風物論》の考え方の由来を示すものとして、岡倉のさらに古い著作(訳書)にその明確な源を探り出すことができるのである。それは、一九〇六年(明治三十九年)に岡倉がM・ブレブナーの *The Method of Teaching Modern Languages in Germany* を訳出した『外国語最新教授法』である。その第一章「所謂新方式」のなかに新式教授(法)の十要素を列挙しているが、第七番目として「風土文物(Realien)を特に初期以後の教授に於て、廣く教へる事」という項目を挙げている。岡倉はここで初めて"Realien"を「風土文物」と訳したのである。

さらに第四章「文物教授」においては"Realien"という言葉を多用しながらその定義づけを試み、またその教授の必要を縷々説いている。一例を以下に示そう。

「凡そ学校の下級及び中等級の言語学教授は、彼の全課程には属しながら主として上級で行はれる實物教授(Sachunterricht)即ち Realien(風土文物)の教授に対しての豫修だと考えられてをる。Realien(real things 又は realities)といふ言葉は、多少漠然としてをつて、意味が廣きに失してをるが、一國民の實際の生活の状態及び思想――其文学、歴史及び地理、其制度、風俗及び習慣――を説明する一切の事項を抱括してをる。近頃まで獨逸でも、國語の授業と相並べて Realien の教授を行ふ事は、主として文学に限られてをつたが、しかし現時では、教科書にも、教授の際にも、今其言語を説かうとする國家、及び國民に関する殆ど凡ての方面からの智識に重きを置いてをることが歴然として知られる。(11)」

一九〇二年（明治三十五年）から英語および英語教授法研究のため三年間ドイツ・イギリス留学を経験した岡倉は、ドイツでつぶさにその英語教員養成のシステムを観察し、そこで風土文物の学習の重要性を認識したものと考えられる。その科目が、風土文物の実際的知識を学習する"Realien"であったわけである。またブレブナーの著作を訳しながら岡倉は《風物論》の重要性をますます強く実感したのであろう。

このような考えを抱く岡倉の同僚として交友があった東京高等師範学校（岡倉は英語科主任）の英語教師のウィリアム・E・L・スウィートが、同じ時期に *London Life*（三省堂、一九〇八年［明治四十一年］）を書くに至ったのは自然の流れだったのかもしれない。これはある意味で日本における初期の英国風物論のひとつと言ってもいいもので、その"Preface"には"Realien"についても触れられている。

「現代語の学校教育における最近の改革のめざましい特徴のひとつは"Realien"を重要視していることである。教師向けの或る講義の中でカール・ブロイル教授は次のように述べている——「現代語（教育）が目的とすべきところは、列強国の生活、国民性、思想などの主たる特質を教えることにある。」と。「新」教授法や「改革」教授法の提唱者たちが主張しているのは、それ自体は純粋に語学上のことではないが、こうした事象の学習・研究こそが実際的言語習得への重要な前段階になる、ということである。(12)」

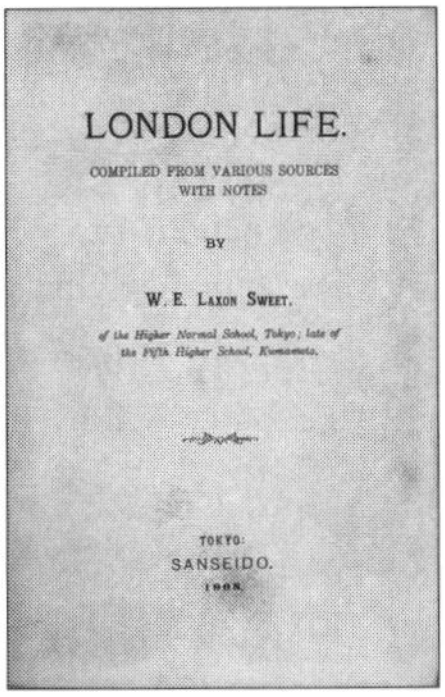

London Life の題扉

この記述は、岡倉が訳出したブレブナーの『外国語最新教授法』の第四章に言及されているカール・ブロイル博士の説くところ［後述する箇所

「現代外国語の教員養成」と重なるものである。

また、付録にロンドン市内の地図、ロンドン郊外のスケッチ地図、英国全土の地図、地名索引、注、付録A（主要な歴史的な事件の年表）、付録B（貨幣、重量、長さの単位）などが採録されており、日本人英語教師にとってロンドンのみならず、英国の風俗、生活、慣習、制度、歴史などを知る手頃な教科書（学習書）になっていた。

もう一冊、当時日本に滞在していた外国人教師が書いた英国風物論の本がある。オースティン・W・メドレーの *My English Diary*（三省堂、一九〇八年［明治四十一年］、二〇三ページ写真参照）である。初版本には付録としてミニ別冊の［Notes］が付いていた。本書は、英国に初めて渡った主人公の日本人がさまざまな状況下で英国の街、家庭、慣習、名所・旧跡などを見聞する記録を会話体で記述したものである。日本人向けに口語的で平易な英語で書かれており、会話を通して英国の風物の学習、さらにはその国民性をも理解できるようになっている。神田乃武による英文献辞には本書の風物論としての趣旨が的確に謳われている（第二部第四章において、既に英文付きで引用）。

「本の完成おめでとう。これは私がかねがね誰かに書いて欲しいと願っていたものです。これで英語を学ぶ学生たちに英国の制度、風習、慣習などの知識を与えてやれることになります。ちょうどクロンがその著 *Little Londoner* で自国の同胞に知識を与えたように。[13]」

明治期当時の在日英国人教師によって書かれたこの二冊とも、岡倉以降の日本人英学者が著した百科全書的（ないしは事典的）な包括的《英国風物論》とはいささか趣が異なるものであったが、明治期最後に出版された英国風物論としては貴重な情報源になっていたものと言えるだろう。

こうした歴史的流れ、経緯を踏まえて初めて、いわゆる本論の中で意味するところの日本語の《風物(論)》のそもそもの発端が、岡倉由三郎の“Realien”定義から始まったと確定できるし、その包含する意味がいわゆる辞書的な定義以上の広がりを持っていることが理解できた。福原麟太郎がその著『風物知識』(一九三六年[昭和十一年])の中で「風物といふのは風土文物といふ熟語を簡略にしたものかも知れない。命名者は岡倉由三郎先生である。日露戦争の後数年の事で、ドイツ語の Realien といふ語を譯されたものである。[14]」と書いているが、今ここに文献調査によりその誕生の経緯が検証でき、裏付けることができた。

4　岡倉以後の英国風物論の系譜(昭和初期まで)

明治に入って、確かに大変な勢いで西洋の文学作品が翻訳され始め、それによって西洋の風土文物は文学作品の中の背景あるいは〈装置〉として情報化され、さまざまな形で日本人の西洋風物知識となっていった。その意味で文学作品が西洋風物知識の移入の役割を一面で果したことの意義は大きいだろうし、そのことは認識しておくべきだ。しかし、本論はあくまで明治以降の英学史・英語教育史という立場から英語教育・学習現場での《風物論》を捉えようとするものなので、そうした風物の情報源としての文学作品はここでは省かざるを得ない。

さて、岡倉由三郎の“Realien”定義から始まった《英国風物論》は、ドイツで彼が観察したようにあくまで英語教員養成の視点から、また英語学習における英国の風土・社会・制度・文物の知識の重要性の視点から「風物」を捉えたものであった。では、ここを出発点として以後の英学史・英語教育史の流れの中でどのように《英国風物論》の系譜が連なっていったのだろうか。

まず、大正期に入って岡倉由三郎は英国風物論の重要性を当時の英語教育界のなかで訴えるべく一つの試みをしている。それは教員に向けての《英国風物論》の必要性を説く公開講演（講義）である。ただ、この試みのヒントと言えるものも岡倉が訳したブレブナーの『外国語最新教授法』の中に見て取れるのである。それは、ブロイル博士が一八九四年四月十一日に教員養成大学の会合で行った一つの講演（"The Training of Teachers of Modern Foreign Languages"「現代外国語の教員養成」）についての記述部分である。この講演のなかでブロイル博士はRealienを「物を説き明す事実及び研究で、其中には外国の生活状態や思想の研究、色々の時期の風俗や制度の研究をも含んでをるもので、一部は自身に外国で経験して得らるべきものである」[15]と定義している。おそらく岡倉の脳裏にはこの講演についての記述が印象深く残っていて、《風物論》の必要を説く公開講演（講義）を誰かに頼みたいと願っていたのではないか、と推測できる。

一九一五年（大正四年）[16]夏、文部省の英語講習会が開かれるにあたって岡倉は講師の一人であり東京高師の同僚でもあるウィリアム・E・L・スウィートにあるひとつの頼みごとをした。それは、スウィートの講義内容に英国風物論を入れて欲しいというものだった。スウィートは快く岡倉の頼みを聞き入れ、前後九回の講義を行った。

講義は内容的にも充実したものだと判断した岡倉は、これを出版するアイディアを持つに至る。そのあたりの経緯が前節でも引用したエッセー「『風物』知識の必要」に出ている。

「其際会員の獲た多大の利益を廣く一般の英語を教ふる人及びその他の人々にも頒かちたく思つたので、自分は更にス氏に勧めて其講述の邦文出版を促した。英文を日本語に改めたく思つた理由は、此種の知識を英語教師以外にも擴めたく自分が考へたからである。ス氏は幸に此点にも亦自分に同意を與へられ、飯島氏と力を協せて此業に當らるゝことを約せられた。その結果が本書である。[17]」（傍点筆者）

上記引用の最後に「その結果が本書である」とあるのは、この単独のエッセーはもともとスウィートの講義草稿を基として飯島東太郎が編訳して出来上がる予定だった著書『英国風物談』(一九一八年［大正七年一月］)の「序」(筆者岡倉の日付の記録は大正六年六月八日)として書かれたものであったが、この著書が出版される約一年ほど前の大正六年(一九一七年)二月には雑誌『英語教授』がエッセーとして先取りする形で『「風物」知識の必要』(筆者岡倉の日付の記録は大正六年一月十五日)として掲載してしまったものである。同じものが二つの日付記録を持つことになった。

スウィートの講演を活字化して出版しようという岡倉のアイディアは、聴衆者たちの評判の良さからしてごく自然の発想であったが、その内容を講義直後からすぐに活字化した人物が他にもいた。松川綱(=増田綱。松川は増田の旧姓。松川は三十歳の時に増田藤之助の養子となっている)である。松川は『英語青年』誌上で大正四年九月一日発行号(第三十三巻第十一号)から大正五年三月十五日発行号(第三十四巻第十二号)まで計十三回(第三十四巻第六号のみ休載)にわたり「文部省講習会に於けるスキート教授の『英国風物談』」(“Talks on English ‘Realien’”)というタイトルで連載を続けた。その内容は実に具体的でかつ詳細にわたっており、著書『英国風物談』の内容と照らし合わせても、あたかもスウィートの講義原稿を見せてもらったかのようである。そうしたチャンスもまったくなかったとは言い切れないが、聴衆者の中の一人として講義内容を記録したのであろうと目下は仮定して、松川の聞き書き能力の素晴らしさに驚嘆したい。また、こうした『英語青年』誌上による活字化の実践が講義直後にあったことも、岡倉の出版アイディアを促進させた一因になったのかもしれない。

では、この書物として刊行された『英国風物談』を含め、これ以降の代表的な《風物論》関連著作の系譜をその著作の目次内容や特徴を押さえつつ以下に紹介してみよう。

① **飯島東太郎・W・E・L・スウィート『英国風物談』**（一九一八年〔大正七年〕、大日本図書株式会社）

岡倉の発案に端を発して出来上がった飯島東太郎、W・E・L・スウィート共著『英国風物談』は、英語教育との関わりにおいて書かれた最初の日本語による英国風物論と言っていいだろう。スウィートも飯島も当時岡倉が勤める東京高等師範学校の同僚であった。スウィートは明治三十四年に来日していたが、そもそものきっかけを作ったのがロンドン滞在中の夏目漱石だった。来日後、漱石がかつて教えていた熊本第五高等学校で五年間英語を教えた後上京し、明治四十二年から東京高等師範学校の英語教師となっていた。

飯島は明治三十九年に広島高等師範学校を卒業した後に、生まれ故郷の栃木中学や母校の広島高等師範で教え、その後に東京高等師範学校英語専攻科に入学してさらに英語の研鑽に努めた。卒業後は東京高師の講師となり、以後三十五歳で教授になるとそのまま定年（昭和二十三年）まで勤めあげた。飯島の風物論への思い入れは強く、『英国風物談』やその続編を書いた後も、英語（教育）研究誌『英語の研究と教授』（東京文理科大学内の英語教育研究会編集、昭和七年発刊）に「英国王統列伝」を三年半にわたり連載し、また文化背景知識などのエッセーも多数寄稿している。

『英国風物談』の“PREFACE”（英文）でスウィートは、語学学習者および語学教師にとっての言語の背景にある《風物》の重要性を次のように強調している。

「言うまでもないことだが、海外旅行や海外生活の機会を得られない語学学習者や語学教師にとって、自分が学んでいる言語を（母語として）話す人たちがどのような生活を送っているのか、また社会的人間関係はどうなのか、といったことに対する明確なイメージを作ることはなかなか難しい。とりわけ日本と英国のように両国の風俗習慣がはなはだしく異なっている場合はなおさらである。

それゆえに、こうした（語学学習に）必要不可欠な知的なイメージを作るのに役立つもの、および日本人語学学習者に英国の生活の諸相を教えてくれるものは——多くの読書量や緻密な研究なくしてはなかなか得られない知識だが——、わが国日本の英語研究、英学界にとって必ずや有益なものとなる。[18]」

海外旅行や海外生活による直接的・経験的学習がかなり難しい状況にあった時代における英語学習において、英国の風俗習慣に関する知識、また英国風物論(本)等の重要性を簡潔に語っているものである。

◎　目次内容(岡倉由三郎「序」　十三ページ、W・E・L・スウィート「REFACE」　二ページ、本文二百三十二総ページ、英語索引　二十九ページ)

第一章　家族／第二章　教育／第三章　職業の選択／第四章　結婚及び定住／第五章　年中行事／第六章　夏季休暇／第七章　衣食住に関する事ども／第八章　身体及び其疾病／第九章　死亡及び葬儀／第十章　旅行／第十一章　村落の組織及び村落生活の瞥見／第十二章　市政

◎　特　徴

日本語による解説の中に適宜重要と思われる関連語句は英語で表記し、括弧で日本語の訳語も与えてあるので、英語学習者には利するところが大きい。節の見出しのほかに、重要な関連事項を上部の枠外に出して、一目でそのページ内で何が語られているかが分かるようになっている。

カラー口絵一ページ、その他白黒イラストまたは写真二十五点。

巻末には本書に出たすべての英語語句のアルファベット順による索引が備わっているので、本文の中の説明の検索に大いに便利する。

② **伊地知純正『倫敦名所図会』(一九一八年[大正七年]、研究社)**

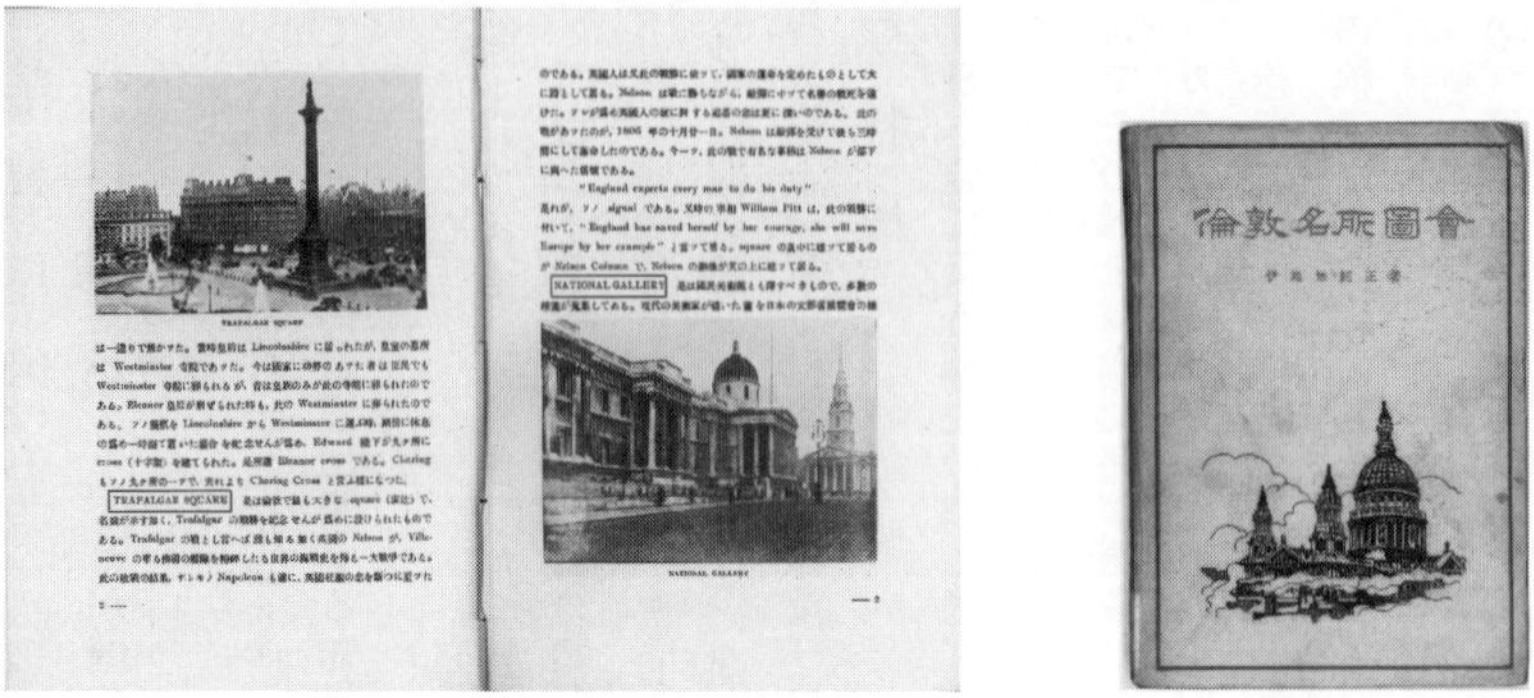

伊地知純正『倫敦名所図会』。左は Trafalgar Square と National Gallery を解説したページ。

ジャパンタイムズの新聞記者などを経験した伊地知純正は英文の達人として知られ、早稲田大学で長らく教鞭を執った。英文ライターとしての面目躍如たる側面は長らく『英語青年』の和文英訳欄を担当していたことにも見て取れる。伊地知の『英文修行五十五年』（一九五六年［昭和三十一年］、研究社）には彼の英文修行に対する情熱と努力と苦労があますところなく記録されていて興味深い。

ロンドン、パリ、ニューヨークといった欧米の大都市での生活経験も豊かで、このようなロンドンの名所・旧跡の案内的な解説書を書くには打ってつけの人であろう。伊地知は本書の「はしがき」で英学生が求めるところを次のように記述している。

「吾等の要求する所は、彼等英国人の日常生活を写したる、偽らざる記録である。而して現代文明の賜物たる写真は、最も良く吾等の要求を充たすのである。此の理由に依つて、私は倫敦滞在中、出来るだけ多くの写真を集めた。……写真と言つても、絵端書や新聞の挿畫から採つたのである。

今是等の寫真から適當なのを撰んで一冊の本に集め、私の倫敦土産として我英学界に呈するのである。……吾々が英学生として知つて居くべき倫敦の風俗習慣並に名所旧跡は出来るだけ廣く且つ忠實に説明せんと勉めた。[19]」

《英国風物論》の必要が高まる時流の中で、上記の『英国風物談』と同じ年に出版された本書（名所・旧跡写真入り）は、ロンドンを視覚から、よりいっそう身近なものにしてくれるという点で貴重なロンドン・ガイドとなっている。

◎　目次内容（「はしがき」二ページ、本文　百五十二総ページ、英語索引　四ページ）Charing Cross/Trafalgar Square/National Gallery/Henry Irving Statue/Punch and Judy/Whitehall/Westminster Abbey. . . など合計八十四箇所の名所旧跡がその写真やイラストとともに簡潔に解説されている。

◎　特　徴

それぞれの解説が固有名詞などを英語表記にしたり、日本語記述の中にも知っておいて欲しい言葉は訳語付きの英語をそのまま使用しており、語学的な教育配慮が行き届いている。これは『英国風物談』と同じスタイルでもある。また現状の姿とともに歴史的背景などを簡潔に説明していて、過去と現在がうまくクロスオーバーしたガイドとなっている。さらに著者も「はしがき」で「特に読者の注意を望みたいのは巻末に添えた英文の INDEX である。」と言っているように、四ページの中に索引がコンパクトにまとめられている。カラー口絵一ページ、また本文中に写真やイラストが百四点収められている。

③　**飯島東太郎・W・E・L・スウィート『続英国風物談』**（一九二一年［大正十年］、大日本図書株式会社）

『英国風物談』の続編である。岡倉の「序」は、空に飛ぶ飛行機や空に上がる凧に思いを馳せながら気流の話になり、天候の話になり、それが及ぼす地上の人間界の話に移り、さらに島国日本と比較できる西欧の島国・大英帝国の発展の歴史やそれを鏡とする日本国を考えるようなエッセーとなっている。十九世紀に工業力を背景に植民地政策で大きく発展した「英国を手本とすべし」という意図が見て取れるもので、当時の日本の置かれた時代背景を反映したものと言えよう（帝国主義・植民地主義の是非論は今ここでは論議の外に置くことにする)。その大英帝国を知るための書として岡倉は飯島のこの本を推薦している――「日本は神國なりと澄ましかへつてゐる不所存を止めて、余所の振り見て我が振り直すが図で、ひとり英語の教師ばかりでなく、凡そ愛國の念のある人には、誰にも一讀をお薦めいたしたい書物である。」(岡倉、「序」)

またスウィートの「PREFACE」(英文)には、以下に引用するように、『続英国風物談』も内容的には自分が行った講義を元にしているが、内容のアップデートには飯島の仕事振りを多としたい、と述べられている。

「本文の内容の元々の題材は二年前に私が行った講義のテーマであることは間違いないが、記述内容の多くの事実が当時およびそれ以後の時代と共に変化していることを銘記すべきである。それゆえ、現在のような最新の内容にまとめられたのはひとえに飯島氏によるものなので、著者は彼ひとりで十分、共著者としての私の名前を記すことがおこがましいくらいである。[20]」

◎目次内容(岡倉由三郎「序」八ページ、W・E・L・スウィート「PREFACE」二ページ、本文　二百九十八総ページ、英語索引　三十七ページ)

第一章　英国政府(第一節　憲法/第二節　君主/第三節　国王の職責/第四節　枢密院/第五節　内閣/第六節　各省の長官/第七節　軍事内閣)　第二章　議会(第一節　聯合王国議会/第二節　君主と議会との関係/第三節　貴族院/第四節　貴族院の職能/第五節　衆議院/第六節　衆議院の職能)　第三章　議会の議事手続(第一節　政党政治/第二節　国会議員の選挙/第三節　衆議院に於ける議事手続/第四節　貴族院に於ける議事手続)　第四章　海軍(第一節　英国海軍の歴史/第二節　艦隊/第三節　艦型/第四節　砲/第五節　海軍行政/第六節　海軍の人員)　第五章　陸軍(第一節　英国陸軍の歴史/第二節　歩兵/第三節　騎兵/第四節　砲兵/第五節　補助部隊/第六節　戦時編成・将校と兵卒)

◎特徴

基本的に執筆スタイルは『英国風物談』と同じである。日本語による解説の中に適宜重要と思われる関連語句は英語で表記し、括弧で日本語の訳語も与えてある。行政関係、軍事関係の専門用語が英語で数多く書かれているので、英語学習者のみならず、その筋の関係者には利するところが大きい。節の見出しのほかに、重要な関連事項を上部の枠外に出して、一目でそのページ内で何が語られているかが分かるようになっている。

カラー口絵一ページ、その他カラーイラスト一点、白黒イラストまたは写真八点。

巻末には本書に出たすべての英語語句のアルファベット順による索引が備わっているので、本文の中の説明の検索に大いに便利する。

④ ***Iwao Yamada, English through Pictures*** **［山田巌『英語図解』］（一九三一年［昭和六年］、東京開成館）**

山田巌は島根県生まれで、佐川春水と島根第一尋常中学校で同窓。「学僕」として正則英語学校に入る。夜学高等科を出て、抜擢され講師となる。一九一六年（大正五年）には学習院講師となり、やがて教授に昇格。著書に『英文法講義』（一九三二年）、『ユニオン第四読本講義』上・下（一九一二年、一九一六年）、『英語正解法』前・後編（一九一二年、一九一六年）などがある。後者二著は佐川春水との共著。

山田は「はしがき」の中で「お話を読んでも背景がハッキリしないと其光景がマザマザと頭に浮んで来ない。英書中に散見する物の名称なども辞書の説明だけではどうもシックリ頭に来ない場合が多い。……本書には現今英国で使用されて居る器具其他の絵を掲げ、表又は註などによって風俗習慣及び制度の一端を紹介した。」と記しているように、個々の具体的事物の名称と絵図を示すことによって、視覚から事物の理解を試みたと言っていいだろう。日本に同じようなものがある場合はある程度言葉による理解は可能だが、イギリス固有のものなどはいくら言葉で解説されようとも、合点がゆかないことが多い。そうした隔靴掻痒を無くそうとすべての事物にイラストや写真を添えたところに本書の強みがある。

◎　目次内容（「はしがき」一ページ、本文　百四十四総ページ、英語索引　二十九ページ）

I　客間／II　煙草に関するもの／III　テーブル・椅子その他／IV　寝室に関するもの／V　衣服……など日常生活から交通、宗教、教育制度、習慣、遊戯、行政、社会万般に至るまで四十五項目にわたって幅広いテーマでひとつひとつの事物をイラストと英語表記で説明している。アルファベットの索引も備わっていて、ある意味でドゥーデン・ピクチャー辞典のような事物百科事典的な体裁になっている。

◎　特　徴

ひとつひとつの事物がすべてイラストで鮮明に描かれていて、一目瞭然その英語の示すものが何であるかが分かる。訳語は巻末の英語索引にすべて付されている。また、日本に無くてなかなか想像しにくいものなどには、簡潔に解説を試みている。たとえば、vacuum-cleaner には「電流を通じ真空作用により床上の塵埃を袋の中に吸込む掃除器」と説明が付く。また、teapot のところには「冬お茶が冷めないやうに中に毛を詰めた袋様のものを teapot に被せる。之を tea-cozy と云ふ」といった補足的な説明まで添えている。さらにはイギリスでの釣り銭の支払い方の違いを具体的に説明したり、ダブルデッカーの乗り方や切符の買い方の一例を短い英会話として示したりして、著者の心配りが感じられる利用度の高い事物百科事典と言えよう。

カラー口絵四ページ、白黒イラストまたは写真多数。

巻末には本書に出たすべての英語語句のアルファベット順による索引が備わっているので、本文の中の説明の検索に大いに便利する。

⑤　**市河晴子『イギリス現代風俗誌』**（一九三三年［昭和八年］、新英米文学社内／英語英文学講座刊行会）

市河晴子は英文法学者市河三喜の妻で、法学者穂積陳重の三女である。また渋沢栄一は晴子の祖父でもある。本書は「英語英文学講座」（数分冊を箱入りで十六回配本で刊行）の第三回配本の分冊のひとつとして出版された。本書を出したほぼ同時期には研究社から三喜との共著で『欧米の隅々』（研究社）という著書を出版している。その意味で、晴子はかなり集中的にこの二著のための執筆活動に専心したことが推測される。

市河晴子の基本的スタンスは、英文学鑑賞のためにはイギリスの風俗の知識は不可欠である、というところにある。それは「まえがき」にも明確に記されている。

「英文学鑑賞力養成の意味に於けるイギリス風俗研究はもつともつと盛んにならなければならぬ。その知識に裏付けられてこそ、語学の力によつて平面的に先ず理解された小説、脚本が紙面から離れて私達の脳裏に立体化され得るのである。[21]」

しかし、文学鑑賞のためばかりではなく、本書の内容はイギリスの社会・風俗を日常生活レベルの視点から捉えているもので、イギリスの社会に身をおいてみて初めて書ける内容であることが分かり、それは市河晴子の生活経験に裏打ちされているものと考えられる。

◎　目次内容（「まえがき」二ページ、総ページは四十一ページ）

「国民性から見た風俗／イングランドの年中行事／運動と娯楽／ロンドン風俗／地方別風俗／衣食住／交通／婦人／子供／宗教／政治／教育／新聞／外国との関係」

◎　特　徴

本書は市河晴子の研究と実際に見聞した知見にもとづいてイギリスの当時の社会・風俗・慣習などを書きまとめたもので、晴子の感性フィルターを通した「現代」イギリス風俗誌とも言えるものである。小さな冊子ではあるが、日常的なことがらに密着したところを平易にまたエッセー風に記述しているところもあり、たいへん読みやすくなっている。また、当時のイギリス(徐々にではあるが国運が下降気味にあった)の政治・経済状況、社会・文化状況をしっかりと見極めているところ(批判的な見方をしているところもある)は重要である。とりわけ晴子が見せるシニカルな視点は興味深く、そこから浮き上がってくるイギリス人の国民性や風俗の側面に対する見方は良く的を射ており、小気味いいほどである。それまでの時代、日本人はややもすると大英帝国におもねてしまうところがあるが、晴子はかなり客観的に時代状況のなかでイギリスを位置づけようとしている。

「全般に通じて英国は今や其国勢は「お山の大将おれ一人」の位置から下り坂にある。物の衰へる時には必ず廃頽か萎縮かの二つの形式によるがイギリスは其後者に属している。偉大な国が、“Slow but steady”の足どり乱れず、ジリジリと下り坂を踏み下つて行く姿を私達は他山の石として眺める為にも注目する必要があり、まして英文学者は、その偉大なるものの衰運の苦悶から湧くであらう新しい英文学を期待して注目し、その母体なる英国を知悉する手段として、風俗研究を怠つてはならぬと思ふ。[22]」

晴子の歴史を見る確固とした視点が感じられる記述であり、また風俗研究の意味合いをこれだけ明確化しているところはなかなか潔くもある。

⑥　**中川芳太郎『英文学風物誌』**(一九三三年[昭和八年]、研究社)

英国風物誌(論)としては七百ページを優に越す非常に大部な著作で、中川の広範なる学識と文献資・史料の圧倒的な渉猟が本書として結実したものである。大枠の章立てからさらに個別のテーマに分け入り、それぞれ

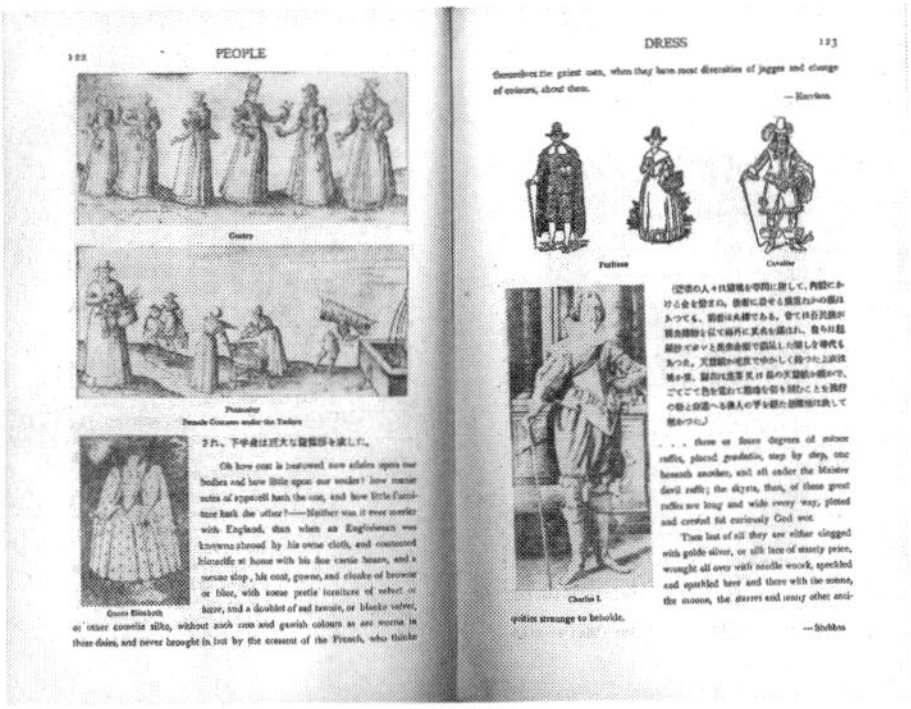

中川芳太郎『英文学風物誌』。左は dress を解説したページ。

のテーマを歴史的にまた文化（誌）的に語りながら関連する事物・項目に言及する、といった方法を採っている。その記述の中に必要に応じて文学作品からの引用を挟み込み、文学と文化（社会・生活）の接点を探ろうとしている。本書が『英文学風物誌』と称するゆえんだろう。解説の地の文の重要（必要）と思われる箇所には括弧付きで英語が挿入されているのは学習者には利するところであるが、なるべく英語を知らしめようとする努力のあまり、フレーズや単語がそのまま頻繁に入った日英混交文のような調子の地の文になるといささか読みづらさを覚えるところがある。本書は英国風物・慣習に関する事項を百科事典的に「引いて調べる」ものではなく、英文学の背景にある英国風物文化の研究論（解説書）として「読むべき」もの、と捉えるべきであろう。ただ、四十ページに及ぶ英語索引が充実しているので当該項目を調べれば、その項目の説明を得ることもできるし、あるいはどのような地の文のコンテキストでその言葉が使われているかが分かる。

中川芳太郎は明治十五年名古屋生まれ。明治三十九年には東京大学の英文科に入学しており、同期には劇作家となった小山内薫や小説家・漱石研究家となった森田草平などがいた。当時漱石はハーンの後釜として東大で教鞭を執っていた時代であり、中川自身も漱石の教えを受けており、その卒業論文に漱石は最高点をつけた、と言われている。

『英文学風物誌』がどのような経緯で作品として生まれたかについては、その「緒言」に詳しく書かれている。その執筆の趣旨の一端は以下の通りである。

「英国の事情は既に諸先輩によつて、部分的には各種の機会に於て吾人に教示せられたが、著者は一般英学生にとつて須要と思考せらるゝ事項を全面的に文学と結び附け、成るべきだけ平易な形態を以て輯録する趣旨から本著を思立つたのである。英学に志す初心の人々に本著が研究の栞の一端として役立つことあらば著者の本懐これに過ぐるものはない。[23]」

中川は若い頃から文学の背景にある文化・社会事情について大いに興味を持ち、文学研究書を読んでも、さまざまな背景知識を解説した注釈に関心が向いていた。そうしたものへの探求心から自ずと辞典・事典類を渉猟することが彼の研究方法になった。そして、本書執筆の原点ともなるべき契機が中川に到来するのである。

「大正十五年秋大阪女専から英文学史講述の委嘱を受けた際に、同校の現校長平林治徳氏に著者は其持論即ち文学の背景を研究することの必要論を披瀝して同氏の共鳴を得、やがて交附せられた同校の時間表には「英文学の背景」が「英文学史」と並行して盛込まれ、茲に毎週二時間づゝ学年を通じて三十有余回の講案を準備すべき必要を生じたのであつた。[24]」

ここから足掛け七年の年月をかけて原稿執筆、改稿、脱稿、出版社決定などのプロセスを経て、昭和八年に社主小酒井五一郎の尽力で研究社から刊行の運びとなった。

また本書の「緒言」の中で注目すべきは、“Realien”という語が使われていることである。岡倉由三郎が明治三十九年に訳した『外国語最新教授法』(M・ブレブナー著) の中で初めて“Realien”(風物[誌])を紹介して以来、この昭和初期の時点では“Realien”なる語が比較的定着していたことを示すひとつの現れと見ることもできよう。中川は本書の内容に触れながら「実質からはむしろEnglish Studiesとでも題すべき一聯の小研究集であり、一種の英国風物誌 (*Realien*) とも称すべきである。[25]」と語っている。岡倉の言う「Realien研究」の流れが中川にまで注いだことになる。

◎ 目次内容(「緒言」 五ページ、カラー図版・地図リスト 一ページ、本文イラスト・リスト 六ページ、本文 七百二十総ページ、ADDENDA AND CORRIGENDA(補正) 七ページ、英語索引 四十ページ)

第一部 生活(第一章 富貴・卑賤/第二章 人の一生/第三章 娯楽・保養/第四章 武技・遊技/第五章 暦法・行事/第六章 衣/第七章 食/第八章 住/第九章 人体/第十章 人倫/第十一章 中世の学問/第十二章 超自然界) 第二部 制度(第十三章 皇族・貴族・準貴族・紋章/第十四章 政治/第十五章 処罰・保安/第十六章 宗教/第十七章 教育/第十八章 国防/第十九章 交通/第二十章 商売/第二十一章 農漁/第二十二章 金銭) 第三部 風土(第二十三章 英国の文学地誌/第二十四章 倫敦の沿革/第二十五章 鉱物/第二十六章 植物・動物[各章立ては英語と日本語の併記になっているが、ここでは日本語を採用)

◎ 特 徴

著者の基本的姿勢は、英国風物の研究というところにあるので各テーマについての記述もやや論文調となっていて、事典的に本書を利用しようとする人にとっては使いづらさもあるかと思われる。しかし、その深い学識に裏打ちされた記述内容は、通り一遍の字句解説の及ばない実に豊かな内容を持っている。まさに英文学者や英学生にとっては貴重な英国風物誌の文献のひとつと言っていいだろう。

カラー口絵一ページ、その他本文中のカラー図版十五ページ、白黒イラストまたは写真多数、ロンドン古地図一点。

巻末には三段組四十ページにわたって本書に出た重要な英語語句のアルファベット順による索引が備わっている。

⑦ **篠田錦策『英国の風物』**（一九四〇年［昭和十五年］、研究社）

篠田錦策は本書出版を溯ること七年前、「英国風物漫話」というタイトルで英語教育関係の雑誌『英語の研究と教授』に英国の風物論を連載し始めている。著者がロンドンに到着するところから始めて、英国で見聞するところを悠揚迫らぬ筆致で書き続けるわけだが、税関の話から駅・汽車・タクシー・バスなどの交通、さらに貨幣、ホテル、下宿、食生活・衣服・住居、気候などなど日常生活に深く関わる事項を平易に解説している。系統的、網羅的になっていないのはまさしく「漫話」にぴったりの書き方である。さらにこれ以降篠田はこの雑誌に"Education in England"（三十六回連載）、"The Local Authorities"（七回連載）、「英国の裁判官及裁判所」（五回連載）、「英国政府の機構」（三回連載）など、途中休載はあるものの実に七年間にわたって連載物を書き続けたのである。

篠田錦策『英国の風物』

本書『英国の風物』はこうした連載の記述内容が核になっていることは間違いない。その「序言」には「或る外國語を研究するにはその外國の風物——獨逸語 Realien の譯語——に就て大体の知識が必要なことは改めて此処に説くを要しないと思ふが、今日英語を学ぶ人々に英国の風物がどのくらゐ知られてゐるだろうか、私の見るところでは餘りに閑却されてゐるように思ふ[26]」と述べて、英語学習者にとっての風物知識(研究)の重要性を説いている。と言うのも、「序言」でも述べているように、学校や裁判所、行政の制度などはいくら訳語を当てはめたとしても、制度そのものが彼我では異なっていたり、またその実態が真に分からなければ本当の理解には至り得ない、という認識が篠田には強くあったからである。そして「本気に英語をやる場合には風物知識を要求しないではゐられないであらう[27]」と言って「序言」を結んでいる。

篠田錦策は岐阜県に生まれ、明治三十六年に東京高師英語部を第一回生として卒業すると、高師附属中学に勤め始め、以後大正十四年に東京高師教授に昇格するまで二十二年間にわたって附属中学で教え続けた。その後昭和十八年、六十六歳で退官するまで東京高師の教授職を勤め上げた。教え子の一人には福原麟太郎がおり、彼の「無事の人」というエッセーには篠田錦策のことが書かれている。

◎目次内容(「序言」四ページ、本文　三百五十九総ページ、英語索引　二十七ページ)

前編　英人の生活(I. 英国への第一歩／II. 素人下宿／III. 家屋／IV. 食事／V. 食べ物—飲み物—煙草／VI. 服装／VII. 季節—天候／VIII. 花—青草—樹木／IX. 庭園／X. 高緯度の影響—日光節約／XI. Bank Holidays—Fair／XII. Bank Holidays 以外の記念日及祝祭日／XIII. ロンドンの交通／XIV. 新聞—放送／XV. 英人の挨拶／XVI. Cockney Dialect／XVII. ロンドン／XVIII. その他の大都市／XIV. 農村・農業／XX. 国内旅行／XXI. Summer Resorts／XXII. 競技・狩猟・釣魚／XXIII. Eton 対 Harrow Cricket Match／XXIV. Preparatory School 及 Public School の生活／XXV. 大学生活)

後編　英国の制度(I. 本国／II. 英人の社会／III. 憲法／IV. 国王／V. 国会／VI. 政党／VII. 選挙／VIII. 政府／IX. 地方行政／X. 司法／XI. 国防軍／XII. 海外版図／XIII. 教育／XIV. 宗教／XV. 経済／XVI. 英国史一瞥)

◎特徴

実際の生活に入り込みながらの見聞記のような書き方で、非常に読みやすくなっている。固有名詞などは原則として英語を使っており、その他の重要語句も英語表記となっている。とにかくヴァラエティに富んだ内容を分かりやすく書いた篠田の努力を多としたい。読み物としても面白く、実にコンパクトに書き綴られており、英語を学ぶ者を念頭に置いた心配りの行き届いた英国の風物研究書(論)と言えよう。

白黒口絵一ページ、白黒イラストまたは写真多数。

巻末には英語語句のアルファベット順による索引が備わっている。

⑧　井上思外雄『英米風物誌』(一九四二年〔昭和十七年〕、研究社)

これまで取り上げてきた英国風物誌と違って、本書は主として英米の風俗習慣の違いに焦点を当てている。それを事物名称や語彙の違いでもって分かりやすく提示しようと心掛けている。井上は「はしがき」の開口一番で次のように書いている。

「我々はよく一口に英米といふ。彼等を同じ民主国の範疇に入れて考へる。彼等を同じアングロ・サクソン人と思つてゐる。そして、彼等の風俗習慣は大差ないものと考へて一向に疑いを差挟まない。彼等の用ひる英語にも大して区別をつけない。然し、彼等の相違を仔細に見るならば容易に一律に論ずることの出来ないものを發見する。(28)」

井上思外雄『英米風物誌』

井上の生年はまだ調べ切れていないが、一九二一年(大正十年)頃には加藤猛夫(一八九六―一九七六年)とともに東京帝国大学英文科に在籍しているので、その生年は一九〇〇年(明治二十二年)直前頃と推定できる。一時同志社大学に勤めたが、一九二四年(大正十三年)にはそこを辞して日本大学予科教授となった。その後第一高等学校に移る。一九四五年には満州に渡り、翌一九四六年に病に倒れ満州撫順で客死する。

本書では、井上は「国民性」から始め「家庭」「食物」など十一項目のテーマに関してそうした英米の言葉(用法)の違いや物の捉え方、習俗の違いなどを簡潔に解説している。全体で四十数ページという分量なので、あまり網羅的ではないが、それぞれのテーマについてはおおよその英米の風物の異同の一面が理解できる。その点について井上は「はしがき」の中で「私はこのモノグラフで、英米風物の全般を詳細に論じようなぞとはもとより思はないが、せめて、英米風物の大同に拠つて小異を眺め、英米風物諸々の事柄を與へられた紙面の許す限り並列的に記述してみたいと思ふのである。[29]」と述べている。

◎　目次内容(「はしがき」一ページ、本文　五十一総ページ、英語索引なし)

Ⅰ．二つの国民性／Ⅱ．家庭／Ⅲ．食物／Ⅳ．衣裳／Ⅴ．スポーツ／Ⅳ．店／Ⅶ．遊び場／Ⅷ．金銭及び度量衡／Ⅸ．年中行事／Ⅹ．古い儀式及び風習／Ⅸ．教育

◎　特　徴

本文中の英語語句がこれまで取り上げたものに比べ少ない。また英語をアルファベットで出さずにカタカナ表記で使っているものが多々見られるが(時にはその説明がなされていたり、括弧で英語を出している場合もあるがやや恣意的の感も免れない)、コンテキストから判断しなければならない場合や自ら辞典に当たらないと意味も分からない場合もあり、初学者の英語学習の観点からするとあまり親切とは言えない。本書刊行が昭和十七年という時点を考慮すると、英語排斥や反米の風潮が強かった時代だけに英語をそのまま出すことに抵抗があったのかもしれない。巻末の索引がないのは残念でもある。

5　おわりに

人々が生活し、言葉が交わされるところすべてに文化がありまたその文化を育んだ風土がある。外国語としての英語を学ぶ者にとって、英語という言語を背後から支えているその風物（文化・社会・慣習・制度）を知ることは、広い意味でまた深い意味で「生きている英語」をマスターすることでもある。実際にその言語が話されるところに身を置いて直接的な経験から風物を知ることは最善な方法ではあるが、必ずしもその方法を採れるとは限らなかった（現在ではその種の方法はいとも容易に行われているが）。そこに風物誌研究（風物論）の必要が生まれたわけである。

本論では明治以降どのような契機でもって風物誌研究（風物論）が誕生したか、またその誕生のきっかけを作った英語学者岡倉由三郎の言う「Realien 研究」がどのような系譜を辿ってきたかを昭和初期まで見てきた。ただ、この系譜のなかに取り上げなかった風物研究（著書）もいくつかある。たとえば石川林四郎『文学に現はれたる花の研究』（一九二四年［大正十三年］、研究社）なども貴重な英国の植物研究と言えるが、やや特殊の部類に入るものなので本論の系譜からは外さざるを得なかった。また日高只一が書いた『英米文芸印象記』（一九二四年［大正十三年］、新潮社）、『英米文学の背景』（一九三三年［昭和八年］、新潮社）、『英文学の背景』（一九四一年［昭和十六年］、研究社）、などもあるが、いずれも著者の個人的・文学的関心に基づいた英米文学作品の社会・文化の背景的解説ないしは文学地理的な見聞録・印象記といった性格が強いのでここでは取り上げなかった。また小冊子ではあるが金子尚一の『アメリカ制度風俗研究』（一九三四年［昭和九年］、英語英文学刊行会）もあるが、アメリカ中心ということでここでは割愛した。

かつて福原麟太郎は『風物知識』（一九三六年［昭和十一年］、研究社）という著書で風物誌（研究）そのものについて本格的に論を展開した。「風物知識とは何であるか」に始まり「風物知識は何故必要か」「風物知識の教育的価値」「風物知識を如何にして得るか」「風物知識の実例」など、岡倉由三郎の言う「Realien 研究」そのものを問うた貴重な〈風物誌論〉とも言えるものである。それから優に半世紀以上の時が過ぎた。海外渡航や留学が容易になり、英米の風物に対する知見も昔に比べると遥かに広がっており、"Realien"（風土・文物）に対するこちら（受け手）の姿勢・態度も変化しつつあることは事実であろう。しかし、今後は英国文化研究の一つの流れとして、風物誌（の史的研究）はもっと注目され、また研究されるべきテーマかとも思われる。

昨今はコンピュータ・ネットワークで瞬時にしてあらゆる情報や画像が入手可能になった。外国の風物を異文化として意識することなく受け入れる風土・土壌もある。文化の均一化が情報ネットワークによって驚くほど早く進んでいるのである。これは一面では結構なことではあるが、異文化意識の欠落が引き起こす落とし穴もそこにはあるだろう。本来、異文化を知り、楽しみ、驚き、研究することは、そこからまた自国の文化の独自性や素晴らしさに目が開かれる道につながることでもある。その道はグローバリゼーションの現代の社会にあって一段と重要なことでもある。

一国の風物（文化・社会・慣習・制度）は長い歴史のなかで育まれてきた。そこに固有の風習や伝統も生まれた。外国語（英語）を学習することを契機としてその背後にある固有（英米）の風物を知り、延いてはそこから自国の固有の風物（文化・伝統）へと視線（意識）が戻ってくれれば、スキルとしてのみの外国語（英語）学習以上の意義もそこに生まれる。風物誌（の史的研究）の存在意義もまたひとつ増えることになる。

《註および参考文献》

（1）　信長や秀吉にとってのフロイスやヴァリニャーノなどの宣教師、家康にとってのウィリアム・アダムズやヤン・

ヨーステンなどの漂着船の乗組員などはとりわけ重要な海外情報源であった。
（2）「わが国で初めて風物誌らしいものを書いたのは新井白石で、彼の『西洋紀聞』は西洋の事情・風俗・地理・歴史に触れ、西洋文化を伝えた最初のものといえる。」櫻庭信之「研究社と風物誌」、『研究社八十五年の歩み』、五四頁、研究社、一九九二年。
（3）大槻如電編修『新撰洋学年表』、二九頁、柏林社書店、一九二七年。
（4）ここの記述については、鮎澤信太郎「世界地理の部」、『鎖国時代　日本人の海外知識』（開国百年記念文化事業会編、一九五三年。一九七八年には原書房により復刻）、一四―一七頁、を参照させていただいた。この文献には、『諸国土産書』『異国産物記』『異国風土記』『華夷通商考』『増補華夷通商考』などの書物について、その作者、成立・内容、影響関係などが良く検証されている。
（5）鮎澤信太郎、前掲書、一四―一七頁、および佐藤昌介「通詞と異国」、『日本から見た異国』（『探訪　大航海時代の日本』第五巻）、一〇六―七頁（小学館、一九七八年）、『洋学史事典』、一五九頁（日蘭学会編、雄松堂出版、一九八四年）、等を参照。
（6）村岡典嗣「解説」、岩波文庫版・新井白石『西洋紀聞』、五―六頁、岩波書店、一九三六年。
（7）「西洋事情は餘が著譯中最も世に行われ最も能く人の目に触れたる書にして、其初編の如き著者の手より發賣したる部数も十五萬部に下らず、之に加ふるに當時上方邊流行の偽版を以てすれば二十萬乃至二十五萬部は間違ひなかる可し。」慶應義塾編（慶應義塾創立百年記念出版）『福沢諭吉全集』第一巻、二六頁、岩波書店、一九五八年。
（8）岡倉由三郎「『風物』知識の必要」、『英語教授』第十巻第一号、一〇頁、一九一七年。飯島東太郎、W・E・L・スウィート『英国風物談』（一九一八年［大正七年］、大日本図書）の「序」としても収録されている。また岡倉『英語教育』（昭和十二年の増補版、研究社）にも採録されている。
（9）岡倉由三郎『英語教育』、二〇三頁、博文館、一九一一年。
（10）同書、二〇五頁。
（11）岡倉由三郎訳『外国語最新教授法』（M・ブレブナー *The Method of Teaching Modern Languages in Germany* の抄訳）、七六頁、大日本図書株式会社、一九〇六年。
（12）William E. L. Sweet, *London Life*, Preface. 一頁、庭野訳による、三省堂、一九〇八年。

(13)　Austin W. Medley, *My English Diary,* 神田乃武の献辞、三省堂、一九〇八年(明治四十一年)。ここの引用箇所で紹介されているクロン博士執筆による(*The*) *Little Londoner* については、M・ブレブナー著(岡倉訳)の『外国語最新教授法』にも触れられている書物であり、また岡倉が前掲の「『風物』知識の必要」の中で以下のように紹介しているものである。「此著書は英国の Realien を窺ふに至極便利であるから、本邦の英語の教師たる者には誰にも、自分は其一本を座右に備へんことを切に薦める者ではあるが、其記述の形があまりに簡単で今少しく肉のある叙述が欲いとはあの本を読む誰しも感ずる渇きである。」(『英語教授』第十巻第一号、一〇頁)

(14)　福原麟太郎『風物知識』(「英語教育叢書」シリーズ第三回配本)、一頁、研究社、一九三六年。

(15)　前掲、岡倉由三郎訳『外国語最新教授法』、七九頁。

(16)　日付についての飯島の記憶違い——『英国風物談』の飯島東太郎本人の「例言」によると、「本書は大正五年八月東京高等師範学校にて開催せられたる文部省夏季講習会に於て、ウィリアム・イー・ラキソン・スキート氏の述べられたる講演を基とし、之を邦語にて解釈説明せしものなり。」(傍点筆者)となっているが、この大正五年という年度は飯島の誤認(記憶違い)ではないかと思われる。岡倉の「序」(大正六年六月八日付け)によれば「一昨年の夏、文部省の英語の講習会が開かれることになった時……」(傍点筆者)と記しており、さらに出版のアイディアが出てから「かくて飯島氏は(中略)日本文に記述すると云ふ、これも容易に以て容易ならぬ事業を引き受けられ、爾来一年余、公私多忙の中に、些も労苦を吝まるゝことなく、ス氏の新に書き添えられた最後の三章まで、遂に書き上げられたのは去年十二月の末のことである。」(傍点筆者)とある。一年余の時間を費やして飯島が訳述作業を終え、完成したのが「去年十二月末」(つまり大正五年十二月末)という時間的経過と筆者岡倉の「序」の日付(大正六年六月八日)から見て、夏の講習会は「大正四年」の夏と断定するのが妥当であろう。

実際、大正四年七月一日発行(第三十三巻第七号)および八月一日発行(第三十三巻第九号)の『英語青年』片々録には文部省の英語教員夏季講習会についての予告が掲載されており、さらに八月十五日発行(第三十三巻第十号)の『英語青年』には上井磯吉による「文部省夏季講習会」の報告が掲載されている。その記述の中には「Sweet 氏は初めの一時間では "Talks on English 'Realin'" (Realin は原文ママ) なる Subject で、英国の家族組織、学校制度、職業選択の状況、結婚、休祭日……等風物に関する lecture をされ」(『英語青年』第三十三巻第十号、三一六頁)とある。『英国風物談』との内容も一致する。やはり「例言」の中の「大正五年」というのは飯島の誤認(記憶違い)であることがこのことからも分かる。

(17) 前出、岡倉「『風物』知識の必要」、一一―一二頁。
(18) 飯島東太郎・W・E・L・スウィート『英国風物談』、"PREFACE"、一頁、庭野訳による、大日本図書株式会社、一九一八年。
(19) 伊地知純正『倫敦名所図絵』、「はしがき」、v-vi、研究社、一九一八年。
(20) 飯島東太郎・スウィート、前掲書、一頁。
(21) 市河晴子『イギリス現代風俗誌』、「まえがき」、二頁、英語英文学講座第三回配本、英語英文学講座刊行会、一九三三年。
(22) 同書、四一頁。
(23) 中川芳太郎『英文学風物誌』、「緒言」v頁、研究社、一九三三年。
(24) 同書、vi頁。
(25) 同書、v頁。
(26) 篠田錦策『英国の風物』、「序言」iii頁、研究社、一九四〇年。
(27) 同書、「序言」iv頁。
(28) 井上思外雄『英米風物誌』(「英米文学語学講座」第三十五巻)、「はしがき」、研究社、一九四二年。
(29) 同書、「はしがき」。

[付記] 最後に、貴重な文献資料をお貸し下さった高梨健吉氏、出来成訓氏に心から感謝申し上げる。

第四章　オーラル・メソッド「湘南プラン」の実際

「分割授業」と少人数教育

1　はじめに

はじめに指摘しておきたいことではあるが、「湘南プラン」と通例我々が言っている英語教授法には、いわゆる「福島プラン」として知られている *The Fukushima Plan of Teaching English in School of Middle Grade* のような活字として整理され記述された文書は残っていない。つまるところ、我々が想定している「湘南プラン」は、昭和初期に湘南中学の英語科の教員がオーラル・メソッドを導入しながら、独自に英語教授法を研究し、クラスの二分割制というユニークな制度において行った英語教授の実践に与えられた名称で、当時の「福島プラン」に対応させた呼称である(「湘南メソッド」と言う場合もある)。したがって本考察も、いくつかの実践記録やインタビュー、手紙、その他の傍証の助けを借りながら、当時の湘南中学の英語教授がどのようなものであったかを描くものである。また、本論においてはオーラル・メソッドそのものの是非論を問うものではなく、時代状況の中での「湘南プラン」を英語教育のひとつのケース・スタディとして検証するものである。

2　英語存廃論の歴史の中で

福島プランといい湘南プランといい、パーマーのオーラル・メソッドを導入した形で音声（発音）重視の英語の教授法が実践された背景には、単にハロルド・E・パーマーが来日した（大正十一年三月二十七日）という事実だけではなく、そうしたメソッドを受け入れる歴史的な流れというものがあったように思われる。言い換えれば、音声面を重視する教授法は何もパーマー来日を契機として初めて表にあらわれてきたのではなく、それまでにも一部ではあるが既に音声面教育の重要性は指摘されていたのである。

たとえば内村鑑三は『外國語之研究』（明治三十二年）の中で「訳解は言語の半解に過ぎず、發音は言語の最要部分の一にして、正確に發音し得ずして其眞意を探ぐる難し……發音の正確は殊に初學の時に於て最も肝要なりとす。[1]」と述べており、外山正一も既に明治三十年出版の『英語教授法』の中で四技能の習得を説くとともに発音やアクセントの指導の重要性に言及し、発音・音読と訳読、さらには文法などを相互的、総合的に教えることを強調している。つまり、「眼」のみならず「口」の実践的学習の重要性を訴えているのである。さらに岡倉由三郎はメアリ・ブレブナーの *The Method of Teaching Modern Languages in Germany* を抄訳して『外国語最新教授法』（明治三十九年）を出版したが、その付録として書いた「本邦の中等教育に於ける外國語の教授についての管見」の中で「文字は末で言葉は本であるから、先ず發音の方を教

ハロルド・E・パーマー

へ口で云へるやうになつた後、始めてそれに對する文字の綴りを教へる」とか「教場で正しい發音で成るべく多量に外國語を聞かせもし話させもして、例の外國語の『こつ』に或る程度まで通じさせる」などと言っている[2](このような発音の重要性の主張と岡倉が別の意味で言うところの「英語学習の根本は『読解』にあり」という主張とは矛盾するものではない。)。英語学習における音声(発音)の重要性は少しずつ認識され始めていたのである。「発音などどうでもいい、解ればいい、訳せればいい」といった幕末以来の長い間の「変則英語」一辺倒の時代から音声(発音)重視の英語教育へと漸次変わろうとしていた。実際のところ、明治末期から大正期にかけて、英語教育(英語教員養成)の総本山であった東京高師の附属中ではこうした音声重視の方針に則した教授法が既にとられていたのである[3]。

こうした音声重視の実践的英語教育の重要性が指摘され、一部の現場においてもその流れに乗って英語教育の充実化を図ろうとする動きが展開されつつあった中で、もう一方で歴史は英語教育にとって試練の時を与えようとしていた。大正、昭和に入るといくつもの英語追放論・廃止論が出てくるのである。ここでは大正末年のオーラル・メソッド導入との時代的関わりを踏まえて眺めてみたい。まず大正十三年に続けて発表されたものを三点列挙してみる[4]。(論末の筆者作成の資料2を参照)

福永恭助(海軍少佐)「米国語を追払え」(大正十三年六月十八日『東京朝日新聞』所載)
杉村楚人冠(朝日新聞記者)「英語追放論」(大正十三年六月二十二日『東京朝日新聞』所載)
渋川玄耳(著述家・新聞記者)「何を恐るゝか日本」(大正十三年七月『中央公論』七月号所載)

記事の表題からも推測できるように、これらの発言・提言が出された背景には、アメリカにおける排日移民法の成立(大正十三年五月)があったと考えられる。アメリカに対する対抗意識・姿勢が、ナショナリスティックなまでの国粋主義と国語重視を生み出し、結局のところ英語追放・廃止といった極論の発想に結びついたきらいがある。その是非はともかく、これらの意見は、歴史の中で揺れる人の心、考え方、思想が時として直截に言語（外国語）教育に影響を及ぼすことがある、という一例として捉えることもできる。

こうした英語存廃論の中で、最も決定的な役割を果したのが昭和二年『現代』五月号に載った東大国文科教授藤村作の「英語科廃止の急務」である。この論文によって英語存廃論は一気に全国的規模でトピカルな話題となり、以後英語教師などからの反論も続出し、英語存廃論争は大きなうねりをつくっていく。

このような情勢下で、英語教育の効果、効率に対し今まで以上に意識的にならざるを得なかった教師たちはなんとか教授法を改善し、教育効果を上げようと努力することになる。つまり英語教師たちの一種の危機感が新たな教授法を求めざるを得ない状況を作ったわけで、ここにパーマーのオーラル・メソッドが時流に乗ることになった。導入されたこの英語教育実験（実践）は、「福島プラン」「湘南プラン」といった代表的メソッドとして、つまり音声面重視のユニークな教授法として教育現場で花咲いたのである。全国の多くの英語教師たちが福島中学や湘南中学の授業参観に来られたというのも、こうした社会情勢の中では自然な動きであっただろう。

2　湘南中学校の環境と校風

「湘南プラン」を実施した湘南中学はどのような環境にあったのだろうか。私自身、昭和四十一年に湘南高校を卒業しているので、その伝統的な校風はある程度身をもって知っている。私の記憶から言っても、まず「自由」の雰囲気が教師側にもまた生徒側にもあったということである。「自由の校風」と言えるものである。《校風》とは不思議なもので、校舎（環境）に染み付き、教える教員の気質に入り込み、また学ぶ側の学生たち

湘南中学（創立の頃）

にも自ずと染み込んでいくもののようである。「湘南には自由がある」とよく言われたことが私の記憶の中にも残っている。

つまり、勉学にスポーツに、そして文化活動の面でも一人一人の個性を十分に伸ばそうという学校側の方針がまずあって、それがそうした風土・校風を形づくっていったものと考えられる。言い換えるならば文武両道で学生たちの個性を伸ばす教育、野放しというのではなく基本的に自由なものの考え方を育成するという方針が根づいていたようである。昭和四年に湘南中学を卒業している元東京芸大教授の寺田春弌は、「湘南では天分発揮という校長の方針もあって、奔放なカタにはまらない教育がされていた[5]」と述懐している。

このような伝統を考える場合、どうしても特記しなくてはならない人物は赤木愛太郎であろう。つまり湘南中学の初代校長としてすぐれた指導力を発揮した赤木愛太郎こそ、この「自由」の校風の生みの親と言っても言い過ぎではない。赤木校長は新潟県長岡女子師範学校長の職にあったが、大正十年四月に湘南中学開設と同時に湘南に赴任してきたのである。「この学校を日本一にする」と公言してはばからなかったという。

当時の湘南中の教育目標は「知育・徳育・体育の三育一体」であった。そして、そのためには優秀な教員をまず集めるということに赤木校長の努力が向けられた。給料面での優遇も当然と考えていたようだ。その当

赤木愛太郎

時は、学校長は人事面でかなりの権力を持っていたらしく、教員の給料も校長の胸三寸で決まったという。「湘南プラン」の推進者の一人でもあった蟹江忠彦によると、自分だけ他の先生よりも少し高く給料が支払われていた、ということだった。理由は、自分が他の学校に引き抜かれないために、赤木校長が給料を上げたということである。（蟹江氏には生前、昭和五十九年盛夏にご自宅でインタビューをさせていただいた。）

さて、英語教育に焦点を絞ってみたい。そもそも赤木校長は徳育を専門としていたが、英語教育にもひと方ならぬ力を注いだのであった。湘南中創立まもない大正十一年に既に外人講師を一年間雇って、実践的な英語教育を行っている。この外人講師は、キラス・H・ピークと言って、帰国後はコロンビア大学の東アジア史を専門とする教授になっており、GHQの一員として戦後は再び来日している。湘南高校をはじめとして、藤沢近辺が戦時中の爆撃を免れたというのは、この人のおかげだとも言われている。

赤木校長による優秀な英語教員の獲得作戦はその後の採用人事を見ていくとかなりうまくいったようである。松川昇太郎をはじめ、蟹江忠彦、加藤寿雄など、結局は東京高師卒業の逸材を赤木校長自ら動いて招聘してきている。蟹江の談話によると、はじめは東京高師卒以外の教員もいたが、徐々に赤木校長の判断に従って東京高師卒の教員だけにしぼられてきた、という。このように同じ東京高師卒の教員を集めたということは、それなりに理由がなくもなかったのである。つまり、レベルの高い東京高師において共通した学習経験を経た教員による、発音の統一的な教育を目指すということが、その背景にはあったのである。明治時代とは違って、英語学習における発音の重要性はかなり認識されている時代になっていたのである。

昭和八年における教員の構成メンバーは、主任の松川昇太郎をはじめとして、蟹江忠彦、篠崎光太郎、荒谷直次郎、桐村克己、安藤一郎、C・S・バビアーの計七名である。翌九年には、やはり東京高師出身で、その翌年の昭和十年に第十二回英語教授研究大会で「湘南プラン」のデモンストレーションを蟹江とともに行った加藤寿雄が、和歌山一中から湘南中へ赴任してきている。「湘南プラン」の花を咲かせる人材がつぎつぎに集まってきたのである。

3　湘南中学英語教授法、いわゆる「湘南プラン」について

まず湘南中学の英語教授において非常にユニークな点であった「分割授業」について述べておく必要がある。このアイディアは基本的には赤木校長による発案とされているが、その発案を促すひとつのきっかけがあったのではないかと推測される。それは東京高師の岡倉由三郎が湘南中学を視察した折に、赤木校長に次のように言ったという事実である。

「外国語の指導は少くとも初年級においては、class の人数を少人数にして一人一人に当たる回数を多くし、いわゆる repetition を徹底させることが最適である。(6)」

おそらく赤木校長はこの助言に啓発され「分割授業」を導入することにしたものと考えられる。そして赤木校長は次のように提言しているのである。当時の英語科主任松川昇太郎の報告から引用してみよう。

「英語学習は兎に角中学生には最も困難なもの丶一つであらうから、何とかして入門の時期にしつかりと基礎を作つてやり度い。個人指導が何れの学科にも好い結果を生むなら、英語科に於てもさうであらう、か

と云つて規定の時間を越えることは他の学科との関係から云つても不都合であるし、都會地と違つて家庭教師を求めることも困難な事情にあるのだから、この分割組織を行つて見たら如何か。その代りその時間に習つた事は殆んど全部その時間中に生徒のものになる様に指導してやらなければいけない。(7)」

この提言を受けて、松川昇太郎をはじめとする英語教員が一致団結してこの「分割授業」に賛同し、実践化していったのである。時は昭和三年、かの藤村作が「英語科廃止の急務」というセンセーショナルな論文を発表した翌年のことであった。昭和八年、第十回英語教授研究所大会で福島中がモデル授業として行った「福島プラン」によって刺激を受けて授業の改革に手を染めた学校はいくつかあったものと思うが、湘南中学は既にこの昭和三年の時点で、独自に英語教授の改革を始めていたことは、特記すべきことである。

次に具体的にその「分割授業」について触れてみよう。まず各クラスを五十音順に二分し、その各班をそれぞれ別の教師が同時に教える。これによって生徒数は半減するわけで(だいたい二十五名内外)、初歩英語教授に必要な発音・発声の反復練習および個人指導の徹底化が図られることになる。パーマーのオーラル・メソッドを部分的にではあるが採用した「湘南プラン」にとってこの少人数制という方法は重要な意味がある。つまりパーマー・メソッドが導入されやすい環境がその「分割授業」方式によって整えられたということである。

この分割方式によって当然のことながら教師の負担は増大するわけで、当時英語教育を担当した蟹江からうかがった話によると、教師側もかなり苦労が多かったという。第一班、第二班を受け持つそれぞれの教師は常にお互いの授業の進度・内容などについて毎時間充分に打ち合わせを行い、検討し合ったそうである。

教授内容については、純然たるオーラル・メソッドではなかったようである。旧来の和訳作業も利用しながら、部分的にオーラル・メソッドを導入し、なるべく英語を使って指導し、生徒のヒアリング力も養った。また新語・新句が出てきたら必ず全員に一通り復習させ、さらに英文とともに暗唱させることも励行した。とにかく生徒を常に緊張感の中に置き、口頭によるQ＆Aによって内容の理解と発表能力の促進を心がけたということである。

また、単語帳と清書帳を各学生に作らせ、語彙の知識の充実・増大化を図り、正しいスペリングや英文の暗記に利用させるようにした。清書帳は、三本線のあるノートを使用させ、左ページに英文を、右ページにその訳文を書かせる。この自ら作成したノートにより、自宅での復習の効率を高めさせ、当時から既にあった虎の巻への依存心を抑制させた。これら単語帳・清書帳は毎週土曜日には提出させ、教師が検閲・訂正して生徒に返却していた。

次に読本教授はどのように行われていたか少し述べてみたい。まず授業の初めに前時間の復習を行う。その方法は本を開かずに、語句の意義・文の内容などについてQ＆A形式で生徒に問う。これが終わると今度は既に学習した英文を読んで聞かせ、それを訳させる、いわゆる直聴直解を試みる。読み方の学習もまず教師が範読し、それに続いて生徒が斉唱をし、ポーズの置き方、アクセントなどの正しい位置、発音などを教師はこまかに指導する。時にはアクセントの符号を全英文につけさせ、ポーズを置く所に印をつけさせたりして、とにかく正確な英文の発音と読みを徹底させたようである。つまり、こうした徹底した読みの訓練によって、正しい文章が自然に口をついて出てくることを教師は期待したわけで、教師の気くばりは並大抵のものではなかった。読本の教科書には *The Empire Readers I, II*（石川林四郎著、興文社）および *New King's Crown*（Revised）（神田乃武著、三省堂）が用いられており、文法の教科書には *Aoki's New English Grammar*（青木常雄著、修文館）が使用されていた。

作文の指導はどうであったろうか。当時用いられていた英作文の教科書はメドレー・村井の *The New Art*

of English Composition（泰文堂）が中心であったが、その他にも *A Short Course in the Art of English Composition, III*（A・W・メドレー、村井知至共著、泰文堂）も使用されていた。

さて、その英作文の授業であるが、まず教師が当日習う個所のキー・センテンスを二、三度暗誦で生徒に聞かせる。ポーズ、イントネーションなどを確認しながらこれを行うわけだが、生徒は教科書を閉じたままで教師の暗誦を聞く。次に今読み上げた英文を生徒に暗記させる。このあとで学習すべき項目の文法的説明を行うわけだが、時として、暗誦させたものが確かかどうか調べるためにペーパーテストを行い、提出させもした。これは採点して返却することになっている。したがってよく予習してきた者は当然のことながらこのペーパーテストの成績は良いわけで、生徒たちに予習に対する暗黙の強制力を持っていたことになる。

作文の仕方のひとつの方法としては次のようなステップを踏んで行わせた。教師はまず与えられた日本文をいくつかの要素に分けて、それぞれを口頭練習させながら英文を作っていく。たとえば、次のような文章を考えてみよう。「私は日本のワインよりフランスのワインのほうをずっと好む」であれば、まず「私はフランスのワインを好む」の英訳“I like French wine”を何人かの生徒に復唱させる。次に「日本のワインよりずっと」を“much better than Japanese wine.”と英訳してまた何人かの生徒に復唱させ、英文のパターンを熟知させる。この部分訳の復唱練習のあと、完全な一文にまとめ“I like French wine much better than Japanese wine.”をまたいく人かの生徒に復唱させる。つまり生徒に実際に口頭練習させることでパターンや英文の構造に口から親しませると同時に、自然にその種の語句、英文のストックを増やすように導いていったのである。さらに、教科書に出てきた模範文は全員に暗記させたという。英作文は、結局のところ、応用英作文を含めて、どれだけ英文のストックが身についているか否かということがかなり重要な意味を持っていることは明らかであるので、上記のようにとにかくできるだけ(強制的ではあるが)多くの英文を暗記させる指導法は結果的には有効な教授法であったと言えよう。

その他、各生徒のノートの個人添削、生徒の作文例を教師と生徒とで直していく共同チェック作業、自由英作文、読本で学習したあるレッスンの大要を平易な英語で書かせる precis-writing など、さまざまな方法を取り入れて、作文指導をバラエティあるものにしようとした。このように教師たちのなみなみならぬ熱意と努力が「湘南プラン」の原動力になっていることは言うまでもない。

教授法には直接関係はないが、湘南中学の教育で特筆すべきことが、「分割授業」の他にもうひとつある。それは「火曜考査」というもので、言ってみれば一斉テストのようなものである。隔週火曜日の第一時限を一応復習用の時間として取っておいて、実際には英数国漢を順繰りにテストするわけである。既習個所の考査であり、生徒にとってもかなりの重荷であったらしいが、これによって学習知識の定着化が促進され、平常の授業の能率はかなり増進したようである。

英語に関して言えば、教師全員が考査日の放課後は居残り、共同で採点作業に従事し、お互いに授業その他について批評し合った。蟹江によれば、「五十銭の鰻丼を食べてはエネルギーをつけ遅くまで皆で頑張った」とのことである。こうした共同作業は教師間の団結も強める結果となり、「湘南プラン」を全員で遂行してゆく大きな促進剤となったことは疑いない。

4　湘南中学の英語モデル授業について——第十二回英語教授研究所大会にて

昭和十年九月二十六日、東京高師教授の寺西武夫が湘南中学を訪れた。これは、当時の湘南中で若き英語教師たちがその教育においてかなり効果的に授業を実践しているということを寺西が耳にして、その年の英語教授研究所大会の模範授業の実演者の選定を兼ねて授業参観にやって来たのである。この参観記は、英語教授研

究所発行の *The Bulletin*（一一七号）に詳しく報告されている。寺西教授の感銘ぶりを知るためにもその記録を紹介してみたい。

「長雨の後の晴れた初秋の朝の爽快な気分、それはこの数年目覚ましい活動を見せつゝある躍進「湘南」の新鮮な空気と誠にここちよく符合してゐた。

松川氏は四年の読本を教へてゐた。流石高等教員検定試験を通つただけあつて、恩顔そのものの中にも主任としての十分な貫禄を見せ、立派な英語と行き届いた説明に依つて、生徒ばかりでなく参観者をもその授業の中に引き入れないでは置かない。教室の空気は和やかな中にも緊張に終始する。蟹江氏のは四年の和文英訳の授業であつた。松川氏に慈父を感じた私は蟹江氏に賢母の面影を見た。いい英語である。そしてその和文英訳の鮮やかな取扱ひに見せられた工夫は日頃の苦心研鑽を思はせられて敬服した。勿論松川氏の場合も蟹江氏の場合も教室に於て必要である以外には日本語を用ひない。新教授法の原理に基いた読本の取扱ひ方であり、和文英訳の取り扱ひ方である。(8)」

この他にも参観した授業の報告が感銘深げに語られており、寺西は湘南中学の教え方に惚れ込んだ感さえある。特に「人の和」というものをその教育に感じたことを述べている。さらに同参観記には「この学校に於ては英語の教授のみならず、英語の教育が行はれてゐる。英語を通して生徒は一種の貴い discipline を受けてゐる」とか「此處では教師は皆親しい友達で互に助け合つてゐる。若し教師が互の仕事に無関心であつたなら、この様に一率に能率をあげることは出来ない」と述べていることからも分かるように、ひとつの教育方針にのっとって教員が団結していたことが確証される。「湘南プラン」が効を奏した要因がこの辺にあったことも、現在の教育を振り返ってみる時にも参考になるだろう。

かくして英語教授研究所主催の第十二回大会（昭和十年十一月二日）で、湘南中学が英語教授のデモンストレーションを行うことになった。この実演では、加藤寿雄が二年生の読本の授業を、蟹江忠彦が四年生の英作文の授業を担当し、主任の松川昇太郎が湘南中の英語教育の現状を紹介することになった。

まず読本のほうであるが、担当した加藤は従来通り湘南中で行っている授業をそのまま再現する形で行い、教科書は *New King's Crown Readers, II* を用い、Lesson 30 の 'Buried Money' を扱った。教授の手順は次のようなものである[9]。

1. Review of Last—a) Reading b) Questions and Answers c) Recitation of a few Model Sentences d) Oral Composition based on the Model Sentences e)Word-formation, Conjugation and Phrases f) Chorus Reading

2. New Lesson—a) Oral Introduction; i. Teacher's Reading ii. Oral Explanation (Questions and Answers, Drilling in Pronunciation, Drilling in New Sentence-forms) b) Model Reading c) Chorus Reading d) Consolidation Work e) Translation of Spoken Sentences (if necessary) f) Individual Reading g) Exercise given on Mimeographed Copies h) Chorus Reading i) Assignment of Home Work (if time)

次に蟹江による四年生の英作文のモデル授業が行われる。使用する教科書はメドレー・村井の *The New Art of English Composition, Book II* で、扱った項目は第十九章「助動詞 May の用法」である。その手順は以下の通り。

1. Review—a) Recitation of Model Sentences b) Question-and-Answer Work c) Oral Exercises in

Short Sentences d) Oral Translation of Sentences, to be Modelled on Patterns Already Learned
2. Exercise—a) Oral Translation b) Translation Work at the Blackboard c) Rapid Review of the Previous Lessons by Means of Recitation d) Correction Work at the Blackboard e) Correction of Pupils' Exercise-books f) Dictation of the Teacher's Translations e) Conclusion

以上のような手順でもって読本、英作文のモデル授業を行ったわけであるが、これがまさに「湘南プラン」の教授法の内容と言ってもいいだろう。この実演のあと、松川主任が英語でもって湘南中の英語教授の現状を説明した。湘南中のモデル授業は、その二年前に地方の中学としてモデル授業を行った福島中学と同様に、非常に高い評価を受けた。

そして、この後はそれまで以上に多くの授業参観者が湘南中を訪れることになり、「この中学を日本一にするのだ」と言って意気込んでいた赤木校長は大のご満悦だったという。しかし、一方で英語教師たちはミスを犯してはならぬという気持ちで、息を抜くこともできず、常に緊張と不安の連続であったようで、授業の下準備、答案の採点などで大車輪のごとく働いたものだ、と蟹江はインタビューで語ってくれた。当時の教師の一人でもある桐村克己（筆者がお手紙をいただいた昭和六十年の時点で七十七歳）も次のように当時を回想している。

「この初学年級における分割による徹底した個人指導による成果が認められると、全国から参観者が相次ぎ、応接にいとまがなかった。校長の得意な顔、今も目の前に浮ぶようであるが、スタッフこそ大変で、毎日毎日気をゆるめる暇もなく、私など気の小さい方で、今でも参観者が急に授業中に現われる夢をみることが一再ではない[10]。」

これは経験者だけが語れる本音であろう。良い授業を行うということはこれほど実践者の苦労がその背後にあるということである。

また東京高師教授の青木常雄も湘南中の教授法を讃えて次のように回想している。

「実演の後の五、六年間は、英語教育の中心は、福中から湘南中に移り、極めて多くの参観者が次々と同校を訪ね、指導能力の向上に努めた。同校英語科は、実演の成功と、参観者を通じて他校へ与えた甚大な刺激とによって、昭和十四年四月、岡倉賞を授与された。(11)」

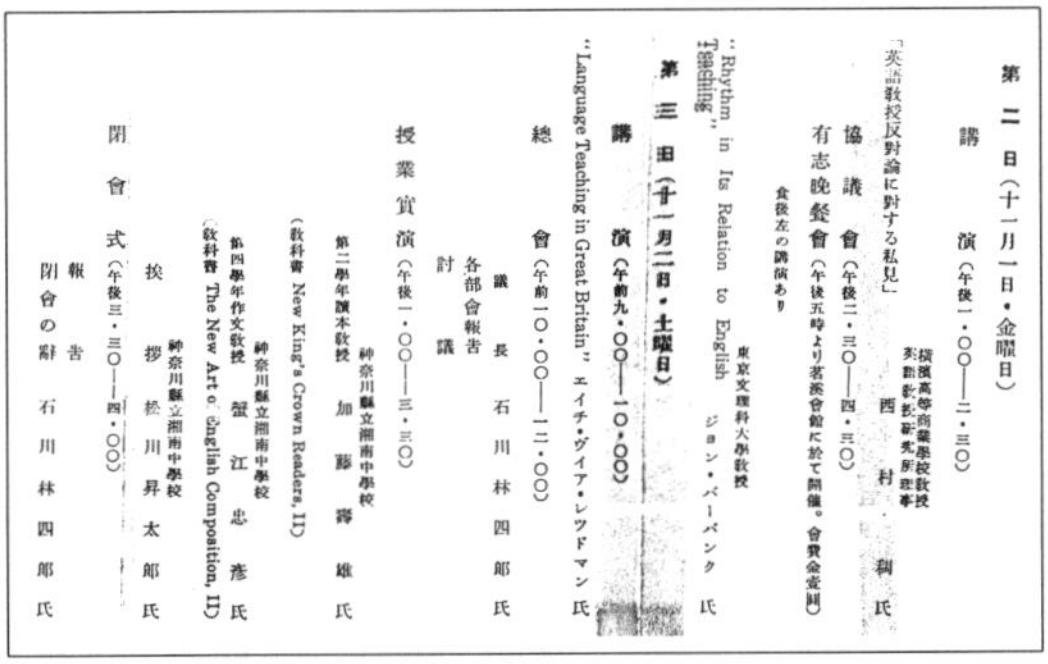

第二日（十一月一日・金曜日）
講　演（午後一・〇〇――二・三〇）
「英語教授反對論に對する私見」　横濱高等商業學校教授 英語教授研究所理事　西村　稠　氏
協議會（午後二・三〇――四・三〇）
有志晩餐會（午後五時より若萊會館に於て開催。會費金壹圓）
食後左の講演あり
"Rhythm in Its Relation to English Teaching"　東京文理科大學教授　ジョン・バーバンク　氏

第三日（十一月二日・土曜日）
講　演（午前九・〇〇――一〇・〇〇）
"Language Teaching in Great Britain"　エイチ・ヴイア・レツドマン　氏
總　會（午前一〇・〇〇――一二・〇〇）
議長　石川林四郎　氏
各部會報告
討議
授業實演（午後一・〇〇――三・三〇）
第二學年讀本教授　神奈川縣立湘南中學校　加藤壽雄　氏
（教科書 New King's Crown Readers, II）
第四學年作文教授　神奈川縣立湘南中學校　蟹江忠彥　氏
（教科書 The New Art of English Composition, II）
閉會式（午後三・三〇――四・〇〇）
挨拶　神奈川縣立湘南中學校　松川昇太郎　氏
報告
閉會の辭　石川林四郎　氏

第12回英語教授研究大会（昭和10年10月31日～11月2日）第2, 第3日のプログラムより。3日目の授業実演の前日、「英語教授反対論に対する私見」と題する講演（西村稠）が催されている。

主任であった松川昇太郎は、同年に英語教授研究所と神田乃武記念事業委員会が共同で設定した神田賞の懸賞論文にも応募し（論文「本邦国民教育の見地より見たる中学校における英語教授の意義と方法を論ず」）、見事受賞している。また昭和十三年には岡倉由三郎を顕彰して「岡倉英語教育賞（岡倉英語教育賞委員会）」が創設されたが、その第一回の受賞校として翌昭和十四年五月に湘南中学が選ばれている（賞金「壱百円」）。

優秀な教授陣、地道な努力と情熱、理解ある学校長、そして勉学意欲に満ちた生徒たち――こういった恵まれた要因が、「湘南プラン」という英語教育史に残るすばらしい教育実践を生んだのであった。

《註および参考文献》

（1）内村鑑三『外國語之研究』、六三頁、東京獨立雑誌社、一八九九年、南雲堂復刻版（一九八四年）による。
（2）岡倉由三郎訳『外国語最新教授法』（M・ブレブナー *The Method of Teaching Modern Languages in Germany* の抄訳）、「本邦の中等教育に於ける外國語の教授についての管見」、一五頁および二〇頁、大日本図書株式会社、一九〇六年。
（3）福原麟太郎監修『ある英文教室の一〇〇年』、一〇七―八頁、大修館書店、一九七八年。
（4）英語存廃論に関しては多くの研究がこれまでにも行われている。資料的には川澄哲夫編『資料日本英学史2』（英語教育論争史）（大修館書店、一九七八年）が明治期、大正期、昭和期の存廃論の原資料を網羅的に掲載していて利用価値が高い。
（5）野口元「湘南高」、『わが母校　わが友』、一五七頁、毎日新聞横浜支局編、一九七六年。
（6）桐村克己氏の筆者宛の書簡（一九八五年一月六日付け）による。
（7）松川昇太郎「湘南中学校英語科の現状」、*The Bulletin of Institute of Research in English Teaching*, No. 119, 二〇頁、英語教授研究所、一九三五年十二月。
（8）寺西武夫「湘南中学を観る」、*The Bulletin of Institute of Research in English Teaching*, No. 117, 二二頁、英語教授研究所、一九三五年十月。
（9）*The Bulletin of the Institute of Research in English Teaching*, No. 118, 一九―二〇頁、英語教授研究所、一九三五年十一月。
（10）前掲、桐村克己氏の筆者宛の書簡による。
（11）青木常雄「英語教師六十年（3）――福島中学と湘南中学」、『英語青年』第百十五巻第七号、二五頁、研究社、一九六九年七月。

《主たる参考文献》

青木常雄「学校参観印象記」、『英語の研究と教授』第四巻第五号、一九三五年。

青木常雄「英語教師六十年(3)――福島中学と湘南中学」、『英語青年』第百十五巻第七号、研究社、一九六九年。

荒間蒼海「湘南逸聞記(VII)――湘中の英語」、『湘高新聞』第百六十七号、湘南高校新聞部、一九八〇年十一月二十日。

石橋幸太郎「わが国英語教育の歩み」、『英語教育』第七巻第十号、大修館書店、一九五九年。

伊藤嘉一「英語教育方法論史概説」、『英語教育』一九七六年七月増刊号、大修館書店。

伊藤健三ほか『英語教授法各論』、「現代の英語教育」3、研究社出版、一九七八年。

「各地学校消息――神奈川県立湘南中学校」、『英語の研究と教授』第三巻第一号、東京文理科大学内英語教育研究会編、興文社、一九三四年。

H・I生「湘南中学校英語教授参観記」、東京府中等学校英語教員会『会報』第五号、同教員会編・発行、一九三六年。

大村喜吉・高梨健吉・出来成訓編『英語教育史資料』全五巻、東京法令出版、一九八〇年。

小川芳男ほか『英語教授法』、「現代英語教育講座」2、研究社出版、一九六四年。

蟹江忠彦「松川昇太郎氏を悼む」、『英語教育』第二十五巻第八号、大修館書店、一九七六年。

蟹江忠彦「湘南と英語と」、『湘中七回生随想録』、一九八四年。

蟹江忠彦「英語を教えることの楽しさ」、日本大学藤沢高等学校研究紀要創刊号。発行年不詳。

黒田巍「H. E. Palmer と日本の英語教育」、『英語教育』第七巻第十号、大修館書店、一九五九年。

佐藤秀志「オーラル・メソッド」、『英語教育』一九七六年七月増刊号、大修館書店。

《対談》清水貞助・加藤寿雄「福島プランと湘南プラン」、『英語教育』第七巻第十号、大修館書店、一九五九年。

清水貞助ほか「H・E・パーマー特集」、『英語教育ジャーナル』第二巻第十一号、三省堂、一九八二年。

第十二回英語教授研究大会プログラム、一九三五年十月三十一日、十一月一日、二日。

高梨健吉・大村喜吉『日本の英語教育史』、大修館書店、一九七五年。

寺西武夫「湘南中学を観る」、*The Bulletin of the Institute of Research in English Teaching*, No. 117, 英語教授研究所、一九三五年。

H・E・パーマー『新しき理論の見解による英語教授の新問題(覚書)』(篠田錦策訳)、英語教授研究所、一九二四年。(前掲『英語教育史資料』第二巻による)

野口元「湘南高」、『わが母校　わが友』、毎日新聞横浜支局編、一九七六年。

平田孝次「湘南五十年史」、創立五十周年記念誌『湘南』、一九七二年。

福原麟太郎監修『ある英文教室の一〇〇年』、大修館書店、一九七八年。

富士川英郎「湘南中学と岡倉由三郎」、『文藝春秋』二月号、一九八四年。

「七十四歳の現役——蟹江忠彦先生」、『せんせい——名物先生と子供たち』、毎日新聞社編、一九七七年。

松川昇太郎「湘南中学英語科の現状」、*The Bulletin of the Institute of Research in English Teaching*, No. 119。一九三五年。

松川昇太郎「湘南中学の英語教育——回想」、『英語教育研究』第八号、神奈川県高等学校教科研究会英語部会編、開拓社、一九七三年。

「全国大会で授業を実演——湘中英語科の誉れ」、『横浜貿易新聞』昭和十年十月三十一日付け。

若林俊輔編『昭和五〇年の英語教育』、大修館書店、一九八〇年。

※　この他、「湘南プラン」英語教授に携わった、桐村克己氏、加藤寿雄氏、そして(一九八五年時点での)故篠崎光太郎氏の奥様などからいただきました私信、ならびに蟹江忠彦氏へのインタビュー(この数年後に逝去されました)など、当時の教育を知るうえで大いに参考になりました。記してお礼申し上げます。

■資料1　湘南プラン関係略年表

年・月・日	事　項
大正十年四月	湘南中学校開校。赤木愛太郎、新潟県長岡女子師範学校長より転任、湘南中初代校長となる。
昭和三年四月	初学年に対し分割授業を開始。クラスを二分割し(だいたい二十～二十五名)、それぞれを別々の教師が担当し、同時間に授業を進める。これによって、個人指導の充実、学習活動の活発化を促す。いわゆる「湘南プラン」の原型ができた。
昭和八年四月	当時、英語科職員七名——松川昇太郎(主任)、蟹江忠彦、篠崎光太郎、荒谷直次郎、桐村克己、安藤一郎、C. S. Bavier.
昭和九年九月	加藤寿雄、和歌山一中より湘南中へ転任。
同年？	渡辺謙、湘南中に赴任。(昭和九年三月東京高師卒業)
昭和十年九月二十八日	東京高師教授寺西武夫、湘南中の英語教授を視察。第十二回英語教授研究所大会でのモデル授業の教員の選定のため。
十月	寺西に次いで、東京高師教授青木常雄も湘南中の英語授業を参観。
同月	寺西、*The Bulletin*に「湘南中学を観る」を発表。
十月三十一日	第十二回英語教授研究所大会が東京文理科大学講堂にて開かれる(十一月二日まで)。参加者四百三十余名。蟹江忠彦が四年生の英作文、加藤寿雄が二年生の読本のモデル授業を行う。また主任の松川昇太郎が英語で湘南プランの大要を説明した。
昭和十四年四月	大会での実演の成功と、その後に湘南中を訪れ授業を参観した数多くの教員を通じて他校の英語教育に与えた好い影響が評価され、岡倉英語教育賞が湘南中へ与えられた。
五月二十八日	岡倉英語教育賞授賞式。東京駅鉄道ホテルにて行われた。赤木校長をはじめ、英語科職員全員が出席。賞状および賞金百円が贈呈された。
十月	英語科主任松川昇太郎は「本邦国民教育の見地より見たる中学校における英語教授の意義と方法を論ず」という論文により、神田賞を受賞する。

■ **資料2　大正末期・昭和前期英語存廃論関係事項略史**（☆は英語存廃論に対する反論を示す）

年・月・日	英語存廃論関連事項	備　考
大正十一年三月二十七日	H・E・パーマー来日。前文部次官沢柳政太郎の努力による。	
大正十二年四月	「英語教授研究所」創立。パーマーは初代の所長となる。	
大正十三年五月		アメリカで排日移民法成立。→反米感情高まる。英語排斥論に拍車がかかる。
六月十八日	海軍少佐福永恭助「米国語を追払え」を発表。（『東京朝日新聞』）	
六月二十二日	杉村楚人冠「英語追放論」を発表。（『東京朝日新聞』）	
七月六日	戸川秋骨「看板の英語と中学の英語」を発表。（『東京朝日新聞』）	
七月	渋川玄耳「何を恐るゝか日本」を発表。（『中央公論』七月号）	
九月	戸川秋骨「首括り綱渡り」を発表。（『文藝春秋』九月号）	
十月	☆大和資雄「秋骨氏に」を発表。（『文藝春秋』十月号）→戸川秋骨に対する反論である。	
昭和二年　四月		田中義一内閣成立。→山東出兵など中国進出を図る。右傾化。
五月	東大国文科教授藤村作「英語科廃止の急務」を発表。（『現代』五月号）	
六月	新聞社専務下村宏「どれだけお役に立つのか」を発表。（『現代』六月号）→この『現代』六月号には藤村作の意見に賛同する多数の人の意見も載せられた。東京高師付属中の主事斎藤斐章も同誌に「一日も早く改めたい」という短文を寄せ、教授体制の改善を訴えている。	ジュネーブ軍縮会議決裂。
八月	☆岡倉由三郎「藤村作氏の反省を促す」を発表。（『現代』八月号）	

十月	☆東京高師英語部「我国中等教育に於ける外国語」(意見書)を発表。	
十月	☆東京府英語教員会「英語教育に関する意見書」を発表。	
十月	藤村作「英語科処分の論争について」を発表。(『現代』十月号)	
三年九月二十八日	文部省「諮詢第十一号」を文政審議会に提出。	
十月より	☆『英語青年』誌上で「中等学校英語科問題」と題し、英語教師たちの多数の意見が公表された(翌四年六月まで)。これは『英語青年』が中等学校英語科課程改革について全国の英語教員に意見を求めたもの。	
四年四月十二日	京都大・心理学教授野上俊夫「中学校の英語を全廃しては如何」を発表。(『大阪朝日新聞』)	
六年六月	文部省「中学校令施行規則改正要旨」を発表。	
九月		満洲事変始まる。
七年一月	この時期から太平洋戦争の勃発に至るまで英語は敵性語から敵国語へと変化していく。	
五月		上海事変起こる。五・一五事件。
八年三月		国際連盟脱退。
十年四月		文部省、国体明徴を訓令。
十一年二月		二・二六事件。
十二月	☆福原麟太郎が病気療養中の岡倉由三郎に代わって『英語教育の目的と価値』を執筆、発表。	
十二年七月		日支事変始まる。
十三年四月		国家総動員法。
十四年五月		ノモンハン事件。
九月		第二次世界大戦始まる。

第四部　英語教育と英語出版社——研究社の場合

第一章
月刊誌『英語教育』(研究社刊)の誕生

その前身から発刊までの系譜

1 はじめに

英語教育史の研究対象として英語雑誌を取り上げることに、はたしてどのような意義があるのだろうか、という問題意識が常に私の中にあった。そして今、歴史を振り返り、研究対象としての英語雑誌について少しばかり考えてみると、広い意味での英語教育(史)や個の英語学習(史)において英語雑誌の果した役割が、かつてはいかに大きかったかが理解されてくる。明治以降、数多の英語雑誌が出版され続けてきたことは、その需要の歴史を物語っていることでもあるし、またその存在意義を裏付けていることだとも思われる。

雑誌というものは機動性を重視し、時代に即応する出版物だけに、当然その時その時の時代状況を非常によく反映する。また専門雑誌になればなるほどそれだけ当代の一流の研究者や教育者を執筆陣に迎えるということがあるわけで、この意味からも良い学習材料、最新の研究動向、専門の学問の抱える問題点、学会の動向などが必然的に誌面化される。独学で英語を学んだ田中菊雄は次のように言っている。

「雑誌で最もお世話になったのは『英語青年』であった。一八、九の頃からとりはじめてほとんど五十年近く購読をつづけている。……(中略)……このほかにも、研究社の『英語研究』、博文館の『英語世界』、磯部弥一郎先生の『中外英字新聞』、斎藤秀三郎先生の『英語の世界』、山県五十雄先生の『英学生』、岩堂氏の『英語精習』、今井信之先生の『Current』など、いずれも自分の導きの星であった。これらの雑誌を通して私は独学ながら当時第一流の英学者に接する思いがした。(1)」

こういう雑誌の特性を踏まえながら、私は月刊誌『英語教育』(研究社刊)の研究に手を染め始めた。それでは、なぜ『英語教育』なのか？　ひとつには、この雑誌およびその前身が日本の英語教育の歴史に非常に深く関わっていたということである。つまり、明治以降、日本の英語教育界を支えてきた東京高師、東京文理科大学、東京教育大学といった英語教育の大本山――いわば英語教育界の本流――の機関誌の役割を果してきたということ、また英語教育研究誌・英語学習誌として一般読者(教員)を対象とする商業誌になっていたということである。

以下の記述においては、国会図書館、大妻女子大学図書館などに収蔵されている現物の雑誌を確認しながら、前身である『英語の研究と教授』の発刊からの歴史的系譜(2)の解明に主眼を置くことにした。いくつかの前身雑誌がいかに紆余曲折を経て研究社刊『英語教育』となり、そして現在の大修館書店刊の『英語教育』に連なっているかの歴史的流れの一端を明らかにしたいと考えている。

2　前身としての研究社版『英語の研究と教授』について

研究社版『英語教育』の前身を考える場合、何種類かの雑誌を歴史的に遡ることができるが、その行きつくところは昭和七年に発刊された『英語の研究と教授』になるであろう。それ以前にも、日本での英語教育関係の雑誌の嚆矢と言われる『英語教授』(明治三十九年発刊) があり、それには岡倉由三郎や渡辺半次郎といった東京高等師範学校の先生方の多くがその編集に関与していたが、最初は広島高等師範学校のP・A・スミスが中心となって編集を行っており、純然たる意味で、「東京教育大系」の雑誌とは言い難い。福原麟太郎も「三代の英語教育」という座談会の中で「『英語教授』という雑誌が一番初めといえばそうだけれども、しかしこれはわれわれの学校の雑誌じゃないんだね[3]」と言っている。つまり、『英語教育』の前身を考える場合、その編集母体が当然意味を持ってくるわけで、あくまでも編集の主体は「東京教育大系」の英語教育研究会でなければならない。この意味からも、『英語教育』の前身の祖型は『英語の研究と教授』であると考えることができる。

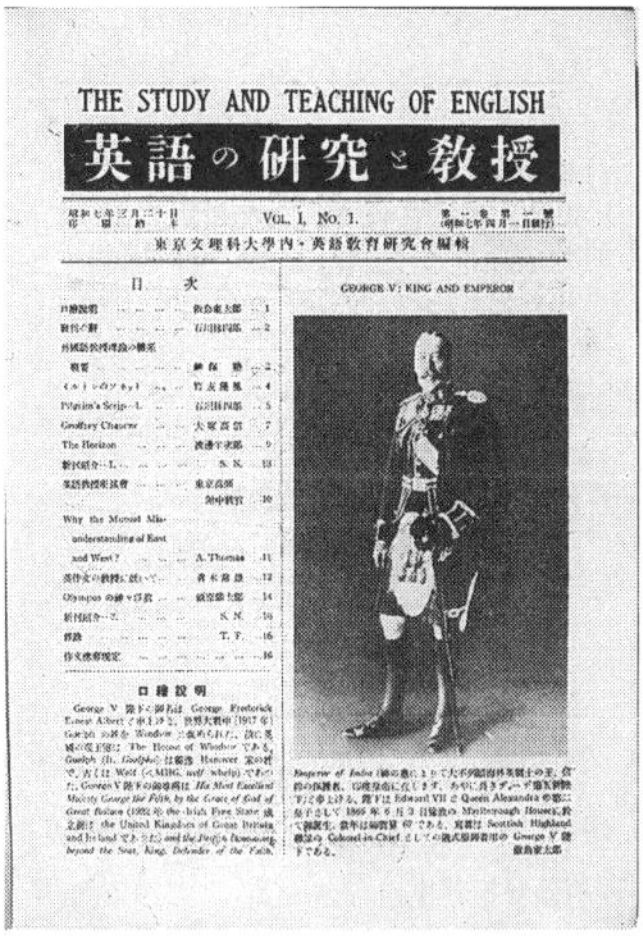

『英語の研究と教授』創刊号

『英語の研究と教授』は昭和七年四月に発刊された。形態は4×6倍判の大きさで総頁は二十頁仕立てであった。口絵の写真には英国のジョージ五世の軍服正装姿の立像写真が飾られており、これは当時の日本の英語・英文学の研究者たちが米国よりも英国(文化)のほうに視線が向いていたことを暗示していると言えなくもない。紙質も比較的良く、活字や写真なども鮮明に出ている。

本雑誌の編集母体は東京文理科大学および東京高等師範学校の英語教員が組織する「英語教育研究会」であった。その代表者が石川林四郎であり、当然編集主幹も石川ということになった。もちろん前年の昭和六年に英国留学から帰国した福原麟太郎も編集の中心的メンバーであった。この福原の存在によって、雑誌の発行元が研究社に委ねられることになるのである。というのも、福原麟太郎と研究社社長の小酒井五一郎とは出版の仕事その他でたいへん親しい関係にあったのだ。人間的にも福原と小酒井とは友情で結ばれていたが、研究社にとって福原は出版・企画のある種のお知恵袋的存在であったわけで、その恩義もあって福原が英国に留学していた時は研究社は経済的援助を惜しまなかった。たとえば、留学中に福原が購入する多くの専門書・雑誌は直接研究社に送られてきたし、その支払いは研究社が肩代わりしていた。研究社は送られてくる原書や雑誌をせっせと東京文理科大学の福原麟太郎の研究室に運んだという。このような手段を取らざるを得なかったことの背景に、当時の国立大学の教員の研究費の出費・支払いにはなかなか手間がかかり、右から左へと金が動かなかった事情もあったようだ。福原は研究社の友情的資金援助に頼らざるを得なかった次第である。はたして、こうして購入された幾多の書物の代金が、帰国後福原から研究社に払い戻されたのか、そのままになっていたかは、今では故人となった福原、小酒井両氏のみぞ知るところだ。

こうした発行元研究社とのいささかの関係について、福原麟太郎は昭和七年四月一日発行の『研究社月報』に載せた「『英語の研究と教授』発刊」という発刊のメッセージの中で、次のように述べている。

「この度研究社社長の義俠的援助により、東京文理科大学及び東京高等師範学校内で『英語の研究と教授』といふ月刊雑誌が編集され、研究社から発行されることになつた。……(中略)……編集者も同大学英語英文学研究室内の英語教育研究会といふことになつていて、この研究会は当分のところ大学園に現在関係している英語英文学の教職員を以て組織されてゐるが、やがて全国的にその会員を募集するやうな手筈であることも了解して居る。だから詰まり研究社はこの雑誌を援助発行することによつて、国家的に或いは国際的にさえ英語教育の研究進展に貢献しようとする義挙を敢行しかかつているのである。私は広く研究社の読者諸賢に向つて能ふかぎりの好意と応援とを懇願する。事、私の関係する学校にかかり又私の親しい出版者の事業である故を以てのみならず、われら英語教育の為に希つて止まない。(4)」

福原麟太郎の研究社に対する感謝の気持ちの一端が見て取れる。

さて、『英語の研究と教授』が昭和七年に発刊されたわけだが、これにはそれなりの背景があったと考えられる。ひとつには先行する英語教育雑誌の『英語教授』が大正六年に廃刊され、以後は英語教育研究所から機関誌として刊行されていた専門的な *The Bulletin of the Institute for Research in English Teaching* (大正十二年五月〜昭和十六年十二月) 以外、英語教育・研究についての本格的な雑誌がなかったことが考えられる。そして、現実的な面としてはこの昭和七年に東京文理科大学の第一回の卒業生が出て、巣立っていくいわゆる新米教員のための指針となる英語教育総合雑誌が求められたことも背景のひとつに挙げられる。要するに、「英語教育の当事者に必要な正確なる言語意識を以て英語英文学の研究を進め、その研究の間に所謂英語の力を養うことを目標とする(5)」雑誌が求められていたのである。この『研究社月報』に載った創刊

福原麟太郎

ある。車の両輪のような「研究」と「教授」とを並行させる本格的な英語教育雑誌がここに出現したのである。

予告の言葉は、『英語の研究と教授』創刊号の石川林四郎の「発刊の趣旨」の言葉と表現の字句がほぼ同じである。車の両輪のような「研究」と「教授」とを並行させる本格的な英語教育雑誌がここに出現したのである。

この雑誌の特徴のひとつに、それぞれの記事が体系的に整理されて連載されていくということがあった。「一年或いは二三年の間に、英語の宝典又は英語英文学中それぞれの部門の概説となる計画(6)」であったのだ。たとえば、神保格の「外国語教授理論の体系概要」は二年間の連続講義として一本にまとめられる予定になっていたし、福原麟太郎の「神話」、石黒魯平の「聖書」、大塚高信の「英文学史」なども数年後には一冊の完全なる参考書となる予定であった。このように雑誌の特性を生かしつつ、長い目で見たひとつの教育上(学習上)のパースペクティヴが『英語の研究と教授』にはあった。それは、今日ほど数多くの教授法や英語学英文学関係の参考書がなかった当時の状況がなさしめたことでもあった。

ところで、『英語の研究と教授』という雑誌名だが、これにはひとつのエピソードがあった。この名前は石川林四郎の命名であった。はじめ福原麟太郎は英語教育一本に絞った雑誌名、つまり『英語教育』を主張していた。これに対し石川は英語(英文学)の研究と教授法を中心とする雑誌を目指したかったのである。したがって、英語タイトルも『英語教授』が使用していた *The English Teachers' Magazine* では物足りないと考え、*The Study and Teaching of English* としたのである。結局は英語教育研究会代表の石川の意見にまとまり、福原案の『英語教育』という誌名が日の目を見るには今しばらく時の経過を必要とした。そして、この『英語の研究と教授』という誌名、4×6倍判型、総二十頁、一部二十銭、という形態で、主に寺西武夫が編集実務を担当しながら、一年間月刊誌として研究社から刊行され続けたのである。

3　興文社版『英語の研究と教授』について

研究社から一年間継続出版された後、『英語の研究と教授』は第二巻第一号より出版元が興文社へと移った。元来研究社から出版されたのは、先に述べたように福原麟太郎と研究社社長小酒井五一郎との人間的つながりがあったからで、研究社としては一年間なんとか「お世話した」というのが実状ではなかったかと思われる。研究社もかなりの出版物を出していたし、東京文理科大学・東京高等師範学校のある種機関誌のような雑誌を出し続けることは大変だったのではないかと察せられる。第一巻の最終号（第十二号）の「雑録」に以下のような言葉が述べられている。

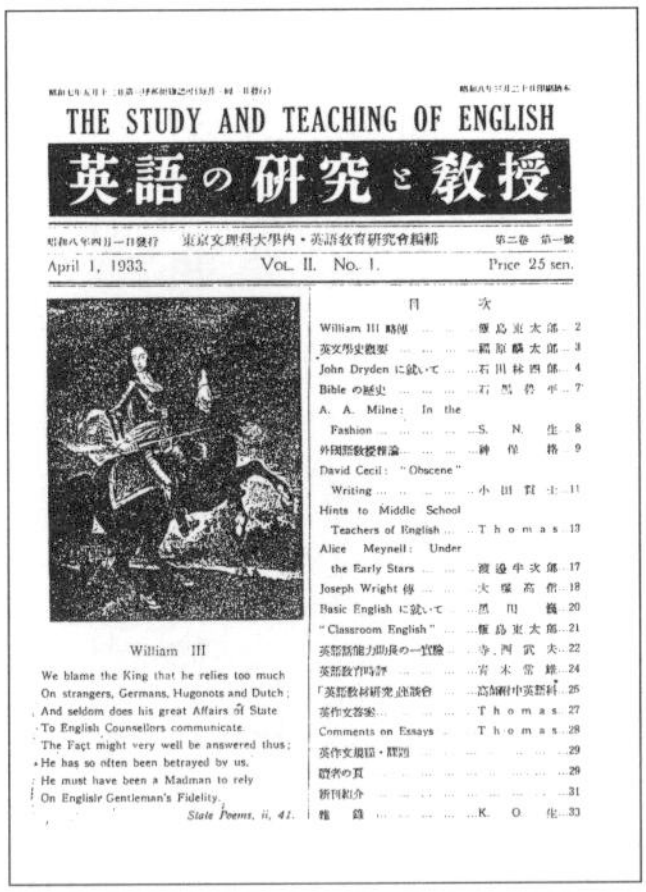
THE STUDY AND TEACHING OF ENGLISH

英語の研究と教授

昭和八年四月一日發行　東京文理科大學内・英語教育研究會編輯　第二卷　第一號

April 1, 1933.　Vol. II.　No. 1.　Price 25 sen.

William III

We blame the King that he relies too much
On strangers, Germans, Hugonots and Dutch;
And seldom does his great Affairs of State
To English Counsellors communicate.
The Fact might very well be answered thus;
He has so often been betrayed by us,
He must have been a Madman to rely
On English Gentleman's Fidelity.

State Poems, ii, 41.

目次

William III 略傳	飯島東太郎	2
英文學史概要	福原麟太郎	3
John Dryden に就いて	石川林四郎	4
Bible の歴史	石黒魯平	7
A. A. Milne: In the Fashion	S. N. 生	8
外國語教授雑論	神保格	9
David Cecil: "Obscene" Writing	小田賢士	11
Hints to Middle School Teachers of English	Thomas	13
Alice Meynell: Under the Early Stars	渡邊半次郎	17
Joseph Wright 傳	大塚高信	18
Basic English に就いて	黒田巍	20
"Classroom English"	飯島東太郎	21
英語話能力助長の一實驗	寺西武夫	22
英語教育時評	青木常雄	24
「英語教材研究」座談會	高師附中英語科	25
英作文答案	Thomas	27
Comments on Essays	Thomas	28
英作文規定・課題		29
讀者の頁		29
新刊紹介		31
雑録	K. O. 生	33

興文社版『英語の研究と教授』（第2巻第1号）

「『英語の研究と教授』は本号で一年間のプログラムを終えて、来月からは第二巻になる。それと同時に、発行所が研究社から興文社に移ることになった。研究社は種々の支障があったにも拘わらず、その英語英文学専門という畠を我々の雑誌の発達の為に提供してくれられ、今本誌を独り立ち出来るまでに育て上げた上最良の友として、快く我々の巣立ちを見送ってくれられることは、当英語教育研究会同人一同の心から感謝するところである。(7)」

ここに「種々の支障」とあるが、おそらく財政的なこともこれには含まれていることだろう。また、当時は研究社印刷所では英語青年社の『英語青年』と『英語の研究と教授』が同じ活字、同じサイズで組まれ印刷されていたので、返品の際に『英語の研究と教授』が英語青年社に一緒に戻ってしまうという弊害が生じていたのである。このようなことが一因にもなって、第二巻より印刷所を愛育社、出版元を興文社に移したものと考えられる。この際に一般読者をもっと獲得しようと、判型をノート型に変え、ページ数も約二倍にして、記事の充実を図っている。これは編集を手伝っていた黒田巍の発案だったとされている。興文社も明治以来英語に関係のある大手出版社で、かつては斎藤秀三郎の著作やその他英語関係の参考書、研究書などを出していた。また編集主幹であった石川林四郎の英語読本 *The Empire Readers* を出していたことも、興文社に白羽の矢が立った一因かも知れない。さらに、『英語の研究と教授』を出版することになった興文社は東京文理科大学英友会(卒業生で組織された団体)の『英友双書』や英友会の論集『英語英文学論集』なども抱き合わせで出版することになる。この英友会というのは主として卒業生が会員になるが、それに教員も加わり、また東京高師や臨教(臨時教員養成所)の卒業生も希望次第で会員になれた。英友会の会員になって、年額五円を払い込むと『英語の研究と教授』一年間分と『英語英文学論集』が必然的に送り届けられる仕組みになっていたという。

出版元の変更と改巻にあたり、編集上の工夫もあった。ページ数が増加したことにより、教授法、文学、語学などの各部門の記事をもっと豊富にした。また、一般読者との関係を密なものにしようと、投稿論文やエッセイなどのためのページを設け、さまざまな質問も受けて、それに誌上で答えようということも試みた。いわゆるクエスチョン・ボックスの形が出来あがるのである。改巻第一号の「雑録」に「この雑誌を単に一部関係者の執筆のみに委ねたくない。読者諸君の協力によって正常なる発展を遂げたい(8)」といった言葉があることからも、編集人たちのそうした意気込みが見て取れる。こうして、興文社からノート型『英語の研究と教授』が順調に刊行され続けるようになった。

しかし、六年後の昭和十四年四月の改巻時(第八巻第一号より)には判型がまた元の4×6倍判に戻った。第七巻第十二号の「雑録」には「さて次の改巻第一号からは紙面を拡大して分量を二割ぐらい増加する新計画を立てており、これは内容の充実化と共に面目一新して読者にまみえる事になると思う」(9)とあるが、これは表向きのことと考えられる。実際は、戦時経済体制の強化から紙型の規格統制があり、A判・B判の二つの型に統一されたのである。つまり、ノート型といった半端な折り方のできる紙が入手不可能となったのである。

そして、昭和十六年九月、第十巻第六号をもって興文社版『英語の研究と教授』は終刊を迎えることになった。これはまさしく戦時体制の影響をまともに受けたもので、雑誌の統合や廃刊を求める国策に従ったわけである。大塚高信が出頭命令を受けて警視庁に赴いたところ、「刊行をやめろ」「統合しろ」などと言われたらしい。そこで興文社社長石川寅吉の決断で廃刊することになった。この時、英語青年社社主の喜安璡太郎も出頭命令を受けて同様の要求をつきつけられ、結局は研究社の『英語研究』と合併されることになったが、研究社社長小酒井五一郎の英断で、『英語青年』に『英語研究』を合併させるという形を取った。このため、『英語青年』は戦時中も細々ながら刊行され、今日に至るまで切れることなく連綿と刊行され続けることになるのである。

4　戦後の『英語の研究と教授』について

戦前の『英語の研究と教授』が終刊を迎えてから約五年後、戦後の混乱がまだ沈静化していない状況下の昭和二十一年六月にこの雑誌は不死鳥のごとく蘇った。出版元は地平社という小さな出版社である。興文社版時代に印刷を請け負っていたのは先にも述べたように愛育社であったが、ここの編集室に黒田巍や成田成寿がちょくちょく顔を出していた。その愛育社の社長岩本米次郎が地平社の主人田中秀雄と親しくしていた関係で、黒田・成田の二人を田中に紹介していた。そこで田中が戦前の『英語の研究と教授』を是非復刊したいと申し出た。東京文理科大学英語教育研究会にとっては渡りに舟で、この申し出を受け入れた。復刊第一号（これは地平社刊ではなく愛育社刊、この事情は後述）の編集後記にこの辺の事情に少し触れているところがある——「本誌は戦争中しばらく休刊を余儀なくされていたのであったが、地平社主田中秀雄氏は、新時代における本誌の重大なる使命を認められ、予想された出版上の困難を物ともせず、逸早く本誌復刊の事業を進んで引き受けられた。(10)」と。

しかし、戦後の混乱期だけに編集上・印刷上の困難は大きく、当初予定していた四月刊行は大幅にずれ、結局六月刊となってしまった。印刷もあまり良くなく、紙質もワラ半紙程度のもので、表紙の写真も不鮮明であった。編集人代表は福原麟太郎、大きさは菊倍判、総十六頁、定価一円五十銭（予告では一円二十銭になっていた）であった。再刊の辞を兼ねてその第一号に福原麟太郎はこのようなことを述べている。

「……今のような英語氾濫の時代には、そしてその英語乃至米語が、おそろしく雑多な口から耳へ供給されて、それらがそのまま真似られ、又必ずしも知識階級を背景としない英米の新聞雑誌が無数に供給されて、安小説がいつのまにか手に入るような時勢には、正しいものが見失われる危険がある。英語の研究と教授には、その正しいものが必要である。学校は正しいものを擁護して、常に標準を与えてゆかねばならない。本誌の特に努力すべき仕事はそれであると思う。

これから新しい日本が建設される。それには英語の教師が大きな一役を買っている。それは然し、英語そのものだけに関してではない。英語教師の持っている知識、識見が物をいうべきである。(11)」

福原麟太郎の教養主義的教育観の一端が垣間見られる。

さて、第十一巻第一号を出したのは良かったが、その後がまたうまく続かなかった。地平社も印刷、出版の困難克服のためあらゆる努力を惜しまなかったが、結局力足らずで次号の地平社刊行は諦めなくてはならなかった。そこへ友情的支援という形で愛育社が自分の印刷所を使って出版を肩代わりしようということになった。愛育社は印刷の件で興文社版時代以来の付き合いであったので、言ってみれば古巣に帰ったと言えなくもない。こうしたプロセスで、第二号の刊行はかなり遅れたものの十月刊行になんとかこぎつけ、以後は十二月、一月、二月、三月というペースで刊行が進み、第十一巻は第六号で完了した。第二号からは編集代表は青木常雄になっている。

第十二巻第一号(四月号)よりは順調に刊行が進むかに見えたが、ここでも不測の事態が起こった。戦後の混乱のさなか、労働争議などが起こり、愛育社内の印刷工場がストライキに突入してしまったのである。愛育社は『英語の研究と教授』以外にも *English Primer*, *Junior English*, *Senior English* などを出版していたが、いずれも休刊を余儀なくされている。『英語の研究と教授』第十二巻は結局、四月、五月、六月、七月、八月、九月まで、第六号をもってして、またもや休刊の憂き目を見ることになった。この第六号には休刊については何ら触れられていないところを見ると、いかに休刊措置が突然の出来事であったかが分かるというものだ。

5　新誌名『英語　教育と教養』で再復刊、そして金子書房版『英語教育』の誕生

第十二巻第六号をもって突如休刊となった『英語の研究と教授』は、また約一年後の昭和二十三年十月、再復刊という形で再々出発することになった。今回の出版社はやはり英語英文学関係の研究書、参考書を発行している金子書房である。しかし、再復刊に当たり、従来の『英語の研究と教授』という誌名を『英語　教育と教養』に、そして英文タイトルも *The Study and Teaching of English* から *The English Review* に変えた。こ

金子書房刊『英語　教育と教養』
(改題第1号)

の英文タイトルは福田陸太郎の発案だったという。再復刊誌の大きさは菊倍判、総三十二頁、定価四十円である。

ところでなぜ誌名を変えたのか。一説に、金子書房側で『英語の研究と教授』では雑誌名としては長すぎるし堅いという意見が出たからで、代わりに『英語教育』という案も出たが、『英語』というそのものずばりの大変簡潔な誌名に決まり、副題的に「教育と教養」を添えることで落ち着いた。内容的にも面目を一新して、新制高校や新制中学校の英語の問題に焦点を当て、社会の中の英語教育をしっかりと考えていくことを編集上の問題意識とした。このことは同時期に『英語青年』から独立して復刊された研究社の『英語研究』も新制高校生を読者対象にするという方向転換を果していることと類似点があるように思えるし、これは社会(教育)状況の変化に雑誌が対応を余儀なくされるという証しのようなものだ。

再復刊第一号の「復刊改題の言葉」というメッセージの中に誌名を変えた理由が簡潔に述べられている。

「本誌は発行の当初から、主として、二つの目的をもっていた。その目的の一つは、英語英文学の諸問題に関して、原理的な研究論文を掲載することであった。もう一つは、その原理を応用して、主として、英語教育の諸問題を考えることであった。それは、学校における英語教授の諸問題と直接に関連し、わが国英語教育界に、正しい指針を与えて来たのであった。今『英語　教育と教養』と改題するにあたっても、その根本方針は、変わっていない。しかし、副題として「教育と教養」という標語を掲げるゆえんは、在来より、一そう広い視野の上に立ち、一そう広い読者層に訴えんがためである。英語英文学の原理的研究に根底を置き、その応用として英語教育に深い関心をもつが、同時に英学生、英語教育者のみならず、一般社会人の英学的教養に貢献したいと思うのである。……(中略)……本誌は、学校と社会とにおける英語の教育と教養というものに、新しい角度からの関心をもつ。新しく、一般の、広い社会人に訴え、その伴侶ともなりたいと思う。社会において、新しく英語の占めるべき教育と教養の程度と種類、位置を考えたい。[12]」

このメッセージを書いた人の署名は記されていないが、その内容から判断しても、また東京文理科大学英語教育研究会の会長という職責にある点からしても、おそらく福原麟太郎であろうと考えられる。つまり、ここには福原氏の英語教育論の思想が色濃く出ており、編集後記にも (T. H.) なる署名(廣瀬泰三であろう)の編集者が「教養的裏付けを持った英語教育の指導雑誌でありたいという編集方針には創刊号以来いささかも変わりない[13]」と述べているところなども、まさしく福原イズムの確認であろう。ちなみに、再復刊時の編集スタッフには、代表に福原麟太郎、編集長に成田成寿、編集員に廣瀬泰三、福田陸太郎、石川光泰、櫻庭信之の四氏がいた。

再復刊号『英語　教育と教養』は一応昭和二十三年、十月号(第十三巻第一号)として始まったが、次の号はまた変則な形となり、十一月号、十二月号は合併クリスマス号として一冊にまとめられてしまい、早めに出版された。これは次のような事情による——「本号は十一、二月号を合併してクリスマス号とした。発行時期をくり上げて新装一月号から前月のうちに早めに出すための操作である[14]」と。しかし、はたしてこの編集後記の述べるところをそのまま真実として受け取っていいものなのか。少し意地悪な見方をして、実際はまた編集上ないし印刷上のトラブルがあったのではないかと疑う気持ちがふと筆者の心をかすめてしまうのである。以後は、一月、二月、三月と刊行され、第十三巻は全部で五冊であるが、号数的にはクリスマス合併号を「二号+三号」と数えているようで、第十三巻最終号の三月号は第六号となっている。この三月号の編集後記に「本誌も回を重ねること五度で、漸く油がのって来たようだ。次号より、さらに様装を新たに、充実した企画、豊富な内容を盛って、読者の奉仕に当たる考えである[15]」とあるが、はたしてどのようなことになるのか。

さて、「充実した企画、豊富な内容」と予告された第十四巻第一号だが、特集は「シェイクスピアと新学生の英語の扱い方」となっている。そして、版型は小型化され、Ａ５判になり、頁数は六十四頁と倍増している。定価は第一号のみ据え置きの四十円、第二号よりは四十五円となる。版型を変え、頁数を増やしたことは何か特別の理由があったのだろうか。調べた限りでは判然としなかったが、その第一号（四月号）の編集後記に次のような言葉がある――「本誌も復刊以来、読者諸賢の絶大なる御支援により発展の一路を辿り、六十四頁の増頁にまで漕ぎつけることができた。これを機会に版も手頃な小型に改めることにした。今後とも御支援御鞭撻を乞う次第である[16]。」と。

ただ、これとて版型変更や増頁の決定的な理由にはなっていない。雑誌編集・出版における苦しい時のいわゆる「試行錯誤」でしかないのだろうか。以後は、五月（第二号）、六月（第三号）と順次刊行されるが、その次の七月と八月は第四号として合併号になってしまう。そして、今回は第十三巻の十一月、十二月の合併クリスマス号の時のように二号分に換算しなかったようで、結局第十四巻の最終号の三月号は第十一号という考え方になっている。なかなか順調にいかず、一貫性が保たれていないようだ。『英語　教育と教養』として再復刊になってからも表紙の巻数号には誤植があったり、『英語青年』などに載せた特集予告内容や執筆者などが実際とは異なっていたり、編集上、印刷上のミスがかなり目立っている。この七・八月合併号の記事中には金子書房社主の弁として「おねがい」すら載せている。

「最近種々の都合によって本誌の発行が毎月遅れてまことに申訳なく思っています。御熱心なる愛読者各位よりの御問合わせに対してはその都度御返事申し上げましたが、本号は七・八月合併号等の操作に依り御期待に添うことを期していますから相変らず御支援のほど祈り上げます。[17]」

また、表紙の印刷の不手際と次号からの誌名変更の予告を印刷した「おねがい」のスリップ（紙片）までこの七・八月号には挿入させている。いかに編集・印刷・出版の裏方であれこれと動きがあって落ち着かない状況があったかが見て取れる。そのスリップの全文は次のようなものである。

「本号は特集をしなかったのであるが、印刷上の手違いからバックナンバーの特集名の一部〝特集・シェイクスピア〟を不用意にもそのまま出してしまった。刷り直そうと思ったがすでに間に合わない。読者の御諒恕を切に乞う次第である。

次に本誌は九月号から〝英語　教育と教養〟を改めて〝英語教育〟（*THE ENGLISH REVIEW*）と誌名を改め旗幟を鮮明にして一段の飛躍を期することになった。今後の御支援をお願いします。

昭和二十四年八月　金子書房[18]」

とにかくあれこれと試行錯誤がなされているのが分かる。それだけいろいろと問題があったのかもしれぬ。こうしてこのスリップの予告のように『英語教育』という雑誌名が日の目を見ることになるのである。巻数号数は『英語　教育と教養』の継続として考えられ、最初の金子書房版『英語教育』は第十四巻第五号（九月号）として刊行された。昭和七年四月に『英語の研究と教授』を発刊しようとした時に福原麟太郎が対抗案として『英語教育』の雑誌名を挙げたものの採用されなかった経緯があったが、ようやく十七年目にして福原の念願が叶ったと言えなくもない。金子書房版『英語教育』は『英語　教育と教養』と同様、版型はＡ５判、総

金子書房版『英語教育』

六十四頁、定価は、予告では『英語　教育と教養』と同じ四十五円だったが、実際は五十円となった。

『英語青年』第九十五巻第十一号（昭和二十四年十一月一日発行）の「片々録」には「東京文理大内英語教育研究会編集の月刊雑誌『英語　教育と教養』（金子書房発行）は、九月号から『英語教育』と改題され、内容も益々新題名にふさわしい方向に進む模様である。」とある。そして、新生『英語教育』九月号は新雑誌名にふさわしく、特集は「英語の評価と測定」となっている。以後、文学特集などもあるが、第十四巻の以後の号は「英語指導の技術」「教授法検討シリーズ」、教材や教授法についての「成田成寿・黒田巍の特別対談」など新雑誌名を意識した編集を取っている。こうして『英語教育』は毎月確実に発行されるようになる。第七号（十一月号）の編集後記には次のように自信溢れる言葉を記している。

「本誌も復刊1周年を迎えた。思えばこの1ケ年は社会的に最も変動の多い時であった。この間本誌が健全な歩みを続け得たのも一重に読者諸賢の絶大なる声援と金子書房の献身的な努力の賜物と感謝している。吾々の理想は本誌がこの方面の唯一の雑誌として全国の学校に行き渡り、教師の教養を高め、直接・間接日々の授業に何かお役に立つことを念願している。[19]」

かくして第十四巻は第十一号（三月号）でもって完了する。しかし、再復刊以来の不手際やもろもろの試行錯誤が示して来たように、新生『英語教育』になっても出版継続の道は険しく、昭和二十五年四月に改巻したばかりの第十五巻第一号(四月号)でもって、金子書房版『英語教育』も終巻を迎えることになる。この最終巻号の表紙に印刷された記事内容も印刷ミスで、第十三巻第十号(二月号)の表紙をそのまま流用している。出版社側の編集実務がいかにガタガタしていたかが分かる。また、この四月号の記事中には次号(五月号)の予告まで出しているところを見ると、今回もいかに唐突に休刊(廃刊)されたかが察せられる。結局この五月号は「幻の五月号」ということになる。参考のため「幻の五月号」の記事内容を以下に紹介しておこう。

「アメリカ・ロマン主義の特質(高村勝治)／Karl Shapiro のこと(高瀬省三)／英語教授法対談(黒田・成田対談)／英語科特別学習指導(星山三郎)／英語科学習指導要領(櫻庭信之)／Jack and Betty(澄江眞菅)／アメリカ現代文学演習(藤井一五郎・太田朗)／ラテン語教室(入江勇起男)／英文法手帖(廣瀬泰三)／検定教科書批判(大平剛一・清成孝)ほか(20)」

6　研究社版『英語教育』の発刊、そして大修館書店版『英語教育』へ

昭和七年四月に『英語の研究と教授』として発刊し、途中戦争の影響で長期空白期間も余儀なくされたが、『英語　教育と教養』『英語教育』と雑誌名を変えながらも復刊休刊を繰り返しつつ、とにかく第十五巻第一号まで十八年間にわたって、研究社版『英語教育』の前身の雑誌が刊行され続けたことは、東京文理科大学の英語教育研究会の英語教育に対する熱意と各出版社側の貢献によるものと考えられよう。そしてこの間、これらの雑誌に掲載された多くの論文記事や学習記事がいかに多くの読者に刺激を与え、教育(学習)効果を及ぼしたかは、当時のメディアの状況を考えると、推測に難くない。教育雑誌の存在意義というものが今日以上にあったことだろうと察せられる。

さて、金子書房版『英語教育』が廃刊されて二年後、昭和二十七年四月、再度また不死鳥のごとくこの雑誌は蘇生した。出版社は『英語の研究と教授』を最初に発刊させた研究社で、まさしくこの雑誌は本家帰りを果したと言えなくもない。雑誌名は福原麟太郎の考えをそのまま反映させて金子書房以来の『英語教育』となる。ただ英文タイトルは、明治時代に刊行されていた『英語教授』の *The English Teachers' Magazine* を受け継ぐことになった。また雑誌名を『英語教育』にしたのにはもうひとつ理由があって、岡倉由三郎の著書『英語教育』の精神を受け継ぐということでもあった。福原麟太郎がそのことを「三代の英語教育」という座談会の中で次のように述べている。

「『英語教育』という名前は、岡倉先生の明治44年に出た『英語教育』という本がありましてね。それで英語を教えるということは技術じゃなくて精神的な問題であるというので教育と言わなくちゃいけないということを先生が言いましてね。その意味で「英語教育」という名前を使って、それから英語の表題はこれ『英語教授』（筆者注）を踏襲したわけなんです。[21]」

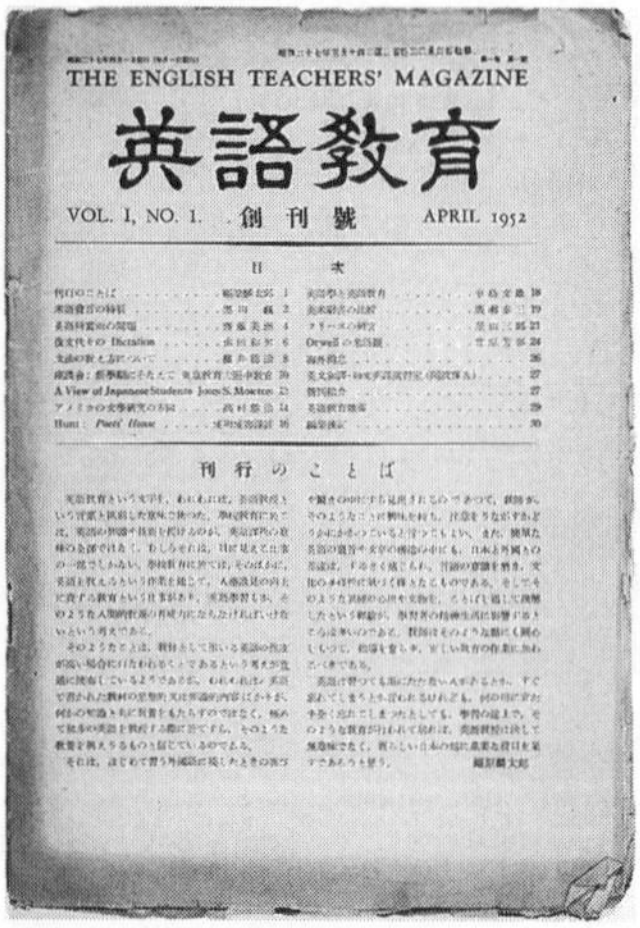

研究社版『英語教育』

このような次第があったので、研究社版『英語教育』の表紙の題名書体は岡倉由三郎の著書の背文字をそのまま写させてもらい、それを横書きにしたものになった。

したがって、新たな意気込みの中で、編集は文理大から受け継ぐ形で、昭和二十四年四月に発足していた新生東京教育大学の英語教育研究会が担当することになった。新装第一巻として発刊した研究社版『英語教育』四月号は、B5判、総三十二頁、定価は四十円(『英語青年』など広告の予価では四十五円としてあったが)であった。ただ、この定価四十円は表紙・裏表紙を別紙にした十月号からは四十五円に値上がった。

編集人代表は福原麟太郎であるが、編集実務担当は石橋幸太郎が当分の間引き受け、冨原芳彰や山田泰司が手伝った。読者対象は中学、高校の英語の教師を考え、教養、知識、技術その他、学校の内外において役立つような記事を掲載することを編集上の理念とした。編集人代表の福原が創刊号の「刊行のことば」にこのように書いている。

「英語教育という文字を、われわれは、英語教授という言葉と区別した意味で使つた。学校教育に於ては、英語の知識や技能を授けるのが、英語課程の意味の全部ではなく、むしろそれは、目に見える仕事の一部でしかない。学校教育に於ては、そのほかに、英語を教えるという作業を通じて、人格識見の向上に資する教育という仕事があり、英語学習も亦、そのような人間的教養の育成力にならなければいけないという考えである。(22)」

まさしく英語教育論の福原イズムで、教養主義的英語教育をバックボーンにして研究社版『英語教育』がこれ以後三年間、今度は途切れることなく刊行され続けた。そして、昭和三十年四月の第四巻第一号からは出版元が研究社から大修館書店へと移るのであった。これには福原の定年退官がいささか関係があったようだ。「ぼくが定年になってね、学校にいなくなったんです。ですからぼくがコントロールすることができなくなったので、それでほかへ回してほしいといったんです。(23)」と福原は述べている。このへんにも福原と研究社の深い関係が陰を落としているような気がする。大修館書店版『英語教育』になってからは、石橋幸太郎が編集人代表になっている。以後、編集実務は東京教育大英語教育研究会の手を離れ大修館編集部に移りながら、今日まで連綿と刊行され続けているのである。

《註および参考文献》

（1）田中菊雄『英語研究者のために』、二一七頁、講談社学術文庫、一九九二年。
（2）『英語の研究と教授』創刊以降の変遷の系譜については藤井啓一『日本英語雑誌史』（名著普及会復刻版、一九八二年）ほかにいくつか先行研究（および事典類）があるが、それぞれに誤謬も散見される。だからと言って、先行研究を批判するものではない。後世の研究者は先行研究の恩恵を受けながら、できる限り原典（現物）にあたりクロスレファランスを重ね、正確を期すだけである。
（3）福原麟太郎監修『ある英文教室の一〇〇年』、二五四頁、「三代の英語教育」（座談会）『英語教育』一九六一年四月号掲載』、大修館書店、一九七八年。
（4）『研究社月報』第百三号、二頁、福原麟太郎「『英語の研究と教授』発刊」、研究社、一九三二年四月一日。
（5）同前、第百二号、二頁、「『英語の研究と教授』創刊」予告、研究社、一九三二年三月一日。
（6）『英語の研究と教授』創刊号（第一巻第一号）、二頁、「発刊の趣旨」、研究社、一九三二年四月。
（7）同前、第一巻第十二号、二五五頁（第一号より通しページ、『英語の研究と教授』に関しては以下同様）、「雑録」、研究社、一九三三年三月。
（8）同前、第二巻第一号、三三頁、「雑録」、興文社、一九三三年四月。
（9）同前、第七巻第十二号、三八四頁、「雑録」、興文社、一九三九年三月。
（10）同前、第十一巻第二号、三一頁、「雑録」、愛育社、一九四六年十月。
（11）同前、第十一巻第一号、一頁、福原麟太郎「本の話（再刊の辞を兼ねて）」、地平社、一九四六年六月。
（12）『英語　教育と教養』第十三巻第一号、一頁、「復刊改題の言葉」、金子書房、一九四八年十月。
（13）同前、三三頁、「編集後記」。
（14）同前、第十三巻第二号（実際は二十三号と換算）、三三頁、「編集後記」、金子書房、一九四八年十二月。

(15) 同前、第十三巻第六号、三三頁、「編集後記」、金子書房、一九四九年三月。
(16) 同前、第十四巻第一号、六五頁、「編集後記」、金子書房、一九四九年四月。
(17) 同前、第十四巻第四号、記事中「おねがい」、金子書房、一九四九年七月。
(18) 同前、第十四巻第四号に挿入されたスリップ。
(19)『英語教育』第十四巻第七号、六五頁、「編集後記」、金子書房、一九四九年十一月。
(20) 同前、第十五巻第一号、二一頁、「五月号予告」、金子書房、一九五〇年四月。
(21) 前出、福原麟太郎監修『ある英文教室の一〇〇年』、二五八頁。
(22)『英語教育』第一巻第一号、一頁、福原麟太郎「刊行のことば」、研究社、一九五二年四月。
(23) 前出、福原麟太郎監修『ある英文教室の一〇〇年』、二六九頁。

第二章
月刊誌『英語教育』（研究社刊）の巻頭言が映すもの

英学者の視点と英語教育環境

1　はじめに

「温故知新」という言葉がある。過去の歴史から何かを学ぶことは後世の人間にとっては可能なことだし、また時には重要な示唆を与えてくれることもある。ここでは過去の主要な英語教育雑誌（研究社刊『英語教育』）の巻頭言に映し出された当時の英語教育（学習）のもろもろの問題点を調べてみることによって、今日的問題点の解決の糸口を探ってみたい――日本英学・英語教育史という「歴史の学問」の「温故知新」のケーススタディとして。

2　『英語教育』発刊の意味

さて、私はかつて『英語教育』の前身から発刊までの系譜を書いたことがある。(1) 昭和初期の前身『英語の研究と教授』発刊以来、いかに紆余曲折があって戦後まもない昭和二十七年四月に『英語教育』が発刊されたかは、それまでの戦争を挟んでのわが国の英語教育の多難な道のりを表している、と言えなくもない。しかし、その後の英語教育の歴史も、まさに今日に至るまで山あり谷ありであったことは否定すべくもない。

さて、戦前戦中と敵性言語であった英語(米語)は、その冷遇時代の反発であるかのごとく戦後は一躍脚光を浴び、巷にはアメリカ文化の流入とともに《米語》《米会話》ブームが到来した。わずか三十二ページの英会話書『日米会話手帳』(誠文堂新光社)が実に三百六十万部も売れたということはその象徴でもあろう。民間の英語研究・教育の組織として活動してきていた語学教育研究所も戦後いちはやく精力的な活動に入っていた。東京をはじめ各地で英語教育に関わる研究大会や英語講習会などを開催し、英語教育の普及に努めている。ラジオ・メディアや出版活動も当然のごとくこうした動きに連動していった。

学校教育においても、戦後の六・三制による新学制発足以来、選択科目と規定されていたものの、英語はほとんどの学生が履修する結果となった。それに伴い英語を正規に専攻した英語教員の不足が現実の問題として浮上し、英語以外の科目を専攻した人も英語を教えざるを得ないという「にわか英語教員」の誕生・急増という現象も生まれた。この現象に呼応して英語教授法に対する新たな関心と需要が高まり、英語教育の理論と実際をつなぐ方法論を求める声が上がってきた。ここに機動性のある専門雑誌『英語教育』(月刊誌)の誕生を促すバックグラウンドが整ったと言えなくもない。特に専門性が高い雑誌の場合、その雑誌とその社会的分野はお互い密接に関係する。雑誌を発刊する出版社側もしっかりとその辺の現状認識をしているのは当然で、研究社から発行された雑誌に掲載された発刊予告などにそれがよく表れている。

「主として高等学校、中学校の英語の先生がたに読んでいただくために、もっぱら、英語教育の各方面について、学校の内外において役立つように編集された月刊誌『英語教育』が4月号から発刊されることになった。(2)」

「東京教育大学英語教育研究会の編集する月刊雑誌「英語教育」は、しばらく休刊していたが、この四月から研究社を発行所として復刊される。……内容は主として、高校・中学の英語教官を対象に、教養、知識、技術その他、学校の内外に於て役立つよう企画編集されている。編集には当分石橋幸太郎氏が当る。(3)」

また『英語教育』本誌の編集長(石橋幸太郎であろう)の編集後記には英語教育の現状認識が具体的に吐露されている。

「現在ほど世間一般が英語に熱心な時代は恐らくなかったであろうが、同時にまた学校における英語教育に今日ほど問題の多い時代も珍しい。大学側では受験生の英語の力ががた落ちになったと言うし、高校では中学からこんな生徒をよこされたのでは、これ以上力をつけることはできないと言う。中学では中学で言分がある。不自由な設備で無条件に入れた玉石混淆の生徒を教えるのだし、その上教える方だって英語の専門的な教育を受けた者は全体の一割にも足りない状態であるから、今のところが精一杯だと思う。聞けばいずれも尤も千万であるが、どうであろう、ここでどの学校の先生も徒に他を責めることを止めて一応現実をありのままに認めお互いに協力して英語教育の向上に努力する気になれないものだろうか。そういう気持ちも本誌刊行の動機に含まれていないわけではない。(4)」

上記の「……全体の一割にも足りない状態……」という箇所を除けば、この見方はそのまま平成の現在の状況に当てはめても少しもおかしくない。ましてオーラル・コミュニケーション教育に傾斜した中・高校の英語教育(文構造を教える文法教育の軽視)、および高等教育(大学・大学院)のかなりの程度での大衆化によって現在、大学に進学する学生たちの英語力(語彙力・文法力)は『英語教育』発刊時よりはさらに低くなっているはずである。時代は繰り返す、ではなく、こと英語教育に関する限りまったく旧態依然のまま、否、さらに悪化していると言っても過言ではなさそうである。いったいどうしてなのか。半世紀以上も前の『英語教育』の編集長の英語教育の現状認識が、それもネガティヴな現状認識がそのまま平成の現代の現状認識に置き換えられるということは、現状認識からの訴えや主張がその時点以来、社会や英語教育界、そして教育行政になんら影響を及ぼさなかったということなのか。あるいはそのような認識は多くの人(教育者)たちの共有するところなのに具体的な行動(教育改革)が伴わなかったということなのか。あるいは教育改革が試みられてきたにもかかわらず、なんら成果を生んでこなかったということなのか。それは学ぶ側の学生たちの努力や意欲の欠如に一因があるのか。なかなか判断の難しいところでもある。つまり、《現状認識→主張・目標・提案→改革の具体策→改革の実践→成果》という流れは必ずしも矢印の図式通りに展開しないからである。

たとえば、教育行政の観点を踏まえる意味で、昭和二十二年の中学・高校の「学習指導要領・英語編［試案]」を見てみよう。具体的に書かれている主義・主張・目標は至極当然のことと言ってもいいくらいである。

「英語を学ぶということは、できるだけ多くの英語の単語を暗記することではなくて、われわれの心を、生まれてこのかた英語を話す人々の心と同じように働かせることである。この習慣(habit)を作ることが英語を学ぶうえの最初にして最後の段階である。」

「英語で考える習慣を作るためには、だれでも、まず他人の話すことの聴き方と、自分の言おうとすることの話し方を学ばなければならない。聴き方と話し方とは英語の第一次の技能(primary skill)である。」

「英語で考える習慣を作るためには、忠実にまねることと、何度もくり返すこととたくさんの応用とが必要である。このために、一学級の生徒数が30名以上になることは望ましくない。」「英語の学習においては、一時に多くを学ぶよりも、少しずつ規則正しく学ぶ方が効果がある。それで毎日一時間一週六時間が英語学習の理想的な時数であり、一週四時間以下では効果が極めて減る。」「英語の学習においては、聴き方と話し方とは、読み方と書き方とにさきだつ第一の段階である。……どんな場合でも、忠実にまねることと、何度もくり返し応用し復習することが望ましい。教師ができるだけ英語で話すばかりでなく、生徒もできるだけ英語を話すべきである。(5)」

この辺で引用は控えることにしよう。半世紀も前の主張や目標は全然古びていないし、中学・高校だけではなく今の大学に当てはめても少しも違和感はない。

『英語教育』の編集長の認識や訴えにしろ、指導要領の指針にしろ、それぞれそれなりに意義はある。しかし、教育(学習)の《実》が現実の舞台では生まれてこない。するると、同じような英語教育批判が繰り返される結果となってしまう。つまり、現状認識とそこからの改革・目標設定は言葉でもっていかようにも書くことができようが、英語教育(学習)の《実》というのは、その次の具体的な成果という一点で測られるからである。したがって、新雑誌『英語教育』の編集長の「英語教育の向上に努力する……そういう気持ちも本誌創刊の動機に含まれていないわけではない」という気持ちは、その《実》に向けての訴えと願いが込められていると言えなくもない。そして、そこには教育する側の《実》だけでなく学ぶ側の《実》も求められるべきである。

2 『英語教育』「巻頭言」三十六編の内容的分類

研究社から刊行された『英語教育』には必ず初めに「巻頭言」が掲載されていた。創刊号には当時東京教育大学教授の福原麟太郎が「刊行のことば」を載せている。福原はこの雑誌の前身時代から深く関わっていた人物で、研究社から発刊したというのも福原と研究社初代社長小酒井五一郎との人間的なつながりがあったからだし、二代目の小酒井益蔵がそれを受けて、発刊を引き受けたとも言えよう。

この「刊行のことば」は新雑誌『英語教育』の発刊のプロパガンダというよりは、福原自身の英語教育に対する考え方、思想を謳ったものと解釈できるものである。

「学校教育に於ては、英語の知識や技能を授けるのが、英語課程の意味の全部ではなく、むしろそれは、目に見える仕事の一部でしかない。学校教育に於ては、そのほかに、英語を教えるという作業を通じて、人格識見の向上に資する教育という仕事があり、英語学習も亦、そのような人間的教養の育成力にならなければいけないという考えである。……（中略）……英語は習つても用にたたない人があるとか、すぐ忘れてしまうとか言われるけれども、何の用に立たず全く忘れてしまつたとしても、学習の途上で、そのような教育が行われて居れば、英語教授は決して無意味でなく、新らしい日本の為に重要な役目を果すであろうと思う。[6]」

（この引用の一部分は第四部第一章三六三頁にも既出）

まさに教養主義的な英語教育を訴えている記述である。教育者としての立場からすれば、この福原の言葉に共鳴する者は多いだろうが、世間一般の現実の社会（ビジネス・産業界）が学校の英語教育に求めているものとはいささかズレがあるように思われるし、ましてグローバル化がなおいっそう進んだ平成の時代においてはよりプラクティカルな英語が求められている現実があり、この種の福原イズムはたとえ一理はあるものの、受けいれられる余地はますます狭まってきている。今から見れば、この福原の「巻頭言」の言葉は、半世紀前という時代の中での英語教育の理想を浮き彫りにしているものと考えられる。

さて、月刊誌『英語教育』は大修館書店に版元が移るまで三年間にわたり研究社から刊行され続けた。したがって、この「巻頭言」エッセイも三十六編ある。以下にその一覧を列挙し、できる限り調べた当時の執筆者の肩書と年齢を添えておく。さらにその内容がどのようなものか、ある程度のテーマ別分類をも[　]内に記しておく。

研究社発行『英語教育』の「巻頭言」一覧

昭和二十七年(一九五二年)四月創刊。第一巻。

第一号「刊行のことば」福原麟太郎(東京教育大学教授、(満)五十七歳)[英語教育全般]
第二号「総合的学習」藤井一五郎(東京教育大学助教授、四十三歳)[学習論]
第三号「英語教育者の務め」入江勇起男(東京教育大学助教授、四十四歳)[教師(教育)論]
第四号「英語教師の反省」廣瀬泰三(東京教育大学助教授、三十七歳)[学習論]
第五号「道化の心」石橋幸太郎(東京教育大学教授、五十四歳)[教授論]
第六号「英語教育の現状」黒田巍(東京教育大学教授、四十八歳)[英語教育全般]
第七号「昔の方法」成田成寿(東京教育大学教授、四十四歳)[学習論]
第八号「常用連語の文化性」小林智賀平(東京教育大学助教授、四十五歳?)[イディオム論]
第九号「英語教育の原動力」櫻庭信之(東京教育大学助教授、三十七歳)[教師(教育)論]
第十号「二つの疑問」高村勝治(東京教育大学助教授、三十六歳)[英語教育全般]
第十一号「専門技術」小澤準作(東京教育大学講師、五十二歳)[英語(雑編)]
第十二号「Denotation と Connotation」太田朗(東京教育大学助教授、三十五歳)[語彙(意味)論]

昭和二十八年（一九五三年）四月改巻。第二巻。
第一号「スイスの時計」福田陸太郎（東京教育大学助教授、三十七歳）［その他（雑編）］
第二号「百万人に対する方途」芹澤栄（東京教育大学助教授、四十五歳）［教授論］
第三号「文学による人間理解」小川二郎（広島大学教授、四十八歳あるいは四十九歳）［文学・文化］
第四号「英語を学ぶ目標」長澤英一郎（東京学芸大学教授、六十四歳）［イディオム論］
第五号「入学試験の英語について」朱牟田夏雄（東京大学教授、四十七歳）［入試］
第六号「英語の性格」岩崎民平（東京外国語大学教授、六十一歳）［英語（雑編）］
第七号「英詩について」西脇順三郎（慶応義塾大学教授、五十九歳）［文学］
第八号「A Second Language としての英語」飯野至誠（広島大学助教授、五十四歳）［英語教育全般］
第九号「生きた英文法」石橋幸太郎（東京教育大学教授、五十五歳）［英文法］
第十号「鈍重の桝」福原麟太郎（東京教育大学教授、五十九歳）［英語（雑編）］
第十一号「英語は作文を目標に」勝俣銓吉郎（一九四三年早稲田大学定年退職、八十一歳）［学習論］
第十二号「英語を知る喜び」石田憲次（京都大学名誉教授、六十三歳）［その他（雑編）］

昭和二十九年（一九五四年）四月改巻。第三巻。
第一号「Achievement Test について」石橋幸太郎（東京教育大学教授、五十六歳）［テスト］
第二号「英語のむずかしさ」中島文雄（東京大学教授、五十歳）［入試］
第三号「新しく英語教師になられた方に」平馬鉄雄（東京都指導主事、三十八歳？）［教師論］
第四号「卒業論文について」本多顕彰（法政大学教授、五十五歳）［その他（雑編）］
第五号「昔の話」寿岳文章（甲南大学教授、五十三歳）［その他（雑編）］

第 六 号「撫然として嘆息する」篠田錦策(元東京高師教授、七十七歳)[その他(雑編)]
第 七 号「英語教育にこと寄せて」斎藤美洲(東京教育大学講師、四十一歳)[英語(雑編)]
第 八 号「語学放送」柴崎武夫(日本女子大学助教授?、四十一歳)[英語(雑編)]
第 九 号「言葉・言葉・言葉」大和資雄(日本大学教授、五十六歳)[英語(雑編)]
第 十 号「君が代——宮廷」福原麟太郎(東京教育大学教授、六十歳)[その他(雑編)]
第十一号「A Dream Manual」石橋幸太郎(東京教育大学教授、五十七歳)[英語(雑編)]
第十二号「新制大学の語学力の問題」藤井一五郎(東京教育大学教授、四十五歳)[教授論]

そもそも『英語教育』の前身が、東京高等師範学校、東京文理科大学、東京教育大学(いわゆる茗渓派)の教師が関わった雑誌『英語の研究と教授』(昭和七年創刊)であるし、編集代表が福原麟太郎、編集長が石橋幸太郎なので、当然のことながら巻頭言の執筆者には東京教育大学の教授陣が多い。第二巻第三号になって初めて広島大学の小川二郎が登場し、以後はこの第二巻には長澤英一郎、朱牟田夏雄、岩崎民平、西脇順三郎、飯野至誠、勝俣銓吉郎、石田憲次など外部からの執筆者が増えてくる。ひとつには、『英語教育』を茗渓派のいわゆる機関誌的な雑誌からもっと社会に開かれた一般的な英語教育専門雑誌へと脱皮を図ったからではないかと察せられる。それは商業的な専門出版社研究社の意向でもあったのではないかと考えられる。

また、内容的に見ていくと、巻頭言ではそれぞれの執筆者が英語教育に関わるテーマについて何がしかの主張や一家言を書くことが求められていたのだが、巻を追い、号を追うごとに次第にそのような問題意識の希薄化があらわれ、単に英語全般、社会一般などに関するエッセイ風な論述になっているのが見て取れる。第三巻の第四号「卒業論文について」(本多顕彰)や第十号「君が代——宮廷」(福原麟太郎)などは英語(学)や英語教育、英文学にさえまったく関係がない。ちなみに、上記の三十六本のエッセイをテーマ別に分類してみると以下のようになる。

「巻頭言」テーマ別本数

学習論	四編（藤井　第一巻第二号、廣瀬、成田、勝俣）
英語教育全般	四編（福原　第一巻第一号、黒田、高村、飯野）
教授（教育）論	三編（石橋　第一巻第五号、芹澤、藤井　第三巻第十二号）
教師論	三編（入江、櫻庭、平馬）
語彙・イディオム論	三編（小林、太田、長澤）
入　試	二編（朱牟田、中島）
文　学	二編（小川、西脇）
文　法	一編（石橋　第二巻第九号）
テスト	一編（石橋　第三巻第一号）
英語（雑編）	七編（小澤、岩崎、福原　第二巻第十号、斎藤、柴崎、大和、石橋　第三巻第十一号）
その他（雑編）	六編（福田、石田、本多、寿岳、篠田、福原　第三巻第十号）

（複数篇を書いている場合のみ、名前の後に雑誌の巻数・号数を入れた）

これで見て分かるように《英語教育全般》を抜きにすれば、《学習論》《教授（教育）論》《教師論》が合わせて全体の三分の一弱になっている。やはり、このことは執筆者たちも教授（教育）や学習のノウハウに関心を向けていることの表れだし、それは取りも直さず『英語教育』読者の関心でもあるわけである。公刊される雑誌は専門家たちと読者（関係者たち）をつなぐパイプ役になっている。

3　『英語教育』「巻頭言」の個別的内容分析

では、個別的に少し内容を見ていきたい。主として学習論、教授(教育)論、教師論から読者の関心を引き、興味深く、面白いものを取り上げてみたい。

まず、勝俣銓吉郎の「英語は作文を目標に」を取り上げる。全部で四本ある学習論のなかではこれが最も示唆に富み、中身が濃い。その一部を見てみよう。英語の「読み」に触れて次のように書いている。

「《読》は漢文のように和訳しないで原文で直読すること、これを《原読》という。この原読が英語教習の根本で、ここから作文も会話もスタートするのである。この原読のスキルを持たない英語教師はその第一資格を持たないと言ってよい。[7]」

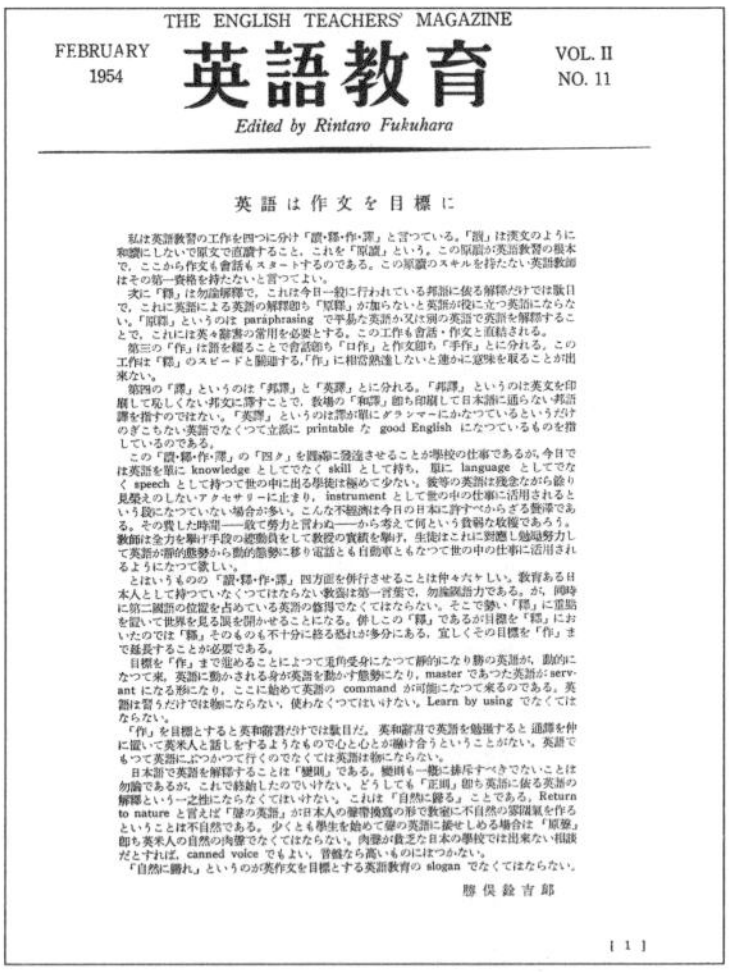

THE ENGLISH TEACHERS' MAGAZINE

FEBRUARY 1954　英語教育　VOL. II NO. 11

Edited by Rintaro Fukuhara

英語は作文を目標に

私は英語教習の工作を四つに分け「讀・釋・作・譯」と言つている。「讀」は漢文のように和讀にしないで原文で直讀すること、これを「原讀」という。この原讀が英語教習の根本で、ここから作文も會話もスタートするのである。この原讀のスキルを持たない英語教師はその第一資格を持たないと言つてよい。

次に「釋」は勿論解釋で、これは今日一般に行われている邦語に依る解釋だけでは駄目で、これに英語による英語の解釋即ち「原釋」が加らないと英語が役に立つ英語にならない。「原釋」というのは paraphrasing で平易な英語か又は別の英語で英語を解釋することで、これには英々辭書の常用を必要とする。この工作も會話・作文と直結される。

第三の「作」は語を綴ることで會話即ち「口作」と作文即ち「手作」とに分れる。この工作は「釋」のスピードと關連する。「作」に相當熟達しないと速かに意味を取ることが出來ない。

第四の「譯」というのは「邦譯」と「英譯」とに分れる。「邦譯」というのは英文を印刷して恥しくない邦文に譯すことで、教場の「和譯」即ち印刷して日本語に通らない邦語譯を指すのではない。「英譯」というのは譯が單にグランマーにかなつているというだけのぎこちない英語でなくつて立派に printable な good English になつているものを指しているのである。

この「讀・釋・作・譯」の「四々」を圓滿に發達させることが學校の仕事であるが、今日では英語を單に knowledge としてでなく skill として持ち、單に language としてでなく speech として持つて世の中に出る學徒は極めて少ない。彼等の英語は殘念ながら餘り見榮えのしないアクセサリーに止まり、instrument として世の中の仕事に活用されるという段になつていない場合が多い。こんな不經濟は今日の日本に許すべからざる贅澤である。その費した時間――敢て勞力と言わぬ――から考えて何という貧弱な收穫であろう。教師は全力を擧げ手段の總動員をして教授の實績を擧げ、生徒はこれに對應し勉勵努力して英語が靜的態勢から動的態勢に移り電話とも自動車ともなつて世の中の仕事に活用されるようになつて欲しい。

とはいうものの「讀・釋・作・譯」四方面を併行させることは仲々六ケしい。教育ある日本人として持つていなくつてはならない教養は第一言葉で、勿論國語力である。が、同時に第二國語の位置を占めている英語の修得でなくてはならない。そこで勢い「釋」に重點を置いて世界を見る眼を開かせることになる。併しこの「釋」であるが目標を「釋」においたのでは「釋」そのものも不十分に終る恐れが多分にある。宜しくその目標を「作」まで延長することが必要である。

目標を「作」まで進めることによつて兎角受身になつて靜的になり勝の英語が、動的になつて來、英語に動かされる身が英語を動かす態勢になり、master であつた英語が servant になる形になり、ここに始めて英語の command が可能になつて來るのである。英語は習うだけでは物にならない、使わなくつてはいけない。Learn by using でなくてはならない。

「作」を目標とすると英和辭書だけでは駄目だ。英和辭書で英語を勉强すると通譯を仲に置いて英米人と話しをするようなもので心と心とが融け合うということがない。英語でもつて英語にぶつかつて行くのでなくては英語は物にならない。

日本語で英語を解釋することは「變則」である。變則も一概に排斥すべきでないことは勿論であるが、これで終始したのでいけない。どうしても「正則」即ち英語に依る英語の解釋という一之性にならなくてはいけない。これは「自然に歸る」ことである。Return to nature と言えば「鄙の英語」が日本人の髑帶換寫の形で教室に不自然の雰囲氣を作るということは不自然である。少くとも學生を始めて鄙の英語に接せしめる場合は「原聲」即ち英米人の自然の肉聲でなくてはならない。肉聲が貧乏な日本の學校では出來ない相談だとすれば、canned voice でもよい。音盤なら高いものにはつかない。

「自然に歸れ」というのが英作文を目標とする英語教育の slogan でなくてはならない。

勝俣銓吉郎

[1]

『英語教育』巻頭言

《原読》つまり「直読直解」は英語学習の根本であると言っている。「読み」の力を徹底的に育むことにより、それが作文や会話といったアウトプットの英語につながるものだ、とも言っている。《直読直解》能力の獲得は言ってみれば英語の言語システムの自然な運用能力、つまりシンタックスの獲得にほかならない。要するに、この「直読直解」の脳における回路はそのまま「直聴直解」の回路へとつながる、ということである。この「直読」の読みのスキルこそ教える教師にも当然必要なものである、と訴えている。

勝俣はこの後のところで《原釈》と言って、いわゆるパラフレーズを推奨している。つまり単なる解釈をするのではなく、別の英語で易しく言い換えることの訓練を提唱しているのである。これが会話や作文に直結するのだ。そして作文は《手作》[手で書く作文]と《口作》[口で言う作文]をともにやることだとも言う。八十一歳の翁の言うことには道理がある。そして、当時の英語教育(学習)の現状を次のように分析している。

「彼ら[学生(筆者注)]の英語は残念ながらあまり見栄えのしないアクセサリーに止まり、instrument として世の中のしごとに活用されるという段になっていない場合が多い。こんな不経済は今日の日本に許すべからざる贅沢である。その費やしたる時間——敢えて労力と言わぬ——から考えて何という貧弱な収穫であろう。……(中略)……

目標を《作》まで進めることによって兎角受身になって静的になりがちの英語が、動的になって来、英語に動かされる身が英語を動かす態勢になり、master であった英語が servant になる形になり、ここに始めて英語の command が可能になって来るのである。英語は習うだけでは物にならない、使わなくてはいけない。Learn by using. でなくてはならない。(8)」

およそ半世紀前に書かれたこの前半部の言葉は、まさに平成の現在のことを言及していると言ってもよさそうである。おおむね至極当然のことを語っているのだが、なかなか歯切れがよろしくて気持ちがいい。かの《勝俣》英和活用辞典(研究社『新英和活用大辞典』)を編纂した氏ならではの自信に満ちた言葉である。勝俣の基本理念はある意味ではインプット理論である。たとえ耳からではなくとも目からの徹底的なインプットがアウトプット(発話と作文)へとつながり、英語教育(学習)はここに目標を設定すべきなのだと説いているものと考えられよう。

成田成寿（「昔の方法」）と藤井一五郎（「総合的学習」）の学習論はいずれも読み書き話すの三位一体の論でそれほど新味がない。廣瀬泰三の「英語教師の反省」は時代を反映した内容のエッセイになっている。軍国主義時代から占領下時代への時代の転換の中で、揺れ動く英語観に教師も学習者もどのように対応してきたのか。教えること、学ぶことにどれだけ自覚的になっていたのか、と疑問符を投げかけている。

次に教授（教育）論に関しては、石橋幸太郎の「道化の心」が面白い。これは教える側の苦渋を吐露している。つまり、教室では教師は稚戯ともとれるような形式練習を拙いジェスチャーとともに臆面もなくやっている。これは道化の真似ごとのようなものだ、と言っている。本を取り上げて、“Is this a book?”と生徒に問う。我々が求める自然な答えは、“Yes, it is a book.”とか“Yes, it is.”だろうが、外国人ならばそんな馬鹿げた質問に対しては“You fool!”と答えるのが最も自然な答えだ、といった話を引き合いに出す。そして、そうした愚にもつかぬことを実践している己の姿を客観化した瞬間の冷や水を教師は浴びているのだ。しかし、すべて生徒の学習のためなら、教師はどんな苦しみも忍ばねばならない、と説く。市河三喜の言う「教師は学者と役者を兼ねるものだ」という言葉が思い起こされてくる。石橋は最後に次のように締めくくっている。

「窮極のところ、英語の狙いは心の糧を与えるにある。心に新しい窓を一つ開くことにある。これは動かせない。だが、それは英語を通して行われねばならない。そこで、われわれ当面の問題は、如何にして英語を覚えさせるか、ということに尽きる。そして、英語の実戦面は知識ではなく技術であるから、技術習得の方法、つまり、反復練習という味気ない作業に頼るほかはない。窮極の理想は百も承知の上で、はたの目には何も知らないかの如く見える態度で、ひたすら技術の習練に没頭しなければならぬ。ここにも道化の苦衷を見る、と言っては冒瀆であろうか。」(9)

つまり、道具としての英語を通して英語文化の知識を習得することこそ本来の英語学習であり、そこにこそ意味がある。そこに向けて教師はまず単純作業としての技術習練をともに参画しつつ実行させるほかないし、たとえその教師の姿が道化的に映ってもやらねばならない、と言っているのではなかろうか。

芹澤栄のエッセイ「百万人に対する方途」は、忙しすぎる教師たちの弁護論になっている嫌いがある。現実的に教師は予習や教材の準備に多大な時間と労力を費やしている。このことが“easy-going”な教師を旧来の教授方法に従事させている。研究授業などの名人芸などはなかなか一般化しない、と言う。では、どうすればいいのか。芹澤は次のように書いている。

「現在の中学校教師は山積する雑務を担当している。雑務の中から教室へ抜け出すのである。といって雑務を切り捨てることは不可能である。英語の教授に限っても負担は重い。自ら脚本を用意し、これを演じなければならない。かれは actor であり、playwright である。ここで唱えたいのは、この教師の任務の二重制の分離である。教師は教室で actor として動けばよいことにする。脚本は専門家に委せ、その台本にしたがって演ずればよいことにする。(10)」

ここでも市河三喜の言う《教師＝役者・学者》論と類似したことが言われている。教師は脚本家と役者を兼ねるようなものだ、と芹澤は言う。しかし芹澤はこの二重制の分離という考え方を提唱している。筆者はどうもこの考え方には与することができない。それほど簡単にこの二つの役割を分離しないほうが良いのではないか。特に教育という舞台においては役者と脚本家は一人の人間の中に併存してはじめて教育(教授)というパフォーマンスの技が生徒という聴衆に伝わるのではないかと思われる。脚本の内容がしっかり理解されていることが前提である。ならば、外部に脚本家を持つよりも、自分の内部に抱えておいたほうがより直接的であろう。こと教育においては、自己内部の脚本家の意図（教育意図）はすぐに役者に伝わってこそ効率（教育効果）が上がる。脚本家としての教師がそのまま役者として教室という舞台で演じる（教授する）ほうが聴衆（生徒）に直接的インパクトがあるのではないかと考えられる。

藤井一五郎のエッセイ「新制大学の語学力の問題」は、旧制大学と較べ、新制大学の学生の語学力の貧弱さを指摘している。それは旧・新の教授法の違いがあるから当然の帰結だと述べている。つまり、新制のほうでは一般教養を重視しているが、旧制のほうでは一週間のうちに二十時間前後の演習を強制的にやらせられたのだから学力は大いに鍛えられたのだ、と言う。確かに授業時間や演習時間の多寡という問題もあろうが、筆者には学ぶ側の姿勢なども旧制と新制では違うのではないかと思われる。

さて、教師論に移るが、入江勇起男（「英語教育者の務め」）と櫻庭信之（「英語教育の原動力」）のエッセイはいずれも教養英語を教える、あるいは英語教育を通じて人間教育を行う、そのような教師論になっている。まさしくこれは英語教育の《福原イズム》の継承であろう。英語を学ぶ目的として、入江は「最も大切なことは英米文化を正しく把握することだと思う。英語を、英米文化の宝庫を開く鍵にすることだ。[11]」と述べる。櫻庭は徹底的に福原イズムの実践を訴える。コミュニケーションとしての英語技術論が大勢を占める現在においては、なかなか福原イズムを標榜することは勇気がいることだが、次のような櫻庭の言葉を読んでいくと筆者などはどこかホッとするし、素直に耳を傾けてしまう。少し長いが引用したい。

「英語教育を動かす者は英語教師である。英語教師とは英語の知識と教養をそなえた人間でなければならない。英語教師の知識とは、（英語に関する専門的知識＋教育者としての一般知識）を意味する。英語教師の教養とは、（特殊な外国語的教養＋一般教養）を意味している。即ち英語教育を動かすものは、英語の知識と教養であるということができる。

英語教師の仕事は、英語そのものを教えると同時に、英語を通して生徒を教育することである。……(中略)……いわゆる英文和訳というものは、英語の表現形式を国語の表現形式に置き換えることであるが、進歩的な教授法においては単なる言語表号の置き換えではない。両国語の相違を比較し、それぞれの特質を認識させる意味をもっている。言葉の上の問題に止らず、その言葉の背景にある西欧的な人間像・生活様式、広くいえば西欧文化の姿をも理解するという重要な仕事を含んでいるのである。そこに教師としての知識と教養の深浅が問題となってくる。このことは直接に英語の教養価値と結びついてくる。英語教育の原動力は知識である。その知識は経験を土台としたものでなければならない。生活の中から礎き上げられた知識でなければならない。そういう知識は教養と呼んでもよいであろう。我々が文学作品を理解し得るのは、我々個人の生活経験の範囲内においてである。我々が外国文学に接するのは、外国文学の形式とか新傾向を知るのが唯一の目的ではなく、その中に表現されている外国的な要素に触れることに大きな意義を認めたい。教育においては特にこの点が重視されなくてはならない。外国語教育とは、こういう本質に触れさせ、批判させることによって、我々の生活経験を豊かにしていくことでありたいと思う[12]。」

まさに福原イズムの理想的教育効果を櫻庭が代弁している、と言っていいだろう。さて、英語教育の中核的な三つのテーマ「学習論」「教授(教育)論」「教師論」を扱ってきたが、これら以外に筆者が興味深いと思ったエッセイを三編取り上げて締めくくりたい。黒田巍のエッセイ「英語教育の現状」は、「義務教育課程において、少ない授業時間に而も経験の比較的浅い教師が教える教材は旧制度の中等学校における教材とおなじものであってよい筈がない」と言って、教科書のレベルや内容について教科書を作る側、検定する側に再検討を促している。また教員養成についても苦言を呈している。

「中学校の英語教師たるには、その目的のために少なくとも二年間の特別訓練を経る必要がある。『スケッチ・ブック』が読めるから、通訳が勤まるから、何々大学を卒業しているから、などの理由で簡単に、《だから中学校の英語ぐらいは教えられる》と考えるのは大きな間違いであることを、識者は心得ている。新制度の発足以前に考えられるべきであった教員養成の問題が未だに等閑に付されていることは、当事者の怠慢ではなかろうか。(13)」

教員養成をしっかりやらないで、ところてん式に教師を世の中に送り出している現実を批判しているのだが、ここで黒田が言っていることは、現在にもそのまま当てはまりはしないだろうか。しかも、中学・高校ばかりでなく、大学の教員養成に関しても、さらに導入されようとしている小学校英語教育の教員養成にも、黒田の言葉は問題提起していると考えてもよさそうである。

次に石橋幸太郎の「A Dream Manual」を取り上げたい。このエッセイの中で石橋は、『英語教育』に掲載されているクエスチョン・ボックスに触れて、その解答者(おそらく宮田幸一であろう)の良心的で委曲を尽くした説明を褒めたたえ、敬服している。そして、こういう解答が雑誌の一回限りで消えていくのは無駄ではないかと考え、次のように言っている。

「こういう一切の無駄を省くために、今まで雑誌に出た質問を整理して、辞書の形に編集する。完全を期するためには、従来の質疑応答にない事項でも、日頃各人が疑問としている問題を広く募って追加すればよい。解答はそれぞれの専門家を煩わし、問題によっては数人の人の意見を載せる。こういう辞書があったら、どんなにか便利であろうと、私はかねがねその出現を待ち望んでいる。(14)」

これ以降に刊行された「Question Box シリーズ」(全十五巻)や『英語語法大事典』(いずれも大修館書店刊行)につながるような提言と願いを述べている点で、石橋のこのエッセイは大変建設的なものになっている。

最後に飯野至誠のエッセイ「A Second Language としての英語」を取り上げる。飯野はまず英語を教えることは単に四技能を教えればよいというものではない、もっと高い終極の目的があるはずだ。その目的とは「人類の福祉を増進し、世界の平和に寄与するような人物」を育てることだ、と説く。飯野は英語教育に対し、コミュニケーションとしての言語教育よりは人間教育を期待しているのである。この終極の目的が達せられれば、四技能教育が不十分でもいいのだ、と結論づける。いささか極論になっているが、当時はまだこういうことが言えた時代だったのかもしれぬ。しかし、こう言っている飯野ですらコミュニケーションとしての英語の重要性は否定しているのではなく、次のように言って世界語としての英語の有用性を訴えている。

「最早英語は外国語というよりも a second language である。……世界の人々との心の交通の為には何といっても英語が一番である。この意味に於て英語は吾々の第二国語といってもあまり過言ではないであろう。[15]」

英語帝国主義という観点から第二言語としての英語教育への傾倒に対しては批判の意見もある。見えない大きな力に自然と巻き込まれてしまう可能性もある。しかし、世界の現実の流れのなかで、リンガ・フランカ(共通語)としての英語の利便性は否定することはできない。最終的には個々人の critical thinking によって第二言語学習の意義を見つけていくほかないだろう。

これまで見てきたように、約半世紀ほど昔の上記のようないくつかの「巻頭言」の記述はそのまま現在に持ってきても通用するものが多い。これだけのかつての認識がありながら(しかも大多数の人たちの共通する認識であろうが）、英語教育が抜本的に変わっていないという今の現実がある。「巻頭言」の意見の中には平成の現在に対してのほうがもっと切実感があるものもある。英語技術論か英語教養論かという相変わらずの二元論とか、英語の全員履修（それとも選択学習）の問題とか、入試英語のあり方とか、見直すべきもろもろの問題点が我々英語教員の目の前にぶらさがっているように思われる。

さて、以上のように「巻頭言」のみを対象として、中でも興味あるいくつかを分析してきた。ただ、研究社刊行（三年間）による月刊誌『英語教育』に掲載されたすべての記事・論文の分類・分析はこれからの問題として残されている。ある程度のイメージを持っていただくためのご参考として、以下にそれらのテーマ別分類と数だけを掲げておく。

月刊誌『英語教育』（研究社刊）の全体の記事・論文のテーマ別分類・数

英語教育全般	二十五編	教授（教育）論	三十九編
教師論	八編	英文法	二十三編
読解（英文解釈）	十一編	発　音	四編
英作文	十編	語法・語彙・イディオム	十四編
言語学・英語学	四編	訳　注	十二編
授業・テスト・教科書（リーダー）	二十二編		
受験・入試	十六編	長期連載	十三編
雑　編	五十五編		

雑誌『英語教育』の「巻頭言」分析に言寄せながら、結果として私自身の英語教育論をいささか展開してし

まったところもなくはない。しかし、改めて現在抱えている英語教育の問題点が過去のものをそのまま引きずっていることを再確認できた次第である。また中には有益で示唆に富むものもあった。「温故知新」のひとつがここにある。

《註》

(1) 日本英語教育史学会『日本英語教育史研究』第八号、一九九三年。本書の第四部第一章に収録されている。
(2) 『研究社月報』第八巻第三号、六頁、「研究社だより」(「英語教育」発刊)、一九五二年三月。
(3) 『英語青年』第九十八巻第四号、四三頁、片々録(「英語教育」復刊)、研究社、一九五二年四月。
(4) 『英語教育』第一巻第一号、「編集後記」、研究社、一九五二年四月。
(5) 『英語教育史資料』第一巻、一七四―七七頁、「学習指導要領〔試案〕」、東京法令出版、一九八〇年。
(6) 『英語教育』第一巻第一号、「巻頭言」、研究社、一九五二年四月。
(7) 同前、第二巻第十一号、「巻頭言」、研究社、一九五四年二月。
(8) 同前。
(9) 同前、第一巻第五号、「巻頭言」、研究社、一九五二年八月。
(10) 同前、第二巻第二号、「巻頭言」、研究社、一九五三年五月。
(11) 同前、第一巻第三号、「巻頭言」、研究社、一九五二年六月。
(12) 同前、第一巻第九号、「巻頭言」、研究社、一九五二年十二月。
(13) 同前、第一巻第六号、「巻頭言」、研究社、一九五二年九月。
(14) 同前、第三巻第十一号、「巻頭言」、研究社、一九五五年二月。
(15) 同前、第二巻第八号、「巻頭言」、研究社、一九五三年十一月。

※　引用中の「巻頭言」の旧漢字はすべて新漢字に、また仮名遣いも現代仮名遣いに直した。

第三章

研究社の英語教育図書出版と時代相

研究社刊シリーズものを中心に

1　はじめに

いわゆる「出版文化」というものがある。営利を目的にするしないにかかわらず、市場に出回り人々の手に届く出版物は、その読み手に知識や情報を与え、時に感動をもたらし、またその人の知の営みに何がしかの影響を及ぼす。出版事業はある意味で(大小の違いはあるものの)ひとつの経済活動であるが、またひとつの文化活動でもある。

ところで範囲を狭く限定して、ある特定の分野あるいは個別の世界(学会も含め)を考えた場合、関連図書の出版はそれが重要で価値があるものであればあるほどその分野・世界・人々に影響を及ぼすことは必至である。あるいは逆に、その分野・世界からの最新の研究成果、情報、知識などがそれら出版物に投入されることもしばしばあるわけで、特定の分野・世界の「知の現状」と出版物は密接な関係にあると言っていいだろう。

本論では英語教育という分野に限ってこの出版物について考察するわけだが、筆者の関心に的を絞って、ここでは敢えて研究社の英語教育関連の「シリーズもの出版物」に焦点を当てて論を進めてみたい。研究社は歴史的にも日本の英学（英語教育）とある意味で歩みを共にしてきた出版社である。このような研究・分析によって英語教育図書出版と時代（教育事情）との関わり方を探り、また問題点などを掘り起こし、さらに出版物の意味合いなどを考えてみたい。

2　英語関連図書出版の老舗研究社

研究社は平成十九年（二〇〇七年）十一月に創業百周年を迎えた。筆者自身、たまたまその百周年を記念する出版物（平成十九年十一月刊行）に「研究社百年の歩み」というタイトルで社の略史を執筆した経緯があり、その略史は幸いにも本書に収録することができたので（第四部第四章に掲載）詳細はそちらに譲る。ここでは老舗出版社の成り立ちを把握するために明治時代から大正初期の創業の頃の状況だけでもいささか記しておくことにする。後年の昭和の時代になって幾度か英語教育関連のシリーズもの出版物の刊行を試みることになるが、研究社という出版社が英語に向かい、英語学習や英語教育へと関心を広げていくことになる萌芽がこの創業の頃に既に垣間見られるからである。

研究社の創業は日露戦争直後の明治四十年（一九〇七年）十一月である。社名は「英語研究社」とした。この社名にこそ研究社の出版物の未来を示す意気込みがあった。創業者小酒井五一郎の社会の動きを見る視点に基づく英断であろう。その最初の仕事が、翌明治四十一年一月における、『初等英語研究』(1)の創刊であった。これは月刊誌で中学二、三年を読者対象としたいわゆる英語学習誌である。この時代、神田錦町では国民英学会や正則英語学校など私学の英語学校が隆盛を極めており、巷間の英語学習熱も高まっていた。英語出版社を起こす際に、英語学習誌に目をつけたことは五一郎の先見の明であろう。

さて、その『初等英語研究』の編集に当たったのが吉田幾次郎であった。吉田幾次郎に関しては本書第二部第三章に別途書き下ろしたのでそちらを参照していただきたい。吉田が関係した英語雑誌『英文少年世界』（のちの『英学界』、有楽社）(2)の編集においてはなかなか面白い誌面づくりをしていたので、五一郎はこのあたりで吉田の編集の才能を見極めていたのではないかと推測される。そして、五一郎が吉田に新英語雑誌の発刊を持ちかけると吉田は快く引き受けてくれたのである。吉田は『英学界』に携わりながらも研究社の新雑誌『初等英語研究』の編集に従事し、傍らさまざまな形で創業時の研究社の出版企画にも参画しており、また自らも多くの英語学習書を書いていくのである。『英学界』が明治四十二年十二月に終刊になると、吉田は仕事の基軸を研究社に移し、『初歩英語』『新英語』『ＡＢＣ研究』『初等英語』『上級英語』などつぎつぎと英語雑誌を創刊・編集しながら、研究社草創期の雑誌編集の基礎固めを行った。

また、大ベストセラーとなる山崎貞著『英文解釈研究』が出版されたのも研究社創業のすぐの時期である大正元年であった。奇しくも同じ年に市河三喜著『英文法研究』も研究社から出版されている。日本における英文法研究の出発点と言われる出版物である。

このように研究社の草創期は雑誌・単行本その他を見ても主として英語の「学習」に重点を置いた実践的なものが数多く出版されており、販路の良い出版物刊行はその営業活動を軌道に乗せるための得策にほかならなかった。大正期も終りに差し掛かった時期には東京帝国大学英文学会との結びつきが生まれ（機関誌『英文学研究』を研究社から刊行）、これを契機としてアカデミックな英文学・英語学研究書の出版にも進出していった。また『武信和英大辞典』（大正七年）や岡倉由三郎の『新英和大辞典』（昭和二年）の刊行の成功を経て、研究社は「英語辞典の研究社」としての信頼も世間から勝ち得ていくことになる。こうした確固たる基盤（執筆者たちとの関係を含め）が出来てはじめて、英語教育関係の大きなシリーズものの出版への道が拓かれていくのである。というのも、当時は英文学・英語学と英語教育の専門家たちが今日ほど画然と分化していなかったからであ

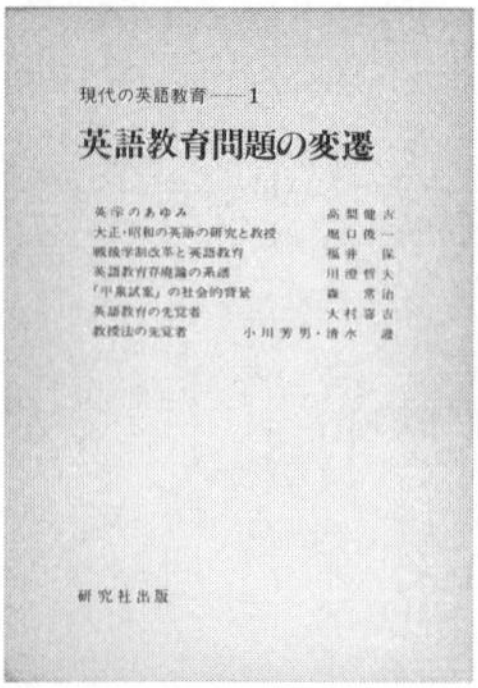

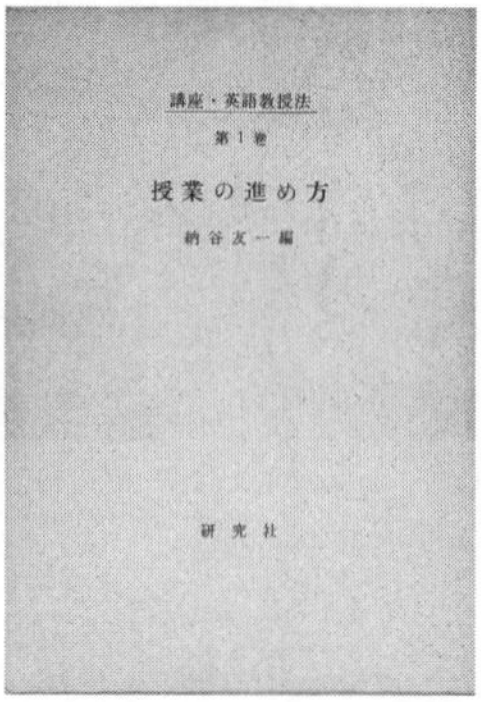

研究社の英語教育関連図書(シリーズもの)。各シリーズの第1巻。右段は上から「英語教育叢書」「新英語教育講座」「英語科ハンドブックス」、中段は「現代英語教育講座」「講座・英語教授法」、左段は「講座・英語教育工学」「現代の英語教育」。

る。英文学・英語学の重鎮や中堅の学者たちが、そのまま英語教育者として専門的知見を有しており、そうした専門家たちの協力を仰ぐことで、研究社は英語教育関連図書のシリーズものを企画していくことになる。

3 「英語教育叢書」について

昭和十年(一九三五年)十一月、「英語教育叢書」の第一回配本(五冊)が開始された。この叢書は本格的な英語教育関係のシリーズもの出版としては最初のものである。当時はハロルド・E・パーマーのオーラル・メソッドが全盛期を迎えていた時代で、各地でこの英語教授法が半ば実験的に行われていた。「英語教育叢書」出版のひと月前の十月には第十二回英語教授研究所大会が開催されていたが、そこでは湘南中学英語教員らがオーラル・メソッドに則ったいわゆる「湘南プラン」のモデル授業を披露していた(第三部第四章を参照)。このように一方では熱心に教授法研究が行われ、また教育の実践化が叫ばれていたが、また一方でこの方向とは逆のベクトルで英語教育批判がかまびすしく行われていた。特に昭和二年、東京帝国大学国文科教授藤村作が雑誌『現代』五月号に「英語科廃止の急務」を発表してからというもの、英語存廃論が一気に沸騰し、ある意味で英語教育界は危機感さえ抱いていた時代でもあった。英語教育界を揺さぶるこの二つの相反するベクトルが交錯するなかで、研究社は時勢を見極めるかのごとく社会に向けて、また英語教育界に向けて“challenging”で“up-to-date”な出版を企てたのだった。それが「英語教育叢書」(全三十一冊)であった。

当時の『英語青年』(昭和十年、十一月十五日号)の宣伝広告を見ると、本叢書の編集意図や発刊の主旨が明確に分かる。明らかに「今」という時代に向けて強く訴えているのである。

「英語教育が世論を沸騰せしめつゝある事今日の如しはない。彼の偏狭なる反動的議論の如きは、東西文化融合の大業が主として懸つて英語教育に在る事実を忘れ、国民教育将来の方針を誤らしめんとする妄見に過ぎぬが、併し一方当事者諸氏も此の機に於て本教育の重大意義を深く反省し、更に其の効果を昂むる事に苦心せらる可きであろう。本叢書は此の時世に鑑み、新たに英語教育の目的・価値より出発して其の理論と実際とを各部門に亙り普く明示せん事を期するもの、執筆諸家は悉く我が英語教育界の先覚である。之れに拠り学校当局及び教師諸氏は愈々強き信念を確立せらるゝは勿論、更に多年の経験を最近の理論と照考し、教授上啓発せらるゝところ極めて多大なものがあろう。(3)」

なかなか立派な英語教育啓発論となっており、まさに危機感で揺れる英語教育界に対し心強いエールになっている。出版社はその出版事業を通じて社会に影響を及ぼすことが可能であるが、この「英語教育叢書」の刊行はさしずめ研究社の英語教育界ならびに社会への積極的な参画と言えるものであろう。

まず第一回配本(昭和十年十一月)の内容だが、以下の五冊となっている。

東京帝大教授・市河三喜『語彙及び綴字の問題』
東京文理大教授・神保　格『英語教授法の言語学的基礎』
東京高師教授・寺西武夫『話方、聴方、書取及び習字』
早稲田大教授・上井磯吉『学芸会の指導』
文部省督学官・櫻井　役『英語教育に関する文部法規』

この第一回配本の内容を見る限り、配本ごとのテーマ的な内容整理がなされているとは考えにくい。おそらく原稿が入手できた順から発刊を試みていったものと推測できる。何冊もの著作で構成される大きなシリーズものの場合、初めから刊行順序がきっちり決まっていない限り、だいたいこの手順で刊行されることが多い。配本ごとにテーマ的な内容整理がなされていないことは、以下に続く刊行内容を見ても明らかである。

第二回配本(昭和十年十二月)

東京高校教授・澤村寅二郎『訳読と翻訳』

東北帝大助教授・小林淳男『英語学概要』

京城帝大助教授・中島文雄『標準語、方言及び俗語』

東京外語大教授・片山　寛『我国に於ける英語教授法の沿革』

静岡高校校長・金子健二『欧米に於ける外国語教育とその制度』

第三回配本(昭和十一年一月)

東京高師教授・青木常雄『英作文の教授』

広島文理大教授・小日向定次郎『英文学の教養と英語教育』

東京文理大助教授・福原麟太郎『風物知識』

横浜高商教授・西村　稠『教室英語』

早稲田大教授・勝俣銓吉郎『日本英学小史』

第四回配本(昭和十一年三月)

広島高師教授・定宗数松『英語教授法概論』

東京高師附中教論・村岡　博『初学年の教授とローマ字』

新聞聯合外信部長・相良　左『実用英語』

大阪外語大教授・上田畊甫『英語と米語』

東京帝大教授・斎藤　勇『英国国民性』
第五回配本（昭和十一年四月）
広島高師附中教諭・永原敏夫『試験と学修』
台北高校教授・石黒魯平『教室・図書室・研究室の設備と管理』
大阪商大予科教授・兼弘正雄『日英両国語発音差異の実験的研究』
日本大学教授・大和資雄『文体論』
東京女高師講師・岡田美津『女子英語教育論』
第六回配本（昭和十一年十二月）
立教大教授・岡倉由三郎『英語教育の目的と価値』
東京外語大教授・岩崎民平『英文法の教授と問題』
九州帝大教授・豊田　實『英語音声学概説』
慶応大教授・西脇順三郎『口語と文語』
京都帝大教授・石田憲次『英国文化史概論』
第七回配本（昭和十二年十月）
東京文理大教授・石川林四郎『英語教育の理論と問題』

しかし、叢書が完結したあと研究社はすぐに全冊を整理しなおし、各配本ごとに箱入りで出版しなおした。それが以下の内容である。

第一回配本（六冊入り）

岡倉由三郎『英語教育の目的と価値』
石川林四郎『英語教育の理論と問題』
櫻井　役『英語教育に関する文部法規』
岡田美津『女子英語教育論』
片山　寛『我国に於ける英語教授法の沿革』
金子健二『欧米に於ける外国語教育とその制度』

第二回配本（六冊入り）
定宗数松『英語教授法概論』
村岡　博『初学年の教授とローマ字』
寺西武夫『話方、聴方、書取及び習字』
澤村寅二郎『訳読と翻訳』
岩崎民平『英文法の教授と問題』
青木常雄『英作文の教授』

第三回配本（七冊入り）
神保　格『英語教授法の言語学的基礎』
小林淳男『英語学概要』
豊田　實『英語音声学概説』
兼弘正雄『日英両国語発音差異の実験的研究』
市河三喜『語彙及び綴字の問題』
西脇順三郎『口語と文語』

中島文雄『標準語、方言及び俗語』
第四回配本（七冊入り）
永原敏夫『試験と学修』
上井磯吉『学芸会の指導』
石黒魯平『教室・図書室・研究室の設備と管理』
西村　稠『教室英語』
相良　左『実用英語』
上田畊甫『英語と米語』
福原麟太郎『風物知識』
第五回配本（五冊入り）
小日向定次郎『英文学の教養と英語教育』
大和資雄『文体論』
勝俣銓吉郎『日本英学小史』
石田憲次『英国文化史概論』
斎藤　勇『英国国民性』

これを見て分かるように新たな箱入り配本はかなりテーマ的に整理されている。第一回配本の内容は英語教育の根幹を問うもの、教授法の歴史や制度が中心になっており、第二回配本は具体的な教授法がそろっていて、言ってみれば教授法各論である。第三回配本は英語教育とその周辺学問でまとめられており、第四回配本は教室内外での指導を中心とするプラクティカルなもの、そして第五回配本は英語教育にかかわる教養的な内容がそろっている。これによって初めて「英語教育叢書」の全体像が明確に浮かび上がってくる。執筆者も宣伝文句に違わず当時の英語教育界の気鋭・重鎮が集められており、編集の意気込みが感じられる。また、「女子英語教育論」「学芸会の指導」「教室・図書室・研究室の設備と管理」など当時の英語教育事情が反映されていると思われるユニークなテーマもあり、全体を眺めても内容的には実にヴァラエティに富んでいる。そして、理論と実践が念頭に置かれた編集内容であることが改めて認められる。

さらに、研究社の販売戦略の意気込みもなかなかのもので、本叢書はすべて予約出版であった。分売や選択予約も不可で、研究社の強気の姿勢が見て取れる。出版期限も六か月完結と広告に銘打っているように、短期決戦出版であった。ところが、上記の配本年月を見て分かるように実際は第六回配本から遅れがちになり、結果として第七回配本(最後の一冊で、これが大幅に遅れた)が刊行(完結)されるまでには丸二年がかかってしまった。原稿を集めるということはなかなか大変なことで、予定通りにはいかないものである。

「英語教育叢書」は出版と同時にかなりの反響を呼び、非常によく売れた。それは、内容的にもテーマの多様さにおいても実に充実したものであるばかりでなく、やはり一冊一冊のテーマが危機感で揺れる英語教育界(英語教育に携わる教員ひとりひとり)が求めていたものとうまく合致したからであろう。だが、社会の動向は風雲急を告げており、二・二六事件(昭和十一年二月)や日華事変勃発(昭和十二年七月)、日独伊三国防共協定(昭和十二年十一月)など世界大戦を予感させる暗雲が垂れ込めていたのである。英語教育にとってはさらなる試練が待ち受けている時代でもあった。

4　「新英語教育講座」について

昭和二十年八月、日本はポツダム宣言を受諾して、苦しかった大戦に終止符を打つことになった。するとそれまで敵国語として一時的に冷遇されていた英語(米語)が一躍脚光を浴び、アメリカ文化が進駐軍の駐留とともに一気に日本へ流入してきた。こうした動きに対しメディアの反応には非常に敏なるものがあり、昭和二十年九月にはいち早くラジオ英語講座(4)が始まっている。また同年十月には『日米会話手帳』(価格八十銭、誠文堂新光社)なる英会話マニュアル本が出版され、たかだか三十二ページの薄いものだったが、戦後の英語ブームを反映してわずか三か月の間に実に三百六十万部も売れた。また、戦後の英会話学習史では忘れることができない例の「カムカム英語」の平川唯一の英会話放送も昭和二十一年二月には開始されている。

研究社もこうした社会の動きに遅れることなく、戦後すぐに出版活動を開始した。昭和二十年十月には『英文教科書「応急版(5)」』が出版され、堀英四郎著『英語会話入門』も出版された。特に注目に値するのは月刊誌『時事英語研究』を創刊したことだろう。戦争の激化とともに用紙の不足や統制などから昭和十九年五月には『英語青年』と『英語研究』は合併され、『英語研究合併英語青年』として存続していた。戦後『英語研究』復刊のときになって、かつての編集主幹でもあった高部義信が再度就任することになったが、高部は誌名を『時事英語研究』として新たな雑誌構想で編集に当たることを決意した。ここに『時事英語研究』第一巻第一号が昭和二十年十一月に創刊されることになった。一方『英語研究』のほうは三年後の昭和二十三年十月に復刊された。『初等英語研究』以来研究社と歩みを共にしてきた雑誌だけに『英語研究』復刊は社の強い思い入れがあったに違いない。復刊時の編集主幹に当たったのが日本大学教授の大和資雄であった。

こうした背景の中で昭和二十三年七月、「新英語教育講座」(全十二巻)が刊行開始となる。『英語青年』(創刊五十周年記念号、昭和二十三年四月刊)に載った発行予告には次のような言葉が見られる。

「我社は先年英語教育叢書全三十一巻を刊行したことがあるが、今回新制度による中学校英語教育の現状に鑑み、教授内容各項に関する指針と教授担当者の必要とする広汎な背景的知識を提供することを目的として市河博士主幹の下に下記十二巻の新英語教育講座を企画、五月から第一巻より順次刊行する。[6]」

ここで言う新制度とは、戦後来日したアメリカ教育使節団の勧告にもとづいて昭和二十二年に導入された学校教育法による新学制のことである。この時の学習指導要領では英語は一応選択科目となっていた。しかし、時代の流れの中で当然のことながら英語を外国語科目として教える中学校は多いわけで、ここに英語教員不足という事態が生まれた。かくして英語を専門に学ばなかった人も英語を教えることになり、当時各地で英語教員のための講習会がたびたび開催された。「にわか英語教員」のためにも英語の背景知識とともに英語の実践的教育に役立つような講座が待望されていたのである。「新英語教育講座」（全十二巻）の出版の意義がここにある。以下に配本順に各巻の内容を列挙する。

第一回配本、第一巻（昭和二十三年七月）

英語教育総説　元東京帝国大学教授・市河三喜

英語教授法大要　東京高師教授・石橋幸太郎

英語教育関係法規及び「コース・オヴ・スタディー」について　文部省編集官・宍戸良平

アメリカの新英語教科書　東北大司書官・重久篤太郎

第二回配本、第二巻（昭和二十三年九月）

英語読本（*Let's Learn English*）の扱い方

Book I　東京外大教授・岩崎民平

Book II　武蔵高校教授・横井徳治

Book III　広島高師教授・小川二郎

第三回配本、第三巻（昭和二十三年十月）

英語の語彙と慣用句　広島文理大教授・山本忠雄
　広島高師教授・桝井迪夫

英語の綴字　広島高師附中・松本鐘一

英習字　広島高師附中・篠田治夫

ローマ字　岡崎高師教授・星山三郎

第四回配本、第四巻（昭和二十三年十二月）

英語の発音　東京高師教授・黒田　巍

英文法の大要と扱い方　関西学院大教授・大塚高信

英文和訳　日本大教授・大和資雄

和文英訳　早稲田大教授・増田　綱

第五回配本、第五巻（昭和二十四年一月）

英語の話方　東京高師講師・寺西武夫

英語の聴取と書取　東京女高師教授・木村　文

小学校の英語　東京高師附小教諭・櫻庭信之

英作文の扱い方　東京商大教授・山田和男

第六回配本、第六巻（昭和二十四年四月）

英詩の話　前東北大教授・土居光知

英語辞書の話　東京文理大教授・福原麟太郎

神話と聖書の話　九州大教授・中山竹二郎

語原の話　東大教授・中島文雄

第七回配本、第九巻（昭和二十四年九月）

英語と米語　福井高専教授・斎藤　静

外来語の話　同志社大教授・楳垣　實

英語の歴史　東京外大教授・佐々木達

第八回配本、第十巻（昭和二十四年十二月）

英字新聞の出来るまで　UP通信社記者・白井同風

英字新聞の読み方　米国大使館員・深澤長太郎

米英の新聞雑誌　東京新聞外報部長・磯部佑一郎

商業英語　青山学院大教授・光井武八郎

会話と卓上演説　元ミネソタ大学講師・中澤　健

英文手紙の書方その他　東京銀行調査部・中内正利

電報電話ラジオの英語　前日本タイムズ記者・木村生死

第九回配本、第十一巻（昭和二十五年四月）

英語自由時間の指導　代表諸校英語科教諭（星山三郎、石川光泰、

教室外英語教育の指導　松本鐘一、篠田治夫、勝亦権十郎、

試験と実習　伊澤穂波、土居悟、磯秀夫）

第十回配本、第十二巻（昭和二十五年九月）

英語教育批判、英語・英文学研究法　天野貞祐ほか二十名

教育用語集　清水貞助

第十一回配本、第八巻（昭和二十七年八月）
アメリカ事情　立教大教授・細入藤太郎
　坂西志保
アメリカの風物　東京教育大教授・成田成寿
アメリカの歴史と国民性　東京教育大助教授・高村勝治
アメリカ文学の話
第十二回配本、第七巻（昭和二十九年二月）
イギリスの風物　元東京帝大教授・市河三喜
イギリス事情　京都大教授・石田憲次
イギリス文学の話　元東京帝大教授・斎藤　勇

これで見て分かるように配本開始から足掛け約六年かかって完結している。初めのうちは毎月ないしは隔月ペースで刊行されていたが、第七回配本あたりから配本順と巻数が一致しなくなり、第一巻から順に刊行していこうという目論みが崩れた。この辺から刊行の時間的間隔もだんだん広がり、なかなか原稿が集まらなくなってきたことが見て取れる。第七回配本以降は四～五か月間隔の刊行ペースになっており、第十一回配本（第八巻）は前回配本から約二年ぶり、そして第十二回最終回配本となった第七巻はその後一年半ぶりの刊行である。第八巻の場合、「アメリカ文学の話」の執筆予定者は西川正身だったが、結局は高村勝治にバトンタッチされている。西川からは原稿がもらえなかったのではないか、と考えられる。また第七巻の場合、初めは論文のひとつに「英国史と国民性」というタイトルで中野好夫も執筆する予定だったが、こちらは最終的には原稿がもらえず、欠落のまま第七巻は刊行せざるを得なかった。中野は当時（昭和二十八年三月）東大を辞めたばかりで、一般雑誌、専門雑誌への評論活動などで生計を立てていかねばならなかった時代であって、本講座のような英語教育関係のものに寄稿する時間も気力もなくなっていたものと推測できる。朝日新聞には「世間では早くも中野が大学教授をやめてから荒稼ぎをするようになったとかげ口をきく奴がいる」とまで出ている。(7)

本講座の内容的特徴は、中学英語教員として知っておくべき知識を広く浅く包括的にまとめてあることだろう。発音の問題から英作文や英文和訳の方法論、語源の話、アメリカやイギリスの風物・歴史・事情・英文法の大要など「にわか英語教員」には大いに役立つ知識・情報が盛り込まれている。特に第二巻には英語読本(*Let's Learn English*)の扱い方が Book I から Book III まで巻別に解説されている点、この講座の実践性を具体化したものと言える。しかし、*Let's Learn English* は昭和二十五年度限りで使用されなくなったので、本講座が昭和三十一年に改訂出版されたときは当然のことながら第二巻は削除された。そして改訂版第二巻には初版のときの第十一巻が収められている。昭和三十一年の改訂版はかくして全十巻＋別巻(初版のときの第十二巻「英語研究法」)の構成となった。

5　「英語科ハンドブックス」と「現代英語教育講座」について

昭和三十年代は日本の経済が高度成長期に突入した時代で、政府から所得倍増計画なども提唱され、国民の生活は一見向上するかに見えたものの、まだまだ本格的な消費生活社会には至っていない。戦後の貧しさからは完全に脱却したものの、豊かな社会(“affluent society”)へ至る道の五、六合目ぐらいに登ったところだろう。国際的には米ソ間における緊張関係は強まる一方だし、これに付随する形で日米間でも新安保条約が調印され(この時点で「六十年安保闘争」が起こる)、社会的・政治的にはかなり揺れ動いた時代だった。太平洋を越えたアメリカからは初のTV衛星中継が実験されたが、その時に飛び込んできた映像がケネディ暗殺事件(昭和三十八年十一月)だった。この日の朝の衝撃は今でも鮮やかに思い起こされる。

さて、こうした社会背景の中で英語教育に目を向けてみると、ある意味で英語教育も質的転換を求められ始めていたことが分かる。文部省の学習指導要領も時代に即応するべく、中学では昭和三十三年十月に第二回目の改訂が、高校では昭和三十年十二月(第二回目改訂)と昭和三十五年(第三回目改訂)の二回にわたって改訂が行われている。この中では昭和三十三年の中学校学習指導要領と昭和三十五年の高等学校学習指導要領が構成的・内容的に呼応しているが、いずれの場合も外国語編の目標の第一に音声面での教育を上げている(中学「外国語の音声に慣れさせ、聞く能力および話す能力の基礎を養う」、高校「外国語の音声に習熟させ、聞く能力および話す能力を養う」)。以後音声面での英語教育は社会からの要請もあり、連綿と叫ばれ続けているが、平成の今に至っても実際の教育現場ではなかなか教育効果が上がっていないのが実状だろう。三十年代にこの音声面での英語教育がクローズアップされた背景のひとつに、昭和三十一年に来日したミシガン大学のC・C・フリーズが提唱したオーラル・アプローチがある。また、昭和三十九年開催の東京オリンピックはその数年前から英会話ブームを引き起こし、巷間で求められる英語が「話す・聞く英語」になっていた事実も忘れてはならない。昭和三十五年三月、津田塾大学では日本で初めて2チャンネル式のラボ教室が設置され、これ以降ラボ設置が全国的に広がっていく。さらに同年四月には文部省は英語教育再検討のため「英語教育改善協議会」(会長・市河三喜ほか二十一名の委員)を発足させたが、この協議会は当時の荒木文部大臣に対して、「身についた英語教育を行なうため、中・高の英語教員の聞く能力と話す能力を強化する再教育を早急に行なうよう」答申している。

こういう状況下で研究社は昭和三十四年三月から同三十五年十二月にかけて「英語科ハンドブックス」(十巻+別巻)を、昭和三十九年六月から同四十一年十月にかけて「現代英語教育講座」(全十二巻)を刊行する。「英語科ハンドブックス」は岩崎民平主幹による編纂で、シリーズ名通り新書版で二百余ページの小さなものになっている。ひとことで言えば中学の英語教授のための参考書といったところで、新卒の英語教員や英語教員を目指す英文科の学生のためのものであった。刊行当時の広告には「十分間の休み時間にも役立つ新書！」と謳っている。この編集意図を端的に示すものとして、第二巻『語学的指導の基礎（上）』（教室英語の文法［江川泰一郎］）、第三巻『語学的指導の基礎（中）』（英文朗読法［H. McAlpine／石井正之助］／教室における発音指導法［小川芳男］／英習字［寿岳文章］）、第四巻『語学的指導の基礎（下）』（英語と米語［竹中治郎］／英語の歩み・文字の歴史・語原・辞書［上野景福］）、第九巻『英語教室の実際』（福井保）、第十巻『教室外英語教育』（五十嵐新次郎ほか七名）などがある。まさに英語教授のマニュアル的内容で、しかもコンパクトに書かれているので若い人にも手に取りやすくなっている。当時はベビーブーマーがちょうど中学に入る時期で、中学教育も膨張しており、それにつれて英語教員の需要も多く、教員養成の大学の英文科はある意味で花形の専攻であった。

第一巻の『英語教授法展望』には当然のことながら「オーラル・アプローチ」（山家保）についての解説もなされており、小川芳男による「諸教授法概観」の論考も収めている。その他、第五巻『英語の感覚』（福原麟太郎）、第六巻『英米の風物地誌』（アメリカ編［中内正利］、イギリス編［櫻庭信之］）、第七巻『英米の歴史と文学』（成田成寿）、第八巻『神話の世界』（野町二）、別巻『英米風物事典』（岩崎民平編）などはさしづめ英語教員のための背景知識で、それぞれ一級の執筆者をそろえている。別巻は当初『英米風物事典』と『英語要語辞典』の二巻本の構成であったが、最終的には後者は刊行されなかった。

「現代英語教育講座」は福原麟太郎・中島文雄・岩崎民平の三氏による監修で、七十余名の執筆者を抱える大講座である。各巻の内容、筆者を見ても実に充実しており、東京オリンピックなどの刺激で英語教育が「新たな模索」の時代に入ったことに対し明確に答えていこうという意図が見て取れる。広告の「英学界の諸権威の共同執筆により、従来の成果を結集して、当面する諸問題を整理・解説し、内外の新研究を統合して今後の方向を提示した本邦最高の英語教育講座」という文言は、宣伝効果としての美辞強調をいささか差し引いたとしても信じていい内容だろう。（この講座が刊行され始めた年の四月には研究社は月刊誌『現代英語教育』も創刊しており、英語教育に賭ける研究社の意気込みも感じられる。）内容的に新味が出ている巻は第三巻『新言語学の解説』や第七巻『日英語の比較』、第十一巻『視聴覚教室』だろう。第三巻には構造言語学や変形文法などの解説がいち早く取り入れられている。各巻のテーマや論文についてひとつひとつ言及するのは控えるが、以下に上記三巻を除く巻タイトルを列挙するにとどめる。

第一巻『英語教育論』（この巻には「日本の英学」が解説されている点に注目しておこう(8)）、第二巻『英語教授法』、第四巻『英語の発音』、第五巻『英語の語彙』、第六巻『英語の文法』、第八巻『英語の諸相Ⅰ』、第九巻『英語の諸相Ⅱ』、第十巻『英語教室と課外指導』、第十二巻『基本図書の解説』。

6　「講座・英語教授法」、「講座・英語教育工学」、「現代の英語教育」について

四十年代の社会の動きの中で特筆すべきは、やはり大学改革を引き起こすきっかけともなった全共闘運動だろう。これによって社会の価値観といったものも大きく揺れ動いた時代であった。昭和四十五年十一月の三島由紀夫割腹自殺も衝撃的な事件だった。終戦という時代による価値観転換とはまた別の意味で、やはり戦後のイポック・メイキングな「価値観転換の時代」であろう。

英語教育に関しては、英学史や英語教育史といった研究領域の誕生とともに、過去の日本の英語教育を振り返ってそこから何かを摑もうといった意識や時代の趨勢が確かにあった。大修館書店の月刊誌『英語教育』の昭和四十二年一月号、二月号、三月号ではそれぞれ「明治の英学」「大正の英学」「昭和の英語教育」といった特集が組まれているし、この分野での出版物も幾つか刊行された(9)。また英語（教育）関係の雑誌も研究社の『現代英語教育』（昭和三十九年四月）を始め、『英語文学世界』（昭和四十一年四月、英語文学世界社、のちに英潮社）、『中学英語』（昭和四十一年六月、東京書籍）、『英語教育評論』（昭和四十二年九月、オックスフォード大学出版局）、『受

験の英語』(昭和四十三年四月、聖文社)、『英語教育』(昭和四十五年九月、学習研究社)、『高校通信　英語』(昭和四十七年四月、東京書籍)など創刊されたが、こうした動きは、文部省や社会から現場の英語教育に対する風当たりが強まっていた状況下での出版界からの反応だろう。昭和四十三年二月には経済同友会が中心となって財界・学界・教育界の協力を得て「語学教育振興会」が発足しているし、語学教育研究所や大学英語教育学会、ELEC、語学ラボラトリー学会などもそれぞれの活動を活発化していた。とにかく世界がいよいよ小さくなり、国際化が進む中での英語教育が社会的に話題になることが多かった。それだけ現場での英語教育が時代の転換期の中でさまざまな問題を抱えていたことは事実であった。指導要領も中学では昭和四十四年四月に第三回の改訂が行われ、高校では昭和四十五年十月に第四回の改訂が行われた。この指導要領の中では、中・高校ともに英語教育ばかりでなく国際理解や国際協調が謳われている。

研究社の「講座・英語教授法」(全十二巻、昭和四十四年十二月刊行開始~同四十六年四月完結)と「講座・英語教育工学」(全六巻、昭和四十七年十月刊行開始~同五十年十一月完結)はこうした英語教育が社会からの批判の矢面に立たされていた時期に出版された。前者の刊行および編集意図は『英語青年』に載せたその広告の謳い文句に正確に反映されている。

「『講座・英語教授法』は、全国の英語教育のすぐれた研究資料にもとづいて、英語教育の現場が当面する諸問題に対し、体系的・具体的な解答を示そうとする試みである。また、これらの問題は、教師・教材・生徒の三者関係の中で追求されなければならない、という立場に立って、理論と実際の両面において豊かなご経験を有する方々によって編集・執筆されている。[10]」

執筆者たちはそれぞれのテーマの専門家であり、自分の教育経験と研究成果を融合させて、ひとり一テーマ、一巻といった形式のなかで執筆に当たっている。以下に全十二巻の内容を列挙する。

「講座・英語教授法」
〈編集委員　羽鳥博愛・稲村松雄・石井正之助・伊藤健三・納谷友一・鳥居次好〉
第　一　巻『授業の進め方』（納谷友一著）
第　二　巻『能力差に応ずる指導』（鳥居次好著）
第　三　巻『入学時の指導』（伊藤健三著）
第　四　巻『聞き・話す領域の指導』（石井正之助著）
第　五　巻『読む領域の指導』（石井正之助著）
第　六　巻『書く領域の指導』（鳥居次好著）
第　七　巻『語い・連語の指導』（稲村松雄著）
第　八　巻『文法・文型の指導』（伊藤健三著）
第　九　巻『評価と測定』（稲村松雄著）
第　十　巻『英語学習の心理』（羽鳥博愛著）
第十一巻『視聴覚教具の活用』（羽鳥博愛著）
第十二巻『課外活動』（納谷友一著）

これで見ても分かるように英語教授の現場での問題をひとつひとつ取り上げ、具体的に解説を試みている。新米の教員ばかりでなくベテラン教員にも啓発するところ多い講座である。第十一巻には視聴覚教材についての活用法が解説されているのは至極当然で、視聴覚設備の技術的進歩とともにその教授法の変化はどちらかというと機械面に弱い教員にとっては悩みの種だった。英語教育の効率化を図るために多くの学校の教室には視聴覚機器が導入されたわけだが、教師が率先してそういった機器を利用しようとしない。ここに小川芳男・波多野完治監修による「講座・英語教育工学」の刊行の意味がある。英語教育の科学化を教師たちに訴える講座である。講座の内容は以下の通り。

「講座・英語教育工学」
〈監修　小川芳男・波多野完治／編者　金田正也・永野重史・大内茂男・鈴木博〉
第一巻『言語の教授と学習』（鈴木　博編）
第二巻『教授・学習の過程』（永野重史編）
第三巻『教授メディアと授業』（金田正也編）
第四巻『教授メディアの整備』（金田正也編）
第五巻『研究と評価』（大内茂男編）
第六巻『主要文献抄訳・対談・総索引』（鈴木博ほか編）

内容的に第三巻と第四巻が、教師が現場で具体的に最も利用できるマニュアルになっている。また本講座は言語学、心理学、大脳生理学、情報科学、文化人類学など関連諸科学の研究成果も取り入れている点が新しい。そういった意味で将来的な英語教育を展望しているのだろうが、はたして英語教育と工学が巧く接点をもち融合することができるのか？　なかなか難しいところでもあろう。

さて、五十年代に入ったすぐの昭和五十年十一月、例の「平泉渉 vs 渡部昇一　英語教育大論争」が起こった。この論争については多くが語られ、論議され記述されているので詳述は省くが、要するに英語教育の「教養か実用か」という問題である。ある意味で明治以来の英語教育の根本問題の蒸し返しのようなものだったが、片や衆議院議員、片や売れっ子の評論家で英語教師でもあったため社会的にインパクトが大きかった。昭和五十四年には大学入試の共通一次試験が実施され、その是非が問われたり、週三時間の英語教育の問題など、「平泉 vs 渡部論争」を発火点とする英語教育論はしばらく続くことになる。

こういう年代に「現代の英語教育」（全十二巻）が発刊され始める。執筆者は百余名にのぼる大講座である。英語教育を歴史（第一巻『英語教育問題の変遷』や第三巻『英語教授法各論』）と現在（第四巻『学校英語の展望』や第七巻『学習英文法』）という視点から切り込み、また周辺学問との関連の中で把え直す（第二巻『英語教育と関連科学』）という試みに加え、教育現場のニーズに応える内容を各巻に収めている。以下にその内容を列挙しておく。

「現代の英語教育」（昭和五十三年九月刊行開始～同五十四年八月完結）

第一巻『英語教育問題の変遷』
第二巻『英語教育と関連科学』
第三巻『英語教授法各論』
第四巻『学校英語の展望』
第五巻『読む英語』
第六巻『書く・話す・聞く英語』
第七巻『学習英文法』
第八巻『日英語の比較』
第九巻『教材と教育機器』
第十巻『教室外英語教育』

第十一巻『英語教育の背景』
第十二巻『英語研究法』

例えば第六巻『書く・話す・聞く英語』の内容を示せば、「英文を書くための読書」(原沢正喜)、「英文構成の考え方」(羽柴正市)、「英語修辞法」(戸川晴之)、「外来語と『和製英語』」(上野景福)、「英語の発音」(戸村実)、「英語の討論」(佐伯彰一)、「スピーチの要領」(田崎清忠)、「放送英語とヒアリング」(松本道弘)、「同時通訳」(西山千)となっているが、「社会における英語」の視点を盛り込んだ実に多彩な内容である。英語教育界の内外から各巻平均十名前後の執筆者を抱えた本講座が、確実に毎月のペースで刊行されたのは驚きである。研究社とその編集部の意気込みを感ずることができる。

7　おわりに

さて、昭和五十年代後半までの研究社の英語教育関係のシリーズもの出版物を眺めてきたが、一出版社がこのように特定分野の知識と情報を英語教育界、社会に提供したことは「はじめに」で述べたように営利事業であるとともに、やはり大きな文化事業であると言えよう。こうした出版物に送り手として関わった専門家たち、受け手として各テーマの知識と情報を享受した教師・学生たちは、その企画者・媒体としての編集者・出版社が存在しなければ出会うことはなかったはずだ。企画・編集には時代を先取りして読み取るセンス・能力が不可欠である。これを思うと英語教育における出版社の存在意義が注目されてくる。その意味で、研究社の出版事業にはそれなりの意義があるものと考えられる。英学史・英語教育史の中における出版社の位置づけも今後の研究課題となるだろう。

《註および参考文献》

（1）明治四十一年一月創刊。第五巻第一号（明治四十五年一月）から誌名を『英語研究』と改題し、読者対象も中学四、五年程度に変更した。戦時中一時的に『英語青年』に吸収合併されたが、戦後の昭和二十三年十月に復刊して昭和五十年三月まで（第六十三巻第十二号）刊行された。

（2）『英文少年世界』は明治三十七年一月に創刊され、第二巻第六号（通算十八号）で終わり、すぐに『英学界』と改題して明治四十二年十二月限りで廃刊になった。詳細は第二部第三章の関連する註（9）を参照されたい。

（3）『英語青年』第七十四巻第四号、三五頁、英語青年社、一九三五年十一月十五日。

（4）昭和二十年九月には杉山ハリス担当によるラジオ英語講座「実用英語会話」が開始されており、同年十一月には堀英四郎担当による「基礎英語講座」が開始されている。

（5）終戦直後、高校・大学用の英語教科書の欠乏を補うために、戦前に出版されていた各種英文教科書のテキストの部分のみを印刷したもの。

（6）『英語青年』創刊五十周年記念号（*The Jubilee Issue*）、広告ページ、研究社、一九四八年四月。

（7）中野利子『父　中野好夫のこと』、一九一頁、岩波書店、一九九二年。

（8）日本英学史に関して少し言及する。昭和三十七年三月には、『大阪女子大学蔵　日本英学資料解題』（大阪女子大学付属図書館編集、非売品）が刊行されており、同年十一月には青山学院大学「青山祭」にて荒巻鉄雄教授の指導のもとで女子短大英文科二年のグループが「日本英学史料展」を開催し、約四百点にのぼる資料を展示している。昭和三十八年十一月には豊田實著『日本英学史の研究』（改訂版、千城書房）も刊行された。こうした流れの中で昭和三十九年六月、「日本英学史研究会」発起人会が持たれ、翌七月には豊田實会長、吉武好孝副会長のもと研究会が発足した。昭和四十三年十二月には研究社から『日本の英学』（全四巻、土居光知ほか監修、大村喜吉・高梨健吉編）が刊行され始め、英学史や英語教育史という「近代化と英語」に関する歴史の学問が英語教育界で次第に認知されるようになっていった。

（9）高梨健吉『英学ことはじめ』（角川書店、昭和四十年十月）、吉武好孝『翻訳事始』（早川書房、昭和四十二年五月）、飯田宏『静岡県英学史』（講談社、昭和四十二年九月）、高梨健吉『開国期の英語』（昭和四十二年十二月、三一書房）、高梨健吉・大村喜吉編『日本の英学』（全四巻、昭和四十三年十月、十一月、四十四年四月、十月、研究社）、手塚竜麿『英学史の周辺』（昭和四十三年十一月、吾妻書房）、櫻井役『日本英語教育史稿』（昭和四十五年九月、翻刻版、文化評論社）など。

（10）『英語青年』第百十六巻第一号、広告ページ、研究社、一九七〇年一月。

第四章 研究社百年の歩み

もう一つの英学史として

はじめに

英語英文学研究書、翻訳書、英和・和英各種辞典(事典)、学参・テキスト、英語学習(教育)雑誌、等の出版事業を長年にわたって展開してきた研究社が、平成十九年十一月三日ついに百周年を迎えた。百年を迎える出版社は日本でも世界でもそれほど多くはない。関東大震災、太平洋戦争、火災、読者の変化や経済の浮沈による出版社自体の経営難、などなどをとにかく乗り越えて百年目の研究社がここに立っている。それを記念して研究社は『研究社百年の歩み』(非売品)という本を刊行した。筆者はそこに「研究社百年の歩み――もう一つの英学史として」を執筆した。その小史に修正・削減を施したものがこの第四章である。論文とは書き方や体裁が異なるが、第四部「英語教育と英語出版社――研究社の場合」の補足的内容として、つまり補章として本書に収録した。

創業のとき

研究社の創業は明治四十年（一九〇七年）十一月であり、平成十九年（二〇〇七年）で満百年になった。創業者は小酒井五一郎（明治十四年［一八八一年］生まれ）。十二歳の時に越後の長岡から上京し、神田の取次店上田屋に奉公しながら、経験を積んだのち、二十六歳で社を興した。この取次店時代にひとつの出会いがある。島崎藤村が自費出版のかたちで『破戒』を世に出した時、その新刊本が東京数寄屋橋の印刷所秀英舎（大日本印刷株式会社の前身）で刷り上がった。五一郎は藤村とともにその新刊書を箱車に積んで、上田屋まで運んだという。後年、研究社の出版物の中に藤村の少年少女向きの作品が多く見られるのは、その時以来の藤村と五一郎の友情のあらわれでもある。

社名を英語研究社（麹町区富士見町六丁目十番地）としたが、もちろんまだ個人経営で会社組織ではなかった。当時日露戦争後の隆々たる国運の伸展に伴い、外国語、特に英語の重要性はますます増大するという認識が五一郎の胸のうちにはあり、英語出版をもって社業の中心とするという決意を、この「英語研究社」という社名に託したのであった。

小酒井五一郎

英語研究社の最初の仕事は、翌明治四十一年一月、月刊雑誌『初等英語研究』の創刊であった。その編集に当たったのが東京府立一中（現日比谷高校）でも教鞭を執っていた吉田幾次郎であった[1]。この雑誌は中学の二、三年を対象とした英語学習雑誌で、発音の手ほどきからペンマンシップ、訳読、会話、手紙の書き方、演説の英語、新聞英語と実に多彩な内容であった。吉田は創刊号の編集後記で、「雑誌は實に教科書の飯に對するお菜である、巧妙なる雑誌は毎日毎日様々に献立の巧を凝らし調理の妙を極めたるお菜である」と記している。吉田幾次郎の編集工夫もさることながら、当時の英語ブームに乗って『初等英語研究』は大成功のうちに読者に受け入れられた。創刊一年後の正月号は実に二万部を発行するに至った。この成功は出版社としての経営基盤を確かなものにし、草創期の研究社の勢いを大きく前進させた。明治四十五年一月（八月から大正元年となる）からはその名称を『英語研究』と改め、読者対象を中学四、五年に移している。

　この明治末期における研究社の活動の中で特筆すべきことが三つある。

　第一は、小酒井五一郎が雑誌『英語青年』の社主兼編集者の喜安璡太郎の知遇を得たことである。喜安は東京専門学校（早稲田大学の前身）時代に、坪内逍遥の薫陶を受けた在野の英学者であり、生涯雑誌編集に携わった気骨ある明治人ジャーナリストでもあった。二人が出会ったのは明治三十年頃で、喜安が『日本英学新誌』（増田藤之助主幹）の編集を手伝っていた時である。その後、明治三十八年に喜安が『英語青年』の発行・編集を引き受けると、五一郎は印刷や紙の手配、製本・販売面で大いに助力することになる。これを契機として、今度は五一郎が英語研究社を興したのちは、出版企画をはじめとして、喜安は五一郎の最も良き助言者となっていくのであった。

喜安璡太郎

　第二は、研究社の編集陣に先に挙げた吉田幾次郎、営業面で若い佐藤文二の二人を迎えたことである。吉田はそれまで英語雑誌『英学界』（有楽社）の編集に携わったり、また嘱託教員として東京府立一中に勤めていたが、それらを辞すと、研究社の編集部門の知恵袋として活動し始めた。研究社の雑誌第一号でもある『初等英語研究』をはじめ、『初歩英語』『新英語』『ＡＢＣ研究』『中等英語』などの編集を手がけ、草創期の雑誌編集の基礎を固めると同時に、プラン・メイカーとしてさまざまな出版企画も作り出した。一方、佐藤文二は五一郎と同様に酒もタバコもやらず、和服姿が多かった当時にあってもひとり洋服を着て精力的に働き、支配人として大いに営業の才を発揮したのであった。ついでに言うと、五一郎の「酒・タバコ嫌い」はつとに有名であった。したがって、社員たちは五一郎が外出するとその間を盗むように一服、二服吸ってはすぐにもみ消してシガレット・ケースにしまったようだ。突然戻ってきたりすると、部屋に漂う紫煙を手でかき消したりしていた。五一郎はとにかく「仕事のムシ」「仕事の鬼」で、遊興的なものにはいっさい手を出さない人間だった。社員たちにも閑があればとにかく勉強して自分の力をつけるように叱咤激励していた。若い社員たちを半強制的に夜学に通わせたりしたのも、五一郎の信念と親心だったのかもしれない。雪深い地で育った越後人としての堅忍不抜の精神、真面目で努力家の気骨が、五一郎の身体に染み付いていたのであろう。

第三は、大日本国民英語学会の名で「英語講義録」を発行したことである。これは当時青山学院内にあった東京通信学院が編集・発行していた講義録の版権を譲り受けて発行したものである。明治四十四年九月には全面的に改稿し、初等科・中等科・高等科、それぞれ六冊発行した。執筆者は、吉田幾次郎をはじめ山崎貞、南日恒太郎、熊本謙二郎、村井知至、武信由太郎など錚々たるメンバーであった。この講義録は大正十三年十月には「研究社英語通信講座」へと発展する(2)。

初期の研究社の出版活動として、もうひとつ特記すべきことがある。それは明治四十四年から大正の初期まで、長風社という別の社名で出版活動を行っていたということである。出版物は『物理の実験』とか『水之世界』『化学の話』『鎌倉時代通俗史談』など、原則的には英語以外のものが主であったが、中には平田禿木『最近英文学研究』や岡倉由三郎訳註『おもかげ』などの本格的な英文学研究、訳註の出版物もあった。研究社に限らず、当時の出版社はその刊行物によってそれぞれの出版部（社）を抱えることが少なくなかった。研究社も

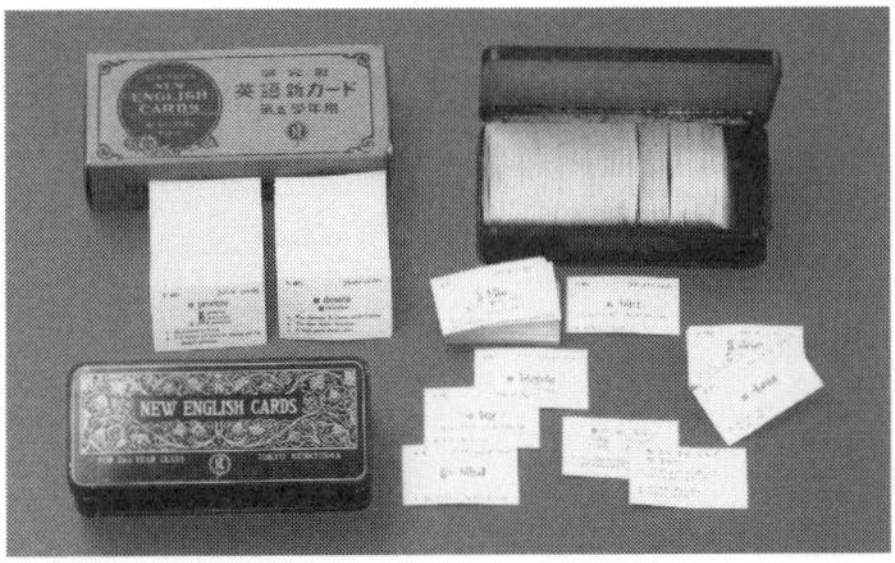
「学年別・英語新カード」の改訂版(大正 14 年)

この風潮に乗って長風社を併設したものと考えられる。またのちの長風社の仕事として、書籍等の注文・取次ぎ業務というものもあった。当時は地方や山間僻地の読者にはなかなか書物が出回っていかなかった。明治・大正の時代はまだまだ書物等の販売ネットワークが確立されていなかった。その不便を少しでも解消すべく、長風社が取次ぎ業務の仕事を肩代わりしたのである。東京市内発行の書籍雑誌を地方の読者に機敏確実に届けたいという社主五一郎の願いがここにもあったわけである。

月刊誌『初等英語研究』を創刊して以来、明治末の数年間に研究社は次々と出版物を刊行し、着々とその地歩を固めた。この草創期に大いに当たったアイディア出版があった。それはカード式の参考書・学習書である。明治四十二年の「学年別・英語カード」、同四十三年の「中等教科・カード式参考書」、同年の「英作文練習カード」などである。このカード式のアイディアは小酒井五一郎本人の創案であったと言われている。五一郎は上田屋で働いていた頃、その向学心から自分で単語カードを作成して、書籍配達の荷車を引きながら英語を勉強したという。自らのこの経験が社運発展を方向づけるアイディア出版につながったわけである。雑誌『中学生』の編集を担当した服部嘉香によれば「猛烈な売行きであった」という。

研究社の地位を固めた出版物

研究社にとって忘れられない年が大正元年である。この年の秋に以後改訂を重ねながら半世紀以上もその需

市河三喜『英文法研究』

山崎貞『英文解釈研究』

要が絶えない出版物が二点発行された。一つは日本の英語学研究の礎石をすえた名著、市河三喜『英文法研究』、もう一つは学習参考書として息の長い大ベストセラーとなる山崎貞『公式応用　英文解釈研究』（のちの『新々英文解釈研究』）である。いみじくもこの二点の出版は、その後の研究社の出版活動である「専門分野と学参分野」の両輪を象徴しているかのようである。山崎は一年後にやはり大ベストセラーになる『自修英文典』（のちの『新自修英文典』）も著わしている。

大正五年（一九一六年）四月、社名を英語研究社から研究社と改めた。社を興した時に創刊した『初等英語研究』は明治四十五年一月に『英語研究』と誌名を変えていたが、この雑誌も四月には、創刊以来百号を数えるまでになっていた。

社名を変更して一段と活気づいた研究社は、これ以降『英作文雑誌』をはじめとして数年の間に『中学生』『受験と学生』『小学少年』『小学少女』『初等英語』『女学生』などの雑誌を相次いで創刊し、単行本の出版もさらに活発化していった。和文雑誌が数種刊行された背景には五一郎のひとつの心情があった。その辺の事情を当時の『中学生』や『女学生』の編集者であった野尻抱影が研究社月報『英語と英文学』（昭和三十六年八月一日号）で、和文雑誌の消長に触れつつ次のように記している（少し長いがそのまま引用する）

「大正五年創刊の『中学生』から同十年へかけて、六種の和文雑誌が花やかに出そろった時代である。そして関東大震災を境いとして色あせて行き、その果てに『受験と学生』一種のみとなる。和文雑誌のこういう消長は、研究社の畑ちがいだったためのように考えられそうだが、必ずしもそうではない。雑誌としてはいろいろの事情から存在できなくなった。けれど、信濃川の渡船で菅笠をふって郷里の人たちと別れた当年の小酒井青年は、上京後書店の徒弟となり、強固な意志で己れの道を切り拓いて行く間にも、同じように恵まれぬ青少年への同情は募るばかりだった。やがて独立してまず英語講義録を発行し、ついで低年度の英語雑誌へと進んだのも、この初一念に発したものに相違ない。」

こういう状況の中で研究社の知名度を一気に高めたのが、大正七年九月に出版された武信由太郎編『武信和英大辞典』であった。これは喜安璡太郎が編集していた『英語青年』(前身の『青年』初代編集人は武信由太郎・勝俣銓吉郎)の創刊二十周年を記念する出版事業であった。このため、『武信和英大辞典』の編集作業に喜安も骨身をおしまず協力したという。

当時、英和辞典でさえまだまだ発展途上の道程にあっただけに、和英辞典でこれほど立派なものが出版されたことは一大驚異であった。しかも当時は研究社という名前はまだそれほど知られていなかっただけに、世人の驚きはいっそう大きかった。編者の武信が研究社のしもた屋風の社屋を見て、紹介者の喜安に「大丈夫なのですか」と危ぶんだというエピソードまで残っている。ここに「英語辞書なら研究社」という世評の第一歩がしるされたわけである。編者武信由太郎はその序言に「私かに思ふ。従来の和英辭典に疾む處は語彙の貧弱にあり、系統的分類の缺如にあり、解釋の不親切不徹底にあり、例解の不備にして要を失するにあり、譯文の生硬にして和臭を脱せざるにあり。苟も此點に於て、多少學徒の要求に適ふを得

『武信和英』刊行の頃の社屋

ば編者微力と雖も、聊か以て學界の進運に貢獻するに足らんと」と述べている。武信の大いなる意気込みが感じられる。この辞典は、その後、昭和六年(第二版、武信由太郎編)、昭和二十四年(増補版、武信由太郎編)、昭和二十九年(第三版、勝俣銓吉郎主幹)、昭和四十九年(第四版、増田綱主幹)と実に四度の増改訂を経て、さらに四半世紀の編集・改訂ののち、平成十五年に現在の『新和英大辞典』(第五版、渡邊敏郎・E. R. Skrzypczak・P. Snowden編)となっている。国内の英語実務者、英語学習者はもとより、英米をはじめ世界中の日本語・英語学習者に、標準的辞典として広く利用されている。

「英文学叢書」の発刊

こうして社業が発展してきたところで学会との結びつきもできてきた。大正九年二月、東京帝国大学英文学会の機関誌『英文学研究』が創刊され、研究社から出版された。この学会は以後、帝大英文学会、そして日本英文学会へと発展していく。

また定期的に発行する雑誌が十種を越え、一般書籍の新刊点数、重版点数も増えてきたために、大正九年四月には専属の印刷工場を牛込神楽坂に新設することになった。何事にも徹底的にとり組む姿勢の五一郎は、印刷の末端まで人任せでは気がすまなかったのである。出版業の理想を追求する五一郎の姿勢がこのようなところにも見られるが、この印刷所新設はやがて発足する画期的事業のための備えでもあった。

その画期的事業というのは、翌大正十年秋から刊行を開始した「英文学叢書」(第一輯二十四冊)である。それ以前に『武信和英大辞典』が研究社の名を世に知らしめたわけだが、英語出版社としての実力を示し、かつその基礎をゆるぎないものにしたのは実にこの叢書にほかならない。評判は上々で、予約購読者数は予想していた部数の三倍以上であったという。市河三喜教授は当時のことを次のように振り返っている――「主幹とし

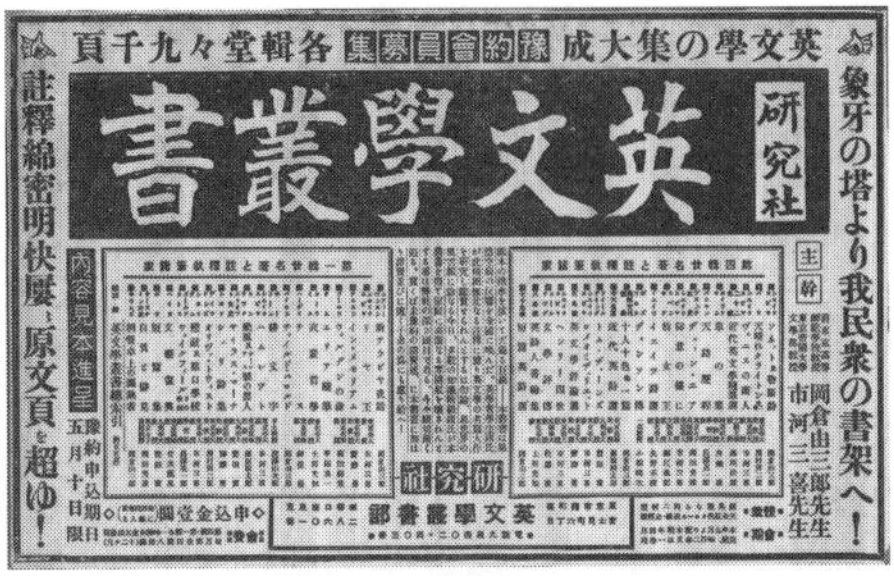

「英文学叢書」の新聞広告(昭和２年)

て岡倉由三郎さんと私の名が並べられ、King Lear, New Arabian Nights を始めとして二十四冊の書名がずらりと肩を並べた大きな広告が新聞に出た時は、さすがの上田万年先生(当時文科大学学長)も「偉いものがでるね」と半ば成功を危ぶまれたような風であった」と。

本叢書は岡倉由三郎、市河三喜両教授監修のもとに、当時の英語英文学界の権威を集め、英米文学の傑作に解説と詳しい註釈を付けたもので、昭和七年に第五輯を完了した時には、堂々百巻の大叢書となった。徹底したテキスト解釈による日本の英文学史上まれに見る註釈学の集大成であった。このように学問的な水準の高さを示すと同時に、この叢書は造本においても画期的なものであった。ページ数に応じて斤量を加減した特漉きの薄クリーム用紙に、自社印刷所を駆使しての鮮明な英文印刷と、赤クロース、角背、天金の重厚な製本は、当時の出版界に異彩を放つものだった。

大震災からの復興

大正十二年(一九二三年)の関東大震災の被害は研究社にとっても、もちろん小さくはなかったが、その再起の努力は目覚ましく、「英文学叢書」第二輯の完結も、わずかに半年の遅延にすぎず、数か月の間を置いただけで引き続き第三輯の刊行を始めている。また印刷所はこれを契機に、震災被害の復旧を兼ねて大正十三年に新しい印刷所ビルの建設計画に着手し、さらに出版活動の拡張を見越して、着々とその建設実現に向けて動き出していた。また震災と前後して、後年に英語学・英文学の大家となっていく当時の気鋭の学者たちの研究成果が次々に研究社から刊行された。大正八年には岩崎民平『英語　発音と綴字』、大正十二年には福原麟太郎『英文学の輪郭』、翌十三年には齋藤勇『英詩鑑賞』などが世に問われたのである。こうした研究者たちはのちの研究社の辞典出版活動や英語英文学領域の出版活動において、研究社と深い関わりを持っていくことになる。

震災の痛手から立ち直った大正末年には、研究社もいよいよ一流出版社として貫禄を備えてきた。出版界がいわゆる円本ブームに湧き返る中で、研究社は次の大事業「岡倉大英和」の準備を着々と進めていたのである。また、主として英語関係以外の出版物を手がけていた長風社の存在もあったが、英語出版社の地歩を固めつつあった研究社は、やや異色の出版物も刊行した。一つは、小酒井五一郎と因縁浅からぬ島崎藤村の『藤村読本』(全六巻)であり、もう一つは雑誌『中学生』をはじめ、当時の和文雑誌に挿し絵、童話、詩などを寄せていた竹久夢二の『童謡　凧』『童話集　春』(夢二の挿し絵入り)である。これらの本はいずれも青少年を読者対象としたもので、読み物雑誌『中学生』『小学少年』『小学少女』『女学生』や「中学生叢書」など、当時の研究社の出版活動の一角を占めていた若年層向け読み物の系列に入るものだった。

さて英和辞典は、大正十一年に三省堂の「コンサイス」が現れて一時期を画したが、なにぶんにもポケット判のことで、携帯には便利であっても、まだまだ実務家や研究者を満足させるには十分とはいかなかった。そこで研究社は大正十三年頃から「岡倉大英和」の刊行に向けて具体的な作業に着手することになった。大英和辞典は他社でも企画されていただけに、先陣争いにはしのぎを削るものがあった。社主の五一郎も自ら陣頭に立ち、社員も一丸となって「大英和」刊行に邁進していた。

大正も最後の年、大正十四年には(実際は大正十五年十二月二十五日に昭和元年と元号が変わっているが)、市河三喜博士の編纂によるラフカディオ・ハーン(小泉八雲)の書簡集(*Some New Letters and Writings of Lafcadio Hearn*, 448 pp.)が刊行された。ハーンの handwriting の写真四葉を含むもので、ハーンを研究する上で貴重な文献となっている。市河博士はかねがねハーンの著書や関係文献の蒐集に努力されていたが、大震災以後二年間はとりわけ友人・関係者の助力を得ながら文献蒐集に東奔西走した。その作業の傍らで市河氏は日本に散在していた二百点あまりのハーン書簡を発見し蒐集していた。大正元年に『英文法研究』を出版して以来の五一郎との友情の誼みから、これらの書簡に加えて未発表の草稿を編纂し、上述の書簡集を研究社から刊行する運びとなったのである。これ以降、ハーンの著作に関しては研究社は「新訳註叢書」「小英文叢書」シリーズなどで『怪談』『異国奇譚』『論文集』『随筆集』他の数冊を刊行していくが、昭和二十八年（一九五三年）には日本英文学会が発行した「小泉八雲百年祭委員会」編 *Selected Writings of Lafcadio Hearn*（五〇四頁）の発売元となった。

この大正十四年にはもう一つ明記しておきたいことがある。それは『英語研究』が創刊二百号の記念号を出版したことである。明治四十一年にわずか二十八ページの小冊子『初等英語研究』として発刊されて以来、十八年間の長きに渡って広く江湖に受け入れられ、名編集者吉田幾次郎の編集アイディアおよび執筆によって実に二百号にまで順風満帆に発展してきた。この二百号記念号（三二〇頁）には英学壇から五十名におよぶ大家・気鋭の執筆陣を迎えている。福原麟太郎「ヴィクトリア朝の批評文学」、土居光知「シェリの手紙」、平田禿木「仕事場から」、市河三喜「英語と日本の将来」、竹友藻風「詩形論」、長谷川康「訳文の巧拙」、澤村寅二郎「英國現代劇」、石川林四郎「自分は英語を研究している」などなど興味深いエッセイや論文が満載である。圧巻は長らく編集主幹であった吉田幾次郎の「二百号の道程を顧みて」という回顧譚であろう。二百号に至った感慨ぶり、『ＡＢＣ研究』『新英語』『初歩英語』他の同胞雑誌の創刊や変遷について、そして自分が貫いてきた編集方針「蝸牛（カタツムリ）主義」について次のように語っている。

「本誌創刊以来、絶えず微力の私が蝸牛主義の編輯をとって、殆んど何等の変化も改革もなく、全く同一歩調で、一昨年七月、本誌の編輯を久保田君にお引継ぎするまでの間を過ごして来たのですから、雑誌の歩みは牛のそれよりも更に鈍く、自働的の進歩は皆無と申す極めて恥しい有様ではありましたが、それだけに、さしたる大きな過失もなく、時勢と読者の希望とに推され推されて、どうにか創刊以来の声名を失わないでいることが出来たのです。斯んな次第で、私にはこの長い年月が全く天下泰平で、極めて単調に極めて呑気に、短い間であるとしか考えられなかったのです。」

往時を懐かしみながらもきわめて謙虚に編集者冥利に尽きる心情を吐露しているようだ。

「岡倉大英和」の完成と創業二十周年

昭和二年春、岡倉由三郎編『新英和大辞典』が世に問われた。この大辞典刊行は、わが国の外国語辞典出版史上、画期的な壮挙だと言われた。しかも、ほぼ三か年という短い期間でこの大事業を成し遂げたわけだが、その背景には岡倉由三郎をはじめとする十数名の編集執筆陣および原稿整理・整版・校正・印刷・製本といった実務作業陣のなみなみならぬ努力があったことを銘記すべきだろう。幸い営業的にも大成功を収め、印刷も製本も東京中のめぼしい工場を総動員しても注文に応じきれないという有様であった。

『小酒井五一郎追悼録』（非売品）に寄せたエッセイの中で、岩浅時三は当時を偲んで次のように言っている——「その『大英和』のこと）宣伝販売のために毎日毎日の残業で、甚だしい時は夜の十一時までの残業が一ト月以上もつづいたこともあって、われわれはうれしい悲鳴をあげつづけていた」と。

昭和２年当時の社屋。新刊「岡倉大英和」を宣伝する幟が見える。

五一郎はその刊行の辞で「ともかくも本大辭典の現在の内容が、英米諸大辭典のあらゆる新と長とを蒐め、而も巖として我が國民本位に立つてゐる事實は、聊かながら本邦斯界に貢獻し得たことと、私かに信じて疑はざる次第であります」と述べているが、大事業に賭けた夢の成果に対する自信のほどがうかがわれる。また英語の出版社として社を興してから満二十年を迎えようとしていただけに、この節目にこの画期的出版を実現させた五一郎の胸中はいかばかりのものであったろうか。その後、この大辞典は昭和十一年(第二版、岡倉由三郎編)、昭和二十八年(第三版、岩崎民平・河村重治郎編)、昭和三十五年(第四版、岩崎民平・河村重治郎編)、昭和五十五年(第五版、小稲義男他編)、そしてその後の四半世紀に及ぶ語彙調査・研究・編集という大改訂を経て平成十四年に現在の形の『新英和大辞典』(第六版、竹林滋編)となっている。実に二十六万項目を扱い、最大級の語義・用例を収録しており、文字通り英和辞典の王座の地位を確保している。

昭和二年のこの『新英和大辞典』を根幹として、その後は続々と各種の辞典が派生することになる。この意味から言って、同大辞典は研究社史上は言うに及ばず、日本の外国語辞典出版史上画期的な出版として位置づけられよう。

研究社印刷所(昭和2年)

研究社はこの年昭和二年十一月三日(創立記念日の十一月三日は、雑誌『初等英語研究』が企画された日、と言われている)、創業二十周年を期して「株式会社研究社」として新生する。そして十二月、神楽坂に地下一階、地上四階の堂々たる印刷工場も完成したのである。この時、アメリカからミーレ社製の二回転印刷機が導入されたり、トムソン型自動活字鋳造機を設置したり、印刷部門も画期的な技術改革を遂げることになる。研究社のこの優秀な印刷設備は当時の印刷業界垂涎の的であったという。

英語存廃論の中での出版活動

教育界において大正末期からしだいに声高になってきていた英語存廃論が大きくクローズアップされていた。特に昭和二年五月、東京帝国大学国文科教授の藤村作が雑誌『現代』に「英語科廃止の急務」という論文を発表してからは、教育現場における英語教育の是非論がいっそう盛んになっていく。英語教育に携わる人たちの中に一種の危機感が広がる。しかし、そうした状況にもかかわらず、英語関係の出版物や講義録などはかなりの売れ行きであった。

株式会社研究社も新社屋を日本歯科医学専門学校（日本歯科大学の前身）の裏手に移しており、波乱含みの英語教育界をよそにますます盛んな出版活動を行っていた。「岡倉大英和辞典」を世に送り出したこの昭和二年は、英文学関係の研究書出版でも注目すべきものがあった。福原麟太郎『英文学を如何に読むか』、当時のアメリカ文学研究の先駆的業績である高垣松雄『アメリカ文学』、それに齋藤勇『思潮を中心とせる英文学史』などである。『思潮を中心とせる英文学史』は、昭和四年には全面的に組み替えて『思潮中心の英文学史』となり、同十三年には三訂版『英文学史』となり、戦後になって昭和三十二年には改訂増補第四版として『イギリス文学史』、同四十九年には改訂増補第五版として菊判九百二十六ページの文字通りの大著〈齋藤〉『イギリス文学史』となって今日に至っている。

昭和に入って世の中の不況のあおりを受け、出版界はいわゆる円本ブームにあったが、研究社は地道に独自路線を歩み、英語・英文学関係の専門出版社としてその出版活動を堅持していた。昭和三年には「英文学叢書」第四輯（全二十巻）の発刊を見、昭和四年には『新英和大辞典』から派生的に生まれた『新英和中辞典』（昭和十五年三月の改訂新版のとき『研究社スクール英和新辞典』と改称）と『新英和小辞典』が刊行された。前者は『大英和』の優れた特色を取り入れながら、活字もひと回り大きい六号活字を使用し、内容的には中学生のための学習の便を大いに考慮した編集になっている。英米文化をよりよく理解するために挿し絵も二千枚ほど組み入れ、他に居間、食堂、寝室、服装、港、スーツ、人体など十八のテーマで一ページものの絵単語ページを挿入し、さらに巻末には、発音法、句読法、英文法、語源、日常会話、手紙の書き方、度量衡法など二十ものテーマを扱った知識と情報の附録ページを加え、総ページ一一四一ページのさながら百科全書的な辞典となっていた。後者『新英和小辞典』はのちに『新リトル英和辞典』となっていくものである。

昭和四年にはまた二種類の叢書が発刊された。一つは「研究社小英文学叢書」、もう一つは「研究社英文訳註叢書」で、ともに研究社の学習用テキストとしてロングセラーとなっていく。

ライオンのマーク

唐獅子のマーク

ここでついでながら「研究社マーク」と称されるものについて少し触れておく。この「小英文学叢書」の表紙に描かれ、今日でも同叢書に使用されている背に翼を持つライオンのマークは池田永治画伯が描いたもので、はじめは「英文学叢書」の裏表紙に用いられたものだった。次に研究社のシンボルともなっている唐獅子のマークだが、これにはひとつのエピソードがある。五一郎が洋行から帰ると、英国で図案としていろいろに使われているライオンを真似た今の研究社マークには多少気がとがめると言いだし、東洋に古くからある唐獅子を図案化してはどうかと提案した。そこで、その原案となるものを東京・芝の増上寺の門扉の唐獅子の彫刻に求めた。この彫刻の写真を元に、杉浦非水画伯が原画を何枚か描き、最終的には福原麟太郎が決定した。これが、研究社の辞書に押されている「研究社の唐獅子マーク」である。このマークは昭和九年の「現代英文学叢書」に初めて用いられ、ついで「英文学叢書」を編成替えした百十七巻(全百巻をページ数の多いものは二巻にして編成し直したもの)、その他各種辞典に広く使われるようになった。

『新和英大辞典』の完成

この時代、世の中に冷たい不況の風が吹く中で、英学界の重鎮たちが惜しまれつつ世を去っていった。昭和三年には学習院大教授から富山高等学校長になっていた南日恒太郎、早大教授の岸本能武太、昭和四年には日本における辞典史にも足跡を残した井上十吉や齋藤秀三郎、そして津田英学塾（津田塾大学の前身）の創始者の津田梅子が亡くなっている。そして、昭和五年には内村鑑三、それに研究社と因縁浅からぬ武信由太郎と山崎貞がやはりこの年に逝去している。山崎は享年四十八歳という若さであった。

武信由太郎はそれまで『新和英大辞典』の執筆・編集に心血を注いでいたが、その刊行を見ることなく四月二十六日永眠した。この一大事業を押し進めていた研究社としても大痛恨事であった。こうした不幸のなかで増田綱、鈴木芳松ら十数名の編集スタッフたちの営々刻苦の努力のおかげで、武信由太郎の一周忌を前にした昭和六年三月、ついにわが国における最新最大の大和英辞典が刊行されたのである。研究社はこの辞典刊行により、「岡倉大英和」と併せ、日本を代表する『大英和』『大和英』の双璧を有する信頼性高い辞典出版社となったのである。

創業二十五周年を迎えて

昭和七年、世は不況のどん底にあり、内外ともに不安定な情勢が続くなかで、研究社はその堅実な出版プランのもとに、社業は引き続き発展の道を歩んでいた。そして、この年研究社は創業二十五周年を迎えることになった。小酒井五一郎にとって、創業以来のこの四半世紀は長くもありまた短くもあったに違いない。優秀な研究者、執筆陣、有能な編集・営業スタッフに恵まれたことは確かだが、英語研究社としての出版の信念を持ち続け、粉骨砕身その出版活動に打ち込んだ五一郎の努力の大きさは当時の関係者たちがみな認めるところであった。福原麟太郎は『研究社月報』(第百号、昭和七年一月一日)に、氏の英国滞在中に「Mr. コサカイは凡そ一百冊の英文學の叢書を解題詳註付で出版してゐる人である。又彼はブランデン、ヴァインズ、ビニヨン、らの Publisher である。彼は日本の出版者中で最も信用あるうちの最も主要なる figure である」と、イギリスの人たちに宣伝してきたという話を寄せている。

四半世紀の出版活動の区切りを祝ってからも、その活動は一段と華々しさを加えていくことになる。この年、東京文理科大学英語教育研究会編集の『英語の研究と教授』の発刊(四月)や数学雑誌四誌の発刊(五月)、その他『藤村女子読本』(全五巻)、「研究社　小参考書」(全二十八冊)、本格的文学研究である石田憲次『基督教的文学観』や繁野政瑠『ミルトン「失楽園」研究』を含む十三点の単行本、前年から発刊された「文学論パンフレット」が九点その他雑誌を除いて実に総数七十五点の出版物を刊行している。

また研究社印刷所は、二年後に刊行が開始される予定の「現代英文学叢書」(全二十六巻)のために、英米からそれぞれモノタイプ、ライノタイプを輸入して、万全の体制を整えていた。革新的な印刷機の導入には五一郎のなみなみならぬ決意と確信があった。五一郎は日ごろから出版企画から装丁に至るまで、かなり突っ込んで参画する「社長編集者」であったが、読者が長時間目にする活字や組版について、つまり「印刷」というものについて一家言持っていた。五一郎は次のように言っていた。

「日本の印刷界はもっと英文印刷に熱意を示さなければならない。殊に研究社は、英文の刊行物を主力にしているのであるから、その生産部門の印刷所は英文印刷に対しては第一級の設備と英米に負けない技術をもっていなければならない。そのための費用は出版部で援助もするし負担もする。将来研究社の印刷所は、世界各国語の印刷も引き受けられるよう絶えず設備を増強することが望ましい。」

このような五一郎の姿勢が印刷所の従業員、印刷工ひとりひとりに浸透していき、「欧文印刷なら研究社印刷所」という定評に繋がっていくのである。出版と印刷の表裏一体の関係が英語出版社としての研究社をさらに大きくしていった。

最も多忙を極めた年

昭和八年という年は、前年の創業二十五周年の勢いが形として出版活動に如実に反映された年でもあった。社長の五一郎も見聞を広めるため、また欧米の出版活動を自分の目で見つめるため、三月二十四日に約半年の予定で英米訪問の旅に発った。当時、ロンドンには五一郎の次男益次郎が滞在していた。益次郎は合衆国インディアナ州にあるデポー大学をその前年の夏に卒業しており、出版業見習いとしてロンドンに移っていたのである。益次郎の英語力は、五一郎にとってのクラレンドン・プレス(オックスフォード)その他の出版社訪問、版権交渉などに大いに役に立った。

また、五一郎の訪英(神戸からの船旅)に際しては、福原麟太郎は餞別として、各寄港ごとの旅行案内を詳しく書いた自筆の小冊子を手渡していた。五一郎と福原との友情の証しでもあろう。五一郎は版権交渉の成果だけでなく、広く吸収した海外の知見を携えて十月十九日に益次郎とともに無事横浜に帰国した。

しかし、一方で研究社にとって悲しい出来ごともあった。研究社創業時に雑誌『初等英語研究』の編集に参画し、以後研究社の雑誌出版の基礎固めを果し、多くの出版物刊行にも携わった吉田幾次郎が逝去した。吉田はこの四半世紀の間に研究社を成長させた大きな原動力となっていたわけで、社全体にとって大きな損失であり、享年五十七歳（第二部第三章の註（2）を参照）という若さの死はたいそう惜しまれた。

この年の出版物を見ると、一目瞭然、華々しい出版活動が見てとれる。まず辞典の部門では、中嶋鋭造・藤田仁太郎共編『英和商業経済辞典』、岡倉由三郎編『初級英語辞典（僕の英語辞典）』、同『新和英中辞典（スクール和英辞典）』、『新英和大辞典』改訂増補版、『新和英小辞典』（『新リトル和英辞典』の初版）の五点が世に送り出された。単行本としては石田憲次『ジョンソン博士とその群』、竹村覺『日本英学発達史』、中川芳太郎『英文学風物誌』、尾島庄太郎『ブレイクとセルト文学思想』、長井氏晸『英語ニュー・ハンドブック』、市河三喜夫妻『欧米の隅々』、野尻抱影『星座神話』などが刊行された。そのほかにまだ、叢書類でも従来進行中のもの（英文訳註叢書八冊、文学論パンフレット六冊、小英文叢書三冊）に加え、「英語学パンフレット」（全二十八巻）と「英米文学評伝叢書」（全百巻、別巻三巻）の刊行が開始された（この年には九冊）。当時の状況からして一年間にこれほどの出版活動が行われたことは実に驚異的なことであった。

また、英語・英文学研究の総合誌としてますます読者を得ていた『英語研究』はこの年の十一月号で第三百号を記念することができ、通常号の約三倍ものページ数をとり、英語・英文学界の六十九名家たちの寄稿を得て大特集記念号となった。

時局緊迫の中での出版活動

満洲事変、五・一五事件、国際連盟脱退など国際的・国内的緊張の余波は、昭和十年代に入っても衰えず、軍部の強硬路線は依然として国策を動かしていた。国民の社会生活・経済生活・文化生活もかなりの弾圧と統制を受けていた。こうした時局を反映しながら出版活動を行ったり、あるいはこれに迎合したりする出版社も出てきたが、研究社はなんとかその本道をはずれることなく、以前にも増して旺盛な出版活動を続けていた。昭和九年には「英文学叢書」のあとを継ぐ形で「現代英文学叢書」(全二十六巻)の刊行が開始されたが、これは先に欧米を回ってきた五一郎社長が欧米滞在中に代表的作家や版権代理店などと精力的に交渉を行った成果である。

昭和十年には「英語教育叢書」(全三十一巻)が発刊された。大正時代以来周期的に出てくる英語存廃論は、国粋的・排外的思想の高まりとともにまたしても抬頭しつつあった。研究社はこの時期に改めて英語教育の根本意義を考察し、次代の教育に資するための指針を盛り込んだ「英語教育叢書」を企画した。内容は、英語教育の目的・価値にはじまり、教授法、教室での実践論、風物知識、英文学・英語学と英語教育、音声学的知識、英国文化史論・国民性論などなど実に多彩で、各テーマ別一冊で要領よくまとめたものである。英語教育界は危機意識の中にあってよくこの出版企画を受け容れ、予約出版も大いに伸びた。さらに、二か年で全巻が完結すると、その内容の広さ、質の高さが改めて確認され、英語教育界のみならず、広く世間からの求めもあって、昭和十三年一月には再版を出している。

この昭和十三年は東京帝国大学国文科の藤村作教授が「中学英語科全廃論」(『文藝春秋』三月号)を発表し(先に記したように、昭和二年にも雑誌『現代』に「英語科廃止の急務」という論文を発表して英語教育界だけでなく広く世間に一大センセーションを引き起こしていた)、社会的に大きな反響を呼んだ年である。

さて、書籍出版のみならず、雑誌出版においても新たな動きがあった。研究社の代表的な英語・英文学総合雑誌『英語研究』を大正十二年以来主筆として編集してきた久保田正次が立教大学の教職に就いていたこともあり、また同大学野球部部長としても活躍していたため多忙を極め、ついには辞任することになった。代わって赤門出の気鋭の高部義信がそのあとを継いだ。高部は、これまでの英語・英文学中心の編集方針から、誌面を時事英語中心に置いた。これはたぶんに時代の動向を反映したもので、国際的視野に立った英語研究の必要を実現したものである。高部はこの後、編集の仕事を続けながらも、自ら時事英語の研究に力を注ぎ、戦後すぐには『時事英語研究』（月刊誌）を創刊し、幾多の研究書、辞書を著わした。

岡倉由三郎の逝去

時代は国内外の政治的事件、武力紛争を経ながら一歩一歩大戦へと近づいていた。社会的緊張の時局の中での各出版社の出版活動も当然影響を受けないわけではなかった。ただ、研究社は比較的自社方針に沿った形で出版活動を続けることができた。昭和十一年には『新英和大辞典』の新版（第二版）、翌十二年には齋藤勇編『英米文学辞典』、岡倉由三郎編『フレンド英語新辞典』、英語研究編集部編『時事英語辞典』、市河三喜『聖書の英語』、石田憲次『信仰告白』、岡倉由三郎『英語教育』、昭和十三年には市河三喜指導のもとに『簡易英英辞典』、「時事英語叢書」（全九巻）や「上級英語叢書」（全十二巻）を発刊し、研究書として大塚高信『英文法論考』、齋藤勇『英文学史』（三訂新版）、高垣松雄『アメリカ文学』（増訂版）などの出版を見るといった具合であった。

岡倉由三郎（没後の昭和 12 年に刊行された岡倉『英語教育』より）。

この時期、研究社にとっても、また日本の英学界にとっても悲しむべきことが起こった。岡倉由三郎の死である。その訃報が伝えられた時、社内はいっとき黙然としたという。昭和十一年十月三十一日逝去、享年六十九歳であった。岡倉と研究社との関係は二十数年にわたって長くかつ深く、研究社の事業が真に軌道に乗ったのも、岡倉と市河三喜が主幹として編集した「研究社英文学叢書」の刊行があったから、と言ってもいいだろう。また研究社の辞典出版部門の礎を築き、研究社を英語辞典出版社の雄に育て上げてくれたのも岡倉であった。つまり、研究社社業の歩みは、まさに岡倉の偉業と不即不離であって、今日の社の繁栄は岡倉由三郎の献身の賜であると言っても決して過言ではない。

研究社は、この年十一月に社員の結束と親睦を図る目的で、研究社同行会を設立した。発会時の会員は四十六名。五一郎の「創立の挨拶」によると、業務もしだいに多岐にわたり、人員も増えたのでお互いなかなか話し合う機会が少なくなったので、この機に社員の親睦・交誼、業務上の連絡のためにも、ひとつ会を作ろう、ということであった。会員の資格は、研究社(出版・営業・総務・印刷を含む)に勤務し、志を同じくするものに限られていたが、主として次代を担う若い社員のために組織されたものである。五一郎はこの会に大きな情熱と期待を寄せており、目的を達成するために、熱心に諸行事を企画した。だが、太平洋戦争が苛烈になり、応召あるいは徴用される社員が多くなっていく中で、会は自然解消される運命をたどった。

新社屋への移転と新印刷工場の完成

昭和十四年(一九三九年)一月に、三たび研究社は社屋を移転することになった。場所は富士見町二丁目一番地で、麹町消防署を払い下げて改築されたものである。

この新社屋からまず勝俣銓吉郎編『英和活用大辞典』が生まれた。この大辞典には、勝俣が三十年にわたって蒐集した英語の文例十二万余句が採録されている。それらをコロケーション(collocation)という観点から有機的に配列、編集したもので、英文を書く上で大いに役立つものとして高い評価を受け、当時において比類のない辞典であった。その後、コロケーションの数を二十万近いものとした新版を昭和三十三年に出版している。

その他、辞典では市河三喜指導のもとでカナ発音を採用した『コンパニオン英和新辞典』が刊行され、研究書では中島文雄『意味論』、中西信太郎『シェイクスピア序論』、佐藤東四郎『アメリカ文芸復興の断面』などが、また市河三喜のエッセイ集『昆虫・言葉・国民性』などの出版も見た。こうした出版物以外に、『麦と兵隊』ほか火野葦平の一連の兵隊ものの英訳や、鎌田重雄『誰にもわかる国体の本義』、櫻井時太郎『国史大観』（全三巻）が刊行されたりしたが、いささか時局を映した出版と見ることができよう。

また、全国の独学の人たちに評判のよかった「研究社英語通信講座」も新装になった。スタートしてから十余年、時代の進展は著しく、本講座も単なる改訂ではとうてい時代に即応することは不可能と判断し、旧版を捨て去り、新時代にふさわしい革新的な新講座「研究社新英語通信講座」が誕生した。この新講座にはコロンビア会社によるA・S・ホーンビー吹き込みの「読本レコード」三枚が添付され、独学者および一般学習者の音声面の実力養成に資することとなった。

秋の創立記念日には、三十周年記念祝賀会を含めて、多年勤続社員の表彰式が取り行われ、厳しい情勢下の中にも社員の志気は高まるばかりであった。また吉祥寺に新印刷工場も完成し、飯田町工場を吸収合併して多様化する出版物に対応する印刷・整版体制を整えた。

戦時中の出版物および雑誌の統合

前年に始まった第二次世界大戦や日華事変の拡大とともに、日本の英・米との国際関係は険悪になっていき、戦時体制はいっそう強化され、物資の統制もいよいよ厳しくなっていく。それでも引き続き出版活動は止まず、昭和十五年には市河三喜編『英語学辞典』を筆頭に、岡倉由三郎編『スクール英和新辞典』（新版）、同『僕の英語辞典』、芝染太郎『英米社会実務事典』、さらに「英米文学語学講座」の発刊を見、福原麟太郎『叡智の文学』ほか単行本の総数も五十点近くにのぼっている。

英米との開戦を翌年に控えたこの頃になると、さすがに時局を考慮せざるを得ず、その結果生まれたのが厖大な「学生文庫」(約二百巻)であった。これは、非常事態に際して、青年学徒の健全な育成強化を目的としたもので、若者の教養と自習とを兼ねた文庫である。そしてその大半を終戦までに刊行したのであった。翌十六年の「少国民・理科の研究叢書」も同様の趣旨による出版である。

一方、用紙の逼迫と思想統制の必要から各出版社も雑誌の統合やら廃(休)刊を余儀なくされたが、研究社も昭和十七年四月には学習雑誌の統合・改題に踏み切らざるを得なくなった。また日本出版文化協会やその後身の日本出版会が生まれるに至って、「敵性国家の言語」を扱う研究社の活動もしだいに困難なものとなっていった。そうした中で、なんとしても社業を継続せんがため、また印刷所が保有するすぐれた欧文整版工員に仕事を提供するために、枢軸国言語であるドイツ語関係の出版を開始した。こうして生まれたのが「獨逸文学叢書」や「獨逸文化小叢書」であり、さらにドイツ語の辞典編集も開始され、これは戦後昭和二十二年に相良守峯編『独和辞典』として出版されることになる。

一堂で社員の出征を見送る

このように多少の方向転換を余儀なくされたわけであったが、次のような本格的出版物を世に送り続けたということは、当時の社員の苦労苦心のあとがしのばれる。

昭和十六年――岩崎民平編『簡約英和辞典』、藤田仁太郎編『英和商工辞典』、研究社辞書部編『初級英語辞典』(*ABC English Dictionary*)、齋藤勇『アメリカ文学史』、高垣松雄『アメリカ文学論』、その他。

昭和十七年――齋藤勇『英詩鑑賞』(新版)、松浦嘉一『英国史』、「小英文学叢書」十点、その他。

昭和十八年——中川芳太郎『欧羅巴文学を併せ観たる英文学史』、「英文学叢書」の四冊、荻田庄五郎『シェリィ研究』、その他。

この昭和十八年には、戦争の拡大にともない、民間工場は軍需工業に協力転向を強いられることになる。研究社の吉祥寺印刷工場も国の命令により解体移転を余儀なくされるという運命を辿った。また十九年には神楽坂印刷工場も長野市への疎開移転の準備を開始することになる。

昭和十九年——齋藤勇『文学としての聖書』、中島文雄『英語の常識』、その他。

この年、研究社の雑誌は『中学生』（『受験と学生』の後身）と『英語研究』との二誌だけになったが、五月には喜安璡太郎から『英語青年』の移譲を受け、これに『英語研究』を吸収併合することにした。こうした事情を喜安は『英語青年』（第九十巻第四号）で次のように述懐している

「この非常時局に處する爲め雜誌の整備に努めて居る日本出版会は本誌の特異の位置を認めてか、『英語青年』は幸い存續を許容されたが、大東亞戰爭の様相苛烈を極むる時、語學雜誌の本分を盡すには發行所や編輯陣が強化される必要がある。そこで片々子は四十年來守り通した孤壘を撤退し、永く英語青年社を後援してくれた研究社に本誌の發行を移譲することにした。研究社は同社の『英語研究』を『英語青年』に併合して一雜誌として發行することに決した。」

英語研究 合併
英語青年
第九十巻 第五號
Vol. XC.—No. 5.　THE RISING GENERATION　May 1, 1944.

『英語青年』『英語研究』合併号

かくして昭和二十年を迎えるのであるが、戦況悪化のため業務はほとんど停止に等しい状態であった。三月十日の宵は、歴史に残るB29爆撃機による東京大空襲であった。焼夷弾は東京下町を中心に

雨あられと降ってきた。自宅に居た五一郎は庭に作っていた防空壕に身を隠し、からくも難を逃れることができた。当然自宅は火災に巻き込まれてしまっていた。翌朝早くに五一郎は社屋や印刷所のことが気になって、そちらに足を運んだところ、当時宿直で社屋事務所の番をしていた鈴木政雄と出くわした。お互いの無事を喜び、また印刷所と社屋が幸いにも火災の難を逃れていたことに安堵した。ただ、倉庫二棟は焼夷弾の餌食となって燃え尽きていた。東京の町並みはすべて灰塵と帰したと言っても過言ではなかった。こうした状況では社業もままならず、六月五日、ついに社は一時的に閉鎖されることになる。

ただ、三月大空襲以後、五月にも再度空襲があったのだが、このときも幸いに社屋と印刷所は戦火をまぬがれていた。このおかげで、前年に喜安璡太郎から託されていた『英語青年』だけは、終戦後の九月の社業再開までの数か月の空白期間にもかかわらず、万難を排して定期の発行を続けることができたのである。出版社として、印刷所としての研究社の意地であった。

終戦——そして社業再開

八月十五日正午、ラジオから「君が代」の奏楽が流れ始めた。そして玉音放送。真夏の燃える太陽が天空で輝き、森閑として蟬時雨ばかりが空しく聞こえていた。

研究社が社業を再開したのは九月に入ってからだった。社屋も印刷所も焼けずに残っていたのでなんとか動きがとれた。しかし、仕事は決して容易ではなかった。紙は底をつき、正規なルートからは一枚の紙も入らない状況である。出版業はまず紙との戦いから始めなければならなかった。当初、佐藤文二が五一郎から事業再開を託されて、先頭に立って動いていたが、五一郎もついに九月から腰を上げ、みずから陣頭に立つことになった。出征した者も徐々に復帰し、神楽坂の印刷所の中で事業を再開し、販売部門は富士見町の木造建て社屋に事務所を置いた。

十一月になると『時事英語研究』が創刊され、時事英語の研究に力を注いでいた高部義信が主筆となった。この雑誌は高部の意向を反映して「米語第一」主義をとり、英語から米語研究へと一歩を踏み出すことになった。高部は創刊号の編集後記に次のように記している。

「今度の戰爭を契機として英米といふ言葉は悉く米英の語に變りました。世界政治上の地位ばかりでなく、言語の世界的重要性といふ見地からも、米英の順位はもはや搖がぬところと見られます。從つて本誌に於ては米語を研究の第一對象とします。」

以後『時事英語研究』は多くの英語研究者・学習者の支持を得て、長年にわたって継続出版されていく。限られた陣容と設備のなかで社業の再興にかける意気込みは、翌昭和二十一年からの出版活動に見てとれる。特に雑誌の創刊が相次いだということは、おそらく営業政策的に回転資金を見込んでの方針からだろうと考えられる。一月には、作家の大佛次郎(野尻抱影の実弟)主幹になる『学生』(『中学生』改題)、三月には『家庭と農園』、四月には *Robin*(中学入門英語雑誌)、七月には『中学上級』がそれぞれ創刊された。

そうした矢先に、研究社の創業時から五一郎の片腕となって働いてきた佐藤文二が、五月二十四日に卒然として亡くなった(享年五十五歳)。ふとした風邪がもとだったというから、まわりの人たちも信じられぬ面持ちだったにちがいない。氏は文字通り滅私奉公の念に篤く、また勤倹力行の士であった。販売にかけては独特の手腕を持ち、時に奇想天外に落ちるところがあって他を驚かせたが、それがいずれも効を奏していた。戦時中に一時期、日本出版配給株式会社に転職していたが、戦後すぐに研究社の社業再開とともに社に復帰し、新たな意気に燃えていた時期だった。その死は社全体にとってまさに痛恨事であった。また七月には、やはり研究

『時事英語研究』『学生』『ＲＯＢＩＮ』創刊号

社盛業のかなめとなって尽力してきた出版部の岩浅時三（のちの開文社社長）も一身上の都合で退社した。岩浅の残した手稿「社史——終戦時まで」は今回の社史編纂の上で貴重な資料となった。

研究社出版株式会社の独立

昭和二十二年四月から新制の小学校・中学校が発足することになった。英語も義務教育の中学校で教授科目に取り入れられはしたが、必修ではなく選択科目としてであった。だが、「朗らかなアメリカ兵」が街を濶歩する敗戦後の巷ではすでに英語熱が湧き起こっていた。ＮＨＫラジオでは平川唯一が“Come Come Everybody”で始まる「英語会話」番組を始めていたし、各地に米会話塾もできていた。研究社では教科書の応急版を発行したり、戦前の「英語通信講座」の中から単行本化した堀英四郎『英語会話入門』などを出しながらも、新しい時代に向けて、本格的な英語・英文学・英語教育の出版を目指して、植田虎雄出版部長（昭和二十一年入社）のもとで再出発を始めた。この年の二月、「英米文学叢書」を発刊している。これは従来の「英文学叢書」および「現代英文学叢書」の復刊とともに、これらに洩れた名作を加えて約二百五十冊のシリーズとなる予定のものである。六月には岩崎民平編『ポケット英和辞典』が出版された。この辞典は戦後の英語学習熱の中にあって大いに需要があり、発行以来何度も増刷を重ねている。四年後の増補一九五一年版では第六十四版を、九年後の増補一九五六年版では第百三十二版を数えるまでになった。実用的な参考書としては田中菊雄『英文解釈の道』が十月に出版され、これも比較的よく売れた。田中は弱冠十五歳の時（明治四十一年）、たまたま立ち寄った書店にて、当時研究社から刊行されたばかりの『初等英語研究』第一号を手に取り、何かしら神慮のようなものを感じてそれをすぐに購入した。この時の英語との出会いがその後の田中の人生（英語研究者・英語教育者として）を決めた、と語っている。田中は岡倉『大英和』の辞書編集にも参画した優れた英学者であるが、中等教員および高等教員の英語検定試験に合格して教員になった英語独学の士であった。

こういった状況の中で、事業の核となる編集部門をその作業の性質により分離しようという動きがあった。つまり、編集作業が非常に長期にわたる辞書と、一般の書籍・雑誌とのそれぞれの編集を二分しようということである。こうして専門分化した新会社がそれぞれの編集方針と出版ペースを堅持し、より良質の出版物を世に送り出そうという方針であった。ここに書籍・雑誌部門を主とする研究社出版株式会社が設立された（昭和二十二年五月）。この出版会社の社長に五一郎の長男である小酒井益藏が翌二十三年七月に就任することになる。

また辞典の整版を開始するために、富士見町一丁目三番地に富士整版工場も新設された。かくして出版部門、印刷部門もしだいに整備され充実していった。そして、昭和二十三年六月には、販売部門の強化を図る目的で、研究社書店（社長小酒井益三郎）も設立された。これは小売書店との直接取引によって、販路の拡張を目指すものだった。しかし、戦後の交通・運送事情の劣悪な状況下のため、送品・返品・品代の回収などに難渋し、実質的には数年の業務を行っただけにとどまった。

『英語研究』の復刊

昭和二十三年になると福原麟太郎『英語教育論』や青木常雄『新制中学校英語教授法』が刊行された。とりわけ、市河三喜主幹になる「新英語教育講座」は当時の教育状況の中で、その出版意義が大きかった。これは全十二巻という本格的な講座となっており、各巻テーマ別に編集されて、当時の一流の英学者たちが執筆に当たっている。その主旨——「新制度による中等英語教育の指針として、教授上の實際的知識と、教授に必要な広汎な背景的知識とを系統づけて提供する」——からも分かるように、本講座は時代の要請を受けた重要な出版事業と言えよう。

雑誌部門でも二十三年から二十五年にかけて、復刊、創刊の動きがあった。二十三年四月には、ローマ字と初歩英語の学習誌 *Romaji* が、装を新たにした初級英語とローマ字学習誌『ＡＢＣ』に吸収合併され、二十四年四月には、『中学英語一年』『中学英語二年』『中学英語三年』の三誌が同時に発行された。また二十五年四月には、高校生を対象とした英語学習誌『英語世界』も創刊された。なかでも二十三年十月に『英語研究』が復刊された意義は大きい。研究社草創期の明治四十一年一月に吉田幾次郎主筆のもとで『初等英語研究』として創刊され、四年後には『英語研究』に誌名変更し、やがて英文学・英語学の学習・研究雑誌としてその伝統を築いてきた雑誌が、戦後のこの早い時期に復刊されたということは、研究社のなみなみならぬ思い入れがあったからにちがいない。研究社の社史とほぼ同じ年月の歩みを経てきた『英語研究』が、戦時中の紙不足や雑誌統合の命を受けて『英語青年』に併合されたことは、社としても辛いところではあった。この雑誌の復刊は戦後の研究社の再興を期す象徴とも言えよう。復刊『英語研究』は内容的には以前のものとはやや趣を異にし、高校生をその主たる読者対象とした英語・英米文化の学習・研究雑誌として出発した（主筆は大和資雄）。また昭和二十五年四月号からは、その読者対象をさらに上に絞り高校上級および大学教養向けの英語雑誌として再出

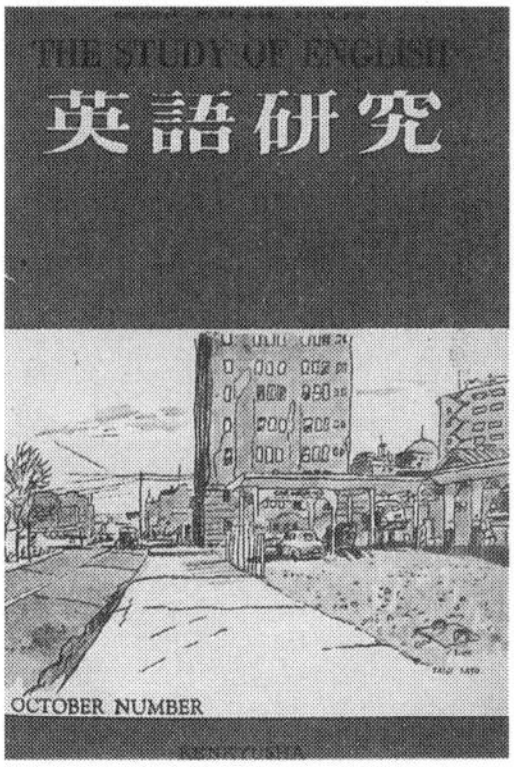

『英語研究』(戦後復刊第１号)

発している(主筆は八木毅に代わっている)。

こうした中にあって研究書も着実に刊行されるようになっていった。二十三年に刊行され始めた東京大学英文学教師エドマンド・ブランデンの英文学講義第一篇 *Shakespeare to Hardy* を皮切りに、成田成寿『最近イギリス文学論』、中島文雄『文法の原理』、大塚高信『英語学論考』、齋藤勇『シェイクスピア研究』、ブランデン英文学講義第二篇 *Addresses on General Subjects*、大澤衛『ハーディ文学の研究』(以上二十四年刊)、中西信太郎『ハムレット——序説』、海老池俊治『第十八世紀英国小説研究』、中橋一夫『二十世紀の英文学』、佐々木達『語学試論集』、ブランデン英文学講義第三篇 *Chaucer to "B. V."* (以上二十五年刊)など。

昭和二十五年暮れに刊行され始めた「新英米文学語学講座」も、研究書として特色あるシリーズとなった。本講座は当時の英米文学・英語学の重鎮、俊英を総動員して編んだもので、各人が自分の専門とする研究テーマをそれぞれ一冊(平均三百頁、Ｂ６判)にコンパクトにまとめあげた、研究の集大成と言えるものである。

研究社印刷株式会社の設立

五一郎は出版社経営と同時に印刷というものにも大いに心を砕いた人だった。彼には、すぐれた出版企画を商品化するためには、信頼し得る自社工場を持つことが、その商品価値をいっそう高めるという信念があった。戦前の記述のところでも書いたように、五一郎は「将来研究社の印刷所は、世界各国の印刷も引き受けられるよう絶えず設備を増強することが望ましい」と言っていた。このような遠大な夢を抱く五一郎は、したがってこれまでにも印刷工場や整版工場の整備を行ってきたが、戦後、出版会社の分離独立や本社資本金の増資などの経営戦略の中で、印刷所も株式組織として独立させる考えに至った。そして昭和二十六年二月に神楽坂の印刷所を研究社印刷株式会社として設立させたのである。

昭和二十六年九月には出版株式会社が千代田区富士見町二丁目一番地(旧表示、現在研究社のある所)に移っている。昭和四十年に神楽坂の濠端(東京理科大学に隣接している)に新社屋ができるまで、この木造二階建ての社屋から数多くの出版企画が世に出されていくことになる。

混乱から安定への過渡期の中で

昭和二十六年九月に対日講和条約調印、日米安保条約調印を取り行った時点から、日米間の政治的・経済的結びつきがしだいに強化されてゆくことになるが、国内経済的に見ても朝鮮戦争特需などの影響もあって産業界の活動も活発化していった。しかしまだ全国的規模での好景気とまでは至らなかった。

英語教育界も戦後の異常なまでの英語ブームを経験したのち、安定方向に向かいつつあり、六三制教育の中での英語教育を真剣に考えるようになっていく。このような背景の中から全英連(全国英語教育研究団体連合会)が誕生したり(昭和二十五年十二月)、英語教育関係者の大量の米国留学生派遣(ガリオワ、フルブライト留学など)といったことも行われた。英語は依然選択教科であったにもかかわらず、中学生ではほぼ九十パーセントが履修するといった状況があったため、併任ではなく専門の英語教員の養成が求められたわけである。

このように学校の英語教育に視線が注がれている中で、研究社からは中高教員向けの英語教育総合雑誌『英語教育』が創刊されることになる。昭和二十七年四月のことである。この雑誌は東京教育大学英語教育研究会(代表・福原麟太郎)の編集になるもので、ある意味では昭和七年に創刊された『英語の研究と教授』の系統を引くものと言っていいだろう。この雑誌は英語教師に英語の専門的な教養、教授法、さらには英米の文化・風物などの知識を提供することを目的にした、具体的な英語教育情報雑誌であった。しかし、三年間だけ研究社から刊行されたのちは、この雑誌の発行元は大修館書店へと移り、今日に至っている。(3)

また、教育界だけではなく、英米文学・語学の専門の研究者たちも、新制大学発足から数年を経て落ち着きを取り戻し、本格的な研究書の出版が相次ぐかたちとなる。その一端を以下に記してみる。

昭和二十六年——G. S. Fraser, *The Modern Writer and His World.*（翌年、上田勤・木下順二・平井正穂訳『現代の英文学』として出版）、加納秀夫『イギリス浪漫派詩人』

昭和二十七年——小川和夫『近代英文学と知性』、市河三喜・高津春繁共編『世界言語概説』（上巻）

昭和二十八年——尾上政次『アメリカ語法の研究』、柏倉俊三『シェイクスピアとその周辺』、松浦嘉一 *A Study of Donne's Imagery,* 中内正利『アメリカの風物』

昭和二十九年——市河三喜『英文法研究』（増訂新版）、佐山栄太郎『形而上詩の伝統』、志賀勝『アメリカ文学の成長』、高村勝治『現代アメリカ小説序論』

昭和三十年——市河三喜・服部四郎共編『世界言語概説』（下巻）、市河三喜『古代中世英語初歩』（改訂版）

シリーズものの出版も相次ぎ、この間に「英文法シリーズ」（昭和二十九年七月発刊）、「研究社英米文学語学選書」（同年十二月発刊）、「新英米文学評伝叢書」（昭和三十年五月発刊）などが世に問われた。「英文法シリーズ」は全二十五巻、索引一巻から成るもので、監修は大塚高信・岩崎民平・中島文雄の三氏。英文法の基本を一応マスターしたのち、さらに一歩進んだ研究を目指す人を対象に、理論よりは実践に即したもので、あらゆる疑問の解決に心配りをした編集になっている。当時学界の気鋭の執筆陣を迎え、まさしく日本人の手になる英文法解説書の決定版と言えるものであった。この意味で本シリーズは時宜を得た出版物となり、第一回発売（二冊——荒木一雄『関係詞』、太田朗『完了形・進行形』）と同時に江湖の好評を博し、品切れになるほどであった。

「研究社英米文学語学選書」(昭和三十年十月刊行の野尻抱影『英文学裏町話』ほか二点以降は「研究社選書」と改称)は紫色の特染布装幀の体裁をとった新四六版の美本で、英米文学および英語学の真髄を親しく、分かりやすく語るという企画で、大家および新鋭がその学殖を深く説いた研究社ならではの出版物と言えるものである。第一回発売には、齋藤勇『イギリス国民性』、福原麟太郎『イギリス文学の輪郭』、土居光知・村岡勇『ロレンス——人と作品』の三冊を揃え、英学関係者のみならず一般文化人にも訴える読みものとなっている。本選書は以後不定期ながら刊行を続け、昭和三十四年に出版された吉武好孝『明治・大正の翻訳史』に至るまで計三十七冊を数えることになる。

「新英米文学評伝叢書」は、かつての全百巻にも及ぶ「英米文学評伝叢書」の次世代叢書として発刊されたもので、海外における新研究をも取り入れて当時の最適任研究者が執筆に当たった。だが第Ⅰ期二十四巻の完全刊行もままならず、昭和四十七年一月福原麟太郎『ヂョンソン』を最後として、計十五巻で終わることになった。

また、昭和三十年代の前半には、研究社として初めての文学作品の翻訳シリーズ「アメリカ文学選集」のほか、「英文法シリーズ」に続く「現代英文法講座」、また戦前の「英語学パンフレット」を継承して発展させた「英語学ライブラリー」、英語教育関係では「英語科ハンドブックス」、雑誌『時事英語研究』を母体として企画された「時事英語ライブラリー」、「映画台本シリーズ」など、シリーズものが続々と発刊された。この時期、辞典関係では、昭和二十七年に福原麟太郎・山岸徳平編『ローマ字で引く国語新辞典』、市河三喜ほか編『引用句辞典』、昭和二十八年に岩崎民平・河村重治郎編『新英和大辞典』(第三版)が、翌二十九年には、勝俣銓吉郎編『新和英大辞典』(第三版)が刊行された。両辞典はそれぞれの先駆的辞典である岡倉『英和』、武信『和英』の系統を継ぐもので、日本の英和・和英辞典の双璧を成すものである。

その他、齋藤勇編『世界文学辞典』、藤田仁太郎編『英和貿易産業辞典』、相良守峯編『新々独和辞典』(増補

改訂版)、岩崎民平主幹『新簡約英和辞典』(改訂新版)、同編『新ポケット英和辞典』(改訂版)、福原麟太郎編『新スクール英和辞典』(改訂新版)、増田綱編『新ポケット和英辞典』、勝俣銓吉郎編『英和活用大辞典』(改訂新版)など、四、五年の間に相次いで新版、改訂版が刊行された。

なお、昭和二十九年には福原麟太郎編になる *The Globe Readers* (全三巻、中学校用検定済教科書)が発刊された。編集協力には、斎藤美洲、櫻庭信之、冨原芳彰、外山滋比古の四氏が当たった。研究社の文部省検定済教科書は、古くは大正五年の片山寛編著 *Katayama's First English Grammar/Katayama's Advanced English Grammar* (中学校、師範学校、実業学校用。大正九年改訂新版)や大正十五年の澤村寅二郎ほか編になる *New Standard Readers* (全五巻)などがあったが、福原の *The Globe Readers* はそれ以来の実に三十年ぶりの検定済教科書であった。以後、福原を中心とする編集陣による検定済教科書が昭和三十年代に数多く発刊された。*New English Readings* (全三巻、高校用、昭和三十一年)、*New Globe Readers* (全三巻、中学校用、昭和三十四年)、*New Globe Readers Standard Edition* (全三巻、中学校用、昭和三十七年)、そして *Kenkyusha English Readers* シリーズの *The First Book of English* (昭和三十七年)/*The Second Book of English*/*The Third Book of English* (いずれも昭和三十八年)などは週三時間英語授業に対応した教科書であった。福原麟太郎編による検定済教科書はこのあとの *New English Readings Explained Standard* (全三巻、高校用、昭和三十八年、三十九年、四十年)および *A New English Grammar & Composition* (全三巻、高校用、昭和三十八年、三十九年、四十年)で終わり、その後の教科書編纂の仕事は、昭和四十三年になって大塚高信を中心とする編集陣による *The New Age* シリーズ(高校用)および平成に入ってからの竹林滋ほか編になる *LIGHTHOUSE* シリーズ(高校用)へと受け継がれていく。

こうした書籍・雑誌部門、辞典部門の精力的な出版活動の背後で、吉祥寺印刷工場の再建や製本工場を併置しての辞典製本部の確立(昭和三十年一月)、そして失火焼失による印刷部半焼(昭和三十二年一月)といった運・

不運が重なったりしたが、社業的には研究社出版株式会社も株式会社研究社も着実に資本金増資を行っていった。

高度成長と研究社発展の道

昭和三十年代半ばから、日本は経済的に急激な成長期に入る。テレビの普及率も急増し、以降の消費経済発展の引き金となった。当時の池田内閣は、国民所得倍増計画や高度成長政策を矢継ぎばやに打ち出してきた。しかし、一方で安保条約改定調印にからむ反安保運動の高まりが国内政治の緊張を高めていた。この三十年代半ば以降は、高度成長という名のもとで、明と暗の出来事が錯綜する時代となる。研究社はそうした国民経済成長にあと押しされて、新企画、整版工場の新築(富士見町)、新鋭モノタイプ二台の増設といった設備投資も行ってきた。

福原麟太郎・西川正身監修「英米文学史講座」(全十二巻、別巻一巻)が刊行され始めたのは、昭和三十五年十月であった。本講座は、時代を追って、概観・ジャンル・個人作家・背景の事情などに細分して、イギリス、アメリカの文学を発生から現代に至るまでたどったもので、全十二巻の項目総数百八十余、英米文学語学界の百六十余氏がそれぞれ専門の項目を執筆したものである。

また英語ブームが再燃する中で、ウィリアム・L・クラークの『アメリカ口語教本』(入門・初級・中級・上級)はベストセラーとなり、多くの学校、会話学校でテキストとして採用された。音声重視という面から、上記口語教本にもレコードを付けたり、フォノシート・レコードの会話教材(『クラーク米会話レコード』全八巻)なども出版された。

昭和三十九年の東京オリンピック開催を控えると各出版社が英会話のハウツーものを競って出版し、世はこぞって英会話ブームとなる。社会からも「使える英語」が要請され、実用英語の出版が待たれた。研究社でもこの頃から多くの実用英語書が発行され始めた。シリーズものでは「実務英語入門シリーズ」(全十巻)、「時事英語シリーズ」(全十五巻)などを出版し、この時代の世の中の動きに即した出版活動を行った。

辞典では昭和三十六年に福原麟太郎編『英語教育事典』、齋藤勇編『英米文学辞典』第二版、昭和三十九年に市河三喜ほか編『英語イディオム辞典』などがある。またシリーズものとしては昭和三十八年二月に市河三喜・嶺卓二解説注釈による「詳注シェイクスピア双書」(全二十巻)が発刊された。昭和三十年代からは辞典をはじめ英語・英文学関係の出版物の発行点数も非常に多くなっていく。(4)

小酒井五一郎逝去

昭和三十七年(一九六二年)五月二日、研究社社主小酒井五一郎が富士見町の自宅で死去した。享年八十一歳。告別式は五月九日、こぬか雨降る築地本願寺でしめやかに行われた。五一郎は文字通り裸一貫で研究社を興し、出版に対する飽くなき情熱、たゆまぬ努力、そして仕事に対する信念でもって研究社を一代にして日本の英学関係の出版社の雄に仕立て上げたわけで、英学史的にもその功績は評価されるべきものであろう。

五一郎亡きあとは、長男の益藏が研究社グループを統轄的に経営することになるが、辞書部門は植田虎雄が編集部長となり、書籍・雑誌部門は益藏の長男の貞一郎がしだいに引き継ぐ形となった。貞一郎は昭和四十四年十月には研究社出版株式会社社長に就任した。印刷グループは五一郎の三男である益三郎がその後も継続的に責任者として経営にあたることになる。辞書部門、書籍・雑誌部門、そして印刷部門の三分野が五一郎の親族によって受け継がれていく。

神楽坂に新社屋の完成

かつて研究社は東京教育大学英語教育研究会の編集になる『英語教育』を出版したが（昭和二十七年四月）、この雑誌は三年間で手放し、大修館書店にその出版権を委譲した。しかし、英語教育に対する社会の注目度が増してくる中で、やはり、英語教育を専門とする雑誌の必要を覚え、「現代英語教育講座」（全十二巻）の発刊と相前後するかたちで、昭和三十九年四月には月刊誌『現代英語教育』を創刊した。中・高の現場の教育者たちを読者対象にした実践的な英語教育専門雑誌を目指すものであった。これで、戦後において研究社のいわゆる五大雑誌——『英語青年』『英語研究』『時事英語研究』『現代英語教育』『高校英語研究』——が揃ったことになる。社会にはまだ学習誌としての雑誌の存在意義が根強くあった頃であり、研究社の英語五雑誌は、競合する部分もありながら、その独自性を活かしつつ、販売部数を伸ばしていった。

『英語青年』は戦後になってからは、福原麟太郎が主筆兼顧問のかたちをとりながら、成田成寿、冨原芳彰、そして外山滋比古が編集実務を継投してきた。だが外山も五一郎の死後一年目の昭和三十八年六月に『英語青年』を去った。外山は『英語青年』編集の傍ら、書籍企画にも数々の貴重な助言をするほか、「英文法シリーズ」の刊行を提案したり、また「英米文学史講座」の企画・草案を出したりして、書籍部門の良きアドバイザーであった。

この間、印刷会社では新鋭モノタイプ二台を追加して計四台とした上に、さらに高速自動鋳造機を七台購入して、辞書・書籍・雑誌の大きく拡がる出版活動に即応し、かつ研究社以外の出版物の需要にも応ずる姿勢を強く打ち出していった。

また、神楽坂外堀通りに地下一階、地上五階建ての新社屋が落成した。昭和四十年三月のことである。ここには株式会社研究社（辞書部門）と研究社出版株式会社（書籍・雑誌部門）の編集・業務販売部門が同居した。

出版の多様化の中で

昭和四十年代は社会が大きく揺れた時代だった。いわゆる大学闘争が各大学でのろしを上げ、体制批判の先鋒を切った。カウンター・カルチャーと称する若者文化が抬頭し、政治的にも文化的にも価値観のゆさぶり状況が生まれた。

研究社はこの時代、新社屋完成を期にさらなる飛躍を目指し、編集・営業の陣容を拡大して、単行本出版の活発化のみならず、シリーズものの企画にチャレンジしていった。特に、「一般もの」と称する企画がつぎつぎに出され、新たな出版領域への進出が試みられた。これには、研究社のみならず、いわゆる専門出版社としての危機感が大きく影を落としていたわけで、いくつかの英語関係の出版社も新たな出版領域を模索していた。この種の新部門企画は編集上の時間と資金がかかるもので、生みの苦しみも確かに長く続いた。結局四十年代半ば過ぎから五十年代にかけてようやくこの種の出版物が日の目を見ることになる。まず昭和四十六年九月に「研究社叢書」が刊行され始めた。「変動の時代におくる画期的シリーズ」「一般読書人におくる新企画」といったキャッチフレーズで、増田義郎『新世界のユートピア』、矢本貞幹『夏目漱石――その英文学的側面』、亀井俊介『ナショナリズムの文学』、鯖田豊之『世界の中の日本――国際化時代の課題』など、ユニークなテーマが初期刊行物として出版された。このうち『世界の中の日本――国際化時代の課題』が翌年（昭和四十七年）の第十八回青少年読書感想文コンクール（全国学校図書館協議会・毎日新聞社主催）の課題図書（高校生の部）に選定され、販売部数をかなり伸ばすことができたことは、発刊したばかりの「研究社叢書」というシリーズものにとって願ってもない宣伝契機となった。

また一般書の「研究社叢書」のあとを追うように、翌年の昭和四十七年には江藤文夫・鶴見俊輔・山本明編「講座・コミュニケーション」（全六巻）が刊行された。文化としてのコミュニケーションを人間の歴史の中で捉えようとする視点はこの講座独自のものであり、百名を超す執筆陣を擁し大いに読書界の注目を集めた。さらに三年後の昭和五十一年三月には「講座・比較文化」（全八巻）が刊行され始めた。伊東俊太郎、井上光貞、梅棹忠夫、岡田英弘、木村尚三郎、佐伯彰一、鯖田豊之、M・B・ジャンセン、高階秀爾、芳賀徹、林屋辰三郎、増田義郎、といった錚々たるメンバーがその編集委員となり、文化人類学から美学まで、まさしく学際的な視点から日本の文化を点検しようという画期的な試みであった。こうした一般書のシリーズものと並行して一般書単行本も企画出版されていたわけだが、書店での棚の確保のむずかしさや、英語専門出版社のカラーを払拭しきれずに、しだいに軌道修正の形を余儀なくされていく。

しかし、この間にあっても、英語関係の出版を怠っていたわけではなく、大きくなった編集陣容で、依然として英語・英文学の専門書は刊行され続けていた。その量は今日に至るまでかなりの点数にのぼるので具体的な書名などは、『研究社百年の歩み』所収の「刊行出版物年譜」に譲るとして、四十年代から五十年代初頭にかけてのめぼしいシリーズものを挙げると次のようなものがある。

「日本の英学一〇〇年」（全四巻、昭和四十三年）、「福原麟太郎著作集」（全十二巻、昭和四十三年）、「講座・英語教授法」（全十二巻、昭和四十四年）、「講座・英語教育工学」（全六巻、昭和四十七年）、「アメリカ古典文庫」（全二十四巻、昭和四十九年）、「齋藤勇著作集」（全七巻＋別巻、昭和五十年）、「総合研究・アメリカ」（全七巻、昭和五十一年）、「現代の英文法」（全十二巻、昭和五十一年）、「講座・現代の英語教育」（全十二巻、昭和五十三年）など。

以後、出版株式会社は一般書関係の出版をおさえつつ、試行錯誤を経験しながら本道の英語英文学、学参、テキスト、そして特に辞典（事典）類の出版活動に精力を注ぐことになる。辞典は本来は株式会社研究社（辞書部門）の中心的刊行物だが、出版株式会社も専門辞典（事典）、特殊辞典などを逐一手がけるようになった。そのきっかけとなったのが昭和五十年九月に出版された『アメリカ俗語辞典』（E・ランディ編／堀内克明訳編）であった。この辞典は発売と同時に大いに話題となり、重版に次ぐ重版で十万部を超える出版物となった。これ以降は出版株式会社もさまざまな辞典(事典)を企画し刊行していくことになる。以下に五十年代の目ぼしい辞典(事典)類を列挙してみる。

『アメリカ新語辞典』(高部義信著、昭和五十三年)、『時事英語辞典』(広永周三郎・笹井常三著、昭和五十四年)、『英語基本動詞辞典』(小西友七編、昭和五十五年)、『日英語表現辞典』(最所フミ著、同年)、『アメリカ・ウェスタン辞典』(大島良行編、昭和五十六年)、『イギリスの生活と文化事典』(安東伸介・小池滋・出口保夫・船戸英夫編、昭和五十七年)、『英語雑学辞典』(T・バーナム著/堀内克明訳編、同年)、『世界20ヵ国ノンバーバル事典』(金山宣夫著、昭和五十八年)、『田崎のアメリカンライフ辞典』(田崎清忠著、同年)、『英和翻訳表現辞典』(中村保男・谷田貝常夫著、合本昭和五十九年)など。これら辞典(事典)類は編集に時間がかかるものの、概して売れ行きも好調で、なかには短時日で増訂新版を出したり、あるいは合冊本にしたりしてさらなる販売増大につながった。そして、昭和六十年には第二版(昭和三十六年)刊行以来待望久しい『英米文学辞典』(齋藤勇監修、西川正身・平井正穂編)の第三版が刊行された。

出版株式会社の試練

四十年代の社会的変動と五十年代の経済的膨張・発展という時代の中で、研究社はふたつの「終焉」を経験することになる。ひとつは『英語研究』の休刊(昭和五十年三月)であり、もうひとつはのちに述べる研究社社主小酒井益藏の逝去(昭和五十二年九月)である。

昭和二十三年十月に復刊された『英語研究』が休刊に追いやられることになった背景には、英語専門雑誌に対する読者の姿勢の変化、英米文学科の学生の質的変化、利潤を追求する企業としての出版社側の思惑、情報メディアの多様化などなどいろいろと理由は挙げられようが、要は専門分野の「活字文化」が大きな試練に直面せざるを得なくなったことにほかならない。確かに四十年代に入ってからは大学進学率も急速に伸び、特に女子学生の増加は英米文学科の女子大生増加へとつながったわけだが、この潜在的読者層がなかなか『英語研究』の読者にならなかった。またオイルショックによる紙不足から、そのしわ寄せとして販売実績が落ちつつあった『英語研究』の大幅減頁という事態を誘引し、そのまま六十有余年の伝統的英語総合誌『英語研究』は休刊のやむなきに至ったのである。

四十年代、出版株式会社(書籍・雑誌部門)が経営的に揺れる一方では、株式会社研究社(辞書部門)は着実にその営業成績を伸ばしていった。こうした中、昭和四十二年四月には、株式会社研究社と研究社出版株式会社の社員が合同して、一つの労働組合を結成した。(それ以前にも出版株式会社に労組はあったが、解散していた。)経営組織の異なる二つの会社は、この時期大きな試練を経験することになった。

小酒井五一郎亡きあと、第二代目として研究社全体を統轄したのは長男の益藏であったが、その地道な経営方針は研究社をよく堅持し、書籍・雑誌部門と辞書部門を経営的にも峻別して彼独自の経営哲学で出版事業を推進した。特に書籍・雑誌部門をその長男の貞一郎に委せてからは、辞書部門を抱える株式会社研究社の社長を兼務し、辞書部門の成長ぶりを見守った。

当時の辞書部長は植田虎雄で、氏を中心とする編集体制の中でこの四十年代から五十年代は、専門辞典を含め幾種もの辞典が刊行された。昭和四十年の『高校英和辞典』を皮切りに、『マイ英和辞典』(昭和四十一年)、『新英和中辞典』(昭和四十二年)、『研究社ユニオン英和辞典』(昭和四十七年)、『新英英辞典』(昭和四十八年)、『現代英和辞典』(同年)、『新和英大辞典』第四版(昭和四十九年)など学習辞典や大型辞典が立て続けに出版された。辞書編集の作業には、時間と資金がかかるものだが、これほど勢いに乗った刊行が行われた背景には社会の教育事情の変化や経済的成長なども確かにあったが、所帯を拡大した編集部門の新たなエネルギーの結実でもあったし、また販売努力が大きな刺激にもなっていたことは確かである。

このように四十年代の辞書部門隆盛を見守り、五十年代に入ってさらなる発展を期待していた矢先、昭和五十二年九月二十一日、小酒井益蔵は帰らぬ人となった。享年七十二歳であった。益蔵の跡を継いだのは、戦後に五一郎時代から営業畑一本やりで研究社の販売を支えてきた小倉睦であった。小酒井家同族以外からの初の研究社本社社長である。それだけ小酒井家のみならず研究社社員からの小倉に対する信頼度が高かったとも言えよう。緻密な販売戦略と営業マンの「足を使った」地道な販売努力を第一とする小倉の営業思想は、彼の生真面目な人となりを反映していると同時に、今日ほどマス・メディアが巨大化していなかった当時、大量部数で辞書を「売る」という辞書販売の王道の戦略ともなっていた。

さらに益蔵の弟の益三郎（研究社印刷株式会社社長）も同年二月二十日急死しており（享年六十一歳）、その二年前の昭和五十年四月二十七日には母親（五一郎夫人）が老衰のため亡くなっている。小酒井家にとっては悲報の続いた時期でもあった。

五十年代後半には、ネイティブ・スピーカーが辞典の編者の一人として初めて参加した『新和英中辞典』と、新言語学の項目を大量に加えて英語を中心とする現代の言語学研究を集大成した『新英語学辞典』が出版され、さらに『アプローチ英和辞典』や『ライトハウス英和辞典』『ライトハウス和英辞典』『リーダーズ英和辞典』といった今日の辞書部門を代表するベストセラー群が次々と刊行された。

この時期にあってひとつ特筆すべきは『新英和大辞典』の第五版が昭和五十五年十一月に出版されたことであった。岡倉由三郎主幹のもとで初版が出版（昭和二年）されて以来、日本の代表的な大英和辞典として江湖の定評を得ながら版を重ね、昭和三十五年に第四版を世に送り出してからは二十年という年月が経過していた。この間、英米でも「ウェブスター」第三版をはじめ、大辞典の改訂や刊行が相次いで行われ、それにともない辞書学も大いに発展充実していた。第五版はそうした成果を取り入れながら、二十年という歳月の中で生まれてきた多くの新語の増補、用例の校訂増補、語義・語源・発音などの大幅な改訂を行う大変な作業を経ねばならなかった。結局、第五版は全面的大改訂ということになり、小稲義男をはじめ八名の編者、五十四名の執筆者のもとで綿密な校訂・執筆の作業が行われた。研究社辞書部もその大半の編集部員を投入するなど、まさに総力でこの編集に当たった。ここに収録語数二十三万余、二千五百ページにも及ぶ画期的な大辞典が誕生したのである。

研究社各グループの分離と統合

『新英和大辞典』第五版が刊行された同じ年（昭和五十五年）、株式会社研究社と株式会社研究社本社が分離独立した。この背景には出版株式会社の経営問題や印刷・製本・整版の各工場の経営的相互依存、労働組合に対する各グループの対応、所有する資産活用の問題等々の課題があった。株式会社研究社本社はそうした経営上の統轄と意思決定機関となった。

異業種のものは分離し、同種のものは一体化を図り、その中で人的労働力の合理化や設備の有効利用、不動産の有効活用を目指す新たな経営体制がとられた。この経営哲学にのっとり、まず手始めに辞書の製本を一手に引き受けていた吉祥寺の製本工場を「研究社製本株式会社」として独立・発足させ（昭和五十六年）、その翌年には埼玉県の新座市へ新規移転させた。この製本会社は昭和五十九年「株式会社ケイ・ビー・ビー」に商号を変更している。また昭和五十七年には御茶ノ水の駿河台に所有していた社有地に研究社ビル（地下一階、地上七階）を完成させ、書籍・雑誌と辞書の編集部門、業務販売部門が神楽坂の研究社ビルから移った。この御茶ノ水の研究社ビルはその有効面積の約三分の二をテナントとして賃貸し、ここに初めて確実な不動産収益をその経営戦略の中に見込むことができるようになった。

整版部門や印刷部門も統合が図られ、昭和五十九年には富士見にあった富士整版工場と三鷹の吉祥寺工場の両社を研究社印刷株式会社に吸収合併させ、先に製本会社が移っていた埼玉県の新座市に新工場を設立して移転した。ここに至って印刷と製本が有機的に結びつき、質の高い印刷・製本体制が可能となった。これは出版活動の一環としての印刷・製本に一家言を持っていた初代社長五一郎の夢の実現でもあった。なお、研究社印刷(株)の現社長は益三郎の長男英一郎である。

昭和六十年には株式会社研究社英語センターが設立され(小酒井貞一郎が社長に就任)、翌年にはこの英語センタービルが飯田橋のお濠端のかつての研究社ビル跡地に落成した。同センターの設立は、従来の出版活動から一歩踏み出した新たな教育事業を目指しており、英米文化圏との交流を深め、日本(日本人)の真の国際化実現のための拠点として、海外留学のコンサルティング、各種英語講座、英語教員対象のセミナー、企業の英語研修、外国人のための日本語講座・文化講座など多様な商業・文化活動を展開していくことになる。こうした事業を水面下で推進してきたのは、昭和六十一年十月に研究社本社の社長に正式に就任した石川雅信であった。石川は研究社グループの新たな事業展開や建て直しを含めた今後の方向性をさぐるために、住友銀行(現三井住友銀行。以下同様)から招聘された経営人である。

またブリティッシュ・カウンシル(英国大使館文化部)やその傘下のケンブリッジ・イングリッシュ・スクールなどもセンタービルの一角に入り、英国文化との交流拠点として研究社英語センターはますます重要度を増していった。昭和六十一年にはチャールズ皇太子が浩宮殿下とともに同センターを訪れている。

研究社は従来、出版株式会社(書籍・雑誌部門)と株式会社研究社(辞書部門)の販売活動をその性格上別個に行ってきたが、昭和六十二年には両販売部門を統合し、研究社販売株式会社を設立した。これにより雑誌・書籍・辞書の販売活動が一本化され、より合理的な販売戦略が展開されることになった。そして、平成元年(一九八九年)八月、研究社の創業の地ともいえる千代田区富士見に研究社本社ビルが落成した。ここにはすべての編集部門、業務販売部門が駿河台ビルから移り、年号改元と軌を一にするかのように新しい時代に向けていっそうの発展を期すことになった。このように各グループがそれぞれの事業を着実に遂行しつつ、相互に補完しながら英語文化を中心とする総合出版グループとして十年後の二十一世紀に向けての大きな飛躍が期待された。

研究社刊辞書批判と辞書裁判の行方

分離・統合がある程度落ち着き、それぞれの部門が新たな世紀に向けて胎動していこうといったその矢先、その事件は降って湧いたように起きた。しかも、元号が変わったばかりで本社ビルも落成したその初年、平成元年十月二十六日であった。その日の『朝日新聞』朝刊には挑戦的なキャッチフレーズとともに別冊宝島一〇二『欠陥英和辞典の研究』(ＪＩＣＣ出版局)の広告が大々的に掲載されたのである。新聞一面の三分の一を取ったＪＩＣＣ出版局広告の見出しとして大きな×印とともに「日本でいちばん売れている英和辞典はダメ辞典だ！」というフレーズが使われている。さすがこの新聞広告には研究社の名前は載せていないものの、別冊本体の中身を読むと、まさしく英和辞典や和英辞典の老舗である研究社を意図的に「叩く」ための出版であったことが見て取れる。著者は代々木ゼミナール講師の副島隆彦と Dictionary-Busters と称する三人のネイティブ・スピーカーたちであった。

彼らによる批判の対象となったのは、研究社刊『新英和中辞典』と『ライトハウス英和辞典』であった。確かに彼らが指摘した箇所には、英語表現の不適切さや誤謬といったものもあったし、その点は研究社も彼らの意見を素直に傾聴すべきところでもある。研究社は(出版社としても辞書編集の専門家集団としても)自ら反省の上に立って正しい指摘は受け入れる姿勢を当然持っている。これまでにも研究社編集部にはたくさんの情報が寄せられている。編集部はその都度専門家と鳩首論議して、誤りを正したり、議論の結果やその考え方を質疑者に返答してきていた。

ところで、この時の副島グループの批判の中には受け入れられる指摘もあったが、誤認・誤謬もたくさん含まれていた。どのようなインフォーマントの知識に依拠するかによって、「生きものとしての言語」表現の妥当性は異なる場合もある。辞書編集においてはこの点を一番に気をつけねばならないところでもあるし、長年の言語学的・文法学的な研究に裏打ちされていなくてはならない。しかし、より完璧な辞典は常に次の版に託されることもまた真実である(これは筆者庭野の個人的な考えであるが)。版を重ねることによって辞典は永遠にゴール(終りのない目標)に向けて進化するものである。したがって、辞典の中の表現に関する誤謬指摘や疑問点は、そのような辞書の進化にとっては常に歓迎すべきことではある。

ところが、別冊宝島の研究社辞典批判のやり方は初めから「意図」が前面に出すぎていた。新聞に出した広告のキャッチフレーズにしろ、別冊宝島の表紙(研究社辞典から引き裂かれた数十ページがゴミのようにクシャクシャにされ、外箱は破られている画像写真)にしろ、まずセンセーショナルな話題づくりが先行していた。そして、中身の記述の仕方も建設的な誤謬指摘ではなく(いささか罵倒気味の表現もある)、乱暴な表現で研究社を貶めて「叩く」姿勢に貫かれていた。老舗の辞書出版社である研究社としては、単に沽券に関わるということではなく、批判を受け入れるところは受け入れながら、なおかつ不当な批判に対しては屹然と対処していかねばならないと考えた。研究社は別冊宝島『欠陥英和辞典の研究』による研究社辞書批判を「名誉毀損、悪質な営業妨害」として東京地裁に提訴した。以後、七年間の長きにわたって法廷闘争が続いたが、平成八年二月二十八日に東京地裁判決が下り、名誉毀損として『欠陥英和辞典の研究』の出版元であるＪＩＣＣ出版局(宝島社)に対して四百万円の支払いを命じた。それに対して宝島社は東京高裁に控訴したものの、平成八年十月二日、「権威への挑戦として許される過激さ、誇張の域を超え、公正な論評としての域を逸脱するもの」と付言して東京高裁は控訴棄却し、この判決は確定した。

研究社は、妥当な批判は重く受け止めると共に、このような経験を無駄にせず、伝統ある辞書出版社としての自覚をさらに深め、今後もより良い辞書を生み出していく決意を確認した。と同時に、批判的指摘の中には誤認や誤謬を犯しているところもあり、その点は「副島＋Dictionary-Busters」諸氏にも反省を促したい。建設的な批判と提言でもって、共に日本の辞書・辞典の改善に向けて努力していくことが理想であろう。

研究社八十五周年から新たな事業の創生へ

研究社は明治四十年の創立以来、長きに渡って英語・英文学関係の出版社として伝統と革新の出版活動を継続してきた。平成四年にはその創立八十五周年を記念して、記念出版物『研究社八十五年の歩み』（全三一〇ページ、非売品）を刊行した。住友銀行から招聘されて社長に就任していた石川雅信は長い社史を振り返るこの出版物の刊行に大いに期待していた。外部から研究社のトップになっただけに、逆に研究社の歴史を跡付ける社史に対する思い入れにはかなり強いものがあったようだ。研究社の歴史を活字で跡付ける、という責任も痛感していた。

この出版物は辞書部編集者だった河野亨雄が主として八十五年の刊行物年譜を作成し、研究社と関係のあった著者、先生方からの想い出やエッセイなども収めており、また当時出版部長であった浜松義昭も業務の傍ら編集に協力した。背表紙の毛筆文字「研究社八十五年の歩み」は編集者としてまた著者として研究社と深い関係があった外山滋比古お茶の水女子大学名誉教授が揮毫した。

この創業八十五周年を記念する出版物としては過去の出版財産に目を向けた復刻版の出版物がある。あまたある書籍類から選ばれたのは以下のものである。英語出版社としていかにも研究社らしい注釈本や研究書、そして今の時代に「日本の知的財産」として新たに世に訴えたい主張のあるものが復刻された。

★　野尻抱影編訳註 *Andersen Series*（アンデルセン・シリーズ）

昭和二十六年から不定期に刊行されたシリーズもので、アンデルセン童話を数編ずつ収録しており、昭和三十五年まで全六冊が刊行された。野尻抱影の訳と註釈が別冊として付いていた。復刻版はこのオリジナル版の英文＋別冊訳註を箱入りのセットにして販売した。野尻は「星の文学」研究者としてつとに有名であり、かつては研究社の雑誌を編集したり、著作を執筆したりしていた英文学者であった。その弟の作家・大佛次郎も研究社の雑誌の編集経験者であった。

★　中川芳太郎『英文學風物誌』

昭和八年刊行のもので、中川の広範なる学識と文献資史料の徹底的な渉猟が七百ページを優に超す大部な本書としてまとまったものである。英国に関わる個別的なテーマを歴史的に、また文化(誌)的に語り、必要に応じて文学作品からの引用を挟み込み文学と文化(社会・生活)の接点を探ろうとしたユニークな風物論になっている。久しく絶版になっていた本書の復刻は意義深い。

★　大森安仁子・土居光知訳 *Diaries of Court Ladies of Old Japan*

『更級日記』『紫式部日記』『和泉式部日記』の英訳版で、大正九年(一九二〇年)にボストンの Houghton Mifflin 社から出版されたものを研究社が版権を譲り受けて昭和十年に刊行したもの。アメリカのイマジズムの女流詩人エイミー・ローウェル女史の序文が寄せられている。

★　新渡戸稲造 *Bushido*（『武士道』）／岡倉覺三　*The Book of Tea*（『茶の本』）

ともに日本の文化・思想を代表する英文著作で、前者は昭和十年、後者は昭和十四年に刊行されたもの。平成の現在、新渡戸の『武士道』の思想が再評価されつつあるが、この英文著作二冊の復刻は何事も経済(金銭)主導に傾きすぎた日本(現代日本人のものの考え方)へ警鐘を鳴らす出版であった。

この年(平成四年)には、記念出版物以外にも、注目すべき出版物がある。主として辞典・事典類であるが、

『イギリス文学地名事典』（定松正・虎岩正純・蛭川久康・松村賢一編）、『写真で見る英語百科（ＫＥＥＰ）』（櫻庭信之・蛭川久康・廣瀬和清・藤井基精・大庭勝編）、『新スペイン語辞典』（Ｃ・ルビオ・上田博人編）、『日英辞典』（竹林滋編）などがあり、他に英語学・辞書学関係では『英語総合研究――英語学への招待』（長谷川瑞穂・脇山怜編）、『世界の辞書』（千野栄一他編）、『チョムスキー理論辞典』（原口庄輔・中村捷編）などがある。

翌年の平成五年に刊行された亀井俊介の『アメリカン・ヒーローの系譜』は氏が長年温めてきた企画で、アメリカ大衆文化・文学に造詣の深い研究者ならではの著作である。西部開拓時代から現代までの庶民のヒーロー像がどのように生まれ、伝説化・神話化されイメージを変えていったかの変遷を研究したもの。この著作は翌年（平成六年）の第二十一回大佛次郎賞（朝日新聞社主催）を受賞した。前にも書いたように、大佛次郎はかつては研究社で編集の仕事に従事していた人気作家であり、研究社との縁《えにし》を感ずる。

また同年には、英語教育関係では「英語教師の四十八手」（全八冊）という小冊子シリーズが出版され始めた。「英語授業のアイディア集」と銘打ったものだけに、中高の英語教師を対象とした具体的な教授法の指導書となっている。各巻のタイトルは以下のようなものである。『教科書の活用』（第一巻）、『テストの作り方』（第二巻）、『ＡＶ機器の利用』（第三巻）、『ゲームの利用』（第四巻）、『リーディングの指導』（第五巻）、『ライティングの指導』（第六巻）、『リスニングの指導』（第七巻）、『スピーキングの指導』（第八巻）。

創立八十五周年以降も新たな出版の情熱を育みながら、出版物の大小はあるものの、毎年刊行点数は百点近い出版活動および営業活動を行ってきていたが、平成五年十月二十一日、石川雅信社長の急逝という不幸に見舞われた。人一倍健康には留意していただけに、急逝は多くの人にとって大変なショックであった。その日、石川社長は富士見の早稲田通りに面した四つ辻の角の蕎麦屋に入った姿が最後に目撃されているが、何か身体に異変が起きたに違いない。その後研究社敷地内脇のドア口の石段で倒れていたのが発見され、救急車が急行したときは社全体が騒然となった。その後、蘇生治療も空しく日大駿河台病院で息を引き取った。急性心不全、享年六十三歳であった。

研究社全体の建て直しを図る目的で住友銀行から招聘されて研究社本社社長に就任して以来、石川は神楽坂お濠端の研究社センタービルの建築や御茶ノ水の駿河台所有地にテナントも含めた研究社ビルの建築、さらに千代田区富士見に本社ビルの建築など、不動産の有効利用、また人材活用に関して辣腕を振るっていた。社長に就任して七年目の途上にあり、まだまだやらなければならないことを多く残していただけに、志半ばの死であった。

石川の死後すぐに跡を継いだのは、既に研究社販売株式会社社長に就任していた荒木邦起（住友銀行出身）で、研究社本社社長として体制固めを行った。ほぼ一年後の平成六年十月には、研究社出版社長に雑誌・書籍編集部門から浜松義昭が就任し、また研究社（辞書部門）社長には辞書編集部門から池上勝之が就任した。研究社創業の小酒井家の縁戚のまったく無い、外部からの人材と長年研究社で働いてきた人材による新たな三頭体制となった。

この新体制発足と同じ年の六月には、発売以来ベストセラーとなっていた『リーダーズ英和辞典』を補完する『リーダーズ・プラス』（約十九万語）が別冊補遺版として刊行されている。新語・俗語・専門語・百科事典的項目などを飛躍的に増強したもので、これで二冊合わせると収録語数は約四十五万語にものぼり、まさに大辞典をしのぐほどのものとなった。渡部昇一上智大学名誉教授は「これを持たない英語屋はもぐりだ」などと面白おかしく述べている。

出版電子化事業への参入

少し時代を遡るが、昭和六十年代に入ると、社会のさまざまな分野・領域でＩＴ化時代の幕開けを迎えることになる。出版事業も例外ではなく、この時流に即応することが要求された。研究社も自社出版物の電子化事業への意欲を醸成しつつ、関連情報（知とテクノロジー）の収集に乗り出した。そうした折に、（株）日立ソフトウェア工場から『新英和中辞典』の電子データ化およびそのライセンス供与の受注が実現した。研究社にとっては初めての電子事業参入だけに、他産業の業者との仕事の取引き・打ち合わせ、データ入力・校正、進行管理・納期厳守など、苦労するところ大であったが、この経験が将来の研究社電子出版事業にプラスの形でつながるところとなった。

昭和六十一年には研究社印刷株式会社にＣＴＳ（Computer Typesetting System コンピュータ組版システム）が導入され、辞書および書籍データの電子化への将来的展望が開かれ、出版電子化事業への第一歩を踏み出すことになる。また同年七月一日に設立された日本電子出版協会（ＪＥＰＡ）にも研究社は加盟し、比較的早い時期から電子出版というものを視野に入れていた。それは研究社の現社長である関戸雅男の電子出版に対する思い入れがあったからでもあり、何種類もの辞書・辞典を抱えている研究社はこれ以降、次々に辞書・辞典類の電子化を手がけていく。関戸は現在、日本電子出版協会の会長を務めている。以下に電子出版事業の主だった変遷を列挙してみよう。

平成二年『電子ブック版　新英和・和英中辞典』（ＣＤ―ＲＯＭ辞書）電子ブックとしてベストセラーとなる。

同二年　セイコー電子工業（株）（現セイコーインスツル（株））に電子辞書用として『新英和中辞典』（第五版）『新和英中辞典』（第三版）をライセンス供与。

平成三年　上記の二辞典を収録したわが国初のフルコンテンツ英和・和英ＩＣ辞書「TR-700」をセイコー電子工業から発売。

平成四年『ＣＤ―ＲＯＭ版リーダーズ英和辞典』発売。仕様はＥＰＷＩＮＧを採用。

平成六年　『ＩＣ辞書リーダーズ英和辞典』を自社製品として発売。出版社として世界初の電子辞書の自社商品化を実現。
平成七年　(株)アスキーと共同で国内初のインターネット上のフルコンテンツ辞書検索サービスの実用化実験開始および有料化。『新英和・和英中辞典』『リーダーズ英和辞典』を提供。
平成九年　インターネット上の辞書検索サービスに『リーダーズ・プラス』『新編英和活用大辞典』を追加。
平成十二年　米国マイクロソフト社に『新英和・和英中辞典』のデータをライセンス供与。
平成十五年　au 携帯電話の EZWeb 公式サイトとして有料辞書検索サービスを開始。
平成十六年　研究社オンライン辞書検索サービスを全面リニューアル、ＫＯＤとして販売開始。主要十二辞典を提供。
平成十八年　ＮＴＴドコモの i-mode 公式サイトとして辞書検索サービス「携帯リーダーズ」を図書印刷(株)と共同で開局。また、ＫＯＤで『新英和大辞典』(第六版)のサービス開始。これによりＫＯＤは研究社の主要英和・和英辞典を網羅することになる。ＣＤ―ＲＯＭ版の『新英和大辞典』(第六版)も発売開始。

このように辞書・辞典類を中心とした電子出版の活動を発展的に行ってきており、売り上げも順調に伸ばす中で、研究社としては事業の継続そして拡大(電子書籍の販売も平成十二年から開始している)を将来的にも心がけていくことを社是としている。

伝統ある雑誌の衰退、旺盛な書籍・辞典の出版

電子事業の参入により活字出版だけではない新たな活力ある出版活動の局面を迎えつつあったが、それとは逆に創立九十周年(平成九年)前後から研究社雑誌の営業不振が表面化することになる。かつては「研究社九大

雑誌」と銘打って雑誌を発行していた時代もあったが、それは社会の需要との関係の中で成立していたことであった。昨今の視聴覚教材の豊富さやテレビ・ラジオの語学学習番組や英会話学校の増加、メディアの発達や人々の趣向・考え方の変化、そして学習目的・方法の変化などの影響によって語学学習・教育情報雑誌のあり方が問われる時代になったということでもある。

平成八年三月、『高校英語研究』が三月号をもって休刊となった。前身の『受験と学生』を考えれば、創刊は大正七年（一九一八年）にまで遡る。実に八十年弱の長い歴史を誇る受験英語の学習誌である。大正の創刊当時は中等教育が普及し、高等専門学校へ進学する学生も増えつつある状況であったため、その選抜試験の準備としてこの種の学習誌への需要が高まった。読者を確実に増やし、雑誌としては珍しいほどの返品率の低さを記録した雑誌でもあった。受験自体が様変わりしている平成の現代から考えると、まさに隔世の感がある。

しかし、この受験雑誌にも波乱の歴史はついてまわった。昭和に入ってから徐々に太平洋戦争の足音が近づいてくる時局の中で、『英語青年』『英語研究』などと同様に印刷用紙不足や雑誌統合のあおりを受ける。昭和十七年四月号からは英語受験色を排して雑誌名を単に『学生』に変更してなんとか存続を許された。当然、内容も学生が「健全」に読める「読み物」中心となる。その後も一時誌名を『中学生』に改称（昭和十九年五月）しながら続刊の努力をしてきたが、最終的には戦時下の印刷用紙不足の影響で刊行がままならなくなり、昭和二十年の春頃には終刊の形を取らざるを得なくなった。そして、戦後になってからの昭和二十一年一月に再度『学生』（第三十巻第一号）として復刊する。内容的には旧制中学校の学生を対象とする教養雑誌を目指した。このときの編集主筆に就いたのが、後々に作家となる大佛次郎である。さらに、誌名はそのままであったが昭和二十五年一月号からは大学受験指導のための学習雑誌へと内容転換を図り、昭和二十六年五月号からは誌名を再度『受験と学生』に改称し、最終的には昭和二十八年四月号から『高校英語研究』（昭和三十七年四月～四十年三月まで一時的に誌名を *High School English* と改称）となるのである。社会的状況に振り回されながら刊行の苦難の道が顧みられるが、この平成の時代になって「力尽きた」感がある。旺文社のラジオ受験講座もひと足早く平成五年に放送中止をしているのは、受験を取り巻く社会状況の変化のなせる業なのだろう。

『高校英語研究』最終号の休刊のお知らせ挨拶には「小誌を取り巻く諸般の事情、ならびに出版と受験に於ける環境の激変に、英語学習誌として対応することができず、誠に残念ながら一九九六年三月号にて休刊を余儀なくされました」とあるが、かつて高校時代にこの雑誌で英語を勉強し、またこの雑誌の全盛期(昭和四十年代半ば)を編集した経験がある筆者にとっては懐かしい思い出とともに複雑な感慨もある。

平成十一年三月には英語教育情報雑誌『現代英語教育』が三月号で休刊となった。昭和三十九年四月の創刊から三十五年、多くの読者、執筆者、教育関係者たちによって育てられてきた雑誌ではあったが、休刊は『高校英語研究』と同様に社会(英語教育界)的需要の変化(減少)によるところ大と考えられる。教育関係のあまたの情報は現代ではインターネットその他で入手可能である。雑誌は新たな挑戦と企画性を発揮しなければ生き残っていけない。また雑誌休刊・創刊は単に編集部のみの問題ではなく、社会を見据えながら雑誌を「営業」していく出版社全体の問題でもある。「昨今の出版界を取り巻く厳しい状況の中で、残念ながらこのまま継続することが困難になりました。……出版界には休刊という名の休刊、休刊という名の廃刊があると申します。願わくは、小誌が前者の例として、近い将来、清新な血を得て復刊されることを祈念いたします」という『現代英語教育』最終号の「編集部お知らせ」は、編集部の苦しい胸のうちと同時に、編集に賭ける彼らのギリギリの気持ちも伝わってくる。

これで一時期は研究社五大雑誌と謳われていたうちの『英語研究』『高校英語研究』『現代英語教育』の三誌が消え、残るは『時事英語研究』と『英語青年』の二誌のみとなった。しかし、『現代英語教育』休刊から四年後、平成十五年三月に『時事英語研究』も休刊に至った。戦後すぐの昭和二十年十一月、アメリカ英語を第一とする、という編集者高部義信の発案に基づいて『時事英語研究』は創刊された。高部は創刊当時を思い出して（「戦前戦後の雑誌編集」『研究社八十五年の歩み』所収）次のように言っている――「B5判16ページ折りっぱなし、という粗末なものとはいえ、人々の渇望にこたえるものがあったらしく、文字通り飛ぶように売れ、需要に追いつかぬ用紙不足をなげいたものである」と。まさに、戦後第一次英語ブームを背景に、この雑誌は時代の申し子のようになった。一般読者、ビジネスマン、大学生を読者対象とするこの英語学習雑誌は江湖の評判を得て順調に発展していった。そして、高部はこの雑誌の編集を実に四半世紀の長きに渡って担当したのである。

『時事英語研究』の休刊も突然やってきたものではない。近年の発行部数の伸び悩み（減少）はボディブローのように徐々に徐々に効いてきていた。特集企画を工夫し、営業・広告戦略を考えはするものの、いったん下降線を辿り始めた発行部数はもとには戻らない。発行部数減少は「入れ広」（本誌掲載の他企業の広告）の減少、つまり広告収入の減少につながっていった。平成十三年には表紙の装丁やロゴを変え名称も「研究」（硬くて古めかしい）を取って『時事英語 Current English』に変えたりした。しかし、こうしたことは所詮小手先のことで、雑誌を取り巻く社会環境が変化している限り、功を奏さない。他の出版社から刊行されている同種の英語学習雑誌も苦戦を強いられていた。新参の同種の英語学習雑誌も始めの一号、二号は健闘するものの長続きしない。つまりは、英語学習のスタイルが活字離れを起こし、メディア・音声教材・会話学校などへと学習の場を変えている、というのが現状と言えよう。

「アメリカ英語を第一とする」として創刊当時の時代から、世界は大きく様変わりして「多様化する英語」の時代になった現代において、日本人として単に英語を学習するだけでなく、「道具としての英語」を通して何を発信していくか、ということに課題が置かれそうである。『時事英語研究』にはまだまだやれそうなことが残っていたような気がするのは筆者だけの思いであろうか？　これで、残るは『英語青年』一誌となった。百年以上の伝統を誇るこの雑誌だけは「諸般の事情により……」という言葉とは無縁であって欲しい。

消えていった雑誌とは対照的に、書籍・辞典類の出版は活発である。平成九年に迎える研究社創立九十周年に向けて、さらに事業が本格化・発展化する電子出版に加えて、辞典(事典)類の改訂・増補版刊行、および書籍のシリーズものも刊行されている。

平成七年七月には、かつては「勝俣の英和活用辞典」として長年にわたって親しまれていた『新英和活用大辞典』の改訂・編纂から生まれた『新編英和活用大辞典』(市川繁治郎編集代表)が刊行された。勝俣銓吉郎の「活用辞典」の初版は昭和十四年に『英和活用大辞典』として研究社から刊行され、第二版は昭和三十三年に『新英和活用大辞典』として刊行されている。それ以来実に三十七年ぶりの改訂である。勝俣本人は第二版を出した一年後の昭和三十四年に亡くなっているので、三十七年ぶりのこの改訂は市川繁治郎を中心として新たに多くの執筆者、英米インフォーマントの協力で成ったものである。勝俣自身は、外出時にはポケットに note-book を入れ、家に居るときは常に手帳と鉛筆を側に置いていて、二十万にも及ぶコロケーションの用例カードを取った、という。初版はその整理・編集から生まれている。気の遠くなるような作業であっただろう。まさに「コロケーションの虫」である。今回の『新編』は第二版を全面的に改訂したもので、英語を書くための三十八万例の表現を網羅したものとなっている。英語(教育)に携わるものにとっては無くてはならぬ座右の一冊である。

平成八年一月には「英国文化の世紀」(全五巻)が刊行され始めた。第一巻『新帝国の開花』、第二巻『帝国社会の諸相』、第三巻『女王陛下の時代』、第四巻『民衆の文化誌』、第五巻『世界の中の英国』。ヴィクトリア朝の社会と文化を学際的に捉えようとするもので、英文学、英国史、英国文化を専門とする第一級の著者四十数名を結集してまとめ上げたものである。豊富な図版、参考文献など研究書としてのみならず、「読み物」としても楽しめる教養書でもある。

同年の十一月には「イギリス思想叢書」(全十二巻)が刊行され始めた。ベイコン／ヒューム／トマス・モア／ロック／ホッブズ／オウエン／アダム・スミス／J・S・ミル／ベンサム／ウィリアム・モリス／ジェイムズ・ミル／ジョージ・オーウェルなどの思想家を一人ずつ一冊形式で編集されている。近代イギリスに焦点を絞り、今日的視点から近代精神の哲人たちを多角的に捉えた思想家研究・解説書である。

個別的な英文学、英語学関係の学術・研究書の出版がなかなか厳しい状況にある中で、上記シリーズものはいずれも研究社らしいイギリス（思想）研究の出版物と言えるものである。確かに英語実用書、語学書、テキスト、学参ものなどの出版点数はこれら研究書に比べると、圧倒的に数が多いのだが（年間では七十、八十点近い）、研究社のイメージの核となるのはやはり、英米の文化・文学の研究書、辞書・辞典類の刊行ではなかろうか。研究社はこの双方の出版のバランスを上手に考えていかねばならないだろう。

創立九十周年記念出版および『英語青年』百周年記念号／小酒井貞一郎、植田虎雄の逝去

研究社は平成九年（一九九七年）に創立九十周年を迎えた。これを記念して全社員およびOB・OGが集結して早稲田のリーガロイヤル・ホテルにて大々的に記念祝賀会を開いた。百周年まで残り十年というこの時期に祝賀会を催したのは、社員の結束を促し、また将来への道筋をつけるための決意を確認する懇親パーティでもあった。出席者には『研究社八十五年の歩み』に収録されている「刊行出版物年譜」（研究社創立以来の八十五年間分）を補遺する『研究社九十年刊行出版物総索引』が献呈された。

販売戦略としては「研究社創立九十周年記念ブックフェア」を北はいわき（福島）、仙台から中央の東京、名古屋、南は広島、熊本まで半年間で十か所ほどの拠点書店で展開した。販売戦略のみならず、九十周年記念出版も企画され数種の出版物が刊行された。そのうちの一つ、「日英語比較選書」（全十巻）は、現代言語学の生成理論的パラダイムと認知言語学的パラダイムの二つの焦点から日英語の多様な言語現象を対照研究したもの

で、以下の内容となっている――第一巻『文化と発想とレトリック』、第二巻『談話と情報構造』、第三巻『モダリティと発話行為』、第四巻『指示と照応と否定』、第五巻『構文と事象構造』、第六巻『空間と移動の表現』、第七巻『ヴォイスとアスペクト』、第八巻『語形成と概念構造』、第九巻『格と語順と統語構造』、第十巻『音韻構造とアクセント』。

『英語語源辞典』(寺澤芳雄編集主幹)は欧米にも見られない本格的な英語語源大辞典で、最新の英語語源学、印欧・ゲルマン比較言語学の成果を積極的に取り入れ、一般語のみならず各種専門語、固有名詞なども数多く採録。その数五万語にのぼり、総ページは実に一六八五ページという大部なものになった。その他、『時事英語情報辞典』(笹井常三他編)や『新英文法用例辞典』(荒木一雄編)などが九十周年記念出版物として刊行された。

翌年の平成十年八月には、『英語青年』の別冊として「創刊一〇〇周年記念号」が出版された。明治三十一年にジャパンタイムズ社から『青年』(*The Rising Generation*)の誌名でもって発刊されて以来、日本の英学とともに歩んできた名実共に第一級の英語英文学研究・学術誌である。しかも、これが商業誌であるということに、百年の歴史の重みが加わる。創刊の三年後には発行元が英語青年社に移っている。移ってからは誌名が『英語青年』になったり『青年』に戻ったりした時期もあったが、明治三十八年十月より『英語青年』に定着した。この頃は喜安璡太郎が経営・発行人の名義になっており、編集人名義は武信由太郎になっている。武信は明治三十年に頭本元貞(札幌農学校時代の同級生、ジャパンタイムズ社社主)とともに『ジャパンタイムズ』紙を創刊した人物でもあり、明治三十一年に同社から『青年』が発刊されたときは勝俣銓吉郎とともに編集人となっている。以来、武信が逝去するまで(昭和五年四月)、『英語青年』の編集人名義は武信由太郎であった。『英語青年』がその発行元を研究社に移したのはずっと後々の昭和十九年の戦時下のときであり、用紙不足の影響で『英語研究』と合併したことが契機となっている。以来六十年以上、『英語青年』は研究社から発行され続けている。

さて、「創刊一〇〇周年記念号」は実に内容豊かなものになっている。それは、編集の仕方がユニークだとか、凝っているとかいったものではなく、寄稿者たちの『英語青年』に寄せる愛着、敬意、信頼の情がおのずとそれぞれのエッセイや記事に表れているからである。その意味で、編集部が採ったシンプルな編集方針（誌面構成）は成功していると言えるし、逆に「何かが見えていた」からこそシンプルな編集になったのかもしれない。まず、エッセイ部門（その一〜その三、一ページ仕立て）ではそれぞれの寄稿者（二十人ほど）の『英語青年』との個人的関わりが懐かしさと共に綴られており、その背後にある時代状況も仄かに見えてきて興味尽きない。中には編集部に対する厳しい注文もあるし、新たな企画の提案などもある。Part I〜Part III の二十五本の記事・論文（三ページ仕立て）は、近代化もしくは明治以後百年（あるいは戦後五十年）の歴史を視野に入れた上でのそれぞれの専門研究分野についての論考・報告と言っていいもので、なかなか読み応えがある。未見の方はこの「記念号」を是非手にとって好きなところから読んでみてほしい。

外山滋比古へのインタビューは戦時中の『英語研究』との合併の裏話や雑誌にとっての読者論、商業誌の編集者論など、研究・教育と雑誌編集という二つの仕事をこなしていた外山ならではの経験談が語られている。その他『英語青年』元編集長四人（荒竹三郎、上田和夫、西尾巖、小出二郎）が語る座談会は普段あまり表に出てこない裏方としての編集者経験談となっており、『英語青年』を初めて編集担当する時の畏怖を一様に感じているところなどが面白い。もうひとつ、「英語教育と英文科の諸課題」をテーマとする四教育者（安東伸介、豊田昌倫、佐藤宏子、斎藤兆史）の座談会も現代の大学英文科が抱えるさまざまな問題（教育論、教師論、研究者論、学生論、大学組織論、ほか）についての議論が行われており、一読に値する。巻末には戦時下の『英語青年』（昭和十七年一月一日発行）新年号が付録として復刻されている。編集部は「非常時という他はない時期に出た本号の、この編集ぶりを皆さんはどのように読まれるでしょうか」と読者に問うている。何かが見えてくるかも知れない。

『英語青年』は、私は後ろから読むんですよ」という言葉を時折耳にすることがある。その後ろとは「編集後記」や「片々録」のことであり、その「後ろ」が面白く重要でもある。とりわけ「片々録」の重要性とはその"facts"の記録性にある。『英語青年』はその意味でまさしく各時代の「英学」を映してきた鏡であったし、今でも「記録しておく」というこのプリンシプルは変わっていない。そして、百周年の『英語青年』を見つめる多くの視点を映したこの「創刊一〇〇周年記念号」もその例外ではないだろう。

『英語青年』関係でもうひとつ紹介したい。平成十一年三月には『英語青年』(第一巻〜第百巻)復刻版の「総索引」が刊行された。この編集には実に二十年の歳月が費やされており、編集に当たった村上健、内川和彦(故人)、村山和行の三氏の緻密な仕事振りによって精緻に項目分類(大項目・中項目・小項目の分類システム)された総索引が出来上がった。とりわけ村上はまだ東大の大学院時代からこの編集に従事しており、完成したときには津田塾大学の教授になっていた。村上の情熱と忍耐、執念(?)がなければこの「総索引」は日の目を見ていなかっただろう。筆者もいささか協力した経緯もあるので、膨大な索引カードと闘っていた村上の姿がまざまざと目に浮かんでくる。『英語青年』復刻百巻に収められた研究論文・翻訳・批評・随筆などは近代日本の英学史および英語・英文学研究史を映した重要な第一級の一次資料であり、また先にも記したように「片々録」は明治・大正・昭和の英学の多様な情報を提供する貴重な資料・史料となっている。つまり、この「総索引」は大きな視点で言うところの「英学」の研究材料情報の宝庫と言ってもいいものであり、『英語青年』(百巻)に掲載された過去の英米文学研究、英語学研究、翻訳・批評研究などの収録文献を渉猟するには不可欠な一冊である。労を惜しまず歳月を費やして編集作業を続けた三氏の努力を多としたい。

復刻版「総索引」刊行と同年(平成十一年)四月にはベストセラーの『リーダーズ英和辞典』の第二版が刊行された。初版以来十五年ぶりの全面改訂で、一万語の増補で総収録語数二十七万語にのぼり(情報量はほぼ二十パーセント増)、文字通り小型ながらの大辞典といった体裁になっている。その他、各種辞典としては前年の平成十年に『理化学英和辞典』（一一八二ページ、理系諸分野の専門語四万語収録）、『研究社ビジネス英和辞典』（八二四ページ、経済・財政・金融・証券・貿易・会計・保険などビジネスに関する広範な用語の収録）、平成十一年には『医学英和辞典』（医学専門用語、一般医療用語を含む収録語数七万六千語の大型の医学英和辞典）、『アメリカ文化事典』（アメリカ文化をトータルに捉えた「読む」事典）などの出版があり、注目される。

二十世紀も終わり、二十一世紀がまさに始まろうとする時代、研究社は立て続けに二つの不幸に見舞われた。二〇〇〇年（平成十二年）に入ってすぐの一月十一日、五一郎から数えて直系の第三代目小酒井貞一郎が亡くなった。若いときから研究社業務に携わり、雑誌・書籍出版に勢いがあった高度成長時代から安定成長期に入ろうとしていた時代に研究社出版（株）の社長職にあった（昭和四十四年～五十一年）。労働組合の経済闘争が熾烈を極めていた時期でもあり、貞一郎にとっては経営者としての手腕が問われた厳しい時代であった。その他、研究社英語センター社長、研究社本社会長、研究社印刷取締役などを歴任したが、享年六十七歳という若さの急逝であった。葬儀は小酒井家と研究社との合同葬として中野の宝仙寺で執り行われた。

また翌年の平成十三年（二〇〇一年）七月二十四日には、五一郎の娘婿である植田虎雄（五一郎長女の不二子と結婚）が亡くなった。二十六日の通夜、二十七日の告別式は吉祥寺の安養寺にて執り行われた。享年九十五歳であった。植田は戦後すぐに五一郎に請われて研究社に入社し、編集実務をこなしたが、それまでは自身も英文学研究者でもあった。戦前の昭和十三年十二月には十八世紀のイギリスの詩人ウィリアム・クーパーについての評伝『Cowper』（「英米文学評伝叢書」の一冊）を出版しており、小英文叢書や英米文学叢書など何冊もの訳註書を出している。中でも戦後の昭和二十八年に刊行された小英文叢書の一冊『チップス先生さようなら』は同シリーズ一番のロングセラーとなり、改訂に次ぐ改訂で小英文叢書シリーズの人気テキストになった。晩年は五一郎の娘婿という立場もあって、昭和五十年代半ば以降、研究社全体の経営にも参画し始めた。昭和六十一年十月に住友銀行から石川雅信が招聘され本社社長就任に至るまでは、研究社本社、研究社（辞書部）、研究社出版の三社の代表取締役社長を務めていた。石川の本社社長着任とともに植田はそれぞれの会社の会長に就任し、第一線を退いた。そして平成四年十月にはすべての会長職を退任した。

現在、直系では小酒井貞一郎の長男、五一郎から数えて第四代目の小酒井雄介が研究社営業販売部門(取締役の一人でもある)で仕事を続けている。

学術・研究書出版、シェイクスピアvs辞典・辞書

一般書のベストセラーを除けば、相変わらずの出版不況が続く中で、学術・研究書の出版はますます厳しくなりつつある。かつて、大中小を問わず各出版社はその営業・収支の全体的帳尻の中で、学術・研究書を細々ながら刊行していた時代があった。片や収益が上がる出版物があれば、一方で収益が薄いものでも学術出版としてその意義さえあればこれを世に送り出す、という姿勢(理念)である。世に言う「赤字覚悟の出版」である。しかし、出版不況が続く中で、また電子ジャーナルの発達による学術・研究成果の発表の仕方の変化(進歩)および学術・研究書の受け手(研究者たちを含む読者)の変質・減少が顕著になる中で、昨今では本としての学術・研究書の出版点数は下降線を辿るばかりである。専門書出版の危機と言ってもいいだろう。つまり、収益が見込まれない学術・研究書の出版はあまりにもリスクが大きすぎ、時には出版社自身の首をも絞めかねないという現実が浮上してきている。そのためにその種の出版は控えておこう、という考え方が出版社(出版界)内部に形成されつつある。学術・研究書を主に取り扱う大学出版会(部)にとってこの種の問題は深刻である。

英語英文学出版の世界(今日では狭い市場なのだが)も同様で、とりわけ英語教科書(テキスト)・参考書などを主に出版していた中・小のテキスト会社(英語英文学関係の専門書も細々と出版していた)は非常に厳しい状

況に置かれている。自費出版（ないしは出版補助金付き）でない限り、この種の出版には手を出さない、というところまで来ている。

かつて、英米文学・語学論、文学批評論などの分野でかなりの点数の専門書を刊行し続けてきた研究社もまた、まともにこうした出版不況のあおりを受けざるを得ない。過去十年の間、学術・研究書の刊行点数が減少してきていることは事実である。しかし、研究社には学術出版社の端に連なっているという自負もあり、当然のことながら学術出版の灯を消すことはできない。そのための努力は編集・営業ともに惜しむことなく払っている。編集部の企画会議では内容をよく吟味・検討するし、公的資金の学術補助金の有無を確認し、著者自身からの補助金（経済的負担）の有無なども検討した上で、企画の実現化を図っている。数は確かに少なくなってきているが、専門書出版の灯は消すことはしないという決意は研究社のトップから編集人・営業人まで貫かれている。

九十周年以降、過去六〜七年のスパンの中で学術・研究書の出版物を眺めてみると、確かに減少傾向にあることはすぐに見て取れる。ただ、興味深いことではあるが、ある特徴的なことが見えてくる。英米文学から英語学、批評まで多種多様なテーマにおいて、学術・研究書は年間三〜四点でしかないが、なぜかシェイクスピア関係の出版物だけはほぼ毎年のように刊行されている（年間に複数点もある）。シェイクスピア研究は明治以降今日まで連綿と続いている大きな研究分野であり、これまでにもある年にはシェイクスピア研究書が二〜三冊まとめて出版されたこともあるので、刊行が続いたからといって別に不思議なことではない。ある意味では「シェイクスピアは強い」（研究者が多い）ということの現れかもしれないし、学術・研究書出版が厳しい中での健闘ぶりは注目される。あるいは、たまたま編集部にシェイクスピア「ご贔屓」がいたからなのか、平成十三年に日本シェイクスピア協会が創立四十周年を迎えたからなのか、シェイクスピア研究における充実した研究成果（翻訳も含め）が陸続として現れたからなのか？　その理由はわからない。単なる偶然のシェイクスピア・オン・パレードであるかもしれない。以下に列挙してみよう。

平成十一年十一月　『シェイクスピアのアナモルフォーズ』（蒲池美鶴著）
平成十二年七月　『絵で見るシェイクスピアの舞台』（C・W・ホッジズ著／河合祥一郎訳）
同十一月　『研究社シェイクスピア辞典』（高橋康也・大場建治・喜志哲雄・村上淑郎編）
平成十三年十月　『シェイクスピアを読み直す』（柴田稔彦編）
平成十四年一月　『ハムレットの仲間たち』（村上淑郎著）
同　三月　『シェイクスピア／作品・人物事典』（伊形洋著）
　四月　『シェイクスピア――世紀を超えて』（日本シェイクスピア協会編）
平成十六年三月　『シェイクスピアとイギリス民衆演劇の成立』（玉泉八州男著）
同　九月　「対訳・注解　研究社シェイクスピア選集」（全十巻・大場建治編・訳・注・解説）
平成十七年十二月　『シェイクスピア　ディレクターズ・カット』（M・ボグダノフ著／近藤弘幸訳）
平成十九年三月　『シェイクスピアとその時代を読む』（日本シェイクスピア協会編）
同七月　『新編　シェイクスピア案内』（日本シェイクスピア協会編）

高橋康也他編の『研究社シェイクスピア辞典』は、シェイクスピアの作品・登場人物、研究など小項目主義で網羅的に編集したもので、見出し語二五〇〇項目を数えるまさに「シェイクスピア世界の全貌を知る辞典・事典」と言ってもいいだろう。シェイクスピア生涯年表、シェイクスピア受容史年表、シェイクスピア家系図、主要劇団系統図なども有益な資料である。『シェイクスピア――世紀を超えて』は日本シェイクスピア協会の創立四十周年を記念した刊行物で、若手・気鋭による論考集となっている。この出版物は同協会が五年ごとに企画する「シェイクスピア研究論集」で研究社がその出版を請け負っているものである。大場建治による全十巻の「シェイクスピア選集」は澤村寅二郎の「訳註シェイクスピア叢書」(昭和二十八年、全八巻)の現代版として非常に挑戦的な仕事である。大場ひとりによる翻訳(対訳)、註釈、解説であり、個人訳(対訳も含め)の訳業としては、坪内逍遥、福田恆存、澤村寅二郎、木下順二、小田島雄志、松岡和子などの訳業に連なるものであろう。

平成に入ってからの研究社出版物では、平成六年に亀井俊介の『アメリカン・ヒーローの系譜』が第二十一回大佛次郎賞を受賞したが、それ以降の英文学専門書のなかに、三点の文学・学芸賞受賞著作があることは注目に値する。まず蒲池美鶴の著書『シェイクスピアのアナモルフォーズ』(平成十一年十一月刊)は平成十二年にサントリー学芸賞(芸術・文学部門)を受賞した。また読売文学賞を続けて受賞した二著書も注目したい。まず高松雄一著『イギリス近代詩法』(平成十三年十一月刊行)は平成十四年度の第五十四回読売文学賞(「研究・翻訳賞」)を、さらに若島正著『乱視読者の英米短篇講義』(平成十五年七月刊)は平成十五年度の第五十五回読売文学賞(「随筆・紀行賞」)をそれぞれ受賞した。前者は高松がこれまで『英語青年』他の雑誌や研究誌に寄稿してこられたものを大幅に加筆・編集したもので、後者は若島が『英語青年』に二年間連載したものを編集したものである。

このような書籍出版と並んで、ここ七、八年の出版傾向のもうひとつの特徴としては辞典・事典類の刊行がある。これはある意味では研究社の出版事業の伝統でもあるので、研究社は本来的な「仕事」を着実にこなしている、と言うことができる。以下に過去十年ほど遡って出版された辞典・事典類を列挙してみよう。

平成十年五月　『研究社ビジネス英和辞典』(簗田長世編)
同　六月　『総合ビジネス英語文例事典』(藤田榮一編著)

同　七月　『理化学英和辞典』(小田稔・野田春彦・上村洸・山口嘉夫編)
平成十一年四月　『リーダーズ英和辞典』(第二版)(松田徳一郎編)
同　七月　『研究社医学英和辞典』(石田名香雄監修)
同　九月　『アメリカ文化事典』(亀井俊介編)
同　十二月　『和英経済キーワード辞典』(日本経済新聞社英文グループ編)
平成十二年一月　『英米史辞典』(松村赳・富田虎男編著)
同　四月　『英和コンピューター用語辞典』(研究社辞書編集部編)
同　七月　『現代英米情報辞典』(飛田茂雄編)
同　九月　『研究社和露辞典』(藤沼貴編)
平成十三年一月　『ルミナス英和辞典』(第一版)(竹林滋・小島義郎・東信行編)
同　一月　『ルミナス和英辞典』(第一版)(小島義郎・竹林滋・中尾啓介編)
同　四月　『英米児童文学辞典』(定松正・本多英明編著)
同　五月　『アメリカ地名辞典』(井上謙治・藤井基精編)
同　五月　『インターネット英和辞典』(阿部一著)
同　五月　『英和・和英産業技術用語辞典』(小谷卓也編著)
同　九月　『コンピュータ英語情報辞典』(朝尾幸次郎著)
同　十月　『英和コンピューター用語辞典　増補版』(研究社辞書編集部編)
平成十四年一月　『ＩＴビジネス英語辞典』(小牟田康彦編著)
同　三月　『新英和大辞典』(第六版)(竹林滋編集代表)
同　三月　『英米法律情報辞典』(飛田茂雄編著)

同　八月　『新編英和翻訳表現辞典』（中村保男著）
同　九月　『新和英中辞典』（第五版）（M・コリック・D・P・ダッチャー・田辺宗一・金子稔編）
同　十一月　『ライトハウス英和辞典』（第四版）（竹林滋・小島義郎・東信行・赤須薫編）
同　十一月　『ライトハウス和英辞典』（第四版）（小島義郎・竹林滋・中尾啓介・増田秀夫編）
同　十二月　『英語学要語辞典』（寺澤芳雄編）
平成十五年一月　『最新ニューヨーク情報辞典』（佐々木謙一編）
同　三月　『新和英大辞典』（第五版）（渡邊敏郎・E・R・スクリプチャック・P・スノードン編）
同　四月　『応用言語学事典』（小池生夫編集主幹）
同　四月　『新英和中辞典』（第七版）（竹林滋・東信行・諏訪部仁・市川泰男編）
同　七月　『辞書学辞典』（R・ハートマン・G・ジェームズ著／竹林滋ほか訳）
同　七月　『経済英語表現辞典』（森川和夫編著）
平成十六年一月　『イギリス文学辞典』（上田和夫編）
同　六月　『日本語表現活用辞典』（姫野昌子監修）
平成十七年十月　『ルミナス英和辞典』（第二版）（竹林滋・小島義郎・東信行・赤須薫編）
同　十月　『ルミナス和英辞典』（第二版）（小島義郎・竹林滋・中尾啓介・増田秀夫編）
同　十一月　『20世紀英語文学辞典』（上田和夫・渡辺利雄・海老根宏編）
平成十八年十二月　『暗号事典』（吉田一彦・友清理士著）
同　十二月　『プエルタ新スペイン語辞典』（上田博人・C・ルビオ編）
平成十九年一月　『研究社総合ビジネス英和辞典』（研究社辞書編集部編）

なんと多種多様な辞典・事典類が刊行されていることだろう。積み重ねてきた編集実績があるとは言え、研究社編集部の editing capacity には目を見張るものがある。研究社はこの編集技術の伝統を自覚しつつ、将来的にもさらに継続発展させていかねばならない。『新英和大辞典』(第六版)は二十二年ぶりの大改訂を行ったもので、研究社辞書編集部が総力を傾けて編集し、辞書学に精通したネイティブのインフォーマントによる用例チェックも徹底した。キャッチフレーズは文字通り「IT用語からシェイクスピアまで」というもので、二十六万項目を収録している。また『新和英大辞典』(第五版)も二十九年ぶりの全面大改訂で、今回は改訂初期の段階から日本語の専門家にも本格的に参画してもらい、日本語用例辞典と銘打てるほどの、国語辞典にも収録されていない語彙や表現も幅広く収録した。『武信和英大辞典』(大正七年)刊行以来、実に八十五年の歳月を経て大きく成長した文字通りの「大和英」の辞典である。『20世紀英語文学辞典』は、世界のリンガ・フランカになりつつある英語によって記述された文学、また広大な英語圏の文学における文学者・作品・批評理論、社会背景など約五千項目を取り上げて総合的に解説したもの。総ページは千五百ページ以上になっており、また本文が収録されたCD—ROM付きとなっている。

このように辞典・事典の編集・出版において研究社は百年の歴史と伝統の中で二十一世紀に向けて大きく胎動している。

研究社第二世紀へ向けての新たなる布石

「出版不況」という言葉が世にささやかれてから久しい。バブル経済の崩壊とともに「失われた十年」などと言われた一九九〇年代(平成二年～十二年)は、世の不況がじわじわと出版業界をも締めつけ始めた時代であった。そのような影響を最も敏感に受けるのは小出版社や(学術)中堅出版社であり、社会の変化、とりわけメディア・情報産業の発達、若者文化(ポップ・カルチャー)の台頭、価値観の移り変わり、「活字離れ」などが、そうした出版社に重圧をかけることになる。厳しさはこうした中・小出版社のみならず、マスプロ・マスセールスを旨とする大手出版社や専門分野を持っている老舗出版社も同様で、企画や販売戦略が手詰まりの状態となり(企画の低迷・枯渇・安易な二番煎じ、書店の棚の確保の難しさ)、活路を見出すのに苦しんでいた。ここでは敢えて名を挙げぬが、身売りして他の会社の傘下に入るもの、倒産するもの、買収されるもの、それぞれの出版社の事情により末路はいろいろであった。バブル崩壊後の不況はその後もなかなか恢復の兆しを見せることなく、二〇〇〇年代(平成十二年以降)に入ってからも一段と出版界に厳しい影響を与え続けていると言っても過言ではない。芥川賞・直木賞の受賞本や「ハリー・ポッター」シリーズ、『ダ・ヴィンチ・コード』、『バカの壁』、『国家の品格』といったベストセラーは別格のものでしかない。雑誌、書籍の返品率は相変わらず右肩上がりを続けている。

研究社もそうした例に漏れず、九十年代以降は雑誌や英語英文学関係の書籍(一般書・研究書)の売れ行き低迷に苦しみ、英語参考書・実用書や英語テキスト、英語検定教科書なども実売が伸び悩んだ(高校用検定教科書は二〇〇三年度使用のマーケットから最終的に撤退した)。先に記したように長年伝統のあった英語雑誌の休刊が続いたのもこの時代である。また、従来の紙の(こういう表現は奇異に聞こえるが)辞書も電子辞書の登場により発行部数は減少の一途を辿ってきた。しかし、明治四十年から連綿と続いた出版の灯は消すことはできない。そのために編集・営業・社員総スタッフはそれぞれの持ち場で努力してきている。

これまで見てきたように、過去十数年は新たな事業ジャンル(電子出版事業)への進出と出版企画の挑戦であったと言ってもいいだろう。九十周年記念出版以降の毎年の出版物(年間七十～百点近い刊行物)を眺めるだけでも壮観である(詳細は「刊行出版物年譜」を参照)。一九九五年の『ネイティブスピーカーの英文法』に始まるこの「ネイティブ・スピーカー」もののシリーズなど英語実用書でのベストセラーもあった、文学賞や作家賞の受賞刊行物もあった、貴重な研究書・学術書(実際、刊行点数は減少傾向にあるが)もあった、大英和・大和英の大改訂もあった、有用な新辞典・各種事典も数多くあった。そこに新たに電子出版物の刊行やオンライン・辞書のネット・サービスが加わってくる。確かに苦しい時代であったが、まさに出版事業の挑戦と拡大の時代でもあった。「百年の歴史の重み」を担いつつ、どっしり構えながらも研究社はそれぞれの編集ジャンル(辞書・事典・書籍)、英語英文学の一般分野・学術専門分野、英語実用書・参考書、英語教育部門、電子出版部門などにおいて、もう一段と高いところへと飛翔しなければならない――ここ十年はまさにその過渡期でもあった。

幸い研究社には人材が創り出す編集・営業の知と技術の財産があった、その出版事業を裏で支える動産・不動産の財産があった。つまり、出版業百年の「遺産」があったのである。当然のことながら、これらを活かさない手は無い。企業トップの会長・社長から一編集者、一営業マンに至るまで、これまで以上にこの「遺産」の有効利用を考えていかねばならない。これが創立百周年を迎える研究社にとっての最大の課題であり、そのためのグループ再編・構造改革が求められねばならなかった。

先の「研究社各グループの分離と統合」の項で記述したように、かつての昭和五十年代から六十年代の初め、研究社グループ(出版・印刷・不動産)は第一次の「分離と統合の時代」を経験した。その時は、あくまで研究社グループの内部的な分離が主たるものであった。確かにこのプロセスによって内部的な人材の有効活用や設備部門の合理化・有機的利用が果された部分もある。しかし、流通部門など、研究社のアウトソーシングに任せていた事業運営にはなかなか改革の手が回りきらなかった。出版業界、メディア社会の急速な変貌の中で、二十年前の組織替えのそうした負の部分をそのまま維持していくわけにはいかない。

こうした状況の中で、出版社としての第二世紀目を視野に入れて、研究社は九十周年以降、第二次のグループ統合・合理化(一本化)に着手し始めたのである。また社外の関連事業の見直しも図ることにした。これは共に住友銀行から研究社トップに着任した故石川社長とその跡を継いだ荒木社長(当時)の言ってみれば「スクラップ・アンド・ビルド」の実利的・合理的経営哲学に基づいたものである。同種のもの(事業、業務、部門など)は統合し、異種のものは分離していき、これらを総合的・構造的に組織化し、大同合併して一つの企業体としてまとめ上げることが故石川社長の構想であった。その遺志を受け継いで行くことが残された者たちの責務である。

平成八年には英語教育・文化事業に専念していた株式会社研究社英語センターを解散し清算した(センター・ビルは現在はテナントビルとして営業している)。昭和六十年設立以来わずか十一年での幕切れであった。

平成九年は創立九十周年の年で、百周年へ向けての最後の一里塚である。先にも記したように、これを記念して、明治末に英語研究社が創立された晩秋の月、十一月には早稲田のリーガロイヤル・ホテルにて大々的な祝賀会が催された。研究社と長い年月にわたって深い関係のあった外山滋比古お茶の水女子大学名誉教授が祝辞を述べた。

平成十三年(二〇〇一年)は第二次の分離・統合のなかでも研究社にとってはターニング・ポイントとなる重要な年である。二十一世紀始まりの年でもある。何か象徴的な意味も感じられる。研究社出版株式会社(主に書籍・雑誌編集部門)および研究社販売株式会社を株式会社研究社(主に辞書編集部門)に統合し、前二社を清算した。そして、株式会社研究社本社(主に不動産管理部門)はこの株式会社研究社と合併し、この一社が印刷関連部門を除くすべての研究社関連事業を扱うことになった。その新商号は「株式会社研究社」とした。ここにおいて初めて、これまで分散していた編集・販売・管理の部門が一本化することになった。適切な経営戦略のもとで各部門が機能的に運営され、これまで以上のポジティヴな相乗効果を狙ったものだ。ここに研究社は創立百周年へ向けての大きな一歩を踏み出したのである。

平成十五年には製本を担当していた株式会社ケイ・ビー・ビーを解散・清算し、今後は製本すべてはアウトソーシングの製本専門会社に任せ、またこれまで辞書・出版の二本建てでやってきていた商品流通業務もすべて一本化して、これもアウトソーシングの専門会社に委託することにした。物流・商品管理の分野での事業再構築を図ったものと言える。業務組織の変革だけではなく、具体的な作業・仕事スペースの統合・合理化も図られ、まず書籍・辞書の編集部門、営業部門オフィスはすべて富士見の研究社別館に集められ（平成十六年）、かつての研究社本館はテナントビルとして近隣の大学に賃貸することができた。加えて、駿河台の研究社ビルの売却にも踏み切った（平成十八年）。動産・不動産を含め、あらゆる面での合理化・有効利用が、目の前に切迫しつつある創立百周年というメルクマールに向けて再考され、図られたのである。

平成十七年十月、荒木社長は会長に就任し、新たに編集部門から関戸雅男が「株式会社研究社」の新社長に就任した。関戸は早くから研究社の電子事業の展開を推し進めてきた人物でもあり、社長就任は研究社の事業の将来的展望を見据えた上での人事でもある。

小酒井五一郎の出版事業と英語教育に対する情熱によって明治四十年十一月に産声を上げた英語研究社は、遥かな旅を経て平成十九年十一月に創立百周年を迎えた。かつて、五一郎は自分の夢として「辞書会館の建設」について熱く語っていたという。世界中の辞典・事典類を歴史的に網羅して蒐集・展示する辞書参考図書館の構想であった。今、ここからまた新たな第二世紀が始まろうとしているが、こうした初代五一郎社長の夢の実現も依然として現世代以降の社員たちに託されている。

「断絶の歴史はあるが、歴史の断絶はない」——学生時代に授業の中で聞いた言葉である。あるフランス文学者の言葉だったと記憶している。創業のときから百年という歳月の中で、大震災、大戦、火災、さらには経営の危機など幾多の困難な時期があった。それらを乗り越えて今現在の研究社がある。今後も永い将来にわたって研究社の歴史もまさに断絶のない宏遠なものであることを期待したい。

〔付記〕　本稿は『研究社八十五年の歩み』(平成四年刊行) に掲載した拙稿「研究社八十五年の歩み――もう一つの英学史として――」をかなり補筆・修正し、そして最後の十五年の歴史を足早に書き綴ったものである。今回も資料が乏しい中での苦戦であった。八十五年史の時と同様に研究社の資料室に通い、今一度はるか昔の刊行物・資料から当り直し、またここ十五年間の刊行物を調べ、ときには関係雑誌類・文献に目を通しながらいささか英学の流れにも触れつつ、研究社百年の歩みを略史的に記述した。研究論文とは異なるので、註や参考文献などを付さず、物語風にまとめたものである。

出版社は「人」が財産である。研究社百年の歴史の中でも、名編集者、辣腕営業マンは数多くいた。初期の頃の編集者吉田幾次郎などは項目を立てて書いてしかるべき人物でもある(この小史を執筆した後に本書第二部第三章として吉田論を執筆した)。営業マン佐藤文二も然り。しかし、それは叶わなかった。出版社を「底辺で支える」そうした人物群像を描ききれなかったことは、心残りでもある。

八十五年史執筆のときには、故岩浅時三氏が残した資料や「刊行出版物年譜」をまとめた辞書編集部の河野亨雄氏による事実確認に大いに助けられたし、当時出版部長であった浜松義昭氏には原稿の通読をお願いし、多くの助言を得ることができた。浜松氏はその後研究社出版社長に就任し、現在は退職された身であるが、今回もこの「百年史」を通読していただいた。貴重なご意見を多々いただくことができた。荒木会長、関戸社長にはインタビューをさせていただいた。その他、多くの人との何気ない会話から得られた情報も貴重であった。これらすべての人たちに改めて感謝したい。

(これは研究社百周年記念刊行物『研究社百年の歩み』〔非売品〕に添えた付記である。)

《註》

（1）　吉田幾次郎、および研究社とのかかわりについては第二部第三章「吉田幾次郎の『英語世界』」を参照。

（2）　ここの記述は『研究社八十五年の歩み』所収の「研究社刊行出版物年譜」（一〇〇頁）によった。大日本国民英語学会に関しては「明治三十九年四月創立」と説明はあるが、現在のところは未詳である。喜安璡太郎との関係から「英語講義録」が小酒井五一郎へと引き継がれた経緯が、『英語青年』第百二巻第四号、一四七頁（「喜安璡太郎先生小伝」）に少しばかり言及されている。

（3）　『英語教育』（研究社刊）については、第四部第一章「月刊誌『英語教育』（研究社刊）の誕生」、第二章「月刊誌『英語教育』（研究社刊）の巻頭言が映すもの」を参照。

（4）　具体的な研究社刊行物の年譜は『研究社百年の歩み』所収の「出版刊行物年譜」を参照されたい。

〔著者付記——『研究社百年の歩み』に寄稿したこの小史を、研究社のご好意により第四部第四章として本書に収録することができた。記してお礼申し上げる。また、『研究社百年の歩み』が刊行された（平成十九年十一月三日刊）三週間ほど前に、浜松義昭氏が急逝されたことは私にとって大きなショックでありまた悲しい出来事であった。心よりご冥福を祈りたい。〕

あとがき

本年二〇〇八年は、イギリス軍艦フェートン号が長崎にその姿を現し（一八〇八年十月十四日／文化五年八月十六日）、薪水や食料を求めて狼藉をはたらいてから数えてちょうど二百年目になる。日本の英学の発端を誘引した記念すべき事件でもあった。この二百年目という記念すべき年に本書が刊行されることは、著者としてひとつの喜びである。

本書は、これまでに学会の研究誌ほかに書いてきた論文から本書のテーマに合うものを選び、幕末から昭和の初期までの英学の流れとなるように四部立て全十六章編成で整理したものである。書き下ろしの論文も入れることで時代の流れを追うことも意図した。本来それぞれの論文は独立した論として執筆したものなので、読者は興味・関心の向きのいずれの章からも読むことが可能である。各論については、初出のときとほぼ同じ論述のものもあるが、初出から時間が経って資料の新発見などにより、かなり加筆・修正を施したものもある。お断りしておく。

第一部は、幕末の日本開国を促したアメリカ合衆国の対日交渉とそれに大きく関わったアメリカ捕鯨業の盛運を記述し、またペリー艦隊の一員として来日したプレブル大尉の幕末日本の見聞を分析した。さらに開国後に来日した英国公使オールコック卿の富士登山の政治的意図を探り、第四章ではアメリカ総領事ハリスの通訳官ヒュースケンの行状・活動に対し英学的側面から光を当ててみた。これらの章の記述から仄見えてくるのは、外交交渉に当たった役人（下級武士も）や庶民レベルの日本人は意外と積極的に《夷人》との接触《コンタクト》を求めており、知見を広めるばかりでなく文物交流も大いに楽しんでいた、ということである。鎖国により閉ざされて圧縮された空気(意識)の中で、人々は心の内で風通しを求めていたのではないかと思われた。

第二部は、代表的な明治人内村鑑三や嘉納治五郎の英学修養を跡付け、その英語学習論や英語教育観を探りながら、今日的な英語学習・教育の問題の解決への何がしかのヒントを求めてみた。嘉納治五郎は講道館の創設者として夙に有名であるが、本論では英学者としての側面を浮き彫りにしたかった。第三章の吉田幾次郎に関しては、英学史のなかでは英語雑誌《名編集者》としてその存在は知られていたが、これまでなかなか研究がなされてこなかった。吉田に関する資料の乏しさが研究を阻んでいた。彼が編集した雑誌の現物を捜し求めながら傍証を手がかりにある程度の「吉田幾次郎論」をまとめることができたと思っている。今後のさらなる吉田幾次郎研究の基礎にしていただければ幸いである。第四章の「初期『文検』受験者たちの『英語対策』」は、受験で問われる英語力のみならず風物知識の試験に対して受験者たちはどのような形で対策を行ってきたかを、また実際の風物論試験はどのようなものであったのかを資料で提示しながら分析してみた。この章を記述しながら、いかに明治の英語人(学習者)たちの語学力が高かったかを思い知らされた。

第三部は、個性的な英語教授法や学習メソッド(訳読法)に焦点を当てて記述したものである。第三章の英国風物論は第二部第四章「初期『文検』受験者たちの『英語対策』」といささか重なる部分もあるが、こちらの章は日本における英国風物論の発端を特定し、その系譜を著書等で跡付けたものである。また他の章の記述においても検証されたことでもあるが、明治大正の時代における英語教育界での岡倉由三郎の存在の大きさをここでも改めて知るところとなった。

第四部は、英語辞書・参考書、英語英文学書の老舗出版社である研究社に焦点を絞った論述である。研究社版『英語教育』の発刊までの系譜を探り、その雑誌出版の意義を確認し、また英語教育関係のシリーズ(講座)ものの著作を時代との関わりで分析することで、出版社としての研究社のアイデンティティを探ってみた。第四章は本書の全体の章立ての中でも異色と言えるもので、研究社の百年の歴史を物語風に記述したものである。したがって論文体裁とは異なる書き方になっている。もともとは研究社創立百周年を記念して刊行された『研究社百年の歩み』(二〇〇七年十一月三日刊行、非売品)に収録されたものであるが、研究社のご好意によって本書に採録することができた。研究社に対しお礼申し上げる。

本書の題名についてひと言。正直なところなかなか題名が決められなかった。編集担当の津田正氏とともに、本書の中身からどのような題名が適当かを考え続けた。本書は、それぞれの研究対象に沿った形でいくつかの研究方法(アプローチ)を試みている。徹底的に対象そのものを読み込んでその意味を探るスタイル、外堀から資料・史実をできるだけ埋めていって対象を浮き彫りにするスタイル、研究対象の現物を可能な限り捜し求めてその内容・系譜を跡付けるスタイル、これらのスタイルを折衷する研究方法などなど。時間をかけてなんとか現物を探り当てることができた時など、研究者としての嬉しさ・喜びは言葉では言い表せない(現在のようにコンピュータ検索の利便性を知らなかった時代である)。こうしたスタイルから紡ぎだされた全十六章の各論はそれぞれ独立してはいるが、全体的にはある意味で研究方法(アプローチ)のアンソロジーと言えなくもない。そこから一度は『日本英学方法序説』という題名が浮んだ。当然デカルトの『方法序説』を念頭に置いたものだった。ただ、デカルトの名著に本書をなぞらえるつもりなどは毛頭なかった。身の程知らずに陥るだけである。このときの私が思い描いた「方法序説」は、一般名詞的な意味で「いくつかの研究方法の提示」くらいの意味であった。しかし、この題名だと「日本英学」の「方法序説」となってしまい、「日本英学」に史的研究の方法(アプローチ)が見えてこない。これは津田氏からいただいた指摘であった。編集者は実にありがたい存在である。こちらの見えていないものを見させてくれる。

再度ふたりであれこれと思案して、最終的に本書の題名『日本英学史叙説』にたどり着いた次第である。

「序説」から「叙説」に変えたのも、それなりの意味がある。ご理解いただければ幸いである。そして、おおきな題名ではあるがこのシンプルさを選ぶこととした。

以下に全十六章の元になった各論の初出を一覧にしておく。（初出の時の題名はここに挙げた各章の題名と多少異なっているものもある）

〈第一部〉

第一章「日米関係前史と英学のあけぼの」、『工学院大学研究論叢』第二十四号、工学院大学、一九八六年。

第二章「G・H・プレブル大尉の見た幕末日本」、書き下ろし。

第三章「オールコック卿の富士登山」、『英日ニュース』第十二号、英日文化協会、一九八二年。

第四章「米国通訳官ヒュースケンの『明と暗』」、書き下ろし。

〈第二部〉

第一章「内村鑑三の『英学修養』」、『日本英語教育史研究』第三号、日本英語教育史学会、一九八八年。

第二章「嘉納治五郎と『英語教育』」、『英語科授業学の諸相』、三省堂、一九九三年。

第三章「吉田幾次郎の『英語世界』」、書き下ろし。

第四章「初期『文検』受験者たちの『英語対策』」、『戦前中等学校英語科教員に期待された英語学力・英語知識に関する史的研究』（文部省／平成十六―十八年度科学研究補助金研究成果報告書）、二〇〇七年。

〈第三部〉

第一章「ラフカディオ・ハーンの英語教授」、『英学史研究』第十五号、日本英学史学会、一九八二年。

第二章「訳読史における浦口グループ・メソッド」、『日本英語教育史研究』第五号、日本英語教育史学会、一九九〇年。

第三章「英語教育から見た《英国風物論》」、『英学史研究』第三十六号、日本英学史学会、二〇〇三年。

第四章「オーラル・メソッド『湘南プラン』の実際」、『日本英語教育史研究』第一号、日本英語教育史研究会、一九八六年。


〈第四部〉

第一章「月刊誌『英語教育』(研究社刊)の誕生」、『日本英語教育史研究』第八号、日本英語教育史学会、一九九三年。

第二章「月刊誌『英語教育』(研究社刊)の巻頭言が映すもの」、『日本英語教育史研究』第十二号、一九九七年。

第三章「研究社の英語教育図書出版と時代相」、『日本英語教育史研究』第十号、日本英語教育史学会、一九九五年。

第四章「研究社百年の歩み」、『研究社百年の歩み』(非売品)、研究社、二〇〇七年。


最後になったが、このような形で本書が出版されるに当たってはこれまで実に多くの人々にお世話になったことを明記したい。

英学史という学問との出会いを作ってくださった高梨健吉先生(慶応義塾大学名誉教授・元日本英学史学会会長)には、とりわけ感謝の気持ちを捧げたい。かつて私が編集者だったときに先生の『幕末明治英語物語』を企画したのが縁《えにし》の始まりだった。以来、先生はいつも温かく見守ってくれ、必要な資料・古書などを気軽にお貸しくださった。「自分にはもういらなくなったからこれらの文献・資料を庭野さんにあげるよ」と言ってご自宅まで取りに来るように言われたのは二、三年前のことだったろうか。すぐに車で馳せ参じた記憶はまだ新しい。

また、いちいちお名前は挙げないが日本英学史学会の諸先輩、日本英語教育史学会の同学の士からは研究上の刺激や助言を多く与えられた。記して感謝申し上げる。

本書を出版企画の会議にかけてくださったのは研究社編集部長の吉田尚志氏だった。専門書の出版が厳しくなるばかりのこの時代にあって、吉田氏が声をかけてくださったことはありがたいことだった。吉田氏および編集部に感謝申し上げる。また、最初の編集担当者の星野龍氏（現在は『英語青年』編集長）、その後を継いだ津田正氏（前『英語青年』編集長）にもお礼申し上げる。津田氏は『英語青年』編集長から書籍編集部に移られたばかりなのに、精力的に原稿を読んでくださり、内容的なこと、文章の修辞的な問題点なども鋭く指摘してくださり、本書の原稿の質的向上に大いに貢献してくださった。津田氏から時折届けられるコメントも本書のことのみではなく、拡がりがあって読むのが楽しかった。かつては私も編集者であったが、立場が逆転した今、編集者の緻密な作業をこれほどありがたく思ったことはない。津田正氏には心よりお礼申し上げげたい。また、本書の装丁を手がけてくださった熊谷博人氏にもお礼申し上げる。熊谷氏とは三十年以上のお付き合いで、時折お目にかかっては酒と肴を楽しみながら骨董や絵画・デザインの話に花を咲かせていた。すばらしい装丁に仕上げてくださったことに感謝感激である。

最後の最後になったが、是非とも明記しておかなければならない人がいる。元研究社出版社長・浜松義昭氏である。浜松氏はかつて私の上司であった。私が研究社を退職し、教員の道を選んだときも陰になり日向になり助けてくれた。そして、その後は彼の出版企画の著作などに私をしばしば使ってくれた。こちらは努力をして彼の期待に応えるのみであった（果して十全に応えられていたかどうかは分からない。浜松氏からはもう声を聞くことができないのである）。彼は四、五年前から私に対して、しきりに自分の研究領域（英学史）の著書を一冊書くように慫慂していた。ありがたい勧めであったが、私はなかなか踏ん切りがつかなかった。既に学会の研究誌や大学の紀要に書いて公にしているので、それでいいのではないか、と考えていた。ただ、そのような私の考えを打ち消すように「庭野君、これはけじめだよ」と彼はある酒席で言った。私にとってこれが決定的な言葉になった。そして今、本書がようやく刊行される運びになったが、それを喜んでくれる浜松義昭氏はもうここにはいない。大空の彼方に逝ってしまったのである。浜松氏は二〇〇七年十月十五日に入院先の病院で息を引き取った。研究社創立百周年記念を目前にしていた時だった。浜松氏は私にとっての恩人と言っても過言ではない。その意味で、本書『日本英学史叙説——英語の受容から教育へ』は浜松義昭氏に捧げたい。

庭野吉弘

二〇〇八年四月二十日　穀雨の日に記す

図版出典

カバー絵、p. 4 (左), p. 230　横浜開港資料館。

p. 4 (右), p. 48 (2 点とも)　Arthur Walworth, *Black Ships Off Japan* (New York: Alfred Knopf, 1946).

p. 90　The Collection of the Archives of the City College of New York.

p. 102, p. 106 の ④ (葬儀のイラスト)　『オイレンブルク日本遠征記』(下) (雄松堂書店、1969 年)。

p. 116, 124, 136　国立国会図書館(ホームページ)。

p. 295　三省堂。

p. 325–26　『湘南 70 周年記念誌』(神奈川県立湘南高等学校、1991 年)、湘南高校の同窓会「湘友会」のご厚意による。

II.　書籍・雑誌名索引

索　引

索引は、「人名・事項索引」と「書籍・雑誌名索引」(書籍のシリーズものを含む)の2部構成とした。配列は五十音順。「研究社」の項は頻出するため、第四部第四章のみを年代で下位区分した。

I. 人名・事項索引

《著者略歴》
庭野吉弘(にわの　よしひろ)
1947 年生まれ。東京外国語大学フランス語科卒。元研究社出版編集者。工学院大学教授。日本英学史学会会長、日本ペンクラブ会員。主著・論文──『ジャンル別最新日米表現辞典』(小学館・共著)、『英語教授』(復刻版 / 解題・名著普及会・共著)、『英国を知る辞典』(研究社出版・共訳)、『イギリス文学地名事典』(研究社出版・共著)、「L・ハーンの翻訳論とその実践」、「L・ハーンの『草の葉』論」、「新聞記者 L・ハーンのライティング・スタイル」ほか。

KENKYUSHA

〈検印省略〉

日本《にほん》英学《えいがく》史《し》叙説《じょせつ》
英語《えいご》の受容《じゅよう》から教育《きょういく》へ

2008 年 5 月 25 日　初版発行

著者
庭《にわ》野《の》吉弘《よしひろ》

発行者
関戸雅男

発行所
株式会社　研 究 社
〒102-8152　東京都千代田区富士見 2-11-3
電話　編集 03-3288-7711 (代)　営業 03-3288-7777 (代)
振替 00150-9-26710
http://www.kenkyusha.co.jp/

印刷所
研究社印刷株式会社

装丁
熊谷博人

ISBN 978-4-327-37722-9　C1087　Printed in Japan